사랑한다
현진아
헤세드

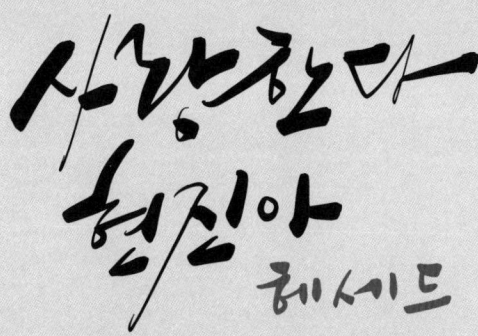

장기옥 지음

하나님이 자기 백성을 사랑하는 이야기
순교자 현진이 아버지의 끝없는 순례 이야기

아들이 순교한 태국 쌍아오마을을 해마다 방문하여 예배드렸습니다.
신학을 연구하면서 하나님의 메시지를 담으려고 노력했습니다.
지난 이야기는 하나님의 언약에 기초한 은혜라는 것을 깨닫고, 순교자 아버지의 사랑 이야기는 계속해서 진행됩니다.

*헤세드(חסד)는 히브리어로 '하나님의 언약에 기초한 은혜' 라는 의미입니다.

들어가는 말

사랑하는 아들 현진이가 태국 선교를 간지 21년이 되었습니다. 2004년 1월에 교회 프로그램에 따라 선교팀의 일원으로 출발했으며 선교팀이 쌍아오마을의 메콩강에서 단체로 카누를 타는 과정에서 순교했습니다.

그리고 나는 서울에서 신학을 배우며 매년 쌍아오마을에 가서 예배드리고 선교했습니다.

이러한 이야기로 2007년 11월에 『사랑한다 현진아』를 출판했습니다. 온 몸이 녹아내리고 애끓는 순간들의 기록입니다. 부활 소망이 간절했습니다.

이어서 2022년 10월에 『사랑한다 현진아 토브』를 출판했습니다. 2007년부터의 기록입니다. 하나님이 하시는 일을 기대했습니다. 그래서 히브리어 토브를 제목에 더했습니다. 토브는 '선' 입니다. 창조 기사, 요셉의 선언, 모세의 출생 등에 나옵니다. "하나님이 보시기에 좋았더라" 에 토브가 있습니다.

이번에 『사랑한다 현진아 헤세드』를 출판합니다. 하나님의 언약을 생각하며 새 언약을 기대했습니다. 그래서 히브리어 헤세드를 제목에 더합니다. '언약에 기초한 은혜' 를 의미합니다.

문득 출애굽기가 생각납니다. 모세가 이스라엘 백성을 애굽에서 가나안으로 이끌고 나옵니다. 3개월이 되어 시내산에 왔고 율법을 받았으며 광야생활을 합니다. 그리고 하나님이 정한 시기가 되어 가나안에 들어갑니다.

1편 『사랑한다 현진아』는 순교에서 시작하여 쌍아오마을에 선교관을 세우는 3년의 과정이며, 하나님이 언약의 말씀을 주셨습니다. 이스라엘 백성이 출애굽하여 시내산에서 율법을 받기 까지의 여정이 아프게 다가옵니다.

2편 『사랑한다 현진아 토브』는 순교의 뜻을 찾고자 하는 15년의 과정이며, 하나님이 무지개 언약의 말씀을 주셨습니다. 이스라엘 백성이 시내산을 떠나 광야에서 40년을 단련하던 시기같습니다.

이제 3편 『사랑한다 현진아 헤세드』는 선교관을 새로 짓고 기념교회를 설립하는 과정이며, 하나님이 새 언약의 말씀으로 인도하심을 체험합니다. 이스라엘 백성이 약속의 땅 가나안에 들어 가는 것 같습니다.

지금까지 많은 일이 있었습니다. 그런데 한결같이 한 방향이었고 뚜렷한 흔적(痕跡)이 보입니다. 하나님이 인도하심이 느껴집니다. "사람이 마음으로 자기의 길을 계획할지라도 그의 걸음을 인도하시는 이는 여호와시니라"(잠 16:9)

이 책은 전체 이야기의 이해를 위해 『사랑한다 현진아』의 1편과 2편을 소개했습니다. 1부는 1편 이야기, 2부는 2편 이야기입니다. 3부는 그 후의 진행입니다. 이야기를 시간 순으로 기록했습니다. 히브리어로 기록된 하나님의 이름을 간략히 소개하고, 신학 이야기와 찬양으로 의미와 여운을 나타내 보이려 했습니다.

이 책이 교회와 선교지에 의미있는 기록이 되기를 기대합니다. 비록 약한 자이지만 하나님이 인도하시는 길에 서서 하나님이 뜻하시는 일을 하려고 애썼습니다. 그런데 자식을 향한 그 애타고 절절한 마음이 곧 하나님이 우리를 사랑하는 마음이라는 것을 깨닫게 됩니다.

하나님의 헤세드를 체험하고 이제는 새 언약의 진행을 기대하며 하나님 나라의 영광을 기다립니다.

2025. 9. 1.
장기옥

차례

들어가는 말　　　6

제1부 사랑한다 현진아　　　13

첫 번째 이야기　메콩강에서　　　17
두 번째 이야기　애통하니 위로하시고　　　60
세 번째 이야기　심령이 가난하니　　　76
네 번째 이야기　의에 목마르니　　　101
다섯 번째 이야기　쇠풀무의 연단　　　121
여섯 번째 이야기　초막 속에 비밀히 지키시고　　　136
일곱 번째 이야기　의를 빛 같이 나타내시며　　　148
여덟 번째 이야기　비전으로 역사하시니　　　164

제2부 사랑한다 현진아 토브　　　199

첫 번째 이야기　책이 출판되다　　　203
두 번째 이야기　하나님의 부르심　　　220
세 번째 이야기　신학을 가르침　　　250
네 번째 이야기　성경 연구　　　285
다섯 번째 이야기　하나님의 나라　　　312

제3부 사랑한다 현진아 헤세드   339

첫 번째 이야기	하나님의 은혜	341
두 번째 이야기	하나님의 계획	367
세 번째 이야기	하나님의 열심	399
네 번째 이야기	하나님의 계시	439
다섯 번째 이야기	하나님의 약속	497

나가는 말   548
찾아보기   550

장현진 선교사

어린 선교사 현진이는 2004년 1월 13일 태국 단기 선교 중 순교했습니다. 겨울방학에 한신교회의 단기선교 활동에 참여한 것입니다. 태국 방콕을 기점으로 치앙라이와 선교 취약 지역인 동북부 쌍아오마을에서 선교했습니다. 그리고 쌍아오마을 유치원에서 사역을 마치고 선교팀이 단체로 카누를 타는 중에 메콩강에서 순교했습니다. 당시 중학교 1학년, 14살입니다.

현진이는 1990년 6월 11일 출생하여 이듬해 유아세례를 받았으며, 1996년 한신유치원, 2003년 서울반원초등학교를 졸업했습니다. 2003년 경원중학교에 입학하고, 2004년 1월 5일 한신교회 태국 단기 선교사로 출발했습니다.

장현진 선교사 홈페이지 www.hjjang.org

내 아들 현진아

여호와는 네게 복을 주시고 너를 지키시기를 원하며
여호와는 그의 얼굴을 네게 비추사 은혜 베푸시기를 원하며
여호와는 그 얼굴을 네게로 향하여 드사 평강 주시기를 원하노라
할지니라 하라 (민 6:24-26)

2004년 새해 첫 예배를 드리면서
엄마는 아들에게 이런 축복이 임하기를 간절히 구했습니다.

현진이는 이 말씀을 책상 위 액자에 정성껏 붙여놓고
태국으로 단기 선교를 떠났습니다.

『사랑한다 현진아』

이 책은 2007년 11월에 출판했습니다.
2004년 1월에 현진이가 태국 선교를 출발했고,
그후 2007년 3월까지 3년 동안 진행된 이야기입니다.
현진이가 선교지에서 순교했습니다. 그 후 신학을 공부했고 순교자
기념사업을 통하여 쌍아오마을에 선교관이 세워졌습니다.
어려움이 많았던 만큼, 하나님이 인도하셨다는 것을 알게됩니다.

1부에서는 『사랑한다 현진아』를 소개합니다.

제1부 사랑한다 현진아

그러나 내 하나님 여호와여 주의 종의 기도와 간구를
돌아보시며 이 종이 오늘 주 앞에서 부르짖음과
비는 기도를 들으시옵소서 (왕상 8:28)

그들에게 이르되 너희가 나를 보내어 너희의 간구를
이스라엘의 하나님 여호와께 드리게 하지
아니하였느냐 그가 이렇게 이르니라 (렘 42:9)

하나님 이해

여호와

하나님의 이름은 여호와(יהוה)이다. 출애굽기에서 모세가 하나님을 만나고 이름을 묻는 장면이 있다. "너희의 조상의 하나님이 나를 너희에게 보내셨다 하면 그들이 내게 묻기를 그의 이름이 무엇이냐 하리니 내가 무엇이라고 그들에게 말하리이까"(출 3:13)

이때 하나님은 그 분의 이름을 공식적으로 알려주신다. 하나님의 이름은 '나는 스스로 있는 자'에서 '여호와'라는 명사 형태로 고정되었다. 여호와는 하나님의 영존성을 나타내며 초시간적(omnitemporal)이라는 의미이다. '나는 이미 존재하였고 이제도 존재하고 앞으로도 존재할 자이다.'

하나님께서 모세에게 4문자로 말씀하신 것으로 기록되어 있다. 히브리어로 יהוה(요드-헤-바브-헤)이다. 알파벳 자음으로 옮기면 YHWH가 된다. 히브리어는 원래 자음만으로 구성되었다. 그 당시 어떻게 발음했는지 오늘날에는 정확히 알 수 없다.

히브리인들은 4문자를 신성시하여 발음하기를 꺼려했다. 신성 4문자(Tetragammaton)이다. 신성 4문자를 '나의 주'(the Lord)라는 뜻의 아도나이(אֲדֹנָי)라고 읽었다.

그후 AD 7C 마소라 학자들에 의해 모음이 생겼다. 이 히브리어 4문자에 아도나이(adonay)의 3개의 모음을 끼워 넣으면 히브리어 여호와(יהוה)가 된다. 이것이 히브리어 여호와의 유래이다

히브리어를 헬라어로 번역한 70인역에서 히브리어 4문자를 헬라어

퀴리오스(κύριος)로 번역했으며 '주'(Lord)이다. 라틴어 성경에서 도미누스(Dominus)로 번역했다. 영어 성경에서 Jehovah로 번역했으며 16C에 통용되었다. 한글 성경은 '여호와'로 번역했다.

여호와 코데쉬

하나님은 본질적으로 거룩하시다. 하나님은 자기 백성에게 거룩하라고 요구하신다. 하나님이 이스라엘 백성을 출애굽하신 목적은 거룩한 백성으로 만들기 위함이다(출 19:6). "너희는 거룩하라 이는 나 여호와 너희 하나님이 거룩함이니라" (레 19:2) 거룩은 히브리어로 코데쉬(קדש)이다. 거룩은 사람이 처음 접할 때에 신뢰가 아니라 두려움을 느끼게 되는 원초적 체험이다. 거룩은 하나님의 능력, 신비, 초월성을 보여준다.

하나님의 거룩하심은 자기 백성에게 이르러 하나님의 거룩에 동참하도록 이끈다. 하나님은 자기 백성이 죄악에서 떠나서 하나님 편에 서기를 원하신다. 거룩한 백성은 하나님께 속하도록 세상과 구별되었기에 하나님의 말씀대로 살아가는 공동체이다. 거룩한 백성은 순수하고 깨끗하며 의롭고 긍휼이 있어야 한다.

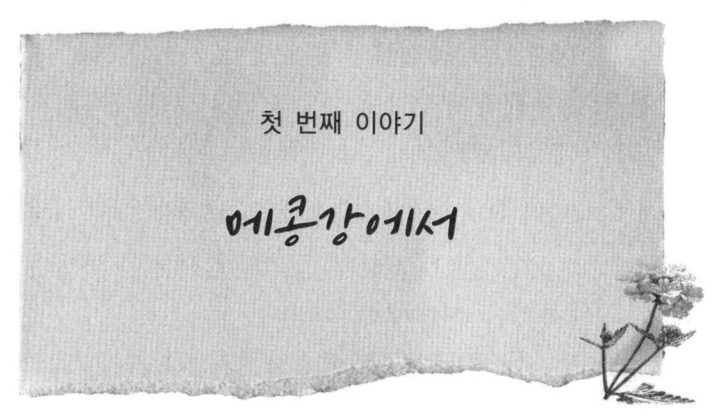

첫 번째 이야기

메콩강에서

실종

2004년 1월 14일(수) 새벽 1시경, 초인종이 적막을 깨고 울렸다.

현진이 엄마는 학교의 교육 과제를 정리하고 있었으며, 현진이 누나인 효정이는 자기 방에서 책을 읽다가 불을 켜놓은 채 잠이 들었다. 나는 몸살 기운이 있어 안방에 누워 뒤척이며 잠을 청하던 중이었다.

"한신교회에서 왔습니다."

깜짝 놀라서 응접실로 나왔다. 세 사람이 들어오고 있었다. 현진이가 선교활동 중에 있다는 것을 생각하니 불안했다. 교회에서 왔다는 사람들이 침통한 표정으로 앉았고 말을 하지 않고 있었다. 현진이 엄마가 다급하게 물었다.

"현진이에게 무슨 일이 생긴 것은 아니겠지요? 혹시… 다쳤나요?"

머리카락이 쭈뼛하며 솟아오르는 것을 느꼈다.

"실종입니다. 메콩강에서 배를 타고 가다가 실종되었다고 합니다."

"실종? 메콩강에서!"

"대사관과 현지 군경에 연락했으며, 최선을 다해 수색하고 있습니다."

순간적으로 머릿속이 혼미해지면서 넋이 나갔다. 내가 중얼거리듯이 말했다.

"밤인데 어떻게 찾아. 어떻게 해. 현진아."

현진이 엄마도 머리를 떨구며 망연자실 정신을 놓는다.

내가 정신을 차리려 애를 쓰면서 말했다.

"태국에 가장 빨리 가는 비행기를 찾아주세요."

현지와 통화를 하다

무엇을 먼저 해야 할지 당황스러웠다. 우선 여권과 가방을 찾아 태국에 갈준비를 서둘렀다. 현진이 엄마는 새벽 3시경 교회에 기도하러 갔다. 정신없이 겨우 짐을 꾸리고, 아침 5시 30분 교회에 갔다.

한신교회 청년담당 김은일 목사에게 말했다.

"인솔자에게 전화해서 상황을 확인하세요."

김은일 목사가 사고 현지와 통화하다가 나를 힐끔보더니, 선교팀을 인솔하고 있는 박훈 목사라며 전화기를 건넸다.

"어떤 상황인가요?"

사고 현지에서 박훈 목사가 대답했다.

"메콩강에서 배가 침몰했습니다. 6명이 탔는데, 그중 2명이 실종입니다."

'설마했는데… 이럴 수가.' 다시 물었다.

"강폭의 길이가 얼마나 되는가요?"

"20m 입니다."

"20m 라면, 현진이는 살아 있습니다. 꼭 찾아야 합니다. 우리는 밤에 도착할 것입니다. 그러니 낮에 찾아야 합니다."

"안전한지 확인해 달라"

실종소식을 듣기 며칠전에 나와 현진이 엄마는 따로따로 교회에 현진이가 안전하게 잘 지내는지 확인해 달라고 요청한 바 있었다.

나중에 알았지만 그동안 선교를 보내고 부모가 교회에 안전한지 확인해 달라고 한 사례가 없었다고 한다. 그런데도 두 번이나 확인 요청을 했던 것이다.

현진이 엄마는 교회로 김은일 목사를 찾아가 현진이가 잘 있는지 궁금하니 확인해달라고 했다. 김은일 목사는 머리카락 하나 다치지 않고 돌아오게 할 것이라고 말했다.

사고는 태국 시간으로 1월 13일(화) 오후 4시부터 4시 30분, 서울 시간으로는 오후 6시부터 6시 30분 사이에 일어났다.

이날 저녁에 내가 집에 도착하니 현진이 엄마가 빨래를 정리하면서 현진이가 보고싶다고 울고 있었다.

"현진이가 멀리 외국에 있는데 그러면 안돼. 이번주 토요일이면 오잖아."라고 말했지만, 나도 내심 현진이가 보고 싶어 현진이 방을 둘러보았다.

사고 후 꿈에서

오전 9시 30분, 인천공항에서 비행기를 타고 방콕에 도착하니 낮 12시 30분이었다. 비행기가 방콕공항에 도착하기 직전에 잠시 꿈을 꾸며 졸았다.

현진이가 현관문을 들어오면서 "아빠 다녀왔어요."라고 말하는 것이 아닌가.

"현진아, 살아서 왔구나. 그러면 된 것이야. 너무 좋구나."

이어 현진이가 자기 방으로 들어갔다. 방문 앞으로 가서 보니 현진이가 '아' 하는 가벼운 소리를 내면서 침대에 편한 자세로 누웠다. 늘 편하게 자는 그런 모습이었다.

이때 비행기가 덜컹거리며 착륙했다. 옆자리의 현진이 엄마와 김은일 목사에게 꿈이야기를 했다.

"현진이가 살아서 왔어. 찾을 것이야."

실종된 지점은 태국 동북부 지역의 쌍아오(Sangao) 마을에 있는 메콩강이었다. 라오스 국경지대에 위치하고 있다. 방콕에서 쌍아오마을에 가려면 비행기로 1시간 정도 우돈타니(UdonThani)에 갔다가, 그곳에서 차로 3시간 정도 서북쪽으로 가야했다. 방콕공항에서 우돈타니행은 저녁 6시 50분에 있었다.

방콕에 도착하여 오후 3시쯤 실종된 현지에 전화를 했는데, 아직 찾지 못했다고 했다. 사고 후 24시간이 되어 가는데도 찾지 못했다니, 불안하고 초조했다.

대사관에 알려서 태국 정부의 협조를 받아야겠다는 생각이 들었다. 내가 대사관에 연락했다. 영사가 전화로 현지 상황을 파악하고 있고,

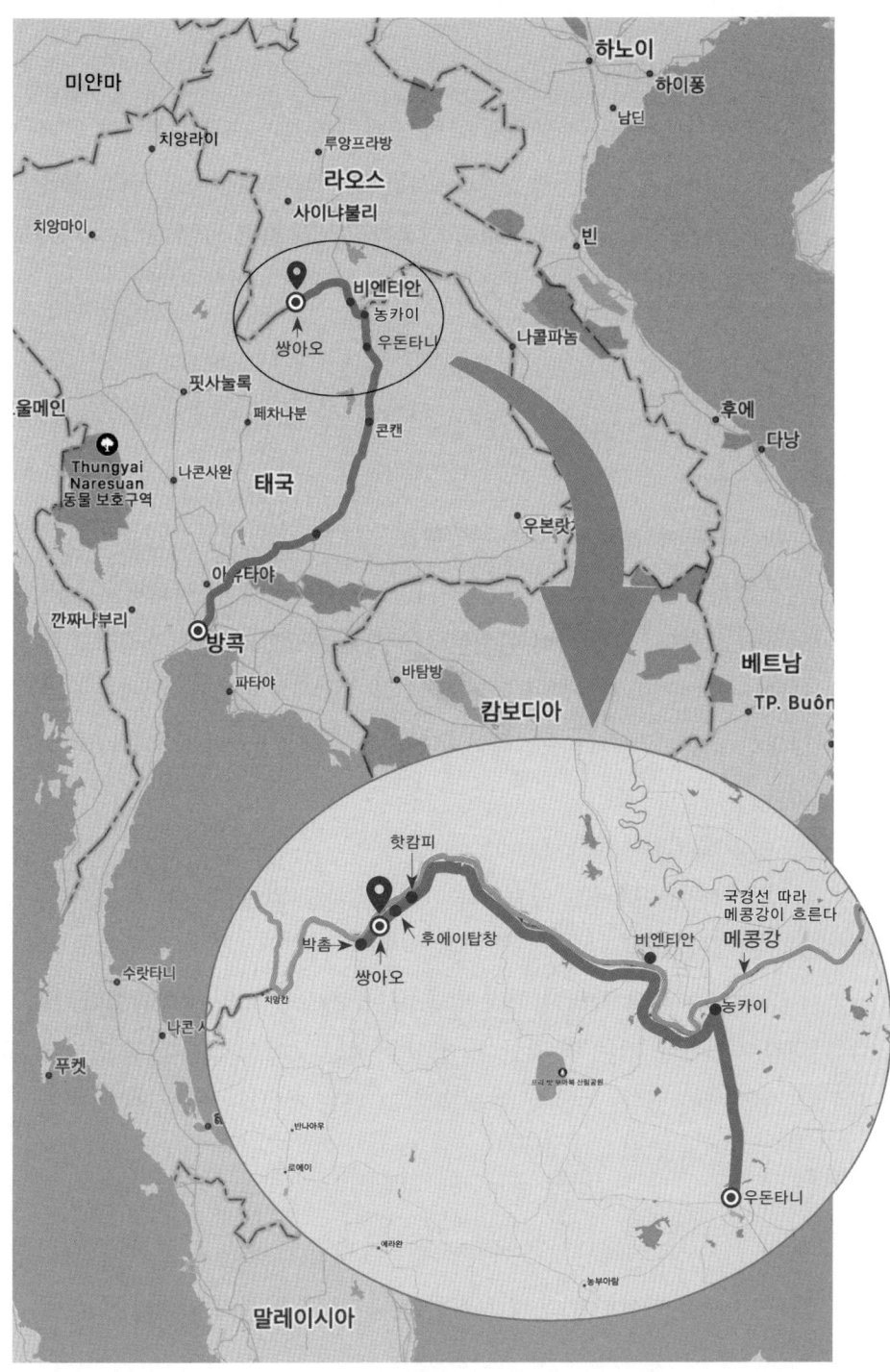

방콕 → 우돈타니 → 농카이 → 쌍아오

직원 파견은 어렵다고 말했다.

　서울에 있는 아는 분들에게 급히 전화하여 대사관에서 개입이 안되는 것 같으니 태국 정부에 협조를 요청해달라고 부탁했다. 그리고 김은일 목사에게 부목사 혼자 전화로 신고하고 기다리면 되는 것이냐고 하고, 교회에 연락해서 빨리 찾을 수 있도록 노력해 달라고 말했다.

쌍아오마을 가는 길

　방콕공항에서 태국지도를 구입했다.
　우돈타니에 도착하니 저녁 8시. 공항에서 나오니 선교팀 김사라 팀장이 보였다. 이 상황이 현실이라는 것을 깨달았고, 정신차리려고 이를 악물었다. 그때 한국인 한 사람이 다가오면서 인사를 하는데, 아주 당당한 모습이라 나는 사업하는 분인줄 알았다. '정승회 선교사'라고 하였다.
　"어떻게 되었나요?"
　"철저하게 수색하고 있습니다. 모든 조치를 취했습니다. 찾는 것은 시간문제입니다."
　승합차를 타고 가면서 차창 밖을 보니, 가로등도 없이 깜깜했다. 비포장 시골길을 가는 것 같았다. 정신을 잃는 듯해서 이를 악물고 밖을 보려고 애를 썼다. 지금 무슨 일을 겪고 있는 것인가. 메콩강에서 현진이가 실종되었다니.

　밤 11시, 차 안에서 누군가 쌍아오마을이라고 말했다. 창 밖을 보니 마을 전체가 깜깜한 가운데 흐릿한 전등 몇 개가 켜져 있었다. 인천공항에서 아침 9시 30분에 출발하여 13시간 30분 걸린 것이다.

　차에서 내리자 박훈 목사가 보였다. 박 목사는 무표정하게 고개를 약간 숙이고 아무 말도 없었다. 순간적으로 분노가 치밀었으나 현진이를 찾아야 한다는 생각으로 참았다.

　정승회 선교사가 정색을 하면서 말했다.

　"밤에는 수색을 할 수 없으니 자야 합니다."

　이때 비로소 정승회 선교사가 선교팀을 태국에서 안내한 사람이라는 것을 알았다. 박훈 목사에게 선교팀원을 보자고 하여 안내를 받아 숙소에 가니 출발할 때 보았던 청년들이 있었다. 그곳에 현진이 여행용 가방이 보였다. 울컥하면서 가슴이 미어졌다. 출발하기 전에 다른 가방과 구별하기 위해 비를 맞아도 되는 끈으로 묶어 표시한 것이 그대로 있었다. 현진이는 그런 아이다. 내가 묶어준 물건은 언제 보아도 그 상태로 있었다. 눈물이 쏟아졌다. 엄마가 가방을 끌어안고 주저 앉았다.

메콩강을 처음 보다

　1월 15일(목) 새벽 4시, 쌍아오마을 도착 첫 날이다. 거의 뜬 눈으로 밤을 새웠다. 닭이 새벽을 알렸다. 날이 밝기를 기다려 숙소 밖에서 서성거렸다. 7시가 되자 사물이 보이기 시작했다. 숙소 앞에 있는데 마침 마을 주민 한 분이 다가와서 안내하겠다고 했다.

　메콩강 입구에 서서 안내하던 마을 주민이 손으로 강 건너편을 가리켰다. 안개가 끼어 전체적인 강의 규모는 잘 안 보였지만, 물이 흐르는 강폭이 상당히 넓었다. 서울에서 출발하기 직전에 전화통화 할 때 박훈 목사는 강폭이 20m 라고 했는데, 이렇게 큰 강이었다니.

"현진아. 엄마, 아빠, 누나가 왔다. 현진아."

엄마가 망연자실 주저앉았다. 현진이 엄마가 울면서 기도했다.

"현진이를 찾아주세요. 우리 현진이가 물 속에 있는 것은 아니겠지요, 바깥에 있지요? 하나님…"

쌍아오는 700가구 정도되는 마을이다. 면소재지인 박촘(Pakchom)까지는 10km, 도청소재지인 러이(Loei)까지는 90km 정도 떨어져 있다. 태국에서 1월 중순은 동절기이다. 4월~5월이 가장 덥고, 11월이 가장 추운시기이다. 1월에 밤 기온은 섭씨 15~25도, 낮 기온이 25~35도 정도이다.

오전 8시, 쌍아오교회 앞에 모였다. 이른 아침에 메콩강의 규모를 보고 나서 찾는 것이 쉽지 않겠다는 생각이 들었다. 정승회 선교사에게 태국 방송에 사고내용과 실종소식을 알려야 다른 곳에서 현진이를 찾더라도 이곳으로 연락해 줄 것이라고 말했다. 정 선교사는 방송이 나가면 외부 사람이 많이 찾게 되고, 마을 사람들이 도움을 주지 않을 것이라고 했다.

"그래요? 이해가 안되는데…."

그러면서 김은일 목사를 쳐다보니 침울한 표정으로 듣고만 있었다. 일단 지켜보아야겠다는 생각을 하였다.

그때, 수색하기에 힘든 강이니, 주민들이 수색에 적극 참여하게 하려면 보상금을 주는 것이 도움이 될 것 같다는 생각이 들었다.

쌍아오교회 앞에 모인 자리에서 우선 정 선교사에게 보상금을 얼마나 주면 좋은지 물었다.

"마을 주민들이 자식을 찾아주는데 3만 바트(90만 원)를 걸고 있으니, 10만 바트(3백만 원) 정도면 적당합니다. 이 동네에서 집 한 채 가격입니다."

김은일 목사가 두 아이이니 교회에서 책임지기로 하고, 각각 10만 바트(3백만 원)로 정하자고 했다.

내가 다시 설명했다.

"마을 주민들에게 지금 방송으로 알리고 다른 마을 이장들에게도 알려주세요. 내 아들을 찾아주는 분에게 시신은 10만 바트(3백만 원), 살아있는 아들을 찾아주면 100만 바트(3천만 원)를 사례금으로 주겠다고 말해 주세요. 노력하면 그 이상이라도 할 것입니다."

이때, 햇빛이 비추고 있는데도 소낙비가 오기 시작했다

메콩강 사고 현장

오전 9시, 사고 현장으로 이동했다.
박훈 목사에게 사고 배에 탔던 아이들을 강가에 모아 달라고 했다.

사고지점의 메콩강. 카누는 하단 모래 지점에서 출발하여 강 건너 4개 바위 중 왼쪽의 두 개 바위사이에서 위쪽으로 방향을 바꾸다가 전복되었다.

사고경위를 들어야 했기 때문이다. 모두 강으로 갔다. 강가에 도착하자 비가 그쳤다.

메콩강 사고 현장이다. 안개가 걷히고 강의 윤곽이 보였다. 강 건너 라오스에 있는 산의 형세도 잘 보였다. 마을의 중심부에서 강으로 내려가는 길이 있고, 강둑 사이의 전체 너비는 직선거리로 250~300m 되는 것 같다. 강 입구에서 중간까지 지류가 있는데 무릎까지 물이 차 흐르는 정도이고 너비 50m 정도이다. 이를 건너가면 너비 40m 정도 되는 모래언덕이 있다. 이 모래언덕과 라오스 국경 사이에 강의 본류가 흐르고 있었다. 강의 본류는 대략 130~160m 이상 되었다. 강물은 흐름이 매우 빨랐으며, 색깔이 거의 흙탕물이었다. 실종 지점에서 100m 정도 하류로 시선을 돌리면 강물의 폭이 200m 이상으로 넓어진다. 산과 언덕 바위의 여건에 따라 강의 흐름이 굽어지게 되어 있었다. 엄청난 강이었다.

모래사장에 다소 낡아 보이는 듯한 카누 두 대가 정박되어 있었다. 남방나라 어부들이 타는 작은 카누였다. 나와 현진이 엄마, 김은일 목사, 정승회 선교사, 박훈 목사, 그리고 사고 배에 탔던 선교팀원 3명 등이 함께 모였다.

정승회 선교사가 설명했다.

"여기서 배가 출발하여 타고 가다가 라오스 국경 방향으로 바위 5개가 군데군데 모여있는데, 그 중 맨 왼쪽에서 두 번째 바위에 약간 못 미친 위치에서 위로 방향을 바꾸다가 전복되었습니다. 그리고 두 아이가 물속으로 들어 갔습니다."

"현진이가 강물 속으로 들어가는 것을 봤습니까?"

정승회 선교사가 말했다.

"여기서 모두들 보고 있었습니다."

현진이 엄마가 소리내어 울기 시작했다.

사고가 난 배를 탔던 선교팀원은 6명이며 4명이 배가 전복된 후 각각 물에서 나온 경위를 설명했다. 이를 종합하면 다음과 같다.

카누 맨 앞쪽에 첫 번째로 탔던 안수헌(23살)은 카누가 전복되고 물 속에서 보니 가슴과 목 사이 정도에 물이 찼기에 정신차려서 걸어 나왔다. 두 번째로 앉아 있던 나찬웅(23살)은 물 속에서 두 번 오르내리다가 뱃사공의 발을 잡고 구출되었다. 세 번째로 앉아 있던 안수한(19살)과 다섯 번째로 앉아 있던 장현진(14살)은 물 속으로 들어가서 안보였다. 네 번째로 앉아 있던 김석기(16살)는 두손을 휘젓다가 100m 정도 메콩강의 물살을 따라 떠내려 가는데, 선교팀원 중에 수영구조대 활동을 하던 학생이 다른 카누를 타고 가서 구해왔다. 여섯 번째로 앉아있던 홍대준(20살)은 키가 크고 건장한 청년이었는데, 카누가 침몰하자 본능적으로 정신없이 손을 저어 나왔다. 홍대준은 바로 앞에 현진이가 앉아 있었지만 갑자기 배가 전복되자 나오기 급급해서 뭐가 뭔지 전혀 알 수가 없었다고 했다.

정승회 선교사가 말했다.
"선교팀은 오후 2시경 쌍아오마을 유치원에서 마을 아이들을 위한 사역을 하고, 3시경에 마을 아이들과 같이 이 강에 내려왔습니다. 박훈 목사는 사고가 난 두 번째 배가 출발한 후에 강가에 내려왔습니다."
박훈 목사를 쳐다보니, 입을 다물고 그렇다는 듯이 아무 말도 하지 않았다.
이런 강에서 저렇게 작은 배에 태웠다니 절망적이었다. 이제 어떻게 해야하는가? 먼저 사공부터 찾자고 제안했다. 그러나 정 선교사는 사공이 라오스 사람이며 사고 직후 라오스 쪽으로 도망갔다고 했다.

"마을 사람들에게 사공을 찾아달라고 부탁해주세요."

정승회 선교사가 잘라 말했다.

"못찾아요!"

난감했다. 어떻게 해야 하는지.

"사고 지점에서 배를 타자"

오전 10시, 사고 경위를 듣고는 어딘가 석연치 않은 부분이 있다고 느꼈다. 그래서 직접 사고 순간과 동일한 코스로 카누를 타야 겠다는 생각이 들었다. 정승회 선교사에게 사고 지점까지 안내해 달라고 제안했다. 정승회 선교사가 같이 갈사람이 있느냐는 듯이 두리번거렸.

내가 김은일 목사에게 같이 타겠느냐고 묻자 황급히 고개를 저었다.

"혼자 가도 됩니다. 같은 코스로 가봐야 어디에서 찾을 것인지를 생각할 수 있습니다. 어부 한 분이 사고 지점에 같이 가서 알려 주면 됩니다."

이때, 주민 한 사람이 같이 가겠다고 나섰다. 그리고 나서, 박촘교회 태국인 아피싯 목사가 같이 타겠다고 나섰다.

사고가 난 카누와 같은 배가 있었다. 카누의 폭은 한 사람이 들어가면 옆 사이즈가 꽉찼다. 전체 길이는 사공을 제외한 6명이 타자 앞뒤 간격에 여유가 없었다. 카누 중간에 나무판자 4개가 무질서하게 놓여 있었다. 조정하는 사람 외에 4명이 타도록 만든 것이다. 강가에 나온 몇 명의 군인들과 마을 어부들이 타는 것을 보니 사공을 제외하고 3~4명이 타고 있었다.

카누는 길이 4~5m, 폭 60㎝ 정도의 긴 형태로, 앞 끝이 약간 좁아지는 모양이다. 뒷 부분에는 중고형 낡은 발동기를 달고 있었는데, 카누가 움직이면 발동기 소리가 덜덜거렸다. 카누는 마을 주민들이 타고 다니면서 낚시나 그물 등을 설치하는 수단으로 사용하는 것이다.

카누를 타려고 하자 마을에 나와 있던 경찰이 입고 있던 구명조끼를 벗어 주었다. 구명조끼를 입고 카누에 타려고 발을 들여 놓으니, 자리에 앉기도 전에 좌우로 요동을 쳤다. 급히 몸을 낮추어 가까스로 앉았다. 강가에서 7~8m 정도 강 안쪽으로 진입하자 물살이 빠르게 쏴하는 소리가 들렸다. 물이 배에 부딪히면서 카누가 45도 정도로 비스듬히 밀려갔다. 배의 양 끝모서리 윗부분 10㎝ 정도까지 물이 육박하면서 카누가 조금 기울 때마다 물이 들어왔다. 배가 좌우로 요동을 치면서 움직였다. 아피싯 목사가 양손으로 모서리를 잡으라는 시늉을 했다. 타고 가면서 두려움을 느꼈다. '현진이가 얼마나 두려워했을까?' 라는 생각을 하니 가슴이 미어졌다.

카누를 탄 지점에서 강을 볼 때는 얼마 안되는 거리 같았지만, 막상 강물 안으로 들어와 보니 거리가 상당히 멀었다. 물살에 따라 강 아래로 죽밀렸다가 위로 가기 위해 돌아가야 했다. 사공이 손으로 사고 지점을 가리키면서 배가 가는 방향을 따라 손으로 원을 그렸다. 돌 수밖에 없다고 설명하는 것이다. 가까스로 배가 침몰했다는 지점에 다다랐다. 물살에 카누가 한자리에 있지 못하고 아래로 밀려갔다. 사공이 밀리지 않으려고 계속 노를 저었다. 사공이 배모서리의 왼쪽을 가리켰다. 사고 지점이었다. 그곳을 보는 순간 깜짝 놀랐다. 지름 10~20m 정도의 소용돌이가 휘몰면서 크게 원을 그리고 있었는데 그 원이 연신 빙빙 돌고 있었다. 소용돌이가 지속적으로 생기는 곳으로 부근에도 여러 군데 보였다. 사공과 아피싯 목사가 내 얼굴을 침울하니 바라보았다. 이곳은 큰 배가 가만히 서있어도 위험했다. 이런 강에서 현진이를 태웠던 것이다. 순간적으로 정신이 아찔했다. 이를 악물었다.

잠수부를 찾아 주세요

오전 11시, 강가 수색 현장이다. 전날 밤에 우돈타니에 도착했을 때, 정승회 선교사가 철저하게 수색하고 있으며, 모든 조치를 취했다고 했다. 그런데 이날 강에 도착하여 2시간 정도 수색하는 것을 지켜보았는데 너무 한심했다.

군인 수색 작업은 지역수비대 9명이 전부였고, 그 중 상급자 3명은 강둑에서 상황을 지켜보고만 있었다. 나머지 6명이 3명씩 카누 2대를 타고 배 끝에 낚시 줄을 2줄로 늘려서 왔다갔다 하다가 뭔가 걸리면 들어올리는 식으로 진행하고 있었다. 그 외는 몇 명의 경찰이 지켜보고 있는 정도였다.

내가 정승회 선교사에게 말했다.

"잠수부를 찾아 주세요."

"군인 잠수부는 안 됩니다."

"왜 안 됩니까? 군인들이 안 된다면, 민간인 잠수부라도 불러 주세요. 비용은 내가 낼 테니 빨리 찾아 주세요."

"마을 사람들이 3일이면 물에서 뜬다고 합니다."

"이런 수준으로는 안 됩니다. 잠수부가 있어야 물 속 상황을 알 수 있어요."

 그러자 정승회 선교사가 투덜대었다. 이 순간에는 더는 참을 수 없어서 말했다.

 "찾으려는 것입니까? 방해하려는 것입니까? 지금 중요한 것은 찾는 것입니다. 비용은 내가 낸다고 하지 않습니까?"

 그리고 잠시 후, 정승회 선교사가 민간인 잠수부를 불렀다고 알려주었다.

 수색하는 것을 더 지켜보다가 아무래도 태국 군인들이 와야 일이 되겠다는 생각이 들었다.

 정승회 선교사에게 말했다.

 "태국 군인들에게 수색을 의뢰해야 합니다. 그래야 장비도 있고 체계적으로 합니다. 저런 카누를 타고 찾아 다녀서는 진전이 없습니다."

 정승회 선교사가 갑자기 정색을 하더니, 손을 흔들어 가면서 말했다.

 "태국 군인이 투입되면 라오스 군인들이 대규모로 뜨기 때문에 안 됩니다. 전쟁이 일어납니다."

 "라오스 국가에 실종자를 찾고 있다고 설명하면 되는 것이 아닌가요?"

 "아니야. 전쟁이 일어나서 안돼!"

 이 사람을 도무지 이해할 수가 없었다. 다시 서울에 있는 분들에게 연락을 취했다. 외무부에 연락해서 태국 정부에 태국 군인들이 수색을 도와주어야 한다고 설명해 달라고 했다.

 김은일 목사에게 정승회 선교사가 외부에 알리지 않고 오히려 방해하고 있으니, 대사관에 요청하여 통역을 별도로 데려오자고 했다. 김은일 목사는 여기 교회를 움직이는 사람이니 지금은 그냥 두자고 했다.

도움이 필요합니다

오후 1시 30분, 김은일 목사가 마을에서 강으로 씩씩거리고 내려오면서 말했다.

"정승회 선교사가 군인을 투입하고 수색을 확대하면 자신은 빠지겠다고 합니다. 그래서 대들고 싸웠습니다. 인간이 아닙니다."

정승회 선교사 사모가 뒤따라오면서 자신이 통역하겠다고 했다. 아마 정 선교사가 빠지겠다고 하니 사모가 자신이라도 대신해야 된다고 생각한 모양이었다.

오후 2시경, 민간 잠수부 3명이 도착했다. 사고 지점 부근에 바로 잠수해 들어갔다. 그리고 2시간 정도 찾아보고 나서 강물 속의 상태를 알려주었다. 배가 전복된 지점에서 조금 아래 물이 모이는 부근을 중점적으로 찾아야겠다는 설명도 했다.

오후 3시 30분, 태국 대사관의 홍익태 영사가 강가에 도착했다. 홍 영사가 현지에 도착하면서 경찰서장 등을 만났고, 이들을 대동하고 강가에 같이 왔다. 홍 영사가 전날 오후에 내가 건 전화를 받고 급한 상황으로 인식되어, 이날 새벽 4시에 승용차를 타고 출발했다고 한다.

"군인들이 와야 하고, 군용보트와 잠수부가 있어야 합니다."

그리고 잠시 후 홍 영사가 말했다.

"내일 아침에 군인 30명이 투입될 것입니다. 군용보트, 군인 잠수부가 투입될 것입니다. 450km 먼 곳에 있는 큰 배도 올 것입니다."

이제야 적극적으로 움직이는 것이 보였다.

"정승회 선교사가 태국 군인들이 투입되면 태국과 라오스간에 전쟁이 난다고 하던데요?"

"전쟁요? 태국 군인들이 미리 라오스에 연락했고, 제가 라오스 한국 대사관에도 이 상황을 알렸습니다. 그런 것은 선교사가 걱정할 일이 아닙니다."

오후 5시, 김은일 목사가 선교팀은 1월 16일 새벽에 출발하여 1월 17일 서울행 비행기를 타야 한다고 말했다.

나도 모르게 중얼거리듯 말했다.

"현진이를 찾아서 같이 가야 하는데…"

"아이들 부모들이 빨리 귀국시키라고 합니다."

이 말을 듣는 순간에 눈물이 왈칵 쏟아졌다.

밤 8시, 이중표 목사가 전화했다. 한신교회 담임목사였다. 내가 통곡하듯이 설명했다.

"이곳 지원이 형편없습니다. 사람이 부족합니다. 군인들이 투입되도록 노력해 주세요. 그리고 박훈 목사는 쌍아오교회 안에서 청년들과 같이 있고, 김은일 목사가 혼자 움직이고 있는데, 김 목사가 서울에 돌아가서 주일 설교를 해야 된다고 합니다. 잘못된 것이 아닙니까? 선교팀은 박훈 목사가 인솔해서 방콕공항에서 비행기에 탑승시키고, 박훈 목사도 다시 여기로 돌아와서 같이 찾아야 합니다. 사고 순간을 알고 있는 사람이 한 명이라도 있어야 합니다."

"그런가요? 그럼, 그렇게 하겠습니다."

이 분이 상황을 모르는 것인지, 아니면 누군가 잘못된 보고를 하여 이렇게 태연한 것인지 알 수 없는 일이었다.

현진이를 꼭 찾을 것이다

밤 9시, 김은일 목사가 현진이 시신을 찾으면 어떻게 하겠느냐고 물었다. 그 순간까지 이에 대해서 생각해 보지 않았지만, 미리 생각이나 한듯이 즉시 대답했다.

"서울로 가서 현진이 할아버지 산소가 있는 여주 남한강 공원묘지로 갈 것입니다. 서울로 운구하는데 지장이 있는지 영사와 협의해 보도록 하세요."

"영사는 서울로 옮기는데 문제가 없다고 했습니다."

김은일 목사가 서울로 가려면 냉장을 해야 한다며, 이 마을에서는 절이 가능하고, 그렇지 않으면 90km 떨어진 도청 소재지인 러이에 있는 병원으로 가야 한다고 전했다. 내가 현진이는 절을 싫어했기 때문에 멀더라도 병원으로 가야 한다고 말했다. 현진이는 언젠가 여름 휴가철에 강원도에 갔다가 오는 길에 상원사에 갔을 때도 절에 들어가지 않았다. 현진이는 할머니가 갓난아기 때부터 찬송가를 부르면서 키워서 그런지, 하나님을 믿는 사람은 절에 가면 안 된다는 생각을 하고 있었다.

그리고 나서 이천에 사는 형과 외삼촌에게 전화하여 상황을 설명하고, 여주 남한강 공원묘지에 자리를 준비해 달라고 했다. 외삼촌이 말했다.

"마음을 굳게 먹어라. 하나님이 함께 하실 것이다. 장지는 염려하지 말아라. 알아서 준비해 놓겠다."

이 말이 힘이 되었다. 시골 교회 장로로서 수십 년을 헌신한 분이다. 형도 꼭 찾아야 한다며 나를 믿는다고 했다. 스스로 다짐하며 대답했다. "꼭 찾을 것이야."

남들이 현진이가 메콩강에 있다고 해서 찾고는 있지만 믿어지지가 않았다.

저녁 5시가 되면 수색이 중단되었다. 해가 저물기 시작하면 물이 차가워지고, 6시가 되면 강을 떠나 마을로 가야 했다. 강가에서 밤을 지내고 싶어도 내일을 위해 떠나야 했다. 하루 종일 강가에 있으니 저녁에는 기진맥진 지치게 된다. 낮에 강가 의자에 앉아있다가 쓰러질 뻔한 적도 있었다.

밤 9시경 손전등을 들고 다시 강에 가보았지만, 앞만 조금 보일 뿐 분간할 수 없는 어둠만 깔려 있었다. 하는 수 없이 울면서 마을로 돌아와야 했다. 현진이 엄마, 효정이와 함께 모여서 기도하고, 다시 눈을 붙이려다가 몇 번이나 밖으로 나오곤 했다.

이 험한 강에서 찾을 수 있을까

1월 16일(금) 아침 7시, 강가에 혼자 가서 현진이를 부르면서 울었다. 그리고 쌍아오교회에 와서 실종된 다른 한 아이 부모와 홍충일 장로를 만났다. 이때 처음 실종된 다른 아이의 부모와 대면했다. 안 집사와 최 권사라고 했다. 홍충일 장로는 60대 중반 정도 된 분이다. 홍 장로에게 말했다.

"연로하신데 여기까지 오셔서 고맙습니다."
"아무도 오려고 하지 않았어요. 그래서 내가 오게 된 것입니다."
충격적인 말이었다.

오전 9시, 태국 군인 30여 명이 도착했다. 군인 4명이 잠수부 복장을 갖추고 있었다. 군용 고무보트도 보였다. 이제야 수색하는 형태라도 갖추게 된 것이다. 잠수부 중 한 분은 눈이 크고 인상적이었다. 이 분이 내게 찾으려는 아이가 아들이냐고 물었다. 그리고 강을 바라보면서 고개를 끄떡거렸다.

오전 9시 30분, 마을 이장이 다가와서는 3일째 되는 날에는 찾는다고 말했다. 사고 지점으로부터 하류에 강물이 모이는 핫캄피(HatKhamPhi)라는 곳이 있는데, 그곳에서 찾는다고 말했다.

핫캄피는 쌍아오마을에서 10㎞ 정도 하류에 있다. 이곳은 주변이 바위로 둘러싸여 있다. 강물이 흐르다가 소용돌이치면서 이곳에 모이는데, 몇 시간 정도 맴돌다가 하류로 흘러 간다.

수색하는 동안 이 핫캄피에 매일 갔었다. 처음 간 것은 1월 15일 오후였고 이때는 물의 흐름이 두렵게 느껴졌다. 두 번째는 1월 16일 오전이었는데 이때는 그곳에서 찾을 것 같지 않다는 느낌이 들었다. 세 번째는 1월 17일 오전이었고 이때는 사고 지점부터 핫캄피의 중간지점에서 찾을 것 같다는 생각이 들었다.

현진이 엄마는 현진이는 운이 좋은 아이라 누군가가 물에 떠내려 가는 것을 구해주어서 어딘가 강 밖에 있을 것이라고 했다. 차소리가 들리면 현진이가 타고 오는 줄 알고 놀라 일어났다가, 차가 지나가면 큰 한숨을 쉬면서 실망하곤 했다.

현진이 엄마가 소리내어 기도했다. "현진이를 지켜주신다고 하여 태국에 보낸 것입니다. 현진이를 저에게 보내주시옵소서."

현진이 엄마는 현진이를 낳기 전 1년 동안이나 기도했다. 현진이가 태어난 후에는 한나가 사무엘을 낳기 전 열심히 기도했던 것을 생각하여 '응답하시는 하나님'이라고 기뻐했다.

현진이를 뱃속에 갖고는 만삭 때 친정 집 2층 계단에서 머리부터 굴러 떨어졌던 적이 있었다. 그런데도 아무 이상이 없었다. 또 언젠가 백화점에서 집안 식구들이 추첨권 한 장씩 뽑았는데 다른 사람은 500원짜리가 고작인데 반해 현진이가 뽑은 것은 1등에 당첨되었다. 우리 집에 있는 김치냉장고도 그렇게 생긴 것이다.

하나님이 현진이를 지켜 주실 것이라고 믿었다. 현진이 엄마는 실종 소식을 들은 후부터 물만 겨우 마셨다. 내가 "먹어야 힘을 내 찾는다."고 하면, 소리 내어 통곡하였다.

목사님이 오셔야 합니다

오전 10시, 강가에서 군인들의 수색을 보면서 내가 안 집사에게 탄식하듯이 말했다.

"어제 카누를 타고 사고 지점까지 가 보았어요. 여기서 보는 강물도 험하지만, 막상 저 강물 안으로 들어가면 훨씬 더 두려운 소리가 납니다. 저기 사고 지점에는 소용돌이가 심해요. 이런 강에서 저런 배를 태우면 어떻게 합니까?"

이때 떨어져 있던 정승회 선교사가 가까이 오면서 대답했다.

"두 번째로 갔는데 배를 타고 장난하다가 뒤집혔어요."

어이가 없어서 반문했다.

"저 배는 타기도 힘든데, 저 배를 타고 장난을 치다니요?"

오전 10시 30분, 강가에서 군인 잠수부들이 수색하고 있을 때, 이중표 목사가 전화를 했다.

"사고 현지에 가고 싶은데, 장로들이 못 가게 합니다."

"현진이가 이 험한 강물에 있다고 합니다. 찾아야 합니다. 건강이 안 좋다고 하시니 안 오셔도 됩니다. 하지만 괜찮으시다면 오셔야 합니다."

갑갑했다. 이곳에 부목사와 장로가 각각 한 명이 와 있었다. 안내했던 선교사는 덮기에 급급하여 사사건건 반대를 하고 있었다. 사람이 더 있어야 했다.

잠시 후, 김은일 목사가 다가오더니 담임목사가 오시기로 했다고 말했다. 전날부터 담임목사는 '오겠다, 못 오겠다'를 몇 번 반복하더니, 오기로 결정한 모양이었다.

오전 11시, 메콩강 하류방향으로 두 군데 물 흐름이 모이는 곳이 있다는 설명을 듣고 가서 확인했다. 10km 지점에 있는 핫캄피와 13km 지점에 있는 마을이었다. 메콩강의 강둑에는 왕복 2차선의 포장된 도로가 있다. 차를 타고 가면서 강의 줄기를 멀리서 보는데, 이 강은 알면 알수록 무섭고 험하다는 생각이 들었다. 강의 하류를 둘러보고 안 집사에게 말했다.

"군인들이 찾고는 있으나 물의 흐름을 모르는 것 같아요. 최신형 장비를 갖춘 사람을 초빙해 오면 도움이 될 것 같습니다."

3일째라고 생각하니, 살이 타 들어 가는 것 같았다.

오후 1시, 서울에서 TV 및 신문에 보도되었다고 연락이 왔다. 이로 인해 태국 방송국에서도 알게 되어 정승회 선교사에게 인터뷰를 요청했다고 한다.

정승회 선교사가 내게 말했다.

"언론에서 인터뷰하자고 하는데, 그러면 내가 일을 할 수가 없습니다. 방해가 됩니다."

"알려야 찾을 수 있어요. 지금 중요한 것은 찾는 것입니다."

정 선교사는 인터뷰를 하면 일을 할 수 없다고 계속 투덜댔다.

오후 5시, 군인 수색대가 철수 준비를 했다. 군인 수색대원 중 큰 눈을 가진 분이 모래사장에 그림을 그리면서 수색 현황을 설명했다. 이분은 처음에 강에 들어 갈 때 내게 아들이냐고 물었던 분이다.

"오늘은 사고 난 지점 부근의 강 밑을 중심으로 몸이 빨려 들어 갈만한 장소를 집중적으로 찾아보았습니다. 강 깊이는 30m 되는 곳도 있습니다. 내일은 강 하류 방향에 있는 넓은 곳에서 찾으려고 합니다. 깊이가 더 깊어질 것입니다. 강물 속의 유속은 표면의 유속보다 훨씬 더 빠릅니다. 잠수부들이 물의 흐름에 감겨 들어가곤 해서 위험했습니다."

마음이 찢어지듯 아파오고 견딜 수 없어서 멀리 떨어져 통곡했다.

비가 오며 하늘도 울고

1월 17일(토) 새벽 4시, 비몽사몽간에 누워있다가 일어났다. 그리고 "오늘은 찾아야 한다." 라고 다짐하면서 짐을 꾸렸다.

새벽 5시, 쌍아오교회에 가서 기도했다.

"현진이가 걸어와야 합니다. 현진이 없이는 살 수가 없습니다. 이 손으로 아들을 안을 수 있도록 도와주옵소서."

오전 7시, 현진이 엄마와 효정이와 같이 강가에 가서 현진이를 불렀다. 애타게 울면서 불렀다. 마을 주민들이 강가에서 교대로 밤을 새우고 있었다. 모닥불에서 아직도 연기가 피어오르고 있었다.

오전 8시 30분, 햇빛이 쨍쨍 비추는데 비가 부슬부슬 많이 내렸다. 현진이를 찾아야 하는데, 비가 오면 어떻게 할 지 걱정이 앞섰다. 그런데 막상 강가에 가면 비가 그쳤다. 1월 15일부터 17일까지 3일 동안 계속해서 아침이면 비가 오다가 그치기를 반복했다.
이상하다는 생각이 들어서 이 마을에 이렇게 비가 자주 오는지 이장에게 물었더니 고개를 갸웃하면서 대답했다.
"지금은 건기입니다. 비가 오지 않습니다. 그런데 이상합니다. 며칠 동안 아침마다 비가 오는군요."
하나님이 눈물을 흘리시는 것인가 생각했다. '마음이 아프다'고 하시듯이.

여기에서 남은 삶을 바치겠다

오전 11시, 메콩강 수색 현장에 이중표 목사가 도착했다. 장로 두 분이 동행했다. 진영훈 장로와 정석준 장로라고 했다. 강을 둘러보더니 이중표 목사가 침울하게 말했다.
"이런 강이었다니. 허."

낮 12시, 강에서 올라와 쌍아오교회로 가기 위해 마을의 길을 걷는 중이었다. 정승희 선교사가 이중표 목사를 안내하고, 모두 그 뒤를 따라 걷고 있었다. 이때 진영훈 장로가 내 곁으로 가까이 오면서 나의 오른팔을 잡았다.

"아. 팔을 떨고 있어요!"

이중표 목사가 이 소리에 힐끗 뒤돌아서 나를 쳐다보았다. 이때 비로소 나도 뼈가 떨리고 있다는 것을 알았다. 그 후 내가 현진이 생각을 하면, 뼈를 떨고 팔다리도 떨게 된다는 것을 알게 되었다.

오후 1시, 이중표 목사와 부모들, 장로 세 명, 그리고 김은일 목사 등이 쌍아오교회에 모였다.

이 자리에서 이중표 목사가 말했다.

"이렇게 하기로 했습니다. 며칠 더 찾아보고 찾지 못하면 부모님들은 서울로 돌아가고, 목사 1명과 장로 1명이 남아서 찾을 것입니다. 그리고 박훈 목사는 서울에 보내 기도원에서 20일 금식기도를 하도록 하겠습니다."

뭔가 잘못되었다는 생각이 들었다.

"저는 현진이를 6개월 전까지만 해도 한 방에서 옆에 데리고 잤습

쌍아오교회. 2004년 1월 17일 오른쪽 공터에 천막이 쳐 있었고 이곳에 모여 회의를 했다.

니다. 이불을 덮어주고, 현진이가 자는 자리 위에 천장에 전등이 있으면 불안하여 전등의 나사를 다시 조이고 누웠습니다. 일요일이면 일주일 동안 사용할 연필을 한꺼번에 깎아 주고, 손톱과 발톱도 깎아 주었습니다. 제 부친이 자식을 사랑하는 마음이 극진하였고, 저도 현진이에게 정성을 쏟았던 것입니다. 만일 현진이를 찾지 못하면 이 강을 떠나지 않을 것입니다. 여기서 한 발짝도 떠날 수가 없습니다. 효정이는 현진이 엄마가 돈을 벌고 있으니 제가 가지 않더라도 서울에서 먹고는 살 것입니다. 저는 현진이를 못 찾으면 여기 남아서 남은 삶을 살 것입니다."

이 말을 하는 동안 눈물이 주루룩 흘러내렸다.

이중표 목사가 탄식하며 말했다.
"허, 대를 이은 아들 사랑이로고. 그렇게 키운 아들이었구나."
잠시 내 얼굴을 들여다보더니 말했다.
"현진이가 엄마, 아빠의 장점만을 가지고 태어났어…."
내가 말했다.
"박훈 목사를 지금 서울로 보내서는 안 됩니다. 여기에 남아서 같이 찾아야 합니다. 지금 한 사람이라도 아쉬운 판국이고, 더욱이 박훈 목사는 사고 경위를 알고 있는 인솔자입니다."
안 집사 내외는 박훈 목사가 남아서 무슨 일을 하겠느냐며 반문했다.

잠시 후 안 집사에게 말했다.
"박훈 목사가 인솔자입니다. 오늘이 4일째입니다. 계속 못 찾으면 나는 이 강에 남아서 죽을 때까지 찾을 것입니다. 그때 나와 같이 남아 줄 수 있는 사람은 박훈 목사라고 생각했습니다."

안 집사 내외는 박훈 목사가 인솔자임에도 불구하고 강에서 찾는 시늉조차 하지 않고 교회에 박혀 있는데, 그런 사람이 무슨 도움이 되겠느냐고 말했다. 내가 보아도 박훈 목사는 한심스러웠다. 생각해 보면, 이때 박훈 목사는 누가 뭐라고 하더라도 자신이 남아서 찾아야 한다는 말을 해야 했다. 그러나 이 사람은 묵묵부답으로 일관했고, 나중에도 이런 행동은 계속 이어졌다.

밧줄에 묶어 강물에 던져 주세요

오후 2시 30분, 카누를 태운 모래사장에서 예배를 드리기 위해 모였다.

내가 이중표 목사에게 사고 경위와 카누를 타고 강물 안으로 들어가 본 물살의 상황에 대해서 설명했다. 이어서 말했다.

"서울에서 출발하기 전에 박훈 목사는 강폭이 20m 라고 했습니다. 여기 강폭이 20m 인가요? 저 건너 직선거리는 130m 가 넘고, 저기 아래 물이 모이는 강의 넓이는 200m 도 넘습니다. 배가 대각선으로 원을 그리면서 지나갈 수밖에 없는데, 그 거리가 160m 이상 됩니다. 박훈 목사가 뭘 모르는 사람인지, 거짓말을 한 것인지 알 수가 없어요. 이런 사람에게 27명을 혼자 인솔하게 했습니다. 현진이는 겁이 많습니다. 우리 식구들이 에버랜드에 자주 갔는데, 갈 때마다 현진이 엄마와 누나는 바이킹을 타더라도, 현진이와 저는 안 타고 구경만 했습니다. 현진이는 이런 데에서 배를 타지 못합니다. 그리고 이런 사고에 교회가 노력을 하지 않았습니다. 여기 와서 보니 대사관의 협조는 없었고, 지역 군인 9명이 카누에 낚시 줄을 늘려서 끌다가 걸리는 것을 기대하는 수준이었습니다. 이것을 철저하게 수색하고 있다고 말했던 것입니다."

이중표 목사가 침울하니 중얼거리듯이 말했다.

"이런 강에서. 저런 배에 태우다니. 허. 허. 미친 짓이야."

오후 3시, 카누가 출발한 지점의 모래언덕에서 예배를 드렸다.

"하늘이시여, 도와주시옵소서. 아이들이 살아있으면 나타나게 하시옵고, 강 밑에 있으면 뜨게 하여 광명을 내려주시옵소서."

이중표 목사가 힘을 다해 기도했다.

그리고 이중표 목사와 두 분 장로는 다음 날 주일 예배를 위해 서울로 떠난다고 일어났다. 당시 강에 남아있는 사람들은 이 분들이 하루라도 머무는 줄 알고 있다가, 몇 시간만에 돌아가는 것을 보고 실망했다. 세 분이 강가에서 떠나는 순간이었다. 정석준 장로가 갑자기 돌아서서 눈물을 흘리면서 큰소리로 말했다.

"내 몸을 밧줄로 묶어서 저 강물 속에 던져서라도 물 흐름을 찾아내어 찾고 싶은 심정입니다."

최선을 다하면 됩니다

오후 5시 30분, 해가 기울면서 군인들이 철수하려고 군용 고무보트를 강가에 대었다. 이때 누군가 그 배를 타고 현장을 둘러보자는 말을 했다. 군인들이 허락하여 군인 잠수부 2명과 수색팀 5명이 고무보트를 타고 사고 지역과 강 하류 대략 5㎞ 되는 지역까지 30분 정도 답사했다.

군용 고무보트를 타고 강 하류로 내려갔다가 올라오는데, 사고지점부터 1㎞ 되는 지점에서 갑자기 강물 속에 들어가고 싶은 생각이 들었다. 순간 놀라서 보트 손잡이를 잡고 몸을 낮추고, 고무보트의 위 모서리에서 밑으로 내려 앉았다.

오후 6시, 강가에서 멍하니 해가 넘어가는 것을 보고 있었다.
홍익태 영사가 오늘이 실종된 지 4일째로서 2~3일 더 찾아보고 그래도 못 찾으면 태국 군인들에게 더 찾아달라고 부탁하기도 어렵다고 말했다.
이 말을 듣고 가슴이 미어졌다. 현진이를 못 찾으면 내가 이 강에 같이 있으면 된다는 생각에 체념하고 말했다.
"수색을 중단할 때는 대사관이 최선을 다했다는 것을 보여주면 됩니다. 무리하게 요구하지 않겠습니다."
그리고 돌아서서 울었다.
"현진아, 아빠가 어떻게 해야 하니. 네가 이 강물 속에 있다고 하는데. 밖에서 울고만 있구나. 결국에는 내가 이 강에 들어가야 하는 것인가."

쌍아오에서 겟세마네 기도를

밤 8시, 쌍아오교회에서 나와 현진이 엄마, 효정이가 함께 기도했다. 현진이 엄마는 엎어지고 혼절하고 깨어나는 것을 반복했다. 나는 교회에 오래 전부터 출석하기는 했으나, 설교 듣는 것 외에는 성경을 읽어본 적도 없었다. 쌍아오마을에 와서 처음으로 눈물 흘리면서 기도를 했다.
"현진이가 없으면 살 수가 없습니다. 현진이를 살려주시면 나를 바치겠습니다. 현진이를 찾게 해 주신다면 신학을 공부하겠습니다. 그러나 현진이를 찾지 못하는 것이 하나님이 원하시는 것이라면 그렇게 하십시오. 남은 삶 동안 이 마을에서 살다가 이 마을에서 죽겠습니다."

이 기도를 하면서 끓어오르던 마음이 가라앉는 것을 느꼈다. 그동안 공무원으로 있다가 현진이가 크면서 공부를 제대로 시켜야겠다는 생각에 보수가 괜찮다는 민간 회사로 옮겼다. 그리고 불과 몇 년 만에 이렇게 된 것이다. 모두가 부질없는 일이었다.

밤 11시부터 1시간 정도 다시 반복하여 기도했다. 통곡하면서 눈물을 흘렸다.

"현진이를 찾아 주시면 하나님이 원하시는 것을 하겠습니다. 그런데 현진이를 찾지 못하는 것이 하나님이 원하시는 것이라면 그렇게 하십시오. 나는 이 강을 떠날 수가 없습니다. 여기에 있어야 합니다."

1월 18일(일) 새벽, 뜬 눈으로 있다가 4시에 닭이 우는 소리에 일어나 앉았다. 밤에는 기온이 낮고 난방시설이 되어 있지 않아 추웠다. 짐을 정리했다. 이날은 찾을 것이라는 생각이 들었다. 현진이 엄마와 효정이에게 오늘은 찾을 것이니 짐을 정리하라고 했다. 전날에 이어 이날도 새벽에 짐부터 꾸렸다.

새벽 5시, 현진이 엄마, 효정이와 같이 쌍아오교회에 기도하러 갔다. 엄마가 무릎 꿇고 기도하다가 엎어지면서 울부짖고 통곡했다.

나는 전날 밤에 이어 세 번째 기도를 하였다.

"현진이를 살려주시고 이 몸을 데려가십시오. 현진이를 찾게 해 주신다면 무엇이든지 하나님이 하라시는 것을 하겠습니다. 그러나 현진이를 찾지 못하는 것이 하나님이 원하시는 것이라면 그렇게 하십시오. 현진이를 찾지 못하면 이 강에서 죽어야 합니다."

나중에 서울에 와서 신학을 공부하다 보니, 예수님이 겟세마네 동산에서 십자가 길의 선택을 놓고 그 잔을 피하고 싶었지만, 아버지의 원대로 하시라고 기도했다는 것을 알게 되었다. 이를 테면 나도 모르는 가운데 쌍아오마을에서 겟세마네의 기도를 한 것이다.

찬송이 들려와

아침 6시 30분, 쌍아오교회에서 기도를 마치고 밖으로 나오니 박훈 목사가 시무룩하니 서 있었다.
"여기서 같이 찾아야 하는데 서울로 가는 것이라고 들었습니다. 현진이는 내 목숨보다 귀한 아들입니다. 인솔자로서 책임을 져야 합니다. 앞으로 지키겠다고 약속하세요. 첫째는 언제든지 기도할 때는 현진이를 위해서 기도해야 합니다. 이것이 당신이 해야 할 일을 가르쳐 주게 될 것입니다. 둘째는 현진이를 위해 무엇을 할 것인지를 생각하고 추진하도록 하세요. 우리가 같이 짊어져야 할 짐입니다."
"약속을 반드시 지키겠습니다."
박훈 목사가 울먹이면서 대답했다.

오전 7시, 쌍아오교회에 모두 모였다. 박훈 목사가 자리에 없어서 찾아보니 뒤뜰에서 울고 있었다. 가서 끌어안고 식탁으로 데려왔다. 그런데 이 시간에 내 마음이 이상할 정도로 안정되어 가는 것을 느꼈다. 나중에 알게 되었는데 이 시간에 현진이 시신을 찾았던 것이다.

오전 8시, 숙소에서 쌍아오교회로 가기 위해 나서는 길이었다. 옆집 할머니가 다가와서, 한 손으로 하늘을 가리키다가 자신의 가슴을 치고는 손바닥으로 땅에서 위로 뜨는 것을 표현했다. 그리고 고개를 끄덕거렸다. 하늘이 울고 부모가 울고 있으니, 물에서 떠오를 것이라고 말하는 것 같았다.

쌍아오교회로 가는 길에서 현진이 엄마가 말했다.

"여기에 도착하면서 지금까지 내 귀에 계속해서 같은 찬송이 들려와. '너는 내 아들이라 오늘날 내가 너를 낳았도다' 지금도 들려와."

현진이를 찾았다

오전 10시 30분, 마음이 초조해졌다. 강의 흐름을 살펴보고 다시 생각해 봐야겠다고 중얼거렸다. 강가에 있는 바위 위에 올라가서 사고지점을 살펴봐야겠다는 생각에 강 안으로 걸어가고 있었다.

이때 김은일 목사가 뒤에서 큰 소리로 불렀다.

"집사님, 제 말 좀 들으시지요?"

"저기 바위 위에 가려고 합니다."

김은일 목사가 뛰어오면서 내 팔을 잡으면서 말했다.

"놀라지 마십시오. 찾았습니다. 현진이입니다."

이 순간 다리가 후들후들 떨리고, 힘이 쭉 빠지면서 비틀거렸다. 정신을 차리려고 어금니를 깨물며 물었다.

"확실합니까? 누가 확인했나요?"

"홍 영사가 확인했습니다. 여권 사진에 현진이는 얼굴이 둥글고 살이 있고, 수한이는 마르고 긴 편이라 확실히 다릅니다."

이제는 절망이구나. 그토록 살려달라고 애원하고 기도했건만.

현진이 엄마에게 말했다.
"현진이를 찾았대… 현진이를."
현진이 엄마가 통곡하면서 말했다.
"안돼 안돼, 살아야 해."

메콩강에서 쌍아오교회로 뛰어가는 중이었다. 그런데 발걸음이 붕 붕뜨면서 땅에 디뎌지지가 않았다. 그러면서 효정이 손을 잡으려 했다. 효정이가 내 손을 잡으면서 말했다.
"아빠, 현진이를 확인할 때 아빠 옆에 효정이가 있어야 해요."
"왜?" 내 목소리가 떨리고 있었다.
"현진이를 확인할 때 아빠가 쓰러질까 봐 그래. 그리고 내가 봐야 해."
그러면서 눈물을 흘린다. 참으로 침착한 아이다. 이 순간에도 나를 걱정하고 있었다.
어려서부터 현진이는 누나가 다니는 학원에 같이 다녔다. 현진이는 무엇이든 익숙하게 되면 잘하지만, 처음에는 신중한 성격이었다. 음식도 먹어보지 않은 것은 쉽게 먹지 않았다. 태권도, 영어학원, 바이올린 학원도 누나가 배우는 것을 지켜보다가 다니기 시작했다. 현진이 엄마가 중학교에 출근하고 할머니가 두 오누이를 보살펴 주었는데, 할머니가 자주 아프시다 보니 효정이가 동생인 현진이를 늘 돌보아 주었다. 효정이가 동생 걱정에 간신히 견디면서도 아빠를 걱정하고 있었던 것이다.
"그래, 봐야지. 하나 밖에 없는 동생인데 봐야지."

현진아! 엄마 아빠가 왔다

오전 11시, 쌍아오교회에 갔다. 홍익태 영사가 현진이가 500m 떨어진 지점에 있다고 했다. 현진이 엄마가 울면서 같이 가겠다고 했으나 우선 내가 혼자 가서 보기로 했다. 급하게 서둘렀으나 발이 안 떨어졌다. 홍익태 영사와 김은일 목사가 같이 갔다.

홍익태 영사가 안내하는 대로 차를 타고 마을 어딘가 큰 건물이 있는 곳에 들어갔다. 마당이 넓은 것으로 보아 관공서 같았다. 마당 가운데 1톤 트럭 같은 차가 있었다. 트럭 뒤의 짐 싣는 곳으로 안내되었다. 푸른색의 투박한 비닐이 덮여 있었다. 비닐을 제쳤다.

현진이였다. 내 아들 현진이였다. 현진이를 여기서 이렇게 찾다니. 순간적으로 정신을 잃는 듯해서 이를 악물었다. 눈물이 핑 돌면서 쏟아졌다.

"현진아!"

다시 정신이 혼미해지려 해서 혀를 깨물었다. 현진이의 몸을 확인하기 시작했다. 얼굴, 머리카락, 귀, 팔과 다리를 보았다. 피부색 그대로였다. 배를 만져보니 날씬했다. 물을 먹지 않았다. 현진이가 4일 15시간 동안 물 속에 있었는데 살아 있었던 것이다.

정신을 차리려고 머리를 흔들었다. 그리고 다시 보는 순간에 현진이가 누워있는 자세를 보고는 더 놀랐다. 꿈에 본 모습이었다. 머리를 약간 우측으로 제치고, 양 다리를 약간 구부리고, 오른팔을 배에 올려 놓은 편한 자세였다. 방콕공항에 착륙하기 직전에 비몽사몽간에 꿈을 꾸었는데 그때 꿈에 현진이가 서울 집에 와서 침대에 누웠었다. 앞에 보는 이 자세로 누웠던 것이다.

이때, 비로소 하나님이 현진이를 찾게 해 주신다고 약속한 것을 깨달았다. 두 손을 움켜잡고 기도했다.

"하나님, 현진이를 찾게 하셨습니다. 이 험한 강에서 찾게 하셨습니다. 고맙습니다."

눈물이 비 오듯이 흘러내렸다.

현진이를 확인하고 나니 절망감에 쓰러질 지경이었다. 정신을 차리기 위해 다시 혀를 깨물었다. 쌍아오마을의 낮 기온이 30도가 넘어 서울로 옮기기 위해서는 빨리 냉장을 시켜야 했다. 김은일 목사가 냉장시설은 쌍아오마을에 있는 절과 그 다음으로는 90km 떨어진 러이병원에 있다고 말했다.

"현진이는 절을 싫어했어요. 멀더라도 병원으로 갑시다."

병원으로 가기 위해 일단 다시 교회로 왔다. 현진이 엄마가 정신 나간듯이 나를 바라보았다. 울컥하는 울음이 나오면서 현진이 엄마에게 말했다.

"현진이야."

이 말을 듣고 현진이 엄마가 절규했다.

"현진아, 현진아."

도청 소재지인 러이에 가려면 1시간 30분 정도 소요된다.

차 운전하는 분에게 시계를 가리키면서 날씨가 더우니 빨리 움직이자고 했다. 러이병원에 도착하니 낮 1시 30분이었다. 서울로 가기 위해서는 방콕으로 가야 하는데, 방콕에서 운반하는 차량이 오후 8시에 러이병원에 도착한다고 했다. 우선 냉장실에 운구해야 한다. 이때, 현진이 엄마가 현진이를 봐야 한다고 했다. 냉장실에 들어가기 전에 병원 응급실에서 다시 보았다. 이때는 머리부터 발 끝까지 샅샅이 살폈다.

눈꺼풀이 찬물에 수축되어 눈이 약간 앞으로 나와 있었다. 얼굴, 귀, 손톱과 발톱, 손과 발, 등의 곡선, 몸이 모두 피부색이었다. 물을 전혀 먹지 않았으니 살아있는 것처럼 어린 모습이 그대로 나타났다. 엄마한테 보여주려고 이제까지 이 모습으로 있었던 것이다.

현진이 엄마가 통곡하면서 울었다.

"살려달라고 했는데… 여기에 이렇게 누워있다니…."

하염없이 눈물이 흘러내렸다. 정녕 믿을 수 없었다.

내가 현진이에게 중얼거리듯이 말했다.

"현진아, 엄마가 왔다. 엄마야. 네가 유난히 좋아했던 엄마야. 엄마가 낮에 학생들을 가르치고 저녁이면 집안일을 해야 하니까 힘들고 불쌍하다고 했는데… 엄마 일을 덜어준다고, 심부름을 많이 했는데, 이제 엄마가 왔어. 너를 만지고 있어."

십자가 목걸이

러이병원에서 임시로 냉동실에 안장하고, 쌍아오마을에서 수색과정에서 수고한 분들에게 인사하기 위해 다시 왔던 길로 돌아섰다. 메콩강을 왼쪽으로 끼고 차를 타고 가는 중에 정승회 선교사 사모가 말했다.

"십자가 목걸이를 어제 오후 3시경에 마을 어부가 찾았다고 했습니다. 사고 난

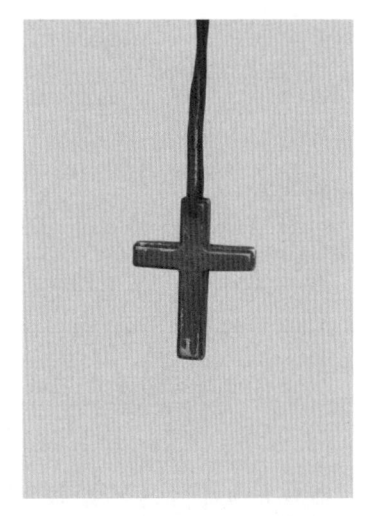

메콩강에서 발견된 십자가 목걸이

곳에서 멀리 떨어진 지점에서 어부가 발견하여 교회로 가져왔어요."

뜻밖의 말이었다.

"왜 이제야 이야기합니까?"

"목걸이를 발견했다고 하면 밤에 찾자고 할 것 같아서 이야기를 안 한 것입니다. 마을 사람들이 십자가 출현이라고 말했답니다.

처음에는 이 목걸이가 누구 것인지 몰랐는데, 목걸이를 발견하고 나서 시신을 찾았으니 현진이 것입니다."

쌍아오마을에 도착해서 교회에 들러 십자가 목걸이를 보았다.

나무 십자가 목걸이였다. 목에 걸고 다녀서 모서리가 닳아 있었다.

"서울로 가져가도 됩니까?"

"당연히 그래야지요."

서울 한신교회로 가져가기 위해 주머니 안쪽에 넣었다.

나중에 태국 선교팀에서 현진이가 선교활동 하던 사진을 주었다. 사진마다 현진이는 십자가 목걸이를 걸고 있었다. 그리고 사고 직전에 선

2004년 1월 13일 순교 직전에 메콩강으로 오는 모습, 십자가 목걸이를 한 소년이 현진이

교팀이 이 강을 배경으로 찍은 사진이 몇 장 안 되었는데, 그 중에서 현진이 사진이 두 장 있었다. 사고 직전에 선교팀원들과 같이 강둑에서 강물이 흐르는 곳으로 내려오면서 찍은 사진이다. 현진이가 목에 십자가 목걸이를 걸고 이날의 짝꿍 나찬웅의 손을 잡고 걸어오는 모습이다.

귀인입니다

오후 4시 30분, 쌍아오마을에 다시 와서 현진이를 찾은 과정을 들었다.

이날 아침 7시경 마을의 어부가 현진이를 발견했다. 어부는 쌍아오마을 이장의 매제였다. 아침 7시가 되면 강물의 시야가 보이는데, 쌍아오마을에서 3km 떨어진 곳에 쳐 놓았던 그물을 확인하러 갔다가 발견한 것이다.

"강물 속에 4일 이상 있었는데 시신이 너무 깨끗하여 놀랐다. 시신 근처에 크고 작은 많은 물고기들이 원으로 둘러싸서 그물 쪽으로 내려왔는데 시신에 덤벼드는 물고기가 없어서 놀랐다. 마을에서는 물고기가 시신을 호위하는 경우는 귀인이라는 이야기가 전해 내려온다."라는 말을 듣는 순간에 손이 부들부들 떨렸다.

"하나님이 지켜 주셨구나!"

김은일 목사는 강가에서 현진이가 꿈에 본 그 모습이었다며, 꿈에서 현진이 머리와 머리털을 보았다고 말했다.

현진이 엄마가 통곡하면서 울었다.

"현진이를… 현진이를… "

김은일 목사가 소리지르듯이 말했다.

"내가 머리털 하나 다치지 않고 데려오겠다고 했지 않았습니까?"

김은일 목사가 나와 같이 현진이 시신을 확인했는데 살아있는 듯이 깨끗한 것을 보고 나서 몇 번이나 "깨끗하지요? 놀랐어요." 하더니, 여기서도 다시 말했다.

이 말을 듣고 현진이 엄마는 더욱 서러워서 한참을 울었다.

이제는 같이 가야 합니다

오후 5시, 우선 서울로 가야 했다. 김은일 목사가 현진이는 밤 8시에 러이병원에서 방콕으로 이동하고, 가족은 다음날 오후 5시에 쌍아오마을을 출발하여 우돈타니에 가서 비행기를 타고 방콕으로 가야 한다고 설명했다.

나는 현진이가 가는 길을 따라 차로 방콕으로 가겠다고 말했다. 이제부터라도 현진이와 떨어질 수가 없었다. 방콕에서 비행기로 운구하기 위해 준비하는 포장을 지켜보아야 하며, 아들의 시신이 운반되고 있는데 떨어져서 비행기를 타고 갈 수가 없었다.

밤 8시, 러이병원이다. 현진이를 방콕까지 운반해야 했다. 홍익태 영사가 방콕에 있는 전문회사에 요청하여 사람이 왔다. 나는 이 분과 두 시간 정도 현진이 몸을 알코올로 씻고 옷을 입히고 천으로 싸서 관 같이 보이는 상자에 넣는 과정을 같이 했다.

그때 현진이 살을 만지고 함께 있었던 것이 다행이라고 생각한다. 찾는 순간부터 산소에 운반하기까지 다른 사람들과 같이 일정에 따라 움직였고, 서울에 와서는 냉동 보관하기에 급급하여 아들의 몸을 만질 기회가 없었기 때문이다.

"현진아."

이름을 불러가면서, 아들의 얼굴과 몸을 만졌다. 눈물이 하염없이 흘러내렸다. '내가 대신 죽었으면, 내 호흡을 이 아들에게 넣어 일으킬 수만 있다면, 어린 아들이 불교나라 태국에 하나님을 전하겠다고 왔는데….'

"현진아, 현진아."

눈물이 주룩주룩 흘렀다. 현진이 얼굴에 눈물이 떨어졌다. 황급히 닦아냈다. 몸을 알코올로 천천히 닦아내고 다시 닦아내는데 계속해서 눈물이 흘러내렸다.

밤 11시경, 러이병원에서 방콕으로 이동해야 하는 시간이었다. 그런데 운반하는 분이 서류가 누락되었다며, 이장에게 가서 서류를 받아 다음날 방콕에 있는 자기 회사로 와야 한다고 말했다. 영사와 이장이 다른 서류는 필요 없다고 했다 해도 막무가내였다. 1시간 정도 쌍아오마을에 계속 전화를 했으나 받지 않았다. 할 수 없이 현진이를 방콕으로 먼저 보내고 다시 쌍아오마을로 돌아가야 했다. 떨어져서 먼저 보내려니 마음이 아팠다. 운반 책임자는 밤 12시경 방콕으로 출발했다. 9시간 걸린다고 했다.

쌍아오마을에 도착하니 1월 19일 오전 1시였다.

1월 19일(월) 새벽 5시, 교회에서 2km 정도 떨어진 숙소에 있던 홍익태 영사를 만나러 갔다.

"드린 서류 외에는 필요 없습니다. 추가로 필요한 것은 입국할 때 요구되는 것인데, 그것은 방콕에 가면 대사관에서 전해줄 것입니다. 방콕 도착이 늦으면 안치하는 것을 못 보게 되니 빨리 떠나십시오."

운반하는 분에게 태국어로 설명하는 것이 부족해서 생긴 문제였다.

오전 7시, 쌍아오마을에서 방콕을 향해 소형 승합차를 타고 출발했다. 9시간이 소요된다. 차를 타고 가는 도중 홍익태 영사한테 연락이 왔다. 오후 3시까지는 현진이를 안치해야 비행기 탑승이 가능하다는 것이다.

나는 오후 5시경에야 방콕에 도착할 예정이라 하기에, 그렇다면 미리 작업을 하되 내가 없어도 정성껏 해 달라는 부탁을 했다. 하나님이 그 험한 강에서 찾게 하셨으니 서울 가는 길도 도와주실 것이라고 생각했다.

오후 5시, 홍익태 영사가 연결시켜 준 분을 방콕에서 만났는데 이미 현진이가 공항으로 출발했다고 전해주었다.

저녁 7시에 잠시 숙소에 들러서 서울로 가는 준비를 하기 위해 면도를 했다. 실종소식을 듣고 6일만이었다.

밤 11시 50분, 방콕공항에서 서울행 비행기에 탑승했다. 현진이 시신이 화물칸에 실렸음을 확인했다. '현진이가 화물칸이라니…' 눈물이 흘러내렸다. 같이 가던 홍충일 장로가 한신교회에 연락해 보더니, 성모병원 영안실 1호실에 준비했다고 했다. 내가 너무 크니 작은 평수로 하자고 제안했다. 홍 장로가 서울에 다시 연락하고 나서 예배를 드려야 하니 정해진 대로 하자고 했다.

형에게 연락하여 공원묘지 상황도 확인했다. 1월 21일부터 23일까지 설 연휴 기간 동안에는 묘지에서 작업이 안 되고 연휴가 끝나면 가능하다고 했다. 이런 사정을 감안하여 설 연휴가 끝나는 1월 24일에 발인하는 것으로 정했다.

초라해 보이면 싫어요

1월 20일(화) 오전 6시 30분, 인천공항에 도착했다. 입국수속 중에 입국장 밖에서 형이 시신을 인수하기 위해서 현진이 주민등록번호가 필요하다며 전화를 했다. "900611-1155119" 말하고 나니, 순간적으로 눈물이 흘러내렸다. 현진이 출생신고를 하면서 주민등록번호를 받고는 그 자리에서 외웠던 것이다. 인천공항 출입구를 나오니 8시였다. 일가친척들과 교회 사람들이 보였다. 그나마 버티던 힘이 풀리면서 쓰러질 것 같았다.

이 순간에 현진이가 태국으로 출발하기 위해 집에서 교회로 나서던 때가 생각났다. 1월 5일 아침 6시였다.

"아빠가 공항에 따라 갈 것이야, 환전도 하고 준비할 것이 있어."

그러자 현진이는 "아빠가 인천공항까지 배웅하고 나서 서울로 혼자 돌아갈 때 너무 초라해 보여서 안돼요."라고 했다.

그때, 현진이 엄마가 목사님이 환전해 줄 것이라고 했다. 그래서 나는 현진이를 교회에서 배웅했다. 이 생각이 나서 가슴이 찢어지는 것 같았다. 현진이는 이렇게 생각이 깊었던 아이다.

오전 9시 30분, 서울성모병원에 도착했다. 아주 추운 날씨였다. 얇은 옷을 입고 있었고 감각이 없었다. 성모병원 영안실 입구에 도착하니 현진이 할머니가 보였다. 울면서 쓰러지시는 것을 현진이 고모가 부축하고 있었다.

나는 어머니 손을 잡고 울었다.

"핏덩이부터 키우시다가 이제 다 컸구나 하고 시골에 가신지 얼마되지 않아 이렇게 되었습니다. 태국에 가는 것을 허락했어요. 제가 허락했어요."

영안실에 들어오니 입구에 안내 전광판이 보였다.

'고인 장현진, 부 장기옥, 모 이명희'

땅이 꺼지듯이 가슴이 내려앉았다.

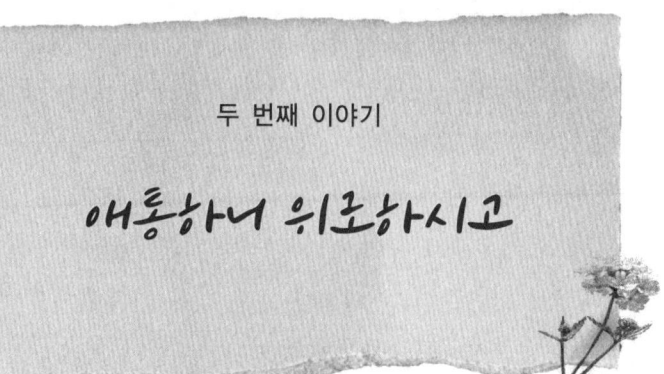

두 번째 이야기
애통하나 위로하시고

아픔을 아노라

서울성모병원에 오는 날 함박눈이 내렸다. 장례기간 동안 영하 10도 이하의 추운 날이 계속되었다.

쌍아오마을에서 수색하는 동안 아침마다 햇빛이 비추면서도 비가 부슬부슬 왔고, 그러다가 강가에 나가면 비가 그치곤 했었다.

이렇게 눈이 오고 비가 온 것은 하나님이 '나도 아파하노라' 하시는 것 같았다.

장례 기간 중에 설 연휴가 있었다. 그런데도 교인들이나 지인들이 많이 조문을 했다. 무심코 조문하러 왔다가 현진이 사진을 보면서 눈물을 흘리는 분들도 많이 보였다. 여럿이 와서 기도하면서 우는 현진이 친구들도 있었고, 엄마와 같이 와서 기도하는 친구들도 있었다. 초등학교와 중학교 친구들이 모두 온 것 같았다. 방학중인데도 이렇게 많은 친구들이 찾아온 것을 보며 현진이가 제법 친구들을 잘 사귀었다는 생각이 들었다. 선생님들이 "현진이를 가르치고 있습니다." 라고 소개할 때는 가슴이 미어졌다.

성모병원에 '순교자 장현진 선교사 순교를 추모합니다' 라는 글이 붙어 있었다. 그리고 현진이 사진 앞에 대형 성경이 펼쳐 있었다. 그 앞에 태국에서 가져온 십자가 목걸이를 놓았다. 조문하는 분들이 그 십자가를 보고 메콩강에서 찾은 것이냐고 묻곤 했다.

이날 저녁 이중표 목사가 '영광스러운 삶' 이란 제목으로 설교를 했다. 서러움이 솟구쳐 예배 내내 눈물을 흘렸다. 내 속에 있는 모든 물이 눈물로 쏟아지는 것 같았다. 그러면서도 스스로 안위하고자 애썼다. '하나님이 십자가 목걸이를 그 험한 강에서 찾게 하셨고, 시신을 찾게 하셨으니.'

예수님 품에 안기다

1월 21일(수) 오후 1시, 서울성모병원 영안실에서 입관 준비를 하라고 연락이 왔다. 입관실에 혼자 올라가는데 한신교회 홍정문 목사가 같이 가겠다며 따라 나섰다. 일하는 분들이 태국에서 한 소독이 낙후하여 다시 닦아야 한다고 했다. 이때 현진이 얼굴과 몸 전체를 다시 확인했다.

묵묵히 지켜보던 홍정문 목사가 진지하게 말했다.

"1월 13일 메콩강에서 사고가 나던 날 새벽입니다. 제 처가 꿈을 꾸었습니다. 하늘 전체가 검붉었으며 그 큰 하늘에 예수님이 꽉 차서 나타나셨고, 그리고 땅에서 어린 청년이 날아서 예수님 품에 안기더라는 것이었습니다. 이상한 꿈이라고 했습니다. 의미를 몰라서 그냥 지나쳤습니다. 그리고 그날 저녁에 사건이 발생했고, 그 어린 청년이 누구인가 궁금했습니다. 지금 현진이를 보니 얼굴이 어리고 키가 커서 그 어린 청년이라고 생각했습니다. 현진이는 예수님 품에 안긴 것입니다."

1월 23일(금) 오후, 담임목사 사모가 현진이 엄마에게 말했다.
"1월 18일 새벽 꿈에 조용기 목사님이 나타나 '아주 오래된 골동품이 있는데 이를 주겠다'고 하셔서 '골동품은 필요 없습니다'라고 했거든. 그런데 조용기 목사님이 다시 '아주 귀한 것이니 꼭 받아야 한다며 큰 것과 작은 것 둘 중 어느 것을 받겠느냐'고 하셨어. 그래서 '그러면 작은 것을 주세요'라면서 골동품을 받았어.' 잠이 깨어 오늘 작은 아이를 찾겠구나 했지."

이날 저녁, 서울성모병원에서 교회 권사 한 분이 현진이 엄마에게 전해준 이야기이다.
이 분이 1월 20일 새벽 5시에 한신교회 본당에서 새벽기도를 하는 중에 환상을 보았다. 천사가 나타나서 "오늘 성모병원에 갈 것이냐"고 물었다. 마침 그날 성모병원에 예약이 되어있어 오늘 가겠다고 대답했고, 천사가 "그러면, 오늘 오는 아이에게 이 옷을 입혀 달라"면서 황금빛 옷을 주었다는 것이다.
이날 오전 6시 30분에 인천공항에 현진이 시신이 도착했고, 오전 9시 30분에는 성모병원에 도착했다.

부활의 얼굴입니다

　서울성모병원에 도착하니 현진이 사진이 걸려 있었다. 교회 분들이 현진이가 중학교에 다닐 때 찍은 사진을 찾아서 확대한 것이다. 얼굴이 약간 위를 향해 쳐다보면서 입을 다물고 있어 얼핏 보면 기도하는 모습을 연상하게 된다. 이를 본 현진이 엄마가 웃는 사진이어야 한다며 기도하는 모습은 슬퍼서 볼 수가 없다고 사진을 교체하자고 했다. 현진이 엄마가 선택한 사진은 초등학교 졸업사진으로 비스듬히 서서 활짝 웃는 얼굴이다. 이를 보고 이중표 목사가 예배를 드리면서 말했다.
　"낮의 사진은 기도하는 얼굴이요, 지금 이 사진은 활짝 웃는 부활의 얼굴입니다."

　이 졸업사진을 보니 불현듯 생각이 났다. 현진이가 중학교 1학년에 다니는 동안 심심하면 책상에서 졸업앨범을 꺼내서 보곤했다. 초등학교 6학년 시절 친구들을 보면서 그때를 생각한다고 했다. 메콩강에서 현진이 시신을 찾았다는 얘길 듣고 달려가서 처음 본 순간의 얼굴이 이 사진과 비슷하였다. 물 속에 있었는데도 이 얼굴 모습으로 남아 있었다. 현진이 엄마가 이 사진을 영정 사진으로 정한 것은 잘했다는 생각이 들었지만, 한편으로는 정신없는 상황에서 어떻게 이 사진을 찾아낼 수 있었는지 놀랍기만 했다.

출발 전에 친척 어른을 뵙다

　현진이가 태국에 출발하기 전에 친척 어른들을 뵈었다.

2004년 새해 첫날, 나는 혼자 도봉산에 다녀왔다. 현진이 엄마가 발이 아팠고 눈이 온 뒤라 혼자 다녀왔다. 오후 3시에 집에 와보니, 현진이 할머니가 이천에서 오셨다. 이어 고모들을 비롯해 사촌 형과 사촌 누나들이 모두 왔다.

　현진이는 선교활동 프로그램에 참석하고 저녁 7시가 되어 집에 왔다. 현진이가 방학을 이용하여 태국으로 단기 선교 활동을 간다고 하자, 모두 어린 아이가 대단하다고 칭찬하였다. 현진이 할머니는 현진이를 먼 외국 땅에 혼자 보내는 것을 못마땅해 하셨다.

　"교회 목사님이 추천했다고 합니다. 중학생들이 서로 가려고 신청했는데, 인원이 정해져 있어서 현진이만 포함되었다는 이야기를 들었습니다. 교회에서 하는 것이니 괜찮을 것입니다."

　할머니는 마지못해서 잘 다녀오라고 하였다. 그리고 할머니는 현진이가 태국에 가 있는 동안에도 잘 지내고 있는지 확인해 보라고 전화하셨다. 나는 그때마다 잘 있다고 대답했다.

　서울성모병원에 도착하니 입대한 현진이 사촌 형 석호가 장례식장에 와 있었다. 석호는 원래 2003년 11월에 정기 휴가가 예정되어 있었는데, 집이 있는 이천시에 조류독감이 유행하여 휴가가 연기되었다고 했다. 그러다가 부대에서 훈련이 끝나고 갑자기 한 명에게 5일간 포상휴가를 준다고 했고, 정작 자신은 신청도 하지 않았음에도 불구하고 휴가를 주었다는 것이다. 휴가 첫 날, 집에 연락해보니 이런 상황이라 부대에서 성모병원으로 바로 나왔다고 했다. 휴가기간이 1월 20일부터 24일까지라고 했다. 입대 후 첫 휴가를 장례기간에 맞춘 것이다. 석호는 장례기간 내내 현진이를 지켰으며, 장례식 때는 현진이 사진을 들었다.

　"아무리 생각해 보아도 이상한 일입니다."

석호가 중얼거리듯이 말했다.

내 동생 하도록 하지

장례기간 중에 교회 분들이, 부모는 죽으면 땅에 묻고 자식은 죽으면 가슴에 묻는 것이라며 화장하라고 했다. 그때마다 내가 죽으면 화장하라고 하겠지만, 현진이는 안 된다고 거절했다.

1월 23일 오후 4시, 이중표 목사가 굳이 산소를 만들어야 하는지 물었다.
"그 험한 강에서 찾았습니다. 하나님이 찾아 주신 것입니다. 더 이상 현진이 몸에 손을 댈 수가 없습니다."
"그렇다면 괜찮아, 산소가 있어도 괜찮은 것이야."

이날 저녁 9시, 위로 예배시간에 이중표 목사가 '스데반의 영광'이란 제목으로 설교를 했다. 스데반이 순교시 예수님이 일어서서 맞이하셨다는 내용이었다.
'이제 내일이면 내 손으로 이 아들을 묻어야 한다.' 현진이 사진을 보고 있으니, 망연자실 넋이 나가고 눈물이 흘러내렸다.
이때 이중표 목사가 나이를 물었다.
"마흔 일곱입니다."
이중표 목사가 눈가에 눈물이 고인 채 말했다.
"내 동생 하도록 하지. 내가 현진이 순교 추모사업을 잘 할 것이야. 나를 믿어."

이 말을 듣는 순간, 마음이 차분히 내려 앉으면서 눈물이 쏟아졌다. 손수건으로 눈물을 닦아내면서 말했다.

"목사님 말씀대로, 형님으로 아버지로 모시겠습니다."

이어서 말했다.

"어린 아이를 그런 강에서 카누에 홀로 태우다니요, 그리고 찾는 것을 방해했습니다. 숨기는 것이 많아서 확인하겠다고 생각했습니다. 하지만 목사님이 그렇게 말씀하시니 믿고 의지하겠습니다."

"그래 주겠는가? 고맙구먼. 고마워."

학교 교실에 들르다

1월 24일(토) 새벽 6시, 현진이 일가 피붙이들이 모여 기도했다. 현진이 할머니는 새벽에 꿈을 꾸었다면서 이를 자손들에게 설명하셨다. 할머니가 기진하여 여기 방에 앉아 있는데 현진이가 흰옷을 입고 활짝 웃는 모습으로 양 옆에 어린 천사의 손을 잡고 다가왔다. 할머니가 반가워서 "현진아" 하면서 안으려고 두 손을 휘젓자 그 순간 현진이가 웃으면서 아기 천사와 함께 사라졌다. 그 후, 할머니는 현진이 생각이 나면 두 손을 허공에 대고 휘젓곤 하셨다.

오전 8시, 성모병원에서 발인하였다. 현진이 학교에 먼저 들르고 한신교회에 가서 장례예배를 드리는 일정이었다. 1학년 4반, 현진이가 앉아서 공부하던 책상이 있었다. 의자 뒤에 이름이 써 있다. '장현진' 담임 선생님이 현진이 추억을 말했다.

"중학교 입학식 날 모범적으로 교복을 입은 학생이 누구인가 찾았는데 현진이가 보였습니다. 그래서 이 학생처럼 교복을 준비하면 된다고 알려주었습니다."

기억이 났다. 입학식에 대비하여 교복과 와이셔츠, 넥타이 등을 미리 준비하면서 중학생이 되었다고 싱글거리며 좋아했었다.

효정이가 현진이가 앉아서 공부하던 책상 위에 꽃을 놓았다. 현진이는 학교와 친구를 유난히 좋아했는데, 책상에 꽃이 홀로 놓였다. 부모보다 더 많은 시간을 같이 지내던 효정이가 책상에 꽃을 놓고 눈물을 흘렸다.

천국 찬송 예배

오전 9시, 한신교회에 도착했다. 교회 목사 8명이 관을 들고 4층 본당까지 걸어 올라갔다. 교인들이 두 줄로 서서 찬송가를 불렀다.

> 하늘 가는 밝은 길이 내 앞에 있으니 슬픈 일을 많이 보고 늘 고생하여도 하늘 영광 밝음이 어둔 그늘 헤치니 예수공로 의지하여 항상 빛을 보도다 (찬송가 545장)

장례예배가 시작되면서 기도에 이어 교회에서 제작한 추모영상 '순교자 장현진 선교사의 생애'가 나왔다.

유아세례 받는 모습, 교회학교에서 상장 수여할 때 모습, '나는 대통령이 되고 싶어요'라고 하면서 찍은 유치원 졸업 사진, 누나와 함께 태권도 승단시 찍은 모습 등이 나왔다. 이어서 태국에서 선교 활동하는 모습이 동영상으로 차례로 나왔다. 성경학교 사역 모습, 노방전도, 선교팀 형들과 같이 생활하는 모습이었다.

예배에 참석한 교인들의 울음 소리가 들려왔다.

이어서 현진이 친구인 손승희, 권오범 학생의 조사(弔辭)가 진행되었다.

초등학교부터 친했고, 중학교에도 늘 같이 다닌 친구들이다. 권오범은 현진이와 단짝이라고 들었다. 2003년 12월 어느 날, 현진이가 삼성동 코엑스에 친구들과 가끔 간다고 하여 아빠 사무실이 근처에 있으니 겨울방학 때 코엑스에 친구들과 함께 오면 맛있는 것 사준다고 했었다. 그러자 현진이가 "아빠, 나이스." 라고 했다. 그런 친구들이 여기에서 조사를 낭독하고 있다. "사랑하는 친구가 먼저 가서 마음이 아프다." 고 할 때 예배에 참석했던 분들이 흐느껴 울었다.

이중표 목사가 '하나님의 아들' 이라는 주제로 설교했다.

그리고 순교자 증서를 받았다.

메콩강에서 1월 17일 오전에 현진이 시신을 찾으면 순교자로 추서한다는 말을 처음 들었다. 선교활동 중에 발생한 일이라 순교라고 했다. 그 후 이중표 목사도 그렇게 말했다.

내가 믿을 수가 없어도 이 세상에 현진이가 없다는 것을 이 순교자 증서가 말하고 있다.

다음은 부모의 인사말 순서였다.

단상 앞에 있는 아들의 관을 보니

목이 메어 말이 안 나왔다. 태국 메콩강에서부터 현진이 생각만 하면 몸이 떨렸다. 단상 옆에 준비된 자리에 서니 온 몸의 뼈가 떨려 도저히 말을 할 수가 없었다. 새벽에 몇 자 적은 것을 꺼내 들고 고통스런 아픔을 답사로 전했다.

내게 아들은 큰 기쁨이고 희망이었습니다. 현진이를 잃는 것은 상상조차 하기 싫은 고통이고 아픔입니다. 메콩강은 실로 엄청난 규모의 강으로서 거기서 시신을 찾기도 극히 어렵고, 실종된 강가에서 기적을 본 적도 없다고 했습니다. 그러나 현진이를 찾는 과정에서 기적을 보았고, 이는 하나님의 역사 하심으로 확신하게 되었습니다. 지금도 현진이가 '아빠' 하고 나타날 것만 같습니다. 이 상황이 믿어지지 않습니다. 현진이는 정이 많은 아이였습니다. 할머니들이 파는 물건은 무엇이든 사야 지나갔습니다. 주일에 한신교회 옆에서 두부를 파는 할머니한테 두부를 사야만 지나갔습니다. 그래서 우리 집은 두부를 많이 먹었습니다. 이제는 나보다 더 많이 현진이를 사랑하는 하나님 아버지께 순교자 장현진으로 들려 보냅니다. 태국을 향한 하나님의 그 크신 사랑에 순복하면서 태국에 바쳐진 현진이의 생명이 헛되지 않기를 기도합니다. 현진이를 찾는 과정에서 수고해 주신 모든 분들께 감사를 드립니다.

그리고 찬송을 부르는 소리가 들렸다. 성가대에서 부른 것이다.

내 영혼의 그윽히 깊은 데서 맑은 가락이 울려나네 하늘 곡조가 언제나 흘러나와 내 영혼을 고이 싸네 평화 평화로다 하늘 위에서 내려오네 그 사랑의 물결이 영원토록 내 영혼을 덮으소서 (찬송가 469장)

천국 찬송예배를 마치고 본당에서 교회입구까지의 계단을 내려가는데, 교인들이 두 줄로 서서 찬송가를 불렀다.

'하늘 가는 밝은 길이 내 앞에 있으니~'

천상의 노래였다. 본당에 올라오면서 들을 때는 서러움이 복받쳤는데, 예배를 끝내고 본당에서 내려가면서 들을 때는 이제 모든 짐을 내려 놓고 현진이를 따라 가고 싶다는 생각뿐이었다.

여주 남한강 공원묘지에 도착했다. 추운 날인데도 불구하고 산 위에 올라서니 따뜻한 햇빛이 느껴졌다. 오후 1시에 예배를 드리고, 첫 삽을 떴다. 뼈가 떨렸다. 사람이 살면서 어떻게 이렇게 아플 수가 있는 것인지.

아들의 관을 보면서 계속해서 눈물을 흘렸다. 십자가 목걸이를 아들의 관에 넣어야 할지 망설일 때, 장로 한 분이 말했다.

"십자가 목걸이를 교회에서 보관하도록 하겠습니다. 담임목사님이 보관하라고 했습니다."

성모병원에서 입관 직전에는 홍정문 목사가 현진이 머리카락을 조금 잘라 보관하면서, 담임목사님이 나중에 순교지에 가져 갈 것이니 잘 간직하라 했다고 말했다.

이날 저녁 6시경에 이중표 목사가 지친 몸으로 우리 집에 왔다. 현진이 방에서 기도하였다. 책상 옆에 한신교회 달력이 걸려 있고, 책상 위에는 현진이가 보던 성경책이 놓여 있었다. 현진이가 선교지로 출발할 때 있던 그대로였다. 이것을 보더니 '아' 하며 탄식하고, 눈물을 흘리면서 기도하였다.

장례기간은 겨울방학과 설 연휴기간 중이었다. 그런데도 현진이 친구들이 병원에 문상을 많이 왔고, 장례예배 날에도 많이 참석했다. 장지에도 35명 정도가 같이 갔다. 차량이 부족해서 못 간 친구들이 있다고 들었다. 중학교 친구들, 초등학교 친구들, 엄마와 같이 온 친구들도 많았다.

1월 31일(토) 저녁 6시경, 교인 한 분이 구역모임에 나오라고 두 차례 전화를 해 마음이 편치 않은 가운데 참석했다. 이날 나와 현진이 엄마가 교회에서 매일 새벽기도한다는 분에게서 들은 이야기이다.

"1월 24일 새벽 5시경에 한신교회 본당에서 새벽기도를 하고 집에 와서 잠이 들었다가 꿈을 꾸었습니다. 그런데 꿈에 한신교회 본당과 건물 밖에 흰 옷을 입고 머리에 면류관을 쓴 천사들이 가득차 바쁘게 일하고 있었어요."

이 분이 숨을 몰아 쉰 다음에 이어서 말했다.

"천사들이 순교자를 영접할 준비를 하는 것이었습니다. 이 꿈을 말씀 드리고 싶었습니다. 그날 바로 알려드리고 싶었는데, 연락이 안 되었습니다."

그날 오전 9시 30분에 교회 본당에서 장례예배가 진행되었다.

신학 공부를 시작하다

장례예배 기간 동안에 일정에 따라 움직이다가 장지에서 돌아오니 현진이 방이 비어 있었다. 현진이 엄마가 빈 방을 보면서 통곡했다. 그래서 내가 현진이 방을 사용하면서 잠도 현진이 침대에서 자기로 했다. 현진이 책상 위에 성경을 펼쳐놓자 불현듯 쌍아오마을에서 현진이를 찾을 때 한 기도가 생각이 났다. 신학교에 다녀야겠다는 생각이 들었다. 신학을 체계적으로 공부해야 된다는 생각이 든 것이다. 확인해보니 신학교는 대부분 주간이고, 11월에 시험을 보고 3월에 입학하도록 되어 있다.

홍정문 목사에게 문의했더니 백석신학대학원이 교수진이 좋다고 했다. 방배동에 위치하고 있으므로 직장과 집에서 가까웠다. 백석신학대학원에 모집을 언제하는지 확인하려고 전화를 했다. 그런데 교무과 직원이 지난해 선발이 끝났는데 보결로 몇 자리 추가 입학사정을 하고 있다며, 2월 3일까지 접수하고, 필기시험과 면접을 보라고 했다. 현진이 엄마에게 신학 공부를 하겠다고 말했더니 아무 말없이 울기만 했다.

1월 31일(토) 오후 2시경, 현진이 엄마가 한신문화원으로 오라고 연락을 했다. 이중표 목사가 말했다.

"목사 힘들어. 직장 다니면서 그냥 장로 하는 것이 편한 길이야."

"견디기가 힘들어서 그럽니다. 목사하겠다는 것은 아닙니다."

"1년 정도 지내다가, 그래도 해야겠다면 한신대에 입학하는 것이 좋겠어."

이 말을 듣고는 밤에 공부한다는 것이 너무 힘들 것이라는 생각이 들었다.

"알겠습니다. 목사님 말씀대로 더 생각해 보도록 하겠습니다."

다음날 2월 1일(일) 오후, 현진이 엄마가 현진이가 사용하던 물품을 보면서 자주 울길래 우선 현진이가 좋아하던 음악테이프, 게임 CD 등을 차례차례 정리하면서 모았다. 가슴이 아파서 더 이상 견딜 수가 없었다.

홍정문 목사에게 전화하여 신학대학원에 다녀야겠다고 말했다. 홍 목사가 신학교에 가실 분 같은데, 어제는 쉽게 그만둔다고 하여 이상하게 생각했다고 말했다.

2월 3일(화), 백석신학대학원에 원서를 접수하고 시험과 면접을 보았다. 논술은 그런대로 작성했으나 성경시험이 너무 어려워서 실망이 컸다. 그런데 면접을 볼 때 김진섭 원장이 신학을 공부하겠다는 이유가 뭔지 질문하였다.
"아들이 있는데 1월 13일 메콩강에서 순교하였습니다. 마음이 아파서 신학을 공부하지 않을 수가 없습니다."
"신문에서 봤습니다. 그랬군요. 하나님께서 인도하셨습니다."
그리고 며칠 후 합격했다는 연락이 왔다.

1월 31일(토), 장례기간 중에 조문 온 분들에게 안내장을 보냈다. 장례예배 때 인사말을 그대로 인용했다.
현진이 친구들은 만나서 손을 잡아주고 고맙다는 인사를 해야 하는데, 경황이 없어서 초등학교 졸업 앨범에서 주소를 찾아내 친구들 어머니 앞으로 인사말을 전했다.
교인들이 현진이 엄마에게 회신을 많이 보냈다.

현진이 방에서 성경을 읽다가, 현진이가 사용하던 운동기구를 보았다. 2003년 7월에 현진이가 아령을 사달라고 했다. 엄마는 아들이 크면서 운동을 한다며, 너무 좋아서 같이 하겠다고 나섰다. 이때 샀던 아령 3개가 현진이 방에 같이 있다.

내 사랑하는 아들이요

2월 14일(토), 현진이 엄마와 함께 이중표 목사를 방문하여 산소에 기록할 성경 말씀을 받았다.

"마태복음 3장 17절이야. 하늘로서 소리가 있어 말씀하시되 이는 내 사랑하는 아들이요 내 기뻐하는 자라 하시니라."

이중표 목사가 성경 구절을 읽고는 고개를 드는데 눈물이 맺혀 있었다.

"허. 어떻게 내가 이 놀라운 말씀을 찾았을까? 어떻게 내게 이런 놀라운 말씀을 찾게 하셨을까? 목사 하면서 순교자 비문을 찾는 것은 한평생 있을까 말까 한 일이야."

이중표 목사가 눈물을 닦으면서 말했다.

"더 살면 뭐해. 이 세상에서는 누구든지 살면서 죄를 질 수밖에 없어. 현진이 같이 깨끗하고 순수할 때 하나님께 가면 그것이 큰 기쁨이야."

산소 비문을 '순교자 장현진 선교사 여기에 잠들다' 라고 정했다. 사도행전에 순교자 스데반이 '자니라' (행 7:60) 라는 표현이 있다. 이렇게 받은 성경 말씀과 글이 현진이 비문에 기록되어 있다.

현진이는 정이 많았다. 영화에 슬픈 장면이 나오면 눈물을 흘리곤 했다. 현진이가 유치원에 다닐 때 〈라이온 킹〉 만화영화가 유행이었다. 영화관에서 가족이 함께 영화를 본 후, 비디오테이프를 샀다. 현진이는 라이온 킹 비디오를 몇 번이고 반복해서 보았다. 특히 새끼 사자의 고난장면에서는 안스러워했다. 하이에나의 행동에는 분하다는 표정을 짓기도 했으며, 품바의 행동에는 웃음을 터뜨렸다. 악당 사자를 이길 때는 박수를 쳤다. 현진이가 비디오를 보면서 할머니께 내용을 설명하고, 그렇게 해서 우리 가족은 라이온 킹의 대사를 웬만큼은 거의 다 알게 되었다. 품바의 "못 생겼어~"를 하면, 모두 같이 웃곤 했다. 그 웃음이 지금도 선하다.

살붙이였다

2월 중순, 현진이 엄마가 며칠 동안 기도원에 갔었다. 현진이 엄마가 매일 울면서 어느 때부터인가 넋을 놓았고 몇 차례 혼절하는가 싶더니 어느날 기도원에 갔다고 연락이 왔다. 회사에서 일찍 퇴근하여 저녁이면 효정이와 같이 지냈다. 불현듯 내 마음에 허망함이 들고 더는 살 수 없을 것 같다는 생각마저 들었다. 몸은 극도로 쇠약해졌다. 시도 때도 없이 눈물이 흘러내렸다.

현진이가 초등학교 5학년 때인 여름 어느 날이었다. 현진이가 친구들과 놀다가 집에 늦게 와서 저녁을 먹고, 아침에도 늦게 일어나 학교에 간신히 갔다. 현진이를 심하게 야단을 쳤다. 할머니가 그렇게 크는 것이라면서 할머니 방에 데려다 재우셨다. 현진이가 울면서 자는 것을 보니 마음이 아팠다. 사무실에서 밀린 일이 있어서 집에 가지고 간 서류를 보지도 않고 던져 버렸다. 내가 야단쳐서 현진이가 눈물 흘린 것은 그날이 처음일 것이다. 다음날 아침에 현진이가 어느 때보다 일찍 일어났다. 그리고 "아빠, 아빠" 하면서 따라다녔다. 할머니께서 웃으면서 말씀하셨다. "살붙이라 그래. 그래서 자고 나면 야단맞은 것을 잊고 저렇게 아빠를 부르는 것이야."

그렇다, 살붙이였다. 나와 현진이 엄마가 이 어린 살붙이를 먼저 보내고 눈물 짓는 것이다.

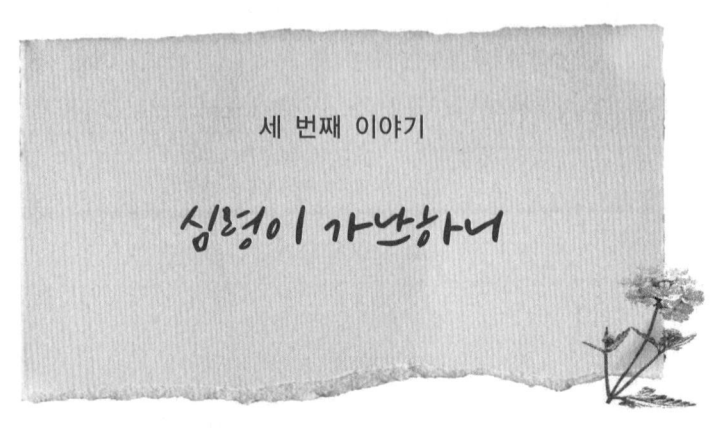

세 번째 이야기

심령이 가난하니

다시 찾으러 가야 합니다

2월 10일(화) 저녁 8시, 교회에서 나와 현진이 엄마, 그리고 안 집사 내외가 함께 이중표 목사를 만났다.

내가 메콩강을 떠난 후, 안 집사는 2주 정도 더 찾았으나 결국 못 찾고 귀국했는데, 그 후 안 집사가 다시 찾으러 간다고 하였더니 교회에서 못 가게 한다는 것이었다. 내가 그럴 리가 없다고 하면서 이중표 목사를 만나서 확인하자고 했다.

이중표 목사에게 사고 경위와 현지에서 수색과정을 다시 한번 설명했다. 이중표 목사가 말했다.

"정승회 선교사가 나쁜 자야."

안 집사 내외가 믿을 수 없는 이야기를 했다.

"쌍아오교회에서 못 찾고 낙담해 있는데, 정승회 선교사가 교인수가 줄어드니 서울로 돌아가라고 했습니다. 억울해서 견딜 수가 없습니다."

모두 침통하니 할 말을 잃었다. 계속해서 안 집사가 말했다.

"다시 찾으러 가야 합니다. 이대로 서울에 있을 수는 없습니다."

이중표 목사가 고개를 저으면서 강하게 대답했다.

"다시 찾으러 가는 것은 안 돼. 못 찾아."

이 순간, 안 집사가 격해지는 듯 말을 떨면서 더듬었다.

"이렇게… 이렇게… 계획을 세웠습니다."

그리고 종이 한 장을 내놓았다.

듣다 못해서 내가 나섰다.

"저는 그 강에서 아들을 찾지 못하면 떠나지 않을 것이며, 그 강에 있겠다고 했습니다. 한 아이는 아직도 그 강에 있습니다. 다시 찾으러 가야 합니다. 비용 때문에 부담이 되면, 사람만이라도 가서 지켜야 합니다."

"허. 허. 그래야 하는가?"

그러면서 이중표 목사가 나와 현진이 엄마에게 먼저 일어나 가라고 하였다. 그래서 문 밖으로 나오는데, 이 목사가 배웅을 하면서 침통하니 고개를 끄떡이면서 말했다.

"그래. 알았어."

인솔자를 사직시키다

2월 19일(목) 밤 8시, 현진이 엄마와 함께 이중표 목사를 만났다. 전날 안 집사가 메콩강으로 다시 출발한 후, 앞으로 진행이 궁금해서 만나뵈었다.

"다시 찾으러 가게 되어 다행입니다. 저는 시신을 찾지 못하면 그 강을 떠나지도 않았을 텐데… 착한 분들입니다."

"그래, 순교자에게는 시신이라고 하지 말고 실체라고 해."
이어서 이중표 목사가 말했다.
"박훈 목사를 사직시킬 것이야."
생각도 못한 일이었다. 놀라서 반문했다.
"사직이라니요?"
"사고에 대해 책임을 져야 한다는 소리가 있어. 그냥 두기를 싫어하는 사람도 있고."
"그렇게 하면 안 됩니다."
"그런 사람이 무엇을 할 수 있겠어?"
"태국에서 현진이를 찾는 날 아침에 현진이를 위해 일을 하겠다고 약속했습니다."
"그래? 그럼 생각해 보자구."

이런저런 정황을 봐서 당시 이중표 목사에게 보고가 제대로 전달되었는지 의문이 들었다. 태국에서 김은일 목사가 '담임목사님 주위에 몇 사람이 둘러 있어서 잘못되는 것이 많다'는 이야기를 몇 차례 듣기도 했다.
"사고 상황을 정확히 아셔야 합니다. 이상한 소리가 들립니다. 그 강을 보셨잖아요?"
"내게 맡겨. 내가 알아서 할 테니 가만히 있으면 돼."
"정승회 선교사가 사고를 덮으려고 하니, 수색이 잘 될지 걱정이 됩니다."
"그 사람은 잘못된 사람이야. 이런 일이 발생하고 나서 잘못했다고 하지를 않아. 당당하게 말을 해. 아주 나쁜 사람이야."
그리고 일어 서려는데 갑자기 이중표 목사가 "나는 위험한 강에서 배를 안 타." 그러면서 고개를 왼쪽으로 휙 돌렸다.

이 말을 듣고 상당히 놀랐다. 현진이 엄마도 놀란듯이 말했다.

"목사님…."

다시 자리에 앉으면서 내가 말했다.

"잘못 알고 계셨군요. 현진이는 배를 태웠기에 탔던 것이고, 두 번째 배였습니다. '선착순, 공산국가(라오스)에 가보자' 라고 했습니다. 박훈 목사는 처음부터 인솔하여 그 강에 같이 내려갔고, 배를 태우는 자리에 있었습니다. 박훈 목사가 사고 난 배가 출발한 후에 강가에 도착했다고 말했는데, 이것이 거짓이라는 것이 밝혀졌습니다."

며칠 전에 안 집사 내외를 만날 때, 이 분들이 청년들이 박훈 목사가 그 강에 내려갈 때부터 인솔해서 같이 갔었고, 정승회 선교사가 '선착순, 공산국가에 가보자' 라고 하는 것을 들었다고 했다.

이중표 목사가 고개를 숙이고 침울하니 있었다. 상황을 모르고 있었던 것이다. 부모들에게 거짓말을 했으니 교회에도 역시 거짓 보고를 했을 것이라는 생각이 들었다.

사표를 제출했습니다

3월 7일(일) 밤 9시경, 한신문화원에서 안 집사 내외를 만났다. 2차 수색을 다녀온 후 진행 경과를 듣기 위한 자리였다. 내가 이제라도 할 일을 찾아서 하자는 의미에서 말했다.

"교회에서 쌍아오마을에 순교비, 선교관, 교회를 세우겠다고 했습니다. 이중표 목사님이 내게 믿고 기다리라고 했습니다."

3월 14일(일) 오전, 한신교회 2부 예배 시간에 이중표 목사가 설교했다. 그런데 '죽은 자를 잊으라' 라고 하면서 호통을 치듯 설교를 했다. 하루를 더 사는 것이 고통스러운데, 설교 시간에 교인들 앞에서 그런 말을 하다니 충격이었다.
　주보를 보니 '박훈 목사 사임' 이라고 되어 있었다. 당사자를 사임시키고, 부모에게는 잊으라고 하다니 무언가 잘못되어 가고 있었다.
　예배를 드린 후 본당 2층 청년부에서 김은일 목사를 만났다. 김은일 목사가 태국에서 2차 수색을 갔다가 돌아와 출근했다는 소식을 듣고 찾아간 것이다. 김 목사는 2차 수색은 엉망이었다고 말했다.
　"방금 목사님이 설교 시간에 죽은 자를 잊으라고 하면서 큰 소리로 호통을 쳤습니다. 어떻게 된 것입니까?"
　"목사님이 그랬습니까?"
　김은일 목사가 갑자기 정색을 하며 말했다.
　"어떻게 지금까지 참고 있었습니까? 제가 태국에서 돌아온 후 순교추모사업이 진행되는 줄 알았는데 그게 아닙니다. 제가 하려고 해도 담임목사님이 못하게 합니다. 제가 할 수도 없는 일이라 사표를 제출했습니다."
　순간적으로 너무 당황했다.
　"그럴리가요? 내가 목사님에게 설명하겠습니다. 같이 해야지요."
　현진이 엄마가 울면서 말했다.
　"목사님이 그만두면… 이제 우리는, 우리 현진이는 어떻게 해요?"
　교회에서 순교추모사업을 하겠다고 언론에 보도자료를 내고, 목사와 장로들이 순교추모사업을 하겠다고 장황하게 설명했는데 이상한 일이었다.

현진이에게 약속하다

3월 20일(토) 오후 2시경, 봄날인데도 바람이 세고 상당히 추웠다. 두 시간 동안 현진이 산소에서 찬송을 부르고 기도했다. 그리고 현진이에게 약속했다.

"신학 공부를 하고 있어. 그냥 졸업이나 하려고 했는데 힘들구나. 노력하고 있다는 것을 보여줘야 하니 목사안수 받는 것까지는 해야겠다."

태국에 갔다 오고 나서 체중이 7kg이 줄어 63kg이었다. 낮에 일하고 밤에 신학을 공부하느라 힘들었다. 모든 것을 그만두고 싶었다. 이런 상황에서 거짓말하고, 덮으려 애쓰고, 어느 한 사람도 잘못했다는 사람이 없었다.

저녁 7시, 이중표 목사를 만났다. 현진이 엄마가 힘들어 하길래 혼자 만나러 갔다. 교구 담당 홍정문 목사에게 배석해 달라고 했다.

"사고경위를 조사해서 잘못된 것을 밝혀야 합니다. 그래야 제대로 하게 됩니다. 순교비 건립, 선교사 파송을 추진해야 합니다. 교회에서 약속한 것입니다."

이중표 목사가 단호하게 "조사하면 안 돼." 라고 했다.

"목사님의 말씀을 믿고 기다렸습니다. 그런데 잘못되고 있어요. 무조건 덮고 있기 때문에 생기는 것입니다. 목사님이 메콩강에서 사람들 앞에서 '이런 강에서 저런 배를 태우다니' 하고 탄식했습니다. 이제 와서 말을 바꾸시면 안 됩니다."

이중표 목사가 침울한 표정으로 말했다.

"알았어. 검토하겠어."

진실을 알고 싶습니다

4월 초순, 한신문화원에서 김은일 목사를 별도로 만났는데, 자신이 조사서를 작성할 것이라고 하면서, 집사님을 위해서 조사하지 말라고 반복해서 말했다.

"정확하게 조사하라는 것은 이중표 목사님이 이상한 소리를 하고, 김 목사님이 사표냈다는 말이 발단이 된 것입니다. 정 그렇다면 제대로 조사한 후 담임목사님과 장로님들이 읽어보고, 나도 확인한 후에 당회장실 캐비닛에 보관하도록 합시다."

4월 14일(수), 교인들한테 안 집사댁에서 위로금을 받고 교회에 안 나온다는 소문을 듣게 되었다. 뭔가 잘못되었던 것이다. 이렇게 마지못해 살고 있는 부모들에게 이런 식으로 대하면 안된다는 생각이 들었다. 일단 조사서를 확인해야겠다는 생각에서 김은일 목사에게 조사서를 보겠다고 하고, 미흡하게 조사했으면 보완하여 4월 30일까지 제출해 달라고 했다.

5월 5일(수) 어린이날, 현진이 산소에 갔다. 어린이 날이 되면 용인에 버랜드나 산 또는 계곡에 가곤 했다. 그리고 현진이가 열쇠고리 등 선물을 사서 주곤 했었다. 내 휴대폰 열쇠고리도 현진이가 선물한 것이다.

현진이 할머니가 손을 허공에 저으면서 말했다.

"현진아, 현진아, 내가 대신 죽었어야 했다. 내가…."

할머니가 우시는 것을 보고는 현진이 엄마도 이내 오열을 했다.

저녁 9시, 이중표 목사를 만났다. 현진이 할머니가 같이 가겠다고 해서 모시고 갔다. 이중표 목사, 장로 세 명, 김은일 목사가 모여 있었다.

"지난 4월 10일 이 자리에서 김은일 목사가 철저하게 조사했다면서 저를 위해 조사서를 보지 말라고 했습니다. 그때 제가 믿고 안 보겠다고 했습니다. 그러다가 뭔가 이상하여 5월 2일 조사서를 받아서 읽어 보았습니다. 놀랐습니다. 이 정도 수준이었다니. 이 조사서를 누가 만든 것인가요?"

김은일 목사가 죄송하다며 혼자 만들었다고 했다.

"그때 담임목사님이 전부 보셨다고 했어요. 이런 것을 조사서라고 만들고 제게는 보지 말라고 했습니다. 이렇게 속이면 담임목사님이 야단을 쳐야지요. 저 사람은 목사 자격이 없는 사람입니다. 계속 속이고 있어요. 다시 조사해서 정확하게 알아야 합니다."

현진이 할머니가 우시면서 말했다.

"묻고 싶습니다. 현진이는 14살입니다. 그 험한 강에 어린아이를 보호자 없이 태우다니요. 배가 어부만 타는 작은 배라고 하던데, 장례식 날 청년들이 현진이는 배 타기가 싫다고 말했다고 했어요. 목사는 무엇을 했나요? 우리 어린 현진이를…."

현진이 엄마가 듣다가 통곡했다.

5월 7일(금) 오후, 권재석 장로가 전화했다. 교회 내에 '순교자 추모사업위원회'가 구성되었으며, 장로 네 명이 담당하기로 결정했다고 했다. 그러면서 내가 요청한 조사서를 작성하겠다고 했다.

권 장로는 추모사업이 이 상태에 있는 것을 이해할 수가 없다며, 김은일 목사가 작성한 진술서를 보내달라고 했다. 내가 김은일 목사에게 직접 받으라고 했더니, 김 목사가 없다면서 안 준다고 했다. 즉시 사본을 보냈다. 그리고 얼마 후 전화가 왔다.

"답변서를 보니 어떻게 이런 걸 진술서로 제출했는지 모르겠습니다. 이걸 당회장 캐비닛에 보관하고 있었다니. 나중에 확인하게 되면 교회가 창피해서 어떻게 견딜지 한심했습니다."

이 말을 듣고 안도했다. 이제야 제대로 된 분이 나섰다는 생각이 들었다. 권 장로는 당사자로서 한 일도 없는데, 몇 개월 만에 유학 가는 것은 상황에 맞지 않는다고 말했다.

다음날 권 장로가 전화하여 김은일 목사가 쓴 조사서는 누가 보아도 문제가 있기 때문에 성의껏 다시 작성하자고 했다고 한다. 그런데 김 목사가 "장로님이 무엇인데, 써라 말라 합니까?" 하면서 들어서는 안 되는 심한 말을 들었다며 이런 지경인데 조사서를 꼭 다시 받아야 되느냐고 반문했다.

권 장로와 김은일 목사는 연배가 20년 정도 차이가 나는데, 그런 말을 할 줄은 전혀 생각하지 못했다. 오히려 내가 당황했다.

"그런 정도라면 그 사람에 대해서는 조사서를 받을 필요도 없고, 태국에도 갈 필요가 없습니다. 그런 사람은 제가 포기하겠습니다."

한달간 태국에서 기도하겠다

5월 6일(목), 김연희 장로가 새로 부임한 청년부 진동욱 목사와 함께 집을 방문했다. 김 장로는 현진이 엄마와는 오래 전부터 잘아는 사이였다.

김 장로가 담임목사가 7월 한달 동안 태국에 가서 기도할 것이라고 말했다. 뜻밖이었다.

"그렇게까지 할 필요는 없을 텐데요?"

"제가 하셔야 한다고 말했습니다. 이미 발표하였고 하실 것입니다."

5월 9일(일) 오후 5시경, 이중표 목사가 전화를 했다. 현진이 엄마가 전화를 받고, 내가 옆에 있었다.

"현진이 부모가 울고 있어서 마음이 아프다. 내가 7월 한달 동안 태국에 가서 기도할 것이야. 순교자를 위해서 기도할 것이야. 5월과 6월에는 일정이 있고, 7월이 비어 있으니 태국 메콩강에 가서 아이들을 위해 기도할 것이야."

그리고 나서, 현진이 엄마가 갑자기 소리 내어 울었다. 이중표 목사가 "위로금을 주려고 한다." 는 말을 듣고 서러웠던 것이다.

어린 아들이 그 험한 메콩강에서 순교했는데, 그것을 거짓말로 감추고 마음을 아프게 하더니, 이제 겨우 전화해서는 돈을 주겠다고 하다니. 살고 있는 것이 치욕스럽고 아들에게 미안해서 견딜 수가 없었다.

십자가에 달리고 싶다

5월 14일(금) 밤 10시경, 학교 수업이 끝나고 사무실로 가고 있었다. 일을 마무리하고 퇴근할 생각이었다. 당시 몸이 지독하게 좋지 않았으나, 학교에 빠져서도 안 되고 사무실에 안 갈 수도 없어서 끌려 다니는 상황이었다. 그때, 현진이 엄마가 권재석 장로와 김연희 장로 두 분이 집에서 기다린다고 전화를 했다. 급히 집으로 갔다.

권재석 장로가 김은일 목사가 다시 작성한 진술서를 주면서 말했다.

"포기하겠으니 작성하지 않아도 된다고 했지만, 김연희 장로님이 김은일 목사를 몇 시간 설득하여 작성하게 했습니다. 그리고 작성된 내용이 부족한것 같아서 어제 밤새 더 보완하게 한 것입니다."

처음보다는 많이 보완되어 있었지만, 이것도 부실하기 짝이 없었다. 장로 두 분이 이렇게 노력했다는 점을 긍정적으로 생각했다. 답변서 마지막에 김은일 목사가 당회에서 결정하면 태국에 가겠다고 되어 있었다.

이어서 권재석 장로가 '태국순교자 추모사업 추진위원회'에서 작성한 계획안을 주었다. 자료에는 '태국 현지 순교비 건립, 한진도서관 기념사업, 교회앞 순교비, 선교사 파송, 담임목사 7월 태국방문, 기타 사업 등'이 예정되어 있었다. 이를 읽는 동안 가슴이 미어졌다. 이렇게 다시 확인해야 하는 것이 서러웠다.

"이제야 상황을 제대로 알려고 하시니 다행입니다. 이중표 목사님이 단상에서 잊으라고 하였고, 김은일 목사가 추모사업을 못하게 해서 자신이 사표를 냈다고 했어요. 그리고 돈을 주겠다고 했어요. 아들의 생명을 돈으로 계산하다니요. 한 분에게 돈을 주었다고 들었는데, 그 분에게 받은 돈을 동전으로 바꾸어서 담임목사님 책상 위에 쏟아 부어 놓으라고 해야 되겠어요. 그래야 얼마나 잘못되었는지를 알게 될 것입니다."

이 말을 하고 나니 교회고 뭐고 다 싫어졌다. 그러면서 저녁 수업시간에 겪었던 일이 생각나서 말했다.

"방금 저녁에 누가복음 강의 시간이었습니다. 예수님이 십자가에 달리신 것이 연상되면서 내 몸이 십자가에 달리는 환상을 겪게 되었습니다. 몸이 그렇게 아플 수가 없었습니다. 한신교회 앞에 십자가를 세우고 내 몸을 십자가에 달아 매어야겠어요. 내가 지금 견딜 수가 없어요. 이 가슴에 불이 타올라서 견딜 수가 없어요. 울타리 치고 거짓말하고, 이상한 소리가 들려서 이게 아니라고 설명을 하면 겨우 버티고 있는 부모를 비난합니다. 교회가 이래도 되는 것인가요?"

설움이 복받쳐서 눈물이 쏟아졌다.

한신교회 순교비 제막식

5월 18일(화), 오전에 사무실에서 회의 등으로 바빴다. 오후에 휴대폰을 열어보니, 오전 10시 49분에 이중표 목사가 음성녹음을 남겨 두었다.

"이중표 목사입니다. 제가 지금 중국을 갔다가 금요일에 올려고 하는데… 하여튼 제가 죄송합니다. 주일 이후 어제 장 성도님을 뵐려고 했는데 일이 있어서 그러지 못했습니다. 권재석 장로님을 통해서 진지하게 대화한 내용을 보니까 우리는 장 성도님의 마음을 충분히 이해하고 그 안에 가 있는 것 같은데… 장 성도님이 너무 마음이 아프고 거기에 심히 매여 있기에, 우리들에 대한 이해가 조금 안 되는 것 같습니다. 나는 장 성도님의 마음을 그대로 가지고 있습니다. 어떻게 하든지 무슨 말을 하든지 장 성도님이 옳다고 생각합니다. 거기에 아무 이의가 없습니다. 그래서 제가 만나서 이런 이야기를 전해 드릴려고 했는데, 할 수 없이 갔다 와서 전해드릴께요."

그리고 며칠 후, 권재석 장로가 연락했다. 당회에서 교회 앞에 순교비를 세우기로 결정했으며, 교회 창립일에 제막식을 할 예정이라고 했다.

6월 5일(토) 오전 11시, 한신교회 창립을 기념하여 순교비 제막식이 있었다. 순교비 문구는 '장현진, 안수한 선교사의 순교를 추모하며…'

이다. 그리고 성경구절이 새겨져 있다.

내가 그리스도와 함께 십자가에 못 박혔나니 그런즉 이제는 내가 산 것이 아니요 오직 내 안에 그리스도께서 사신 것이라 이제 내가 육체 가운데 사는 것은 나를 사랑하사 나를 위하여 자기 몸을 버리신 하나님의 아들을 믿는 믿음 안에서 사는 것이라   갈라디아서 2장 20절

이중표 목사가 설교를 시작하면서 말했다.
"마음에 감동이 있어서 어린 장현진을 앞에 쓰기로 했습니다."

현진이 할머니와 엄마가 하염없이 눈물을 흘렸다. 내가 인사말을 했다.

여기는 한신교회 문입니다. 이 문을 들어가고 나오는 분들이 순교자를 생각하게 되었습니다. 현진이는 한신유치원을 3년이나 다녔고, 한신교회 교회학교

2004년 6월 5일 세운 한신교회 앞의 순교비

를 다녔으니 현진이가 자라면서 자취를 남긴 한복판입니다. 그동안 순교추모 사업이 지지부진했으나, 최근에 장로님들이 개입하여 진행되고 있습니다. 하나님이 한신교회를 사랑하시는 것으로 생각합니다. 메콩강에서 실종된 후, 찾지 못해 절망할 때 현진이를 돌려주시지 않으면 메콩강에서 살겠다고 했습니다. 그리고 찾은 것입니다. 이제야 날마다 죽는다는 말을 이해하게 되었습니다. 매년 1월 13일 메콩강에 가야 합니다. 부디 정직하게 하기를 바랍니다.

순교비 제막예배 후에 한신문화원에서 장로들과 자리를 같이 했다.
권재석 장로는 김은일 목사가 당회 결정을 거절하고 사표를 냈으며 출근을 하지 않고 있다고 말했다. 그리고 은인수 목사와 김완주 목사가 태국 선교사를 지원했는데 당회에서 김완주 목사를 파송하는 것으로 결정했으며, 7월 초순에 파송 예배를 드릴 것이라고 말했다.
지난 5월에는 한신교회에서 태국 선교사 모집 공고를 냈다. 홈페이지에 게재했다. 파송 선교사는 태국에서 5년 이상 근무해야 하고, 교회를 짓는 등의 후원을 할 것이라는 내용이었다.

현진이 14번째 생일

6월 8일(화), 현진이 학교 선생님이 친구들이 현진이 생일에 산소에 가고 싶어 한다면서 연락을 했다. 이 말을 듣고 망설였다. 그리고 그 다음날, 다시 연락이 왔다. 5월 5일 어린이날에도 산소에 가고 싶어했는데, 이번 생일에도 데려가지 않으면 고속버스를 타고라도 간다는 것이었다. 그래서 부모님에게 허락받은 아이들은 데리고 갔다 와도 괜찮을 것이라고 말했다. 현진이가 좋은 친구들을 사귀었던 것이다.

6월 11일(금) 현진이 생일, 학교 앞에 가니 산소에 가겠다고 나선 아이들이 30명이 넘었다. 급하게 교회 차를 두 대 준비했는데도 부족했다. 차에 탈 자리가 부족해서 돌아서는 친구들도 있었다.
　산소에서 현진이 친구들과 같이 예배를 드렸다. 친구들이 산소에 국화를 놓으면서 모두들 울었다.
　서울로 돌아오는 차 안에서 친구들에게 미리 준비한 인사말을 기록한 카드와 함께 도서상품권을 나누어 주었다.
　"생일에 산소에 와 주어서 너무 고맙다. 이렇게 좋은 친구를 주신 하나님께 감사를 드린다. 너희들 마음이 이 세상 무엇보다 큰 선물이란다."
　아침에 대략 20명 정도 될 것이라고 들었지만, 도서상품권을 넉넉하게 33장을 준비했는데 34명이었다. 신기하리만큼 거의 맞춘 것이다.

　이날 저녁 8시경에 현진이 엄마가 말했다.
　"오늘 산소에서 목사님이 설교하고 같이 찬송가를 부를 때, 앞쪽의 친구들 사이 공간에서 현진이가 나와 친구들을 보면서 활짝 웃고 있었어."
　현진이 엄마는 순교 이후 꿈과 산소에서 현진이를 여러 번 보았다고 한다. 어떤 날은 울다가 일부러 잠을 잔다고 했다. 꿈에서라도 봐야 하기 때문이라고 했다.

　6월 26일(토), 한진도서관 개관식이 있었다. 두 사람의 순교자 이름을 한자씩 넣은 것이다. 2월 초순경 이중표 목사가 한신문화원에 도서관을 만들고, 두 순교자 이름을 하나씩 넣어서 〈한진도서관〉이라고 이름 지으려 하려는데 현진이의 '진'자를 뒤에 넣어도 되는 지를 물은 바가 있었다. 이 말을 듣고 내가 말했다.

"그렇게 하십시오. 도서관에 이름을 넣어주셔서 오히려 고맙습니다."

"아… 그렇게 말하니 고맙구먼."

태국에 가겠습니다

6월 14일(월) 오후 3시경, 박훈 목사한테 전화가 왔다. 태국에 가기로 했다면서 빨리 만나기를 원했다. 다음날 6월 15일 오후 9시, 나와 현진이 엄마가 집 부근의 빵집에서 그를 만났다.

박 목사는 한 달 정도 독일에 머물다가 서울에 와보니 김완주 목사가 태국 선교사로 결정되어 김 목사가 고생해서는 안 된다고 생각하여 지원하게 되었다고 밝혔다. 그리고 태국에 가면 처음에는 정승회 선교사 밑으로 들어가 치앙라이 신학교에 갔다가 정 선교사가 은퇴하면 그 신학교를 인수할 것이라고 말했다.

이 말을 듣고 현진이 엄마가 다들 정승회 선교사가 나쁘다고 말하고 있고, 선교는 마음을 비우고 해야 하는데 그런 마음으로 하면 안 된다고 말했다.

"자신이 강으로 안내해서 일어난 일인데도 그렇게 하는 사람입니다. 그 사람 밑에 들어가려면 가지 마세요. 지금 김완주 목사님이 태국 선교사로 가려고 준비 중이고, 당회에서도 이미 승인했다고 합니다. 갈 것 없어요."

그러자 박훈 목사가 놀란 듯이 고개를 뒤로 젖히면서 말했다.

"아닙니다. 그러시다면 정승회 선교사 밑에 들어가지 않겠습니다.

독자적으로 선교하겠습니다."

"그래요? 독자적으로 할 것이라면 가도 됩니다."

박훈 목사가 고맙다고 말했다. 박훈 목사의 눈자위가 붉어지면서 눈물이 맺혔다. 그래서 나와 현진이 엄마도 같이 울었다. 빵집을 나오니 11시경이었다. 박훈 목사가 빵집 앞에서 내게 말했다.

"집사님 고맙습니다. 청이 하나 있습니다. 포옹하고 싶습니다."

내가 왼손으로 박훈 목사를 끌어안았다.

7월 2일(금) 밤 10시, 박훈 목사의 선교사 파송예배가 있었다.

현진이가 태국 단기선교로 출발하던 파송예배가 생각났다. '파송의 노래'를 부를 때는 눈물이 많이 흘러내렸다.

이중표 목사가 "선교지에 가면 혼신을 다하여 복음을 전해야 합니다. 순교자를 생각하면서 메콩강의 물결을 따라 태국 복음화를 위해 노력해야 합니다. 현지에 가면 태국 처녀와 결혼을 하세요. 그리고 태국에서 뼈를 묻어야 합니다."라고 설교했다.

이어서 박훈 목사가 파송 소감을 말했다.

"태국에 가서 뼈를 묻겠습니다. 순교자를 생각하며 선교하겠습니다."

파송예배를 드린 후 담임목사실에 장로들과 순교자 부모들이 모였다.

이 자리에서 이중표 목사가 "장 성도님에게 많이 배웠어. 허. 허."라고 하였다. 이 당시 이중표 목사가 이렇듯이 내게 "많이 배웠어."라고 하는 것을 몇 번 들었다.

이어서 이중표 목사가 "놀라운 일이야. 당회에서 선교사 파송을 세 번 결정했어. 선교사로 가겠다고 나서고 있어." 라고 하였다.

처음 선교사 지원자는 한신교회 외부에서 있었고, 당회에서 선교사 파송을 결정한 것은 김은일 목사, 김완주 목사, 박훈 목사였는데, 김은일 목사는 파송 결정을 거절하고 사표를 냈으며, 김완주 목사는 당회 결정으로 파송을 기다리다가 박훈 목사가 뒤늦게 가겠다고 나서자 못 가게 된 것이다.

잠시 후 모두 교회 밖으로 나왔다. 순교비 앞에서 찬송가 515장 '뜻없이 무릎 꿇는'을 불렀다. 하늘을 보니 별이 총총히 빛났다.

시계탑 준공식

7월 21일(수) 오후 4시, 경원중학교에서 시계탑 준공식이 있었다.

현진이는 친구를 유난히 좋아했다. 장례예배 때도 많은 친구들이 왔다. 이런 친구들을 위해서 친구들이 다니는 학교에 무언가를 하고 싶었다. 현진이 엄마가 학교에 시계탑을 세우자고 하여 교장선생님께 말씀드리면서 진행이 된 것이다.

교장선생님이 시계탑의 위치와 조경에 대해 세심하게 배려하고, 글씨도 직접 썼다. 시계탑 회사 사장은 교회 장로로, 자식을 둔 사람으로서 정성을 다해 만들겠다고 했다.

경원중학교에 있는 시계탑

하나님이 도와주신다는 생각이 들었다. 이렇게 작은 정성이 모여 학교에 현진이의 마음을 표현할 수 있게 된 것이다. 현진이 친구들도 참석했다.

왜 태국에 왔는지 기억하겠다

7월 9일(금), 교회에서 장로들이 개입해서 어느 정도 진행이 되어 이제는 정승회 선교사에게 질의서를 보내고, 잘못을 시인하면 이 정도 선에서 마무리 해야겠다는 생각이 들었다. 그래서 정승회 선교사에게 질의서를 보냈다.

지난 1월 태국 쌍아오마을에서 일을 잊지 않고 있습니다. 평생 기억하면서 지켜보아야 합니다. 지금까지 서울에서 사고경위와 진행을 조사하였습니다. 보내드린 질의서에 회신하면 마무리됩니다. 진행하면서 어려움이 있었으나, 5월 초순에 네 분 장로님들이 개입하면서 이제는 사고 내용이 어느 정도 조사되었고, 관련된 분들이 회개하고 자기 잘못을 뉘우칠 때, 용서할 수 있다는 공감대가 형성되었습니다.
나는 메콩강의 수색과정에서 정승회 선교사님의 행동을 보고 절망했습니다. 자신이 선교팀을 그 강에 인솔하여 배에 태우고는 군인이 투입되는 것을 방해하고 덮기에 급급하다니 어떻게 저렇게 할 수가 있는가, 분을 삭이면서 참았습니다. 아래 내용의 질의를 보내드리니 하나님께 기도하는 심정으로 작성해 주시기 바랍니다.

그런데 그 후에 회신이 없었다.

박훈 선교사가 태국에 선교사로 출발한 후에 현진이 엄마에게 두 차례 메일을 보내왔다.

집사님 내외분의 기도 덕분에 잘 적응해 가고 있습니다. 익숙하지 않은 기후와 음식, 이곳의 풍습에 모든 것이 불편합니다. 하루에도 수없이, 내가 왜 이곳에 왔는지를 반문합니다. 그리고 태국이라는 사회에 몸을 던집니다. 몸으로 부딪히는 게 가장 빨리 태국을 익힐 수 있는 것이라 생각하기에, 매일 몸을 던져봅니다. 집사님 내외분께는 그저 감사한 마음입니다. (2004. 8. 11.)

제 자신과 싸우면서, 하나님의 은혜로 잘 지내고 있습니다. 익숙하지 않은 것들이 너무 많아서, 그게 불편한 것뿐, 힘들거나 괴롭지는 않습니다. 이곳에 온 지 두 달이 되어가는데, 알면 알수록 모르는 게 태국인 것 같습니다. 이곳에 정착하여 살아가다 보니, 보여지는 장벽이 너무 높기만 합니다. 태국어 때문에 무시당한 적이 한 두 번이 아니랍니다. 그래서 열심히 공부하고 있는 중입니다. 현진이의 순교를 통해서 이루실 하나님의 뜻을 위해서 기도합니다. (2004. 9. 24.)

그렇게 하는 것은 아닙니다

8월 15일(일) 저녁 5시, 이병묵 장로를 만났다. 이 장로는 박훈 목사가 태국에 선교사로 파송될 때 같이 가면서 1주일 동안 태국 쌍아오마을과 교회 등을 두루 다녔다고 했다. 이 장로는 김은일 목사가 태국 쌍아오마을에 가서 순교비를 40일 만에 만든다고 했는데, 가서 보니 순교비가 세워질 장소의 소유권이나 마을의 현실 등을 볼 때 불가능한 일이었다면서, 또 웃음거리가 될 뻔했다고 말했다.

"장로님이 늦게라도 확인을 하게 되어서 다행입니다."

이어서 이병묵 장로가 말했다.

"정승회 선교사와 치앙라이 신학교에서 만나 이야기했습니다. 현진이 아버지가 보낸 질의서를 받았다고 하더군요. 그래서 내가 질의서에 답변을 해야 되지 않느냐고 했더니, 자신의 입장만을 반복하여 설명하더군요. 답장을 보낼 것 같지 않았습니다."

"어떻게 해야 할지 모르겠습니다."

"정승회 선교사가 사고 순간에 본인, 박훈 목사, 뜨라이롱(Trirong) 목사가 모두 같이 있었다고 했어요. 그리고 태국어를 아는 사람이 정승회 선교사와 뜨라이롱 목사 두 명이었어요. 그 중 한 분이 어부에게 배를 태워달라고 했을 텐데, '누가 그랬느냐' 고 물었더니, 한 동안 가만히 있다가 뜨라이롱 목사가 기절했으니 뜨라이롱 목사가 하지 않았겠느냐고 했어요."

이 장로가 이어서 말했다.

"쌍아오마을에 순교비를 세우려고 한다고 말했습니다. 정승회 선교사는 치앙라이 신학교에 건물이 필요하다고 했고 1억원을 기부하면 건물을 세우고 그 앞에 순교비를 세워주겠다고 했습니다. 어떤가요?"

"순교비는 순교지에 세워야 합니다. 1억원을 기부하면 순교비를 세워 주겠다니. 자신이 강으로 안내해서 그렇게 된 것인데… 그렇게 하는 것은 아닙니다."

이런 정황을 듣자 낙담이 되었다. 하지만 교회에서 존경받는 장로가 현지에 가서 실상을 확인한 것은 의미가 있었다. 그동안 잘못했더라도 앞으로 잘하겠다고 하면 되는 것이다. 그래서 질의서도 보낸 것이다.

그러나 끝내 회신이 없다 하더라도 개의치 않을 것이다. 이미 상황이 밝혀지고 있었기 때문에 더 알기를 기대하는 것도 없었다. 다만, 나로서는 그 강으로 안내하고 인솔했던 사람들이 최선을 다하는 모습을 보여주기 원했던 것이다.

"병 나으면 예수님 말씀대로 살겠다"

7월 23일(금) 저녁, 박훈 목사 출국을 환송하기 위한 자리에서 권재석 장로, 진영훈 장로와 만났다. 이 자리에서 진 장로가 담임목사가 서울대 병원에서 담관암으로 판정나고 간에 전이되어 수술이 불가능하다고 하여 다시 원자력병원과 서울아산병원에 연락 중이라고 말했다. 수술을 하지 말라는 제안이 있지만, 이 목사는 수술을 받겠다고 해서 고민 중에 있다고 했다. 나는 수술비가 얼마 들지 모르지만 일부라도 대겠다고 말했고, 진 장로가 교회에서 할 일이라고 대답했다.

그 후, 2개월 동안에 신학교 수업을 제대로 따라 가기 위해 성경읽기에 몰두했다. 당시 교과 과정상 주로 구약을 공부했는데 공부를 하면 할수록, 하나님이 원하시는 것은 능력보다는 정직이라는 것을 알게 되었다.

10월 초, 주일 아침 7시 1부 예배에 출석했다. 한신교회 1부 예배에 출석한 것은 처음이었다. 그동안 주로 2부 예배에 다녔다. 이중표 목사가 8월 초에 수술을 받은 후 부목사들이 설교를 담당하고 있었다. 이날은 이중표 목사가 퇴원한 후 단상에 나와 인사를 하고 축도를 하였다. 목소리가 쉬어 있고 얼굴 모습이 완연히 환자였다. 목소리 듣는 것만으로도 마음이 아팠다. 이중표 목사가 갑자기 침통하게 신상발언을 하였다.

"살아오면서 네 번 대수술을 했습니다. 세 번은 잘 넘겼으나 이번 네 번째는 힘든 수술이었습니다. 이번 수술로 인해 많은 것을 깨달았으며, 교만했던 것을 회개합니다. 이제 바뀔 것입니다. 병치료가 되면 예수님 말씀대로 살겠습니다."

그러면서 눈물을 흘렸다. '쉽지 않은 말을 하셨구나. 역시 큰 목자다' 라는 생각을 했다. 처음으로 한신교회의 1부 예배에 참석했는데 이런 말을 듣다니. 예배 후 현관으로 내려오는데 이중표 목사가 현관에서 성도들에게 인사를 하다가 나를 보더니, 어쩔 줄 몰라 하면서 고개를 왼쪽 뒤로 가볍게 젖히며 "허. 허." 하고 씁쓸하게 웃었다.

순간적으로 나도 당황하여 얼떨결에 한마디 했다.

"목사님, 건강하십시오."

6월 어느날, 현진이 엄마가 필름 통 하나를 주면서 말했다.

"이제부터 당신이 보관해…."

그리고 돌아서면서 울먹였다. 현진이 엄마는 효정이와 현진이를 키우면서 아이들이 유치(갈은 이)를 갈 때마다 버리지 않고 별도로 구분하여 보관하고 있었다. 현진이 유치를 내게 주면서 더 이상 볼 수가 없으니 내게 보관하라고 했다. 이렇게 갈은 이마저 보관하는 엄마였다.

하나님을 뵙다

7월 26일(월), 새벽 꿈이다.

내가 앞을 보고 있고, 앞쪽 가까이에 어느 분이 서 계셨다. 이 분이 계속 나와 함께 계셨으며, 내가 가는 곳에 따라다니시면서 무언가 하시는 것이었다. 모습은 보이는데 명확하지도 않고, 움직이셔서 제대로 볼 수가 없었다. 내가 지켜보고 있다가 이 분이 가만히 계시기에 말씀을 드렸다.

"제가 뉘시라고 불러드려야 합니까?"

"하나님."

또렷하게 들렸다. 그리고 이어서 말씀하셨다.

"이제까지 너를 도왔고, 앞으로 너를 도울 것이다."

나는 순간적으로 할 말을 잊고 가만히 있었다.

이상한 것은 분명히 가까이에 서 계셨고 보이기는 하는데 명확하지가 않았다. 얼떨결에 말씀을 드렸다.

"하나님, 제가 이 세상에서 얼마를 더 살게 됩니까?"

"27년."

즉시 대답하셨다.

나는 아무 말도 못하고 지켜보고만 있었다. 그러면서 하나님의 모습이 내 시야에서 사라지셨다.

꿈에서 깨어 났을 때, 날아갈 것 같은 기분이 들었다. 몸과 마음이 아주 가벼웠다. 그동안 몸이 쇠약해져서 견디기가 힘들었는 데 지금까지 겪어보지 못한 느낌이었다. "이것이 거룩이구나." 나도 모르게 고백했다.

그리고 두 손을 잡고 엎드려 기도했다.

"하나님, 뵈었습니다. 하나님을 뵈었습니다."

정신이 들어 시계를 보니 4시가 조금 넘어 있었다.

다시 비몽사몽 졸다가 정신을 차려보니 5시였다. 그런데 27년이라고 하신 것이 생각났다. 실망이었다. '현진이가 당장 보고 싶은데 그렇게 오랫동안 어떻게 살아야 하나' 탄식했다.

당시에는 하루를 사는 것이 너무 힘들어서 기도하곤 했다.

"하나님, 이제 교회 앞에 순교비가 세워졌고, 인솔했던 목사가 선교사로 가기로 했으니 이제 그만 현진이 곁으로 가고 싶습니다."

10월 21일(목), 김진섭 원장의 모세오경 강의 시간이었다. 출애굽기에서 모세가 하나님을 만나는 부분의 강해를 듣다가, 지난 번에 있었던 꿈이 생각났다. 이때 하나님을 뵈었다는 것을 다시 깨닫게 되었다.

그 후, 하나님이 내게 직접 '하나님'이라면서 말씀을 주셨다는 것을 주위에 아는 분들에게 몇 차례 설명했다.

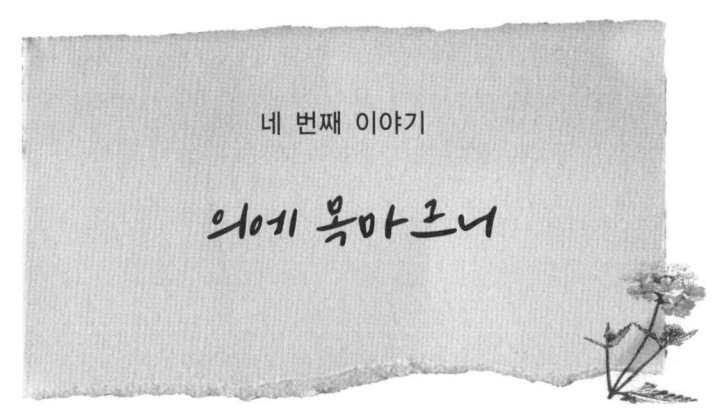

네 번째 이야기

의에 목마르니

빛의 기둥

11월 27일(토), 초겨울이었다. 나뭇잎이 떨어지고 잔디의 색이 완연하게 변하고 있었다. 눈이 오고 추워진다고 했는데, 현진이 산소 부근에 오니 오히려 아늑했다. 산소에 꽃이 새롭게 바뀌었다. 현진이 엄마가 2~3일 전에 왔던 것 같았다. 작은 감나무에 십자가 목걸이를 걸었다. 산소를 품에 안아주었다.

산소에서 기도하고 언덕길을 내려오는 순간이었다. 하늘에 구름이 꽉 차는가 싶더니 한 줄기 빛이 땅에 꽂히면서 강렬한 빛 기둥을 이루고 있었다. 무심코 쫓다가 똑같은 거리를 유지하길래 멈추고 관찰했다. 구름 사이에 구멍이 났으며, 그 구멍으로 빛이 비추고 있는 것이다. 이런 광경은 처음 보았다. 장엄하였다. 하나님이 여기에서 현진이를 끌어안고 우는 것을 보시고 빛의 기둥을 보여 주신 것이라는 생각이 들었다.

이날 밤, 박원식 선교사의 전화를 받았다. 박 선교사는 신학대학원 졸업반으로 태국 선교를 준비하는 분이다. 박 선교사는 1월 13일 선교 단체에서 중국에 단기 선교를 가는데, 본인은 쌍아오마을로 가겠다고 했다.

필요한 부분을 하나님이 도와주시는 것이다. 낮에 빛의 기둥을 보았는데 정직하게 지켜볼 수 있는 분이 돕겠다고 나선 것이다.

손을 끌어내라

12월 11일(토) 저녁 8시, 한신교회 부근 식당에서 태국 현지에서 1주기 추모예배 진행을 협의하기 위한 모임이 있었다. 교회 장로 네 명, 박훈 선교사, 순교자 부모들이 참석했다.

박훈 선교사는 1주기 추모예배 준비를 위해 서울에 잠시 왔다고 했다. 그곳 근황을 듣다가 내가 제안을 했다.

"지난 1월 수색 때 쌍아오교회의 도움이 컸습니다. 제가 쌍아오교회에 매월 20만원 정도 헌금으로 보내면 어떨까요?"

그러나 박훈 선교사는 원하지 않는다며 자르듯이 대답했다. 의외였다. 확인해 보겠다는 것이 아니라, 아예 제안조차 하지 못하도록 거절하는 것이다.

이어서 박훈 선교사가 쌍아오마을의 현황을 설명했다. 그러면서 추모행사를 간단히 하고 빨리 그 마을을 떠나야 한다고 했다. 며칠 전, 박훈 선교사가 쌍아오마을에서 1주기 추모예배를 드리려면 빨리 끝내고 떠나야 한다고 말한 적이 있었다. 그때 나는 인솔자로서 그걸 말이라고 하느냐고 일축했다. 그런데 이 자리에서 다시 이런 이야기를 듣게 된 것이다.

박훈 선교사는 정승회 선교사에게 추모행사의 모든 것을 맡겨야 한다며, 정 선교사가 우리를 돕지 않으면 갈 수도 없다고 했다. 더 이상 참을 수가 없었다.

"당신은 인솔자이고, 정 선교사는 안내했던 사람입니다. 어떻게 그런 말을 할 수 있는가요? 정 선교사는 자신의 잘못을 덮는데 급급하여 수색을 방해했고, 이제는 방문을 막아서고 있어요. 그런데 박 선교사는 그런 사람 밑에서 대변자나 하고 있습니다."

그러면서, 박 선교사에게 나도 모르게 외쳤다.

"박 선교사, 당신이 그 사람의 손을 잡아 일으켜 세워라. 당신이나 나나 살인자이니 할 일을 해야 된다고 말하라!"

이틀 후, 박훈 선교사가 전화로 정승회 선교사가 쌍아오마을에 오는 것을 도와주겠다고 했다고 한다. 어이가 없어서 탄식하듯 한마디 했다.

"이 사람아. 돕다니, 무엇을 돕는가? 그 사람은 자기 할 일이고 다른 사람이 하지 말라고 해도 스스로 나서서 해야 하는 것인데."

걱정하지 마세요

2005년 1월 1일 새해 아침, 현진이 엄마한테 귀한 이야기를 들었다. 교회의 중등부 교사인 이금자 집사가 말한 것이라고 했다.

이 집사는 현진이가 태국 선교활동 중에 실종되었다는 소식을 듣고 너무 놀라 매일 찾게 해 달라고 기도했다고 한다. 그리고 2004년 1월 18일 아침 9시경 교회에서 중학생들과 예배를 드리려 할 때였다. 이때 예수님과 현진이가 나타나 반갑고 놀라워서 '현진아' 하고 불렀다. 현진이가 "저는 괜찮아요. 예수님과 함께 있으니 걱정하지 마세요." 라고 했고, 이 집사는 현진이와 함께 생각나는 대로 이야기를 했다. 그러던 중 현진이가 "선생님, 친구들을 잘 부탁합니다." 라면서 예수님과 함께 떠났는데 정신을 차려보니 예배 시간이 거의 끝났다고 한다.

이 집사가 환상으로 현진이를 만난 시간은 태국에서 현진이 실체를 발견한 직후였다. 이 이야기를 듣고 가슴이 찡해지면서 눈물이 흘러내렸다. 현진이가 예수님과 함께 교회학교 예배시간에 나타나서 선생님에게 부탁한 것은 친구들의 구원이었다.

1월 1일 신년맞이 예배에서 이중표 목사가 축도를 했다. 이 축도를 듣고 뭉클하였다. 노 목사의 느낌과 감정이 담겨 있어서 더욱 그랬다. 하나님은 결국 이렇게 인도하실 것이라는 생각을 하게 되었다.

쌍아오마을 메콩강 물이 구비 흘러 바다에 이를 것이다.
흐르는 강물 줄기에 복음이 실리고 구원이 전해질 것이다.
복음의 강물 구원의 강물 부활의 강물이다.
- 신년맞이 예배 축도 -

1주기 추모예배에 출발하다

1월 9일(일) 오후 5시, 1주기 추모예배를 드리기 위해 태국으로 출발할 분들이 모여 방문계획을 협의했다. 교회에서는 권재석 장로, 김연희 장로, 이강석 목사가 가기로 했다. 쌍아오교회와 마을사람들에게 나누어 줄 선물을 준비했다. 지난해 마을사람들이 실체를 찾을 때 보여준 후의에 대한 선물이었다.

1월 11일(화) 오전 6시 30분, 한신교회 담임목사실에 1주기 추모예배를 위해 출발하는 인원들이 모였다. 교회 장로들이 모두 참석했다. 이중표 목사가 출발예배를 주관했다. 성경말씀은 마태복음 3장 17절, 현진이 산소에 있는 성경구절이다. 설교시간 내내 눈물이 비 오듯이 흘러내렸다. 간결하였지만 말씀과 기도가 마음을 움직였다.

이중표 목사가 같이 가야 하는데 몸이 아파서 못 가게 되어 미안하다고 말했다. 내가 눈물을 닦으면서 말했다.

"몸이 불편하신데도 나와 주셔서 고맙습니다. 태국에 가는 분들에게 큰 힘이 될 것입니다."

오후 2시, 방콕공항에 나오자 박원식 선교사가 보였다. 반가웠다. 박원식 선교사가 소개해 준 통역사와 예수전도단의 선교사도 만났다. 이 세 분의 마중으로 힘이 솟았다.

그리고 박훈 선교사가 보였다. 역시 반가웠다. 이렇게 파송된 선교사가 있다는 것이 마음을 놓이게 했다. 방콕에서 우돈타니로 가는 비행기를 기다리는 동안 일행 모두 작은 식당에 들어갔다.

권재석 장로, 안 집사 그리고 내가 있는 자리에, 공항에 나와 있던 정승회 선교사가 합석하면서 말했다.

"태국에서 선교를 20년 이상 했습니다. 태국 선교사들의 비자를 20개 관리하고 있으며 이를 선교사들에게 빌려주고 있습니다. 작년에는 뒤통수를 한 대 맞았습니다."

모두 어이가 없다는 듯이 침울했다. 분노가 치밀어 올랐다. '이 사람이 잘못했다는 말은 없고, 겨우 이런 정도였는가.'

방콕에서 우돈타니로 가는 비행기를 탔다. 도착하니 밤 8시였다. 우돈타니는 태국 동북부의 중심 도시이다.

우돈타니에 숙박하면서 나와 박훈 선교사가 같은 방을 사용했다. 3시간 정도 이야기했다. 박훈 선교사가 겸연쩍은 얼굴로 김은일 목사를 용서해 달라고 말했다.

"나는 누구든 책임지려는 모습을 보기 원합니다. 현진이가 이 세상에 없는데 무엇을 바라겠습니까? 용서한다는 말은 의미가 없는 일입니다. 지난해 2월, 이중표 목사님이 박훈 목사를 사직시키면서 교회에서 책임지는 사람이 필요하다고 했고, 그 사람이 무엇을 할 수 있겠느냐고 했어요. 그래도 나는 모두의 책임이지, 혼자의 책임이 아니라고 하면서 같이 일을 해야 된다고 말했습니다. 그리고 박훈 목사는 사직당했지만, 지금은 태국 선교사가 되었어요."

박훈 선교사가 선교가 힘들고 어렵다면서 특히 선교사들의 기득권 다툼이 아주 심해 얼마 안 되는 돈에 교회 소속이 넘어가곤 한다고 말했다.

"우리는 상황이 달라요. 아이들이 순교했어요. 있는 그대로 노력하면 됩니다. 그리고 희망을 가져도 됩니다. 하나님이 도와주시겠다고 하셨습니다."

쌍아오마을에 다시 가다

1월 12일(수) 오전 9시, 우돈타니에서 쌍아오마을을 향해 출발했다. 다들 간편한 여행복 차림이었지만, 나는 양복에 넥타이를 맸다. 아들의 순교지에 첫 번째 가는 길이고, 하나님께 아픔을 견디고 있다는 것을 보여드려야 한다고 생각했기 때문이다. 차로 대략 1시간 정도를 달려 동북부 국경도시인 농카이에 도착했다. 여기부터는 메콩강을 우측으로 끼고 1시간 반을 가야 한다.
 메콩강이 보였다. 넓은 강이 도도하게 흐르고 있다. 이 험한 강을 보니 가슴이 울컥해진다. 참으로 큰 아픔을 준 강이다.

 낮 12시경, 쌍아오마을에 도착했다. 햇볕이 따갑다. 교회 앞에서 뜨라이롱 목사가 맞아 주었다.

 오후 2시, 메콩강 사고 난 지점에 왔다. 1년 전에 비해 변화가 있었다. 지난해 6월~8월 우기에 지형이 바뀌었고, 강가 입구에 있던 지류는 깊이 1~2m, 폭 80m의 호수가 형성되어 있었다.
 사고 난 지점에 가기 위해서는 100m 정도 상류로 돌아 가야 했다. 30분 정도 걸어서 카누를 탄 지점에 왔다. 강물이 조금 불어났지만 작은 바위섬들을 기준으로 하여 사고지점을 찾는 것은 어렵지 않았다. 멀리 보아도 물이 흐르는 속도가 빠르고 강의 위용이 엄청났다.

현진이가 잠을 잔 곳입니다

 밤 10시, 숙소에서 여기에 머무는 동안 무엇을 어떻게 해야 할지 생각하고 있었다. 박훈 선교사가 숙소에 들어와 마루에 선 채 말했다.
 "지난해 이날, 이 방에서 제가 현진이를 데리고 잤습니다. 다른 선교팀 학생들은 교회 옆 숙소에서 자도록 하고, 제가 현진이와 몇 명을 데리고 같이 있었습니다. 그날 점심 먹고 이 집에 왔고, 오후 공연을 위해 잠시 쉬고 있었습니다. 그러는 사이에 현진이와 석기가 이 마루에서 윗몸 일으키기를 하고 있었습니다. 눈에 선합니다."

그리고 울먹였다. 내가 확인하고 싶었던 사항이었다. 현진이가 쌍아오마을에서 이틀을 지냈다고 했는데 숙소가 어디인지 궁금했다.

"현진이가 여기에서 잠을 잤군요. 내가 여기 현진이가 잠을 잔 곳에 찾아왔어요."

쌍아오마을에 도착했을 때, 박훈 선교사가 내게 숙소가 두 개 있는데 어느 것을 사용할지 물었다. 내가 선뜻 부모들이 다른 분들 보다 며칠 더 묵게 되니 부모들의 숙소를 교회에서 가까운 곳으로 정해 달라고 했고, 안내 받아 이 숙소에 들어왔다. 어떤 집인지도 모르고 말했던 것인데 현진이가 잠을 잤던 곳을 찾아온 것이었다.

선교관 건립의 '걸림돌'

1월 13일(목) 오전 9시, 서울에서 간 분들과 뜨라이롱 목사, 정승회 선교사 등이 모여 회의를 했다. 권재석 장로가 한신교회의 선교사 2명이 순교한 이 마을은 한신교회의 성지가 되어 교회 차원에서 선교관 건립을 모색하고 있다고 밝혔다. 선교관을 짓고 그것을 쌍아오교회에서 교육관으로 사용하면 어떨까 생각한다고 제안했다.

"쌍아오교회는 교육관으로 사용할 건물이 필요 없습니다."

뜨라이롱 목사가 말하고 정승회 선교사가 통역했다.

그러자 권재석 장로가 마을 회의실이나 도서관은 어떠냐면서 드는 비용을 물었다. 정승회 선교사가 400평이면 1평 건축비가 1백 6십만 원으로, 총 건축비가 6억 4천만 원이 든다고 설명했다.

진행을 보니 권재석 장로가 선교관 추진을 허락해 달라고 사정하고, 정승회 선교사는 쌍아오교회는 필요 없다는데 한신교회에서 하겠다니 어느 정도 능력이 있는지 들어 본다는 식이었다. 권재석 장로가 힘들다고 생각했는지 의견을 조정하려 했다. 1억 원 정도면 몇 평이나 건축할 수 있는지 되물었다. 정승회 선교사는 대지 100평, 건평 40평 정도의 건물을 지을 수가 있다면서, 1억 원이 한번 투입되면 잊어버려야 한다고 했다.

내가 더 이상 참을 수 없어서 말했다.

"초라해지고 비참해집니다. 1억 원을 내놓고 잊으라니, 잘못되었습니다. 작은 집이라도 구입하여 선교관의 모양새를 갖추면 됩니다. 매년 와서 보고 다음 할 일을 찾는 것으로 진행해야 합니다. 하나님 뜻은 그렇게 하라는 것이지 한번으로 끝내라는 것은 아닐 것입니다. 제가 며칠 더 남아있기로 했으니, 여기 교인들에게 마음을 있는 그대로 설명하겠습니다."

권재석 장로가 며칠 더 있을 때 선교관 후보지 건물을 찾아보고 검토안을 작성하여 서울에서 설명해 달라고 했다.

그 자리를 나와 강가에서 흐르는 강물을 지켜보았다. 이렇게 해서는 안 된다. 사람이라면 최소한의 책임을 지려는 태도를 보여야 하는 것이다.

1주기 추모예배

오전 10시, 오후에 진행될 추모예배에 대해 논의했다. 권재석 장로는 이강석 목사가 설교할 때 태국어로 통역하자고 제안했다. 정승회 선교사가 손을 저으면서 안 된다고 거절했다.

오후 2시 30분, 쌍아오교회에서 추모예배가 진행되었다. 쌍아오교회 교인 30여 명이 참석했다. 한신교회 선교팀이 찬양을 하고, 이강석 목사가 그동안 몇 번 들은바 있는 스데반 순교를 설교했다.

오후 4시, 메콩강 순교 현장에서 헌화예배를 드렸다.
내가 한 인사말이다.

"1년 전, 이곳에서 아들이 순교했습니다. 지난해 수색과정과 장례 중 있었던 일을 설명해 드리겠습니다. 우선 쌍아오마을에서 있었던 일입니다." 그러면서 십자가 목걸이를 찾던 일, 물고기가 호위하는 것은 귀인이라는 이야기를 했다
"다음은 서울에서 일어난 일을 소개해 드리겠습니다." 그러면서 어린 청년이 예수님 품에 안겼다는 이야기, 현진이가 친구들을 잘 부탁한다고 한 이야기, 천사가 황금 빛이 나는 옷을 입혀 달라고 한 이야기, 장례예배가 있던 새벽에 한신교회에 천사들이 가득찼다는 이야기를 했다.
"이 외에도 여러 가지 일이 있습니다. 하나님이 지켜보고 계시다는 증거입니다. 아이들이 태국 땅에 와서 밀알이 되었으니 많은 열매를 맺을 것입니다. 그 열매는 자연적으로 맺히는 것이 아니라 우리가 하나님의 뜻을 찾아서 행할 때 가능할 것이라고 생각합니다."

이어서 강가에서 헌화했다. 권재석 장로가 카누에 4명이 타고 얕은 지류를 다니면서 강에 헌화하자고 제안하였다. 강물에 꽃송이를 헌화했다.

오후 7시, 지난해 수색과정에서 수고해 준 고마움의 표시로 쌍아오

마을의 주민들에게 저녁식사를 대접했다. 쌍아오교회 앞 작은 공터에 면장(깜란), 이장 등 모두가 한 자리에 앉았다. 쌍아오교회에서 임시로 무대를 만들었다. 이곳에서 쌍아오마을의 어린이들이 태국 전통 춤을 추었다. 그리고 선교팀이 공연했다. 청년들이 공연하는 것을 보니 가슴이 뭉클하였다.

권재석 장로가 정승회 선교사에게 마을 유지들과 같은 식탁에서 식사를 하고 싶다고 제안했다. 정승회 선교사가 손을 저으면서 그냥 별도로 앉으라고 했다. 다시 권재석 장로가 마을 분들에게 박훈 선교사를 소개하자고 제안했다. 이것도 역시 정승회 선교사가 손을 저으면서 제지하였다.

권재석 장로가 고개를 절레절레 흔들면서 말했다.
"아니, 어떻게 이렇게 할 수 있는가?"

엄마의 눈물

1월 14일(금) 오전 8시, 서울에서 간 분들이 쌍아오교회에 모두 모였다. 이 자리에서 내가 시간이 걸리더라도 선교관을 세워야 한다고 말했다.

현진이 엄마가 갑자기 통곡하듯이 울면서 말했다.
"이 강에서 현진이를 따라 죽을 것 같아서 효정이를 데리고 왔습니다. 교회에서는 할 일을 다 했다고 들었습니다. 누가 무엇을 했다는 것인가요?"

현진이 엄마가 그동안 참으려 애쓰더니 이 강에 와서 가슴앓이가 터져 나온 것이다.

이어서 현진이 엄마가 목소리를 떨면서 말했다.

"정승회 선교사가 어제 '이곳을 잊고 내년부터는 오지 말라'고 했어요. 정 선교사의 사모님이 같이 있는 자리였어요."

모두들 깜짝 놀랐다. 누군가 큰 소리로 말했다.

"그 사람이 이곳으로 안내하고 배를 태웠는데 어떻게 그런 말을…."

그동안 각자 느낀 점을 토로하길래, 나는 효정이와 같이 숙소에 잠시 갔다왔다. 이때 김연희 장로가 나를 보더니 흥분된 목소리로 뜨라이롱 목사가 현진이 엄마가 우는 것을 보고 통역사와 박원식 선교사에게 왜 그러냐고 물은 뒤, 선교관 구입을 위해 협조하겠다고 말했다고 설명했다. 그리고 쌍아오교회의 문제이니 정승회 선교사에게 묻지 않고 자신이 알아서 하겠다고 말했다는 것이다.

이 말을 듣는 순간, 꿈에 본 그 벽이 그 너머의 빛으로 인해 허물어지는 것 같았다. 어제 새벽에 꿈을 꾸었다. 내가 사람들과 같이 길을 가는데 벽이 앞을 가로막고 있었고, 나는 이 벽을 넘어가기만 하면 된다고 생각했다.

"하나님이 현진이 엄마의 눈물을 보신 것입니다. 고맙습니다." 내가 뜨라이롱 목사의 손을 잡고 어깨를 감싸 안으면서 말했다.

이로부터 한 시간 후인 오전 10시, 쌍아오교회 앞에서 우리 일행과 쌍아오교회 교인들이 손을 잡고 원을 그리면서 찬송가를 불렀다. 모두 눈물을 흘렸다. 김연희 장로가 뜨라이롱 목사의 그 한마디에서 하나님의 뜻을 읽을 수 있었으며, 1주기 추모의 성과라고 설명했다.

십자가와 아들의 실체를 찾은 곳에서

서울에서 1주기 일정을 준비하면서 지난해 메콩강에서 찾아 헤맬 때와 같은 날짜 동안 쌍아오마을에 머물면서, 그동안 어떻게 진행이 되었는지 그리고 무엇을 할 수 있는지를 생각해 보기로 했다. 나는 통역과 둘만이라도 같이 있으려고 했다. 효정이가 고등학교 2학년이라 현진이 엄마는 교회 분들과 같이 먼저 돌아가야 했다. 그리고 안 집사 내외도 나와 같이 머물겠다고 했다. 이렇게 며칠 남아 있는 것으로 인해 상당한 진전이 있었다.

오후 2시, 십자가 목걸이를 찾은 곳에 갔다. 쌍아오마을에서 농카이 방향으로 메콩강을 따라 10km 지점인 '핫캄피' 이다. 쌍아오마을에서 내려가는 강물이 여기에 이르러 소용돌이를 치면서 머물게 된다. 이 현장에서 뜨라이롱 목사한테 십자가를 찾은 과정을 다시 설명 들었다.

2004년 1월 13일 순교한 날, 5차 선교팀이 쌍아오마을에서 메콩강으로 이동하는 중에 현진이가 찍힌 사진이 있다. 십자가 목걸이를 목에 걸고 강가로 오고 있는 모습이다. 그 십자가 목걸이가 이곳에서 발견된 것이다. 십자가 목걸이는 1월 17일 오후 3시경 핫캄피에서 어부가 발견했으며, 현진이 실체는 십자가 목걸이가 발견되고 16시간 후인 1월 18일 아침 7시 사고 지점에서 3km 떨어진 곳에서 이장의 매제인 어부가 발견했다. 실체가 발견된 곳에서 7km 강 아래에서 십자가 목걸이가 먼저 발견된 것이다. 십자가 목걸이가 발견된 시간에는 사고 지점에서 이중표 목사가 예배를 드리면서 기도하고 있었다.

핫캄피, 십자가 목걸이가 발견된 곳

오후 3시, 핫캄피에서 상류로 7km 올라왔다. 후에이탑창(HuaiThapChang), 아들의 실체가 발견된 곳이다. 강둑에서 뜨라이롱 목사가 길이 험해 500m 정도 돌아가야 한다며 주저하였다.

"아들을 발견한 곳입니다. 지난해에 여기를 확인할 여력이 없었습니다. 1년 동안 이곳이 궁금했습니다."

뜨라이롱 목사가 그당시 상황을 설명했다. 1월 18일 아침 7시에 이장의 매제가 발견하고 뜨라이롱 목사에게 전화를 해 뜨라이롱 목사가 즉시 이곳에 와서, 군인들과 함께 현진이 실체를 카누에 싣고 강을 따라 쌍아오마을로 돌아갔다고 했다.

바위 사이에 나뭇가지가 길게 나와 있었다. 어부가 이 나뭇가지에 고기 잡는 그물을 매어 두었으며, 아들의 실체가 떠내려오다가 이 나뭇가지에 웃옷이 걸려서 찾게 된 것이라고 했다.

1년 만에 현장에서 자세히 들었다. 사고현장에서 여기까지는 3km이다. 뜨라이롱 목사가 아주 조금 내려온 것이며, 특히 이곳에서는 찾기가 힘든 곳인데 하나님이 도우셨다고 했다. 강물의 물살과 지형을 보니 여기서 발견했다는 것은 기적이었다. 눈물이 마구 쏟아졌다. 뜨라이롱 목사도 안 집사도 역시 눈물을 닦고 있었다.

서울에서 가져 간 십자가 목걸이를 꺼냈다. 14개였다. 순교시 현진이 나이이다. 십자가 하나하나를 현진이 실체가 발견된 곳의 강물에 띄웠다.

1월 15일(토) 오전 9시, 로닌 이장 집을 방문했다. 우리가 묵던 숙소 근처였다. 내가 지난해 로닌 이장에게 두 번 편지를 보냈다. 안부 편지였고 순교비를 세우고 싶다고 했다. 그리고 로닌 이장이 답장을 보내왔다. '잊지 않고 편지를 보내주어서 고맙고 1월 13일에 만나자' 는 인사말이었다.

이때 로닌 이장이 놀라운 이야기를 했다. 지난해 9월 내가 보낸 첫 번째 편지에 설명되어 있던 사진으로 본 순교비를 이 마을에 세우는 것을 도와주겠다고 했다. 순교비를 세운 다음에 자신이 관리를 할 것이라고 했다. 이 말을 듣고 다시 확인해 보라고 통역에게 부탁했는데, 로닌 이장이 똑같이 반복해서 말했다.

통역이 흥분하듯이 말했다.

"하나님이 돕고 계십니다. 뜨라이롱 목사에게 이를 알려야 합니다."

아들을 생각하는 마음 이해합니다

밤 8시, 쌍아오교회 옆 창고에서 나와 안 집사 내외, 뜨라이롱 목사, 박훈 선교사, 통역이 모여 앉았다. 박훈 선교사는 단기 선교팀을 방콕에 안내하고, 다시 방금 전에 쌍아오마을에 왔다.

"현진이는 나의 전부였습니다. 낮에 직장 다니면서 밤에 신학을 공부하고 있습니다. 쌍아오교회에 제가 작은 도움이 될 수 있으면 하는 바람입니다."

뜨라이롱 목사가 아들을 생각하는 마음을 이해한다고 말했다.

몇 가지 제안을 드리겠다고 하면서 조심스럽게 말했다.

"첫째는 수색과정에서 쌍아오교회에서 수고했으니 이번에 3만 바트(90만 원) 감사헌금을 하겠습니다.

둘째는 정기적으로 쌍아오교회에 헌금하기로 하고 이번에 8만 바트(240만 원)를 헌금할 것이니 교회에 사용하시면 어떨까 합니다."

"지난해 수고는 당연한 것입니다. 하나님께서 자식을 사랑하는 아버지의 마음을 받으실 것입니다. 헌금은 교회사업에 사용하겠습니다."

이렇게 제안하게 된 것은 낮에 뜨라이롱 목사에게 쌍아오교회에 외부 지원이 어느 정도 되느냐고 묻자, 자신이 평일에는 농사를 지으면서 교회를 유지하는데 어렵다고 말했기 때문이었다. 선교사들에 따르면 보통 오지 교회에 지원하는 금액은 월 5천 바트(15만 원) 수준이라고 했다. 그래서 월 6천 7백 바트(20만 원) 정도로 제안한 것이다. 그리고 뜨라이롱 목사는 매년 1월에 방문할 때마다 헌금하라고 했다.

이어서 말했다.

"셋째는 지난해 수색과정에서 약속했던 수고금 지급이 잘못되었습니다. 당시 한신교회 명의로 지급하기로 했으며 아직 남아 있습니다. 지난해 실체를 찾아준 분에게 1만 바트를 지급했으니 미지급된 9만 바트를 지급하려고 합니다. 어떻게 생각하십니까?"

뜨라이롱 목사는 이해한다면서 수고금은 수색에 참여한 이 마을 700가구를 대상으로 옷이나 타월 등으로 구입하여 나누어 주어야 한다고 대답했다. 한 사람이 수고한 것이 아니라 모두 며칠 밤을 새워서 수고

했기 때문이라고 덧붙였다.

"넷째는 선교관에 대한 것입니다. 목사님이 오늘 낮에 추천하면서 보여준 세 집에 대해 정리해서 한신교회 당회에 제출할 것입니다. 장로님들이 추진하겠다고 했으니 진행이 될 것입니다."

이날 오전 11시에 선교관으로 구입할 만한 집 세 채를 뜨라이롱 목사의 안내를 받아서 살펴보았다. 뜨라이롱 목사가 낮에 보았던 세 건물 중에서 선택하면 될 것 같다면서 본인이 관리하겠다고 했다.

"다섯째는 순교비에 대한 것입니다. 선교활동 중 순교하면 순교비를 만들게 되는데 한신교회 입구에도 세워져 있습니다. 어제 로넌 이장이 제가 보낸 편지의 순교비 모형을 보여주면서 언제든지 요청하면 도와줄 것이며 관리를 해 주겠다고 했습니다."

뜨라이롱 목사가 순교비를 세우는 것은 괜찮다면서 선교관을 구입하고 그 앞에 세우면 된다고 했다. 순교비 건립도 도울 것이라고 했다.

이렇게 답변을 듣는 순간, 상당히 놀라웠다. 통역하는 분도 놀랐다는 듯이 목소리가 높아졌고, 안 집사 얼굴에 웃음이 돌았다.

그런데 박훈 선교사가 얼굴을 찡그리면서 마을사람들이 불교 신자라 순교비를 반대한다고 퉁명스럽게 말했다.

박훈 선교사가 입을 다물고 고개를 저으면서 계속 반대 의사를 밝혔다. 그제서야 박훈 선교사가 정승회 선교사의 눈치를 보고 있다는 생각이 들었다.

박훈 선교사가 이렇게 부정적이면 추진이 어렵다는 생각이 들었다. 그래서 순교비는 선교관이 구입된 후에 그 앞에 세워야 하니 지금은 일단 유보하기로 결정했다.

물고기가 일백쉰 세 마리

1월 16일(일) 오전 10시 30분, 쌍아오교회에서 주일예배를 드렸다. 교인은 장년 35명, 어린이 35명으로서 70명 정도였다. 태국에서 이 정도 규모이면 성공한 교회라고 했다. 뜨라이롱 목사가 우리를 이 교회의 교인이 되었다고 소개했다. 내가 인사말을 했다.

우리는 쌍아오교회의 교인이 되었습니다. 매년 1월 13일 여기에 올 것입니다. 지난해 수색과정에서 십자가 목걸이를 이 강에서 찾았습니다. 십자가 출현이라 말했다고 들었습니다. 메콩강을 따라 복음이 전해지고, 하나님 나라가 확장되기를 희망합니다.

오후 5시, 쌍아오마을에서 90km 지점에 있는 러이에 가서 마을 주민들에게 나누어 줄 물품을 구매했다. 마을주민의 수효에 맞게 700여 개를 구입했다. 뜨라이롱 목사가 얼마의 금액이 남았다고 했다. 누군가 남은 것은 치앙칸교회에 필요한 물품을 구입하는데 사용하자고 말했다. 치앙칸교회는 러이 가까이 있는 교회로서 담임목사가 없어서 최근에 비품을 도둑 맞았다고 했다. 남은 금액을 세어보니 1만 5천 3백 바트(46만 원)였다.
"베드로가 예수님이 말씀하시는 방향에 그물을 던져 올리니 물고기가 일백 쉰 세 마리였어요. 남은 잔액으로 치앙칸교회 물품을 구입하기로 했는데 153 이라는 숫자가 나왔습니다."
뜨라이롱 목사가 고개를 끄떡거렸다.
다음날 1월 17일(월) 오전 10시, 쌍아오교회에서 뜨라이롱 목사가 마을 주민들 700여 가구에게 물품을 나누어 주었다.
내가 뜨라이롱 목사에게 말했다. "쌍아오교회 교인이 되었으므로 제 성경을 두고 가겠습니다. 이곳에서 제가 같이 예배를 드리는 것입니다."

뜨라이롱 목사가 울먹이면서 고맙다는 말을 했다.

서울에서 추모예배

1월 23일(일) 오전 10시, 서울 한신교회와 분당 한신교회에서 잇달아 1주기 추모예배를 드렸다. 당시 한신교회는 서울과 분당이 한 교회 소속이었으며, 주일에는 이중표 목사가 교회를 순차로 다니면서 예배를 주관했다. 이날 예배 중에 며칠 전에 현지에 다녀온 자료가 동영상으로 스크린에 올라 있었다.

이중표 목사의 건강이 좋지 않아 부목사가 설교를 하고 이중표 목사는 마지막에 인사말과 축도를 했다. 분당교회에서는 김완주 목사가 설교했다. 얼굴은 알고 있었지만 설교는 처음 들었다. 순교자에 대해 설교했는데 마음에 열정이 담겨있어서 현진이 엄마가 눈물을 많이 흘렸다.

예배를 드린 후, 분당 한신교회 담임목사실에 이중표 목사, 권재석 장로, 순교자 부모들이 모였다. 이중표 목사의 건강이 많이 나아졌다고 들었는데 가까이 보니 얼굴이 초췌하였다. 태국에 가는 날 아침에는 괜찮아 보였는데, 2주도 안 되어서 안색이 많이 달랐다.

권재석 장로가 몇 가지 이야기를 하다가 갑자기 나의 꿈 이야기를 언급했다. 언젠가 내가 권재석 장로에게 하나님이 도우시겠다고 했으니 잘 될 것이라고 말한 적이 있었는데 그것을 말하는 것이었다. 이중표 목사가 나를 물끄러미 쳐다보았다.

"현진이가 순교한 후에 죽음이 두렵지 않게 되었어요. 지난해 6월~7

월에 한신교회 앞에 순교비가 생기고 선교사 파송이 있은 후 힘들었지만, 이 정도라도 되었으니 '이제는 현진이 곁으로 가게 해 주세요.' 라고 기도했어요. 그리고 아침에 깨면 실망해서 다시 기도를 합니다. 그러다가 7월 26일 새벽에 어느 분을 뵈었어요."

여기까지 이야기하고 나서 이중표 목사를 바라보니 귀를 기울이고 있었다. 그래서 당시 꿈에 하나님을 뵌 순간에 있었던 일을 자세히 설명했다. 정신차리니 27년이라고 하신 것이 생각이 나서 실망하면서 탄식했던 일도 설명했다.

이중표 목사가 중얼거리듯이 말했다.

"27년 동안 할 일이 있다는 것이구나."

이중표 목사가 고개를 조금 숙이고 아무 말없이 가만히 있었다. 병환 중이라 힘든가 보구나 생각하고, 내가 안 집사에게 그만 일어나는 것이 좋겠다고 제안했다. 이 목사가 먼저 일어서더니 밖으로 나갔다. 그리고 문밖에 서서 악수를 청하기에 고개를 숙이면서 손을 잡았다. 순간적으로 꺼칠꺼칠한 손이 잡혔다. 쇠약해질대로 쇠약한 손이었다. 안스러웠다. 이중표 목사는 시무룩하게 아무말 없이 고개만 끄떡끄떡 하였다.

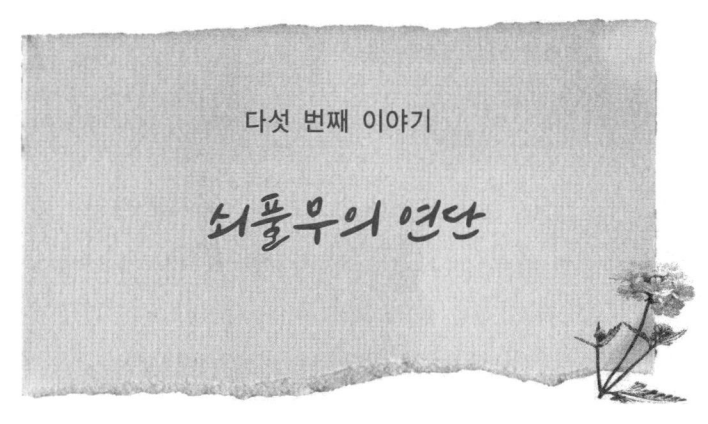

다섯 번째 이야기

쇠풀무의 연단

안개 같은 인생

1월 30일(일) 오후 4시경, 잠시 소파에 누웠다가 꿈을 꾸었다.
가족들과 그 외 몇 사람들이 있었다. 현진이가 사람들 앞에서 움직이는 동작을 하려다가 실수를 하더니 미안해했다.
"현진아." 하고 부르니 현진이가 내게 왔다.
"괜찮아, 하려다가 실수하는 것은 가치가 있어."
현진이가 웃었고, 현진이를 품에 안았다. 그리고 "현진아, 너는 귀한 아들이야. 너를 사랑한다." 라고 말하면서 눈물을 흘렸다.
잠에서 깨니 얼굴은 눈물로 범벅이 되고 머리맡이 흥건히 젖어 있었다.
태국에 다녀와서 마음이 무겁고 심란하였다. 왜 이렇게까지 당해야 하는지 이해할 수가 없었다. 그래서 며칠 동안 "어린 아들을 안아 준 적이 오래 되었으니, 꿈에서라도 안아주게 해 주세요." 라고 기도했고, 이 날 꿈에서 현진이를 안고 울었던 것이다.

선교관 추진

쌍아오마을에 1주기 추모예배를 드리러 갔을 때, 뜨라이롱 목사의 안내를 받으면서 선교관으로 구입이 가능한 세 집(A, B, C)을 둘러보았다. 각각의 집마다 사진을 찍고, 가격 등을 확인한 후에 검토서를 작성하였다. 그리고 이 검토서를 권재석 장로에게 전달했다.

1월 22일(토) 저녁, 권재석 장로가 내일 주일 예배 때 태국 현지 1주기 추모예배 영상보고가 있다면서 몇 가지 확인하기 위해 연락했다.
이때 권 장로가 당회에서 일부 장로들이 선교관 구입에 반대하고 있다고 걱정하듯이 말하였다.

2월 27일(일) 오후 4시, 선교관 구입 진행이 지지부진하여 이를 확인하기 위해 권재석 장로를 만났다. 권 장로는 2~3명의 장로들이 선교관 구입을 계속 반대하고 있다고 했다.
"교회에서 장례예배 직전에 보도자료를 내면서 순교비, 선교관, 신학교, 장학사업, 홈페이지 개설 등을 하겠다고 약속했습니다. 교회에서 선교관 구입을 하지 않겠다고 하면 안 해도 좋습니다. 다만, 이중표 목사님은 내게 자신을 믿으라고 했으니, 나와 이중표 목사님이 선교관 구입 비용을 반씩 대자고 해 주세요."
권 장로가 보도자료가 있었냐며 보내 달라고 했다. 다음날 권 장로에게 한신교회의 보도자료를 보냈다.
그리고 나서 박훈 선교사가 3월 19일 당회에서 결정한 대로 선교관 구입을 추진하겠다고 회신을 보내왔다. 3월 21일 박 선교사에게 다시 선교관 구입이 늦어지는 사유를 뜨라이롱 목사에게 전하고 구입이 진행되고 있음을 알려서 차질이 없도록 해 달라고 요청했다. 그제서야 박 선교사는 확인해 보니 교회에서 추천하는 B집이 매각되었다고 했다. 상황을 확인조차 하지 않다가 알아보라고 하니까 겨우 팔렸다고 한 것이다. 실망이 컸지만 선교관 구입은 아직 하나님의 뜻이 아닌가 보다고 생각했다.

한진도서관 동판 제막식

3월 6일(일) 오후 5시, 한진도서관 동판 제막 예배가 있었다. 순교자들의 동판이다. 아들의 모습이 남는다는 생각에 마음이 심히 안스러웠다.
예배가 끝나고, 장로들과 함께 남아 있을 때 말했다.
"지난해 5월, 얼굴이 동판으로 남는 것이 마음이 아파서 안 했으면 좋겠다고 말했습니다. 그런데 다시 추진되어 오늘 완성이 되었습니다. 하나님이 동판을 만들게 하신 것이라고 생각합니다. '왜 얼굴을 남게 하셨을까?' 생각해 봤습니다. 이 자리에서 그 의미를 깨닫게 되었습니다. 마음이 아프지만 할 일은 해야 한다는 것을 가르쳐 주신 것이라고 생각합니다. 나중에는 이렇게 동판으로 남아 있는 것이 자랑스러운 것이 될 수 있기를 희망합니다."
나의 다짐을 얘기한 것이다.

이제는 용서해 주세요

3월말 아침, 지난밤 꿈의 의미가 무엇인지를 고민했다. 교인 한 분이 우리 집을 방문했는데 갑자기 이 분이 무릎을 꿇고 말했다.

"이제는 용서해 주세요."

"용서라니요? 나는 용서할 자격이 없습니다. 내가 죄인입니다. 누구를 말하는 것인가요?"

"담임목사님을 용서해 주세요."

이 말을 듣자마자 말했다.

"할 일이 있는 분입니다. 자기 할 일을 하면 됩니다. 용서할 수 없습니다."

이 분이 고개를 숙이고 눈물을 흘렸다.

무슨 의미인가? 왜 갑자기 담임목사를 용서해 달라고 했는지, 나는 용서할 자격이 없다고 했다가 담임목사님이라는 말을 듣고는 용서할 수 없다고 했다니.

6월 12일(일), 신학대학원 3학기 기말시험 기간이었다. 강남시립도서관에서 공부하다가 인근 대형교회에서 예배를 드리려고 생각했다.

도서관에서 종교개혁사 문제를 정리하고 오전 10시 40분에 부근에 있는 소망교회로 가기 위해 택시를 잡았다. 택시를 탄 순간 갑자기 근처의 작은 교회에서 예배를 드려야겠다는 생각이 들었다. 택시에서 내려 도서관 부근으로 올라갔다. 여기저기 교회가 많이 있었다. 교회가 이렇게 많은지 새삼 놀랐다. 300m 정도 걸어서 제법 먼 곳의 교회에 갔다. 교회 문에 들어서다가 깜짝 놀랐다. 그곳에 박원식 선교사가 서 있었다. 지난 1월 이후 바빠서 연락도 못했는데 6개월 만에 여기서 만나게 된 것이다. 박 선교사도 나를 보고는 놀라서 말했다.

"저를 찾아오시는 것입니까?"

박 선교사는 목사안수 받은 후에 태국 선교사로 출발할 계획인데 그

전에 이 교회에서 시무 중이라고 했다. 이 넓은 서울, 그리고 수많은 교회 중에서 여기를 찾아오다니.

우연히 이루어진 일이라고 생각하지 않았다. 하나님이 찾아오게 하신 것이다. 예배를 드린 후, 박 선교사한테 태국 선교의 현황과 방향에 대해 듣게 되었다. 큰 힘이 되었다.

지난 일을 서신으로 보내다

6월 17일(금) 오후 8시, 한신교회 옆 식당에서 현진이 엄마와 같이 권재석 장로, 김연희 장로를 만났다. 이 자리에서 지난 4월부터 이중표 목사의 병환이 깊어 서울아산병원에 입원하여 여러 차례 수술을 받았다는 얘길 들었다.

"지난 3월말 꿈에 어느 분이 우리 집에 와서 담임목사님을 용서해 달라고 했어요. 이중표 목사님의 신상에 큰 변화가 있다고 생각하여 더 늦기 전에 정직하게 작성한 글을 드려야겠다는 생각이 들었습니다. 그래서 5월 24일 이중표 목사님과 두 분 장로님께 서신을 보낸 것입니다. 그 서신을 읽고 무엇을 잘못했는지 알아야 치유 받을 수 있을 것이라고 생각했습니다."

장로 두 분이 읽었다고 했다.

"서신은 두 분이 지켜보았고 여러 사람이 함께 겪은 내용이라 한 글자도 거짓이 없습니다. 목사님이 읽어야 합니다. 그래야 치유가 됩니다."

김연희 장로가 이중표 목사님이 잘못한 것을 인정한다며, 서신의 내용이 전부 맞다고 말했다. 그런데 노아가 잘못했을 때 그 자식이 흉을 보지 않아야 한다고 성경에 기록되어 있다며, 우리도 그렇게 해야 한다고 말했다.

"어린 생명에 대한 것이고 아픈 양보다는 울타리를 치고 자신을 위해 처신했으니 상황이 다릅니다."

"이 목사님, 사랑합니다"

6월 29일(수) 오후 5시, 서울아산병원에 입원한 이중표 목사를 병문안하였다.

현진이 엄마와 함께 병원에 들어섰다. 1인 독실이었다. 병실 화장실에서 손을 닦고 가글로 입을 씻으라는 지시를 들었다. 심각한 중환이라는 것을 느꼈다. 넓은 병실 가운데 침대가 있고 거기에 이 목사가 누워 있었다. 얼굴은 검게 변색되었고, 산소호흡기를 쓴 채 1~2분마다 가래를 뱉어 내고 있었다. 간병하는 권사가 분주하게 움직였다. 음식은 이미 오래 전에 끊고, 오른쪽 어깨에 정맥을 찾아 주사로 영양제를 몸에 주입하고 있었다. 각종 장기가 순환되지 않아 몇 차례 수술하고 배로는 더 이상 수술 할 수가 없어 등을 통해 수술을 했으며, 진통제로 버티고 있다고 했다. 병원에 문병을 많이 가보았지만 이렇게 심각한 상황은 처음이었다. 인간으로서 겪을 수 있는 한계를 벗어났다. 교인들이 완쾌해 달라고 기도하고 있는데 그럴 상황이 아니었다.

권재석 장로가 이 목사의 귀에 대고 내가 문안 왔다고 전했다. 이 목사가 힘들게 "알어." 하고 고개를 끄떡거렸다. 권재석 장로가 기도를 권해 얼떨결에 기도했다.

하나님, 사람은 태어나면서 죄를 받고 태어났습니다. 살면서 또한 죄를 짓게 됩니다. 어른의 잘못으로 아이들이 순교했고, 순교 후에도 그 일을 잘못 처리하여 죄를 더 짓게 되었습니다. 우리가 모두 큰 죄를 지었기에 목사님이 이 긴 고통을 당하고 있습니다. 이제 육신의 고통이 너무 심각하여 차마 볼 수가 없사오니, 참으로 민망하오니, 이제 치유가 힘들다면 안식을 주옵소서. 하나님의 날개 아래 편히 쉬게 해 주옵소서. 그리고 남아서 살아 호흡하는 자들이 정직하게 하나님의 뜻을 찾아서 일을 할 수 있도록 가르쳐 주옵소서. 한신교회를 세워주셔서 복음을 전하고 선교할 수 있도록 하옵시고, 고비를 겪고 있사오니 올바른 교회로 거듭날 수 있도록 인도하여 주옵소서. 예수님의 이름으로 기도합니다. 아멘.

이어서 권재석 장로가 현진이 엄마에게 한마디 하라고 했다. 현진이 엄마가 이 목사의 귀에 대고 말을 했다.
"목사님, 사랑합니다. 생각이 많이 날 것입니다."
이 말을 하자, 이 목사가 오른손으로 흘러내리는 눈물을 닦았다.

서울아산병원으로 병문안을 갔다 온지 1주일 만인 7월 7일 이중표 목사가 소천했다는 소식을 들었다. 분당 한신교회에서 장례예배가 있었다. 장마철이라 그런지 비가 많이 왔다. 추모사와 설교, 찬송이 이어지는 예배시간 내내 현진이 생각이 났다. 나중에 들었는데 다른 분들도 현진이 장례예배가 연상되었다는 이야기를 했다. 현진이가 태국에서 순교한 이후, 이 분에게 많은 부분을 의지하였다. 40년 목회를 하였고 카리스마가 있는 목회자였다. 그런데 가까이에서 겪어보니 잘못된 것이 너무 많았다.

여호와는 나의 목자시니

우리 가족은 시편 23편을 잘 알고 있다. 현진이 방 옆에 예수님이 어린양을 한 마리 안고 나머지 양들을 인도하시는 그림이 걸려 있다. 이 그림에 시편 23편의 첫 두 구절이 적혀 있다.

여호와는 나의 목자시니 내가 부족함이 없으리로다.
그가 나를 푸른 초장에 누이시며 쉴 만한 물 가으로
인도하시는도다 (시편 23:1~2)

현진이가 태어나서 얼마 후였던 것으로 기억된다. 현진이 엄마와 구역 예배를 같이 드리던 할머니가 선물한 것이다. 그때부터 지금까지 늘 집안 중앙에 걸려 있다. 이제는 집안에 들어서면 이 그림부터 보게 된다. 예수님이 안고 있는 어린양이 현진이 같다는 생각이 든다.

제 껍데기를 찾아서 우는 것입니다

현진이 엄마의 글이다.

주책없는 모정은 오늘도 현진이를 살려달라고 간절히 기도합니다. 내 코의 호흡은 기억되지 않아도 아들에 대한 모든 생각은 숨쉬는 그 순간마다 기억됩니다. 현진이와 아무 상관이 없는 복숭아 나무를 볼 때라도 "복숭아 나무 아래서~" 하며 만화 영화 주제가를 힘차게 부르던 모습이 떠올라 눈시울을 적시니, 눈을 뜨나 감으나 앉으나 서나 눈물이 떠나지 않습니다. 근무하는 학교는 지금 중간고사가 끝나고 가을 축제의 하나로 반 대항 축구대회가 한창입니다. 축구를 그렇게도 좋아하던 아들, 한 달을 채 신지도 못하고 해어져 버린 축구화로 미안해하던 현진이를 나 홀로 선수로 출전시킵니다. 시간 나는 대로 작전을 구상하고 운동장이 좁게 느낄 정도로 펄펄 나르며 친구들과 마구 소리 칠 씩씩한 내 아들, 자랑스러운 내 아기의 웃음소리가 들립니다. 저는 제 아들을 부활시킬 겁니다. 그게 제가 사는 이유입니다. (2005. 10. 20.)

이 글을 읽으니 쇠풀무를 생각하게 된다. 쇠풀무는 쇠를 녹이며 단련시키는 기구인데, 애굽 생활이 히브리인들에게 혹독한 시련의 시기였다는 것을 의미한다. 지금 겪는 것이 쇠풀무의 연단 과정이라는 생각이 들었다.

현진이가 어렸을 때 엄마가 중학교에서 아이들을 가르치기 때문에 낮에는 할머니께서 현진이를 돌보아 주셨다. 현진이가 할머니를 따르며 잘 놀다가도 감기가 걸려서 몸이 불편하면 엄마를 찾았다. 그러면 할머니께서 제 껍데기를 찾아서 우는 것이라고 말씀하셨다.
자식은 알맹이이고 엄마는 껍데기라고 했다. 현진이 엄마가 지금 그 알맹이를 찾으면서 우는 것이다. 그러면서 부활시킬 것이라고 말하고 있다. 어미가 제 손으로 아들의 부활을….

성령님의 위로를 받으세요

7월 29일(금) 밤 9시, 처음 뵙는 내외분이 우리 집을 방문했다. 1주일 전에 전화해서 분당 한신교회에 부임하게 되었다며 바쁜 일정이지만 우리 집부터 방문하겠다고 하였다. 이윤재 목사이다.

첫 만남인데도 어디선가 뵌 듯한 느낌이 들었다. 기도하더니 눈물을 흘렸다. 그리고 "어떠한 위로의 말이 도움이 되겠습니까?" 라고 하였다. 이렇게 말한 분이 처음이었다.

이어서 "마음이 어떠신가요?" 하고 물었다.

몇 가지 설명했다. 내가 말하는 내내 이 목사가 눈물을 머금고 흘렸다. 그러더니 갑자기 일어나면서 절을 하겠다고 하였다. 당황해서 만류하였다.

"아닙니다. 제게 절을 하시다니요?"

하지만 막무가내였다. 어떻게 할지 몰라서 가만히 있다가 얼떨결에 두 분과 나와 현진이 엄마가 맞절을 했다.

그 동안 만나본 사람들은 대개 기도하고 찬송 부르고 욥기를 낭독하고 장황하니 설교를 했다. 그리고 심한 사람은 자식을 바쳤으니 높은 상급을 받을 것이라고 했다. 듣기가 민망했다. 내 몸을 던져서라도 아들을 살리고 싶은 심정인데, 차라리 안 들었으면 할 뻔한 내용들이었다.

"8월 초순에 휴가를 내어 메콩강에 가서 기도할 것입니다."

또 놀랐다.

"오늘 방문으로도 지금까지 받아보지 못한 위로였습니다. 가시더라도 나중에 시간이 날 때 가시는 것이 어떨까 합니다."

"이것은 제가 우선적으로 해야 할 일입니다."

그후 8월 15일에 이윤재 목사가 8월 8일부터 13일까지 태국을 돌아보고, 메콩강 현지에 가서 기도했다는 소식을 들었다.

그리고 메콩강에 다녀온 이야기는 11월 18일에 만나서 들었다.

"쌍아오마을에서 이틀 동안 낮에 기도했습니다. 참 험한 강이더군요. 그 배도 보았습니다. 어떻게, 그런 강에서… 우선 가는 날 오후 내내 그 강가에서 금식하면서 기도했습니다. 다음날 다시 와서 그 강을 바라보면서 역시 하루 동안 기도했습니다. 그리고 선교관 후보지들도 둘러보았습니다."

"현진이를 이 차에 태웠습니다"

8월 13일(토) 저녁 7시, 외국인 노동자의 집을 방문하기 위해 2호선 '구로디지털단지역'에서 내렸다. 권재석 장로가 여러 번 오라고 권유하였기 때문이다.

역에 도착할 즈음에 김해성 목사가 차를 가지고 나오겠다고 연락했다. 내가 찾아가겠다고 말했으나 굳이 나오겠다는 것이다. 그리고 차를 탔는데 앰블런스와 외관이 비슷했다. 김 목사가 운전대에서 뒤를 돌아보면서 말했다.

"현진이를 이 차에서 처음 만났습니다."

이 말을 듣고 이해가 되지 않아서 질문했다.

"언제인가요?"

"현진이 아버지가 인천공항에 도착했을 때입니다. 현진이를 이 차로 맞이했습니다."

뒤의 좌석을 보니 기억이 났다. 이 차 뒤에 현진이 실체를 실었다. 그때 생각이 나면서 눈물이 맺혔다. 천신만고 끝에 그 험한 메콩강에서 실체를 찾아 도착한 순간이었다.

그리고 이 차를 다시 탔다. 현진이가 돌아와서 탄 차가 의미있는 차였다. 외국인 노동자들의 시신을 운반하는 차였다. 메콩강에서 아들을 찾으면서 그 강을 오르내리던 생각이 났다. 이 땅에 있는 외국인 노동자들도 죽음을 맞이할 때 내가 겪었던 것과 유사한 고생을 할 것이다. 그런 참담한 심정일 것이다.

당회에서 설명하다

9월 11일(일) 오후 3시, 한신교회 당회에 참석했다. 서울 및 분당의 한신교회의 통합 당회가 분당 한신교회에서 있었다. 두 분 신임 담임목사, 장로들이 모두 모였다. 교회 당회를 처음 참석했는데, 아픈 일을 기억하면서 이 분들에게 할 말을 해야 했다.

이날 '장현진 태국 선교기금' 기증식이 있었다. 2004년 5월 9일 이중표 목사가 전화해서 "위로금을 주겠다." 고 말한 적이 있었다. 그후, 권재석 장로가 여러 차례 위로금을 받으라고 했지만 그때마다 말했다.

"장로님은 정직한 분이니까 진심으로 하는 말씀이겠지만 그래도 돈은 받지 않습니다. 내 비록 밥을 굶더라도 그런 돈은 받지 않습니다. 돈으로 생명을 위로하다니요? 위로금이라는 용어도 듣기 거북하니, 호칭을 쓰려면 앞으로 '순교추모사업을 잘하겠다는 약속금' 이라고 하는 것이 좋겠습니다."

그러던 중, 어느 분이 권유했다.

"교회에서 태국에 교회를 짓고, 선교관과 순교비를 세우겠다고 약속했습니다. 그리고 이제 겨우 선교관을 추진하겠다고 결정했는데 그 이상은 하지 않겠다고 말하고 있습니다. 그렇다면 기금으로 '장현진 선교사 교회'를 짓도록 하면 어떻겠습니까? 교회가 책임지고 나서는 모양이 되어야 교회도 사는 것입니다. 그나마도 안 하면 누가 그런 교회를 다니겠습니까? 하나님 사업이 진행되도록 이끄는 것이 어떨까요?"

그리고 8월에 권재석 장로가 이제 교회가 서울과 분당으로 분리되어 재정을 정리해야 하며, 위로금 부분도 마무리를 해야 한다고 말했다.

그래서 권 장로에게 말했다.

"처음부터 이렇게 해서는 안 되는 것입니다. 아픈 양을 끌어안아야 하는데 입 막으려는데 급급했습니다. 그나마 권 장로님은 믿고자 합니다. 하지만 조건부로 하겠습니다. 그리고 제가 받는 절차 없이, 교회에서 바로 기금으로 입금시키는 것으로 해 주세요.

기금 명칭은 '장현진 태국 선교기금'으로 정하고, '태국 선교'에 한하여 지출할 것이며, 지출시에는 현진이 엄마의 동의를 받도록 합니다. 그리고 '장현진 선교사 교회 설립과 지원'에 사용하는 것입니다. 이렇게 하는 이유는 이 기금은 현진이 피를 의미하는 돈이며 그 금액이 얼마이든지 헛되게 사용되지 않기를 바라는 마음 때문입니다."

그 후 당회에서 내가 말한 것을 받아들이기로 했다고 들었다. 이날 기증식에서 설명하는 자료를 미리 나누어주고 몇 가지 사항을 이야기했다. 그런데 말하는 도중에 또다시 뼈가 떨렸고 눈물이 흘러내렸다.

저는 지금도 자기 전에 '아침에 안 일어나면 축복이다'라고 말합니다. 2004년 5월 16일 당회에서 태국 선교사 파송을 결정하였으니 한신교회와 이중표 목사님에게 아들을 죽인 책임을 묻지 않겠다는 각서를 쓰라고 했습니다. 이 아비는 울면서 장황하고 길게 썼습니다. 이것이 여기에 있는 당회가 한 일입니다.

'장현진 선교기금' 자체만으로도 마음이 아픕니다. 지난해 5월, 이중표 목사님이 위로금을 주겠다는 말을 하길래 실망과 배신감이 들었습니다. 생명을 돈으로 계산하다니 있을 수 없는 일입니다. 그후, 한 분 장로님이 여러 차례 말했지만 그때마다 그런 돈은 한 푼도 받지 않겠다고 대답했습니다.

이중표 목사님이 설교시간에 한신재단의 재산이 250억 원이며 자신이 재단이사장이라고 말했습니다. 제게는 그 250억 원을 다 주어도 필요 없습니다. 제게는 현진이만 있으면 됩니다. 2004년 1월 13일 이후 눈물 흘리는 아비에게 비수를 꽂은 것은 두 가지입니다. 첫째는 목사들의 거짓과 위선을 볼 때였고, 두 번째는 장로라는 분들이 상황도 모르면서 맹목적으로 반대하는 것을 볼 때였습니다. 부모들은 태국에서 선교하라고 구걸하는 것이 아닙니다. 부모들에게 필요한 것은 거짓없이 최선을 다하고자 하는 마음이면 됩니다.

기다림

10월 21일(금), 새벽 꿈이다. 버스 안에서 나와 노인 한 분이 버스 중앙에서 출입구를 바라보고 서 있었고, 좌석에는 사람들이 앉아 있었다.

나의 오른쪽 옆에 노인이 서 계셨다. 나와 노인 앞에는 사과 상자 같은 크기의 짐 같은 것이 세 개 쌓여 있었다. 나는 이 짐을 다음 정류장에서 내려야 버스가 목적지를 향해 갈 수 있다고 생각했다. 버스의 출입문이 열렸다. 내 옆에 서 계신 노인이 먼저 내리는 듯하더니 조금 떨어진 곳에 가서 버스 쪽을 보고 계셨다. 나는 노인이 말하지도 않았는데 버스에 있는 짐을 하나씩 들어서 노인 곁으로 옮겨 쌓아놓았다.

첫 번째 상자와 두 번째 상자는 비슷했으며, 맨 밑에 있던 세 번째 상자는 위로 물이 넘쳐 흘렀다. 흘러 넘치는 물을 메콩강 물이라고 생각했다. 짐이 커 보였지만 막상 들어보니 가벼웠다. 물이 넘치던 것도 옮길 때는 그런 것이 없었다. 짐을 다 옮긴 후 노인을 바라보니 고개를 끄떡끄떡 하셨다. 돌아서 다시 버스에 타자 마음이 편하고, 할 일을 했다는 뿌듯함이 넘쳤다.

아침에 현진이 엄마에게 이상한 꿈이지만 온 몸이 날아 갈듯이 가벼웠다면서 설명을 했다. 현진이 엄마는 대뜸 세 가지 해야 할 비전을 알게 하신 것이라고 말했다. 그리고 결국에는 이루겠다는 것을 보여주신 것이라고 했다. 지금은 '짐을 내리기 위해 타고 가는 기다림' 이라고 했다.

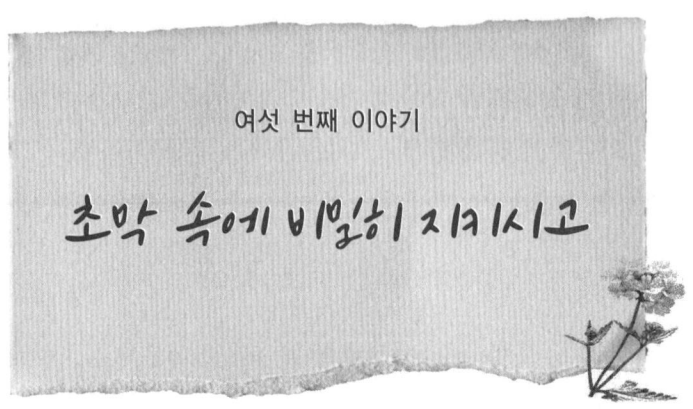

여섯 번째 이야기

초막 속에 비밀히 지키시고

11월 26일(토) 오후 1시, 어느덧 초겨울이다. 현진이 산소에서 성경을 읽었다. 신학 공부하면서 틈틈이 읽는 것이다. 로마서 6~8장인데 성령이 우리를 위해 친히 간구하신다고 했다.

누워서 하늘을 보았다. 비가 올 듯 구름이 꽉 차 있다. 구름 뒤로 해가 숨는 것을 보다가 잠시 졸았다. 빛이 드는 것 같아서 깨어보니, 산소 위의 크리스탈 십자가가 빛을 내고 있었다. 해가 구름사이로 나오면서 크리스탈이 빛을 받아 반사하는 것이었다. 하늘에서 내려오는 빛이다.

2주기 추모예배 보도되다

12월 초, 2주기 쌍아오마을 추모예배에 새로 부임한 담임목사가 참석하겠다는 말을 들었다. 반가운 소식이었다.

그리고, 박훈 선교사에게 태국 쌍아오마을에서 2주기 추모예배가 진행되는 것을 태국 내 선교사들에게 알리는 보도자료를 배부하는 것이

어떠냐고 몇 차례 의향을 물었으나 회신조차 없었다. 그래서 할 수 없이 권재석 장로에게 교회 차원에서 추모예배 진행에 대해 국내 언론이나 태국 선교사들에게 알리면 좋겠다고 제안을 했다.

그 후, 담임목사와 장로들이 이를 수용하겠다고 연락이 왔다. 이렇게 해서, 2005년 12월 27일 그동안의 과정, 추모예배 진행에 대해 기독교 언론에 보도자료를 통해 알렸으며, 태국 선교사들에게도 이메일로 보냈다.

한신교회는 2004. 1. 5. 태국에 5차 단기 선교팀(28명)을 파송한바 있습니다. 선교팀은 방콕, 치앙라이, 쌍아오마을에서 복음을 전하였습니다. 2004. 1. 13. 한국인 선교사(정승회)의 인솔 아래, 태국 쌍아오마을에서 마을 사람들을 대상으로 선교활동 중에 있었습니다. 이날 오후 4시 30분경 선교팀은 쌍아오마을 부근에 있는 메콩강에서 차례로 카누를 타고 메콩강을 도강하려 하였고, 이때 두 번째로 출발하였던 카누가 전복되었습니다. 이 사고로 선교팀의 2명의 선교사가 순교하였습니다. 한신교회는 책임을 통감하고 있으며, 순교자 추모사업을 진행하고 있습니다. … (중략) … 그동안 여러 가지 미진한 일이 있었던 것을 정직하게 고백합니다. 언어의 장벽이 있었기에 잘못 이해한 점이 있었으며, 책임이 드러나기를 두려워하여 은폐하려 시도했던 것을 고백합니다. 잘못 인솔한 그 죄에 대해 용서를 구하기보다는 은폐하려 하거나 잊으라고 했던 것을 회개합니다. 한신교회는 현재 쌍아오마을 현지에 선교관 건립을 추진하고 있으며, 향후에 순교비 건립, 순교자 교회 건립 등을 추진할 것입니다. 우리는 두 순교자를 따라 십자가를 같이 지고 예수님 같은 섬김의 자세로 선교하고 복음을 전할 것을 선언하는 바입니다.
(2005. 12. 27. 한신교회)

이런 보도자료를 내게 된 것은 상당한 진전이었다. 당시 여건으로서 쉽지 않은 내용을 정직하게 담은 것이다. 이때부터 희망이 보이기 시작했다.

2주기 추모예배 위해 출발

2006년 1월 8일(일) 오후 3시, 청년부 태국 선교팀 파송예배가 있었다. 15명이 출발한다. 예배가 끝난 후, 안 집사 내외와 김연희 장로와 함께 태국 2주기 추모예배에 대해 협의했다.

안 집사가 선교관 구입 진행이 안되고 있고, 이번에 쌍아오마을에 가는 일정도 걱정이 된다고 안타깝게 말했다.

김 장로가 자신도 갑갑하다는 듯이 말했다.

"해야 할 일이 안 되면 다른 선교사를 보내면 됩니다."

1월 9일(월), 교회에서 나와 안 집사 내외, 권재석 장로가 태국 추모 일정을 협의하기 위해 만났다.

안 집사가 박훈 선교사가 무엇을 하는지 알 수 없다고 말하자, 권 장로가 교회에서 결정한 것도 진행이 안 되고 선교사가 파송 취지에서 벗어나 행동하고 있으니 다른 선교사를 또 보내자고 심각한 얼굴로 말했다.

1월 11일(수) 오후 2시경, 방콕공항에 도착하니 날씨가 더웠다. 현진이는 더위를 많이 타 물을 많이 찾았을 것이다. 방콕공항에서 수속을 끝내고 나오자 박원식 선교사가 반겼다. 그리고 강용규 목사와 사모를 만났다. 강용규 목사는 이틀 먼저 방콕에 왔으며, 아는 성도의 집을 심방하고 공항으로 나온 것이라고 했다.

우리 정직하게 일하자

밤 10시, 우돈타니 호텔에서 나와 안 집사 내외, 권재석 장로, 박훈 선교사의 모임이 있었다. 추모 일정과 선교방향에 대해 논의하기 위한 자리였다.

박훈 선교사는 1년 6개월 방콕에서 어학연수가 끝났고, 이제 치앙라이 신학교로 옮길 계획이라고 밝혔다. 안 집사가 그렇다면 정승회 선교사 밑에 들어가겠다는 것인데 그 사람은 쌍아오마을에도 오지 말라고 한 사람이니 그런 사람 밑에 가겠다면 안 되는 것이 아니냐고 물었다.

박훈 선교사가 대답했다.

"정승회 선교사 밑에 들어가는 것은 두 가지 이유입니다. 첫째는 정승회 선교사가 악한 사람인데 이런 사람도 포용한다는 것을 보여주는 것입니다. 둘째는 제가 정승회 선교사 밑에 가지 않으면 부모님들과 교회가 쌍아오마을에 가는 것을 방해받게 되고 협조를 받지 못하게 됩니다."

모두 깜짝 놀랐다. 내가 말했다.

"악한 사람 밑에 가는 것은 포용하는 것이 아니라 이용당하는 것입니다."

이어서 말했다.

"쌍아오마을에 가는 것은 이제 우리가 알아서 할 것이니 그것 때문에 정승회 선교사 밑에 들어가 있다고 하지 마세요. 우리 정직하게 일합시다."

내가 달래듯이 말했다.

박훈 선교사는 뜨라이롱 목사가 쌍아오마을에서 진행되는 이야기를 아주 자세하게 정승회 선교사에게 보고한다고 했다.

"괜찮아요. 1주기 때에 겪어보니 뜨라이롱 목사는 우리의 마음을 받아들이고 있었어요. 처음에 사고가 나자 경계를 했겠지만 우리가 표징을 세우려고 노력하는 것을 보고 이해한 것입니다. 설혹 방해를 하더라도 우리 할 일만 하면 됩니다."

이어서 내가 말했다.

"한 가지 문제는 박훈 선교사가 정승회 선교사 밑에 들어가서 그 사람이 시키는대로 하고 있는 것입니다. 더 이상 궤변을 말하지 말고 독자적으로 사역을 하세요. 어차피 교회를 세울 계획이니 당신이 원하는 지역에 교회를 지을 수도 있습니다."

2주기 추모예배

1월 12일(목) 낮 12시경, 쌍아오마을에 도착하니 뜨라이롱 목사와 교인들이 반겨주었다. 그런데 상황을 보니 숙소가 제대로 준비되어 있지 않았다. 허름한 빈 집을 하나 구했을 뿐이었다. 담임목사 내외분이 처음 간 터라 권재석 장로가 민망해서 어쩔 줄 몰라 했다.

저녁 무렵에 내가 몇 분에게 말했다.

"출발하기 전날 밤에 기도를 하는데, '읍참마속' 이라는 한자가 생각났습니다. 우리가 이 마을에 오지 않았으면 하는 마음으로 대하고 있으니 아무래도 걸립니다."

태국으로 출발하기 전날인 1월 10일 밤 9시경, 퇴근하여 출발준비를 점검한 후에 방에서 기도를 했다. 기도하는 중에 읍참마속이라는 단어가 계속 떠올랐다. 방에서 나와서 '읍참마속'이라고 중얼거리듯이 말했다.

현진이 엄마가 물었다.

"읍참마속이라니?"

"제갈량이 지휘를 하는데 부하장수 마속이 군령을 어기어 큰 지장이 생기자 눈물을 흘리면서 부하장수를 참수한다는 것이야. 왜 이 단어가 계속해서…."

밤 8시경, 다음날 진행을 협의하는 자리였다. 담임목사와 서울에서 갔던 분들과 박훈 선교사가 같이 있었다.

권재석 장로가 내가 꿈에서 하나님을 뵈었던 이야기와 이 강에서 못 찾으면 남아서 죽겠다고 한 것 등을 거론하면서 나보고 설명해 달라고 했다. 모두들 궁금해하는 것 같아 간략하게 설명했다.

1월 13일(금) 오전 10시, 쌍아오교회에서 2주기 추모예배가 진행되었다. 한신교회 선교팀이 찬양했다. 그리고 강용규 목사가 "순교자의 신앙을 기념하라"는 제목으로 설교했다. 요셉이 110세에 죽으면서 후손들에게 애굽을 떠날 때 자신의 해골을 메고 올라가라고 했다는 말씀이 선포되었다.

메콩강가로 걸어갔다. 순례자의 행진이다. 강물의 흐름을 보니 1년 전과는 유사했지만, 순교 당시와는 차이가 많았다. 물이 흘러가는 지류에 변동이 생겼다. 본류에는 가지도 못하고 지류의 호수에서 헌화하였다.

부모의 답사가 있었다. 먼저 안 집사가 말했다. "이 강에서 일어난 죄를 은폐하지 말고 드러내어 용서를 구해야 합니다."

그리고는 뒤에 서 있던 박훈 선교사를 향해 말했다. "박훈 목사는 거짓말을 하지 마라. 목사가 웬 거짓말을 그렇게 합니까? 여기에 오는 것조차 방해를 받고 있으니 그렇게 하면 안 됩니다."

이 분이 그냥 가슴 속에 담아 두기에 너무 힘들었던 것이다.

그리고 내가 답사를 했다.

누군가는 설명해야 한다면서 카누를 타게 된 경위, 십자가와 실체를 찾는 과정, 한신교회의 장례예배 기간 동안 있었던 일 등을 간략히 설명했다. 이어서 말했다.

지금까지 진행을 보면 비록 사고는 사람이 냈지만, 하나님은 이 사고를 순교로 받으셨다고 생각합니다. 지난 12월 27일 교회에서 태국 선교사들에게 순교자 추모사업 진행에 대한 입장을 알렸습니다. 이제는 변화가 일어나고 있습니다. 이 쌍아오마을은 순교지입니다. 여기에 선교관, 순교비, 교회 등의 하나님의 표징이 세워질 것으로 믿습니다.

앞을 보니 30여 명이 경청하고 있었다. 말하는 중에 어느 한 분이 선한 눈물을 머금고 아프다는 듯이 바라보고 있었다. 마치 이 순간에 하나님이 천사를 내려 보내 위로하는 것 같았다. 서울에서 처음 간 분이었다.

오후 1시, 추모예배가 끝난 후 선교팀과 서울에서 온 분들이 방콕으로 출발하기 전에 쌍아오교회에서 나와 안 집사 내외, 권재석 장로가 일정에 대해 회의를 했다.

안 집사가 박훈 선교사에게 단기 선교팀 청년들이 이 마을에 온 것이 새벽 5시로서 그 전에 밤새도록 10시간 동안 산길을 달려왔는데, 오후 2시에 방콕으로 출발하면 너무 힘들지 않겠느냐고 말했다. 그리고 쌍아오마을 방문 일정을 박훈 선교사가 작성했다고 하는데 "이 죄를 어떻게 하겠느냐"고 따져 물었다.

예수님 우편에 앉아 있습니다

오후 1시 40분경, 8만 바트(240만 원) 기증이 있었다. 지난해 1주기 때, 매년 쌍아오교회에 8만 바트를 헌금하겠다고 약속했다. 얼마 안 되는 금액이지만 마음으로 정성을 담아 보여주면 된다고 생각했다. 권재석 장로가 한신교회에서 전달하는 방식으로 하자고 제안했고, 뜨라이롱 목사가 교회에 긴 의자를 구입하는데 사용하겠다고 했다. 쌍아오교회에 철재 의자가 40개 정도 놓여 있는데 긴 의자를 구비하겠다고 한 것이다. 뜨라이롱 목사가 대략 6~7만 바트 정도가 소요될 것이라고 했다.

밤 8시경, 뜨라이롱 목사가 말했다.
"긴 의자를 위해 4년 동안 기도했습니다. 하나님이 응답하셨습니다."
그리고 눈시울을 붉히더니 눈물을 흘렸다.

1월 14일(토) 오전 9시, 쌍아오교회에서 뜨라이옴 목사와 마을의 변화에 대해 이야기를 나눴다. 뜨라이옴 목사가 눈물을 글썽이며 말했다.

"사고 이후 어부들이 메콩강에서 배를 타는 것을 두려워했습니다. 그리고 어느 정도 시간이 흘러 어부들이 사고 난 부근에도 다니기 시작했습니다. 어부들이 사고 난 지점에 배가 가면 강물의 흐름이 약해진다고 합니다. 그곳에 신이 있다고 합니다. 하나님이 알고 계시고 아이들을 사랑했다는 증거입니다. 어부들이 같은 형제라고 말하는 것입니다."

"쌍아오교회에도 어떤 변화가 있었는가요?"

뜨라이옴 목사는 순교 당시 어른이 30명 미만이었는데 출석교인이 어른 43명, 어린이가 40명 정도로 늘었다면서 특히 사고난 지점 너머에 사는 라오스 사람들이 16명 등록했다고 말했다.

"마음이 아프지만 교인이 증가하고 이 마을에 하나님의 영을 인정하는 증표가 있으니 하나님의 역사가 진행되는 것입니다."

"아드님은 예수님 우편에 앉아 있습니다. 이 마을에 복음이 전해지고 있으며 그 영역이 점점 확장되고 있습니다."

내 마음이 뜨거워지고 있었다.

태국의 갈릴리가 될 것입니다

1월 15일(일) 오전 10시 30분, 쌍아오교회 주일예배 시작 전에 뜨라이롱 목사가 우리를 소개했다.

"쌍아오교회 교인들입니다. 장현진 선교사 아버지는 목사 공부를 하고 있습니다. 곧 목사가 됩니다."

그러면서 나를 보고 물었다.

"목사가 되어서도 여기에 올 것이지요?"

"매년 와서 기도해야 합니다."

교인들이 박수를 치자, 뜨라이롱 목사가 인사말을 하라고 했다.

추모예배를 드릴 수 있게 도와주셔서 감사드립니다. 예수님이 갈릴리 작은 마을에서 사역하셨듯이 쌍아오마을은 작지만 태국의 갈릴리가 될 것입니다.

1월 16일(월) 새벽 5시, 쌍아오교회에서 기도했다. 쌍아오마을에 가면 새벽마다 교회에서 기도하는 것이 기다려진다. 아무도 없어서 조용하고, 하늘의 달이나 별이 밝게 보일 정도로 깜깜했다. 그러니 다른 사람의 눈치를 볼 필요가 없다. 찬송하고, 내 속에 있는 것을 소리내어 기도할 수가 있다.

오전 9시 30분, 쌍아오마을을 떠났다. 우돈타니공항에 도착하니 12시 30분이다. 뜨라이롱 목사가 교인들과 함께 6명이 공항까지 배웅을 나왔다. 3시간이나 걸리는 길을 배웅한 것이다.
뜨라이롱 목사가 나를 포옹하면서 눈물을 글썽거렸다. 이때 배웅하러 온 6명 모두 내가 준 십자가 목걸이를 목에 걸고 있는 것을 보았다. 같은 마음을 표현하고 있다.

현진이 친구들입니다

서울 한신교회 본당에서 1월 13일(금) 오후 6시에 추모예배가 있었다. 이 시간에 쌍아오마을 메콩강가에서도 부모들이 기도를 하고 있었다.
지난해 1주기인 1월 13일 현진이 홈페이지 게시판에 현진이 친구의 글이 올라 있었다.

"현진아, 보고 싶다. 예배를 드리려고 했는데, 교회 본당에 가니 텅비어 있어서 그냥 돌아왔다. 어디에 가서 예배를 드려야 하니…"

그래서 2주기에는 순교시간에 서울에서도 추모예배를 드리기로 정했다. 한신교회 추모예배에 많은 분들이 참석했다고 한다. 교인들, 청년부, 그리고 현진이 일가 친지들이 왔다고 들었다. 현진이 친구들로부터 어른들이 무엇을 어떻게 해야 하는지를 배우게 한 것이다.

그리고 마음 구석에는 한 가지 물어보지 못한 말이 있었다. 현진이 친구들이 추모예배 시간을 알고 있었는지 궁금했다.

1월 23일(월), 산소에 예배 드리러 가다가 김성종 목사한테 우연히 그 대답을 들었다. 1월 13일 오후 6시 추모예배시간에 키가 큰 순진하게 생긴 아이들 20여 명이 교회에 왔길래 물어보니, "현진이 친구들입니다."라고 해서 본당으로 안내하고, 같이 예배에 참석했다고 한다.

그 시간 부모들은 선교사와 선교팀이 떠난 메콩강에서 서럽고 억울한 마음을 달래며 순교 추모사업을 위해 무엇이라도 해보려고 애쓰고 있었다. 현진이 친구들이 한신교회 추모예배 시간에 참석했다고 하니 나름 위로가 되었다

쌍아오마을이 중심이 되어야

1월 26일(목) 오후 7시, 구로동 외국인 노동자병원에서 김해성 목사를 만났다. 권재석 장로가 김해성 목사가 사역하는 외국인 노동자병원을 둘러보고 한국에 와 있는 태국인 노동자들을 대상으로 선교하는 방향을 모색하자고 했기 때문이다.

이날 방문을 끝내고 권재석 장로와 같이 한신교회로 차를 타고 오면서 갑자기 김완주 목사 생각이 나서 근황을 물었다. 권 장로는 김 목사가 지난해 10월 분당 한신교회를 사임했다는 얘길 들었는데 지금은 모르겠다고 했다.

외국인 노동자와 관련된 부분을 생각하다가 권재석 장로에게 말했다.

"두 시간 있으면서 생각했습니다. 국내에 있는 태국인 근로자들을 통한 선교는 장기적이고 보조적입니다. 어렵더라도 쌍아오마을이 중심이 되어야 합니다."

권재석 장로가 말은 맞지만 현실적으로는 어렵다고 했다.

"지금은 어려워 보이지만 잘 될 것이라고 생각합니다. 쌍아오마을에서 말씀한 대로 선교관 구입을 추진해야 됩니다. 그래야 그 지역을 기반으로 추모도 되고, 선교도 될 것입니다."

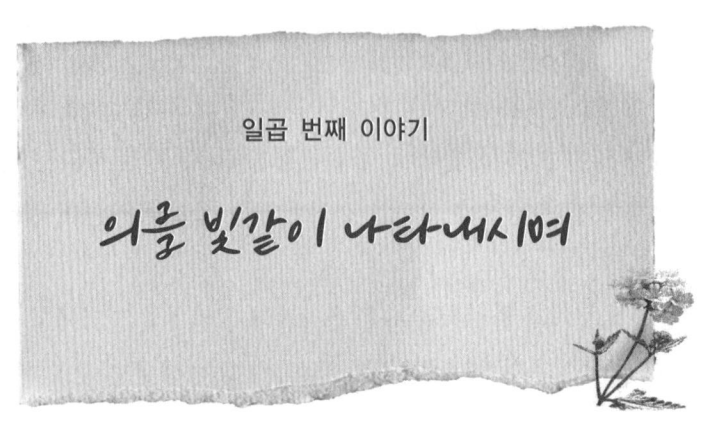

일곱 번째 이야기

의를 빛같이 나타내시며

하나님이 극진히 사랑하신다

1월 30일(월), 설 연휴의 마지막날이다. 설이 되면 현진이 생각이 많이 났다. 새벽기도를 다녀와서 신명기를 읽었다. '사람이 자기 아들을 안는 것 같이'라는 구절에서 꿈에서라도 현진이를 안아주었으면 하는 생각이 들었다.

그러다가 졸음이 쏟아져서 침대에 누웠고 잠이 들었다. 그리고 꿈을 꾸었다.

어느 넓은 집안이었다. 현진이 할머니, 고모 등이 모여 있었다. 현진이가 문입구에 들어오는 것이 보였다.

내가 소리지르면서 말했다. "현진이가 왔다. 현진이가 왔어." 이어 "하나님께서 현진이를 보내셨으니 너무 감사하다." 면서 눈물을 흘렸다.

현진이가 내 옆에 앉았고 친지들과 같이 모여 이야기를 했다. 그리고 현진이는 사촌들과 같이 놀이터에 갔다. 잠시 후에 내가 자리에서 일어나 현진이를 찾으러 나섰다. 놀이터에 가니 현진이가 사촌들과 놀고 있었다.

"현진아, 아빠가 업어줄까?"

현진이가 고개를 끄떡거렸다. 내가 현진이를 등에 업고 오다가 다시 앞으로 안고 집안으로 들어왔다. 아무도 없었다. 현진이를 내려놓고 마주 앉았다.

현진이를 보면서 물었다.

"현진아, 천국에서 하나님이 함께 계시지?"

"응. 하나님이 함께 계셔."

내가 좋아서 웃으면서 말했다.

"하나님이 너를 사랑하시지?"

"응, 극진히 사랑하셔. 아주 극진히 사랑하셔."

"천국에서도 밥을 먹니?"

"아빠, 천국은 영이 있는 곳이야. 밥은 먹지 않고 말씀을 먹어."

"천국에서 무엇을 하니."

"찬양하고, 배우기도 하고, 친구들이 있어."

"하나님께서 말씀하신 것 중에 기억나는 것이 있니?"

"하나님께서 엄마는… 아빠는… 만난다고 하셨어."

"현진아, 아빠가 너를 업고 안았으니 얼마나 좋은지 모르겠구나."

"응, 아빠."

그리고 잠에서 깨었다. 현진이를 만나 천국 이야기를 들은 것이다. 하나님이 함께 계시고, 하나님이 현진이를 극진히 사랑하신다고 했다. 그런데 현진이가 하나님이 엄마는 언제, 아빠는 언제 만난다고 말씀하셨다고 했는데 꿈에서 깨자마자 생각이 나지 않았다.

눈물이 쏟아졌다. 두 손을 마주잡고 "하나님 고맙습니다."를 반복했다.

친구들의 졸업을 축하합니다

2월 5일(일) 오후 3시경, 오래간만에 경원중학교에 갔다. 시계탑 주위의 조경을 둘러보고 있을 때 경비하는 분이 다가왔다.

현진이 학교 졸업식이 있다는 것을 이 분을 통해 알았다. 2월 7일 졸업식 아침에 학교에 화환을 보냈다.

"친구들의 졸업을 축하합니다. 장현진 아버지"

졸업식날 아침에 눈이 많이 왔다. 현진이 실체가 서울에 도착한 날 오후에도 눈이 많이 왔는데, 하나님이 아픈 마음을 표현하시는가 보다. 졸업식에는 가지 못했다. 아들 대신에 친구들의 졸업을 축하해 줘야 한다고 생각했지만 친구들과 학교 선생님들 앞에서 울면 누가 될 것 같아서 가지 못했다.

졸업식 날, 경원중학교 교무부장이 현진이 엄마에게 연락했다.

"보내준 화환 옆에 있었는데… 눈물이 나서 서 있을 수가 없었어요."

2월 28일(화) 오전 11시, 교장선생님한테서 명예졸업장을 받았다. 아침까지 날씨가 좋았는데 학교에 들어가면서 갑자기 비가 내렸다. 졸업장을 받는 순간 눈물이 왈칵 쏟아지려 했다. 학교에 들어가기 전에 눈물을 참아야 한다고 다짐했건만. 현진이가 유난히도 좋아했던 학교, 배우던 교실, 친구들과 축구를 하던 운동장, 그리고 교문 옆 시계탑을 보니 저절로 눈물이 흘러내렸다.

태국에서 온 소식

3월 2일(목), 새 학기가 시작되었다. 학교와 직장의 바쁜 일정이 다시 시작된 것이다. 신학대학원은 어느덧 5학기가 되었다.

오전 10시쯤 되었을 때, 태국에서 통역했던 분이 다급한 목소리로 전화했다. 뜨라이롱 목사가 전화했는데, '박훈 선교사가 짐을 싸서 완전히 서울로 갔다.' 고 했다. 거기다 '선교관 구입이 가능해졌다.' 며 집주인이 팔겠다고 말했다는 것이다. 놀라운 일이 이어지듯이 일어나고 있었다. 선교관 구입은 기다리던 소식이었다.

"교회에 전하겠습니다. 뜨라이롱 목사님에게 곧 연락하겠다고 전화해주세요."

지난 2주기때인 1월 12일 저녁 6시경에 쌍아오마을에서 권재석 장로와 함께 선교관으로 사용이 가능한 후보지를 살펴보았다. 그때는 뜨라이롱 목사가 쌍아오마을에 팔려고 내놓은 집이 없다고 했다. 그러나 나중에 대비한다는 차원에서 후보지로 거론되었던 세 군데 집을 둘러보았다.

그때 선교관을 둘러보고 쌍아오교회로 다시 돌아와 언제든지 B집을 팔겠다면 연락을 달라고 권 장로가 뜨라이롱 목사에게 부탁했다. 연락을 기다리겠다고는 했지만 현지 여건으로 볼 때 몇 년 내에 힘들 것 같았다.

선교관 구입에 박차를 가하다

태국에서 선교관 구입이 가능하다는 연락을 받고 권재석 장로에게 알렸다. 권 장로가 회답하기를 이미 2005년 3월에 당회에서 결정한 사항이니 추진해야 한다며 내게 태국 법률에 따른 구입 절차를 확인해 달라고 했다.

선교사를 통해서 태국 법률회사에 근무하는 한국인을 소개받았다. 신규로 회사를 설립하여 이 회사 명의로 선교관을 구입하고, 이어서 복지재단을 설립하여 선교관을 다시 인계하는 절차가 가장 유력해 보였다. 회사설립은 신속하게 진행은 되지만 유지 비용이 발생하고, 복지재단 설립은 늦지만 유지비용이 들지 않아서 장기적으로 지속되어야 하는 경우에 필요했다. 서울에서 태국의 행정제도를 확인하면서 추진하는 것이라 어려움이 많았다.

하루에도 몇 번씩 통화를 해야했다. 그렇지만 의지를 가지고 진행하니 고비마다 사람이 연결되고, 실타래를 풀어가듯이 난제가 해결되었다. 만일 박훈 선교사에게 이런 과정을 맡겼으면, 여러 가지 이유를 대면서 안된다고 했을 것이다. 필요한 것은 하고자 하는 마음이다.

소명을 받고 준비중입니다

3월 22일(수) 오후 9시경, 김완주 목사가 만나고 싶다고 연락했다. 김 목사는 2004년 5월 태국 선교사로 지원하여 알고 있었지만 그동안 전화통화한 적도 없었다. 그래서 뜻밖이었다.

이틀 후 오전 10시, 김 목사가 나를 찾아왔다. 김 목사는 대뜸 태국 선교사로 가려고 준비하고 있다고 했다. 처음에 반신반의했다. 김 목사가 2004년에 선교사 지원할 당시는 분당 한신교회 소속이었으나, 이미 분당 한신교회를 사임한 처지에서 왜 다시 선교사로 가려고 하는지 몰랐기 때문이다.

"지난해 10월에 분당 한신교회를 사임했다고 들었습니다."

김 목사는 순교자 장례예배시 소명을 느꼈으며, 지금도 간혹 사모와 같이 순교자 추모영상을 보면서 눈물을 흘린다고 했다. 태국 선교사로 가려고 기독교 초교파 선교단체인 '바울 선교회'에 등록하고, 4월 10일부터 교육에 들어간다고 했다. 그런데 박훈 선교사가 그만두고 서울로 왔다는 소식을 듣고 그렇다면 한신교회 파송을 받는 것이 어떤가 확인하는 중이라고 했다. 모든 업무를 미루고 5시간을 대화했다. 김 목사가 그동안 진행을 소상히 알고 있었기 때문에 현황을 알려주는 것이 편했다.

그러면서 김 목사의 가족 사진을 보니 태국 선교사 소명을 알리는 글이 적혀있었다. 이미 결단한 것으로 보였다.

"박훈 선교사가 태국에서 2월말에 떠났다는 것을 태국 현지인한테 들었습니다. 태국에서 행동하는 것이 뭔가 이상하다고 생각을 했지만 그렇게 급작스럽게 어떤 설명도 없이 떠날 줄은 몰랐습니다. 어쨌든 교회에서는 후임 선교사를 찾을 것입니다."

3월 29일(수) 낮 12시, 권재석 장로를 만났다.

"김완주 목사님이 선교사를 지원하고 있습니다. 어떻게 생각하십니까?"

권 장로는 태국에 선교사를 파송하겠다는 것은 당회 결정 사항이니 후임 선교사를 찾아야한다며, 김완주 목사는 아주 뜨거운 분으로서 적임자라고 말했다.

저녁 9시 30분, 나와 안 집사가 강용규 목사를 만났다. 이 자리에서 내가 김완주 목사의 선교사 지원사실을 설명했다. 강용규 목사가 김 목사를 만나보겠다며, 순교지인 우돈타니 지역에서 사역의 기반이 되어야한다고 말했다. 이어 정승회 선교사 밑이 아닌 독자적인 길을 가야하고, 교단의 인정을 받아야 한다는 세가지 조건을 설명했다. 물론 이 조건이 충족되면 허락할 것이라고 했다.

백색의 빛난 돌

4월 9일(일), 새벽 꿈이다. 어딘가 정원에 백색의 돌이 있었다. 운모가 광채를 내는 듯한 아주 밝은 흰색이었다. 돌기둥 모양으로 세워진 빛난 돌은 높이 50cm 정도, 가로 세로 각각 15cm 정도 되었다. 이 돌에서 나오는 빛을 보는 순간, 마음이 안정되고 경이로움 같은 것을 느꼈다.

잠에서 깨어 이 돌이 귀한 표징이 아닌가 생각을 하고, 여호수아 3~4장에 나오는 가나안에 입성하기 위해 요단강에서 돌을 취하는 구절을 묵상했다. "언약궤가 요단을 건널 때에 요단 물이 끊어졌으므로 이 돌들이 이스라엘 자손에게 영원히 기념이 되리라" (수 4:7)

종려 주일이다. 효정이 입교식이 한신교회에서 있었다. 유아 세례를 받은 사람은 성인이 되기 전에 입교식을 한다. 교회에서 입교식이 진행되는 동안기쁘기도 했지만 또다른 아픔이 마음 구석에 자리잡아 눈물이 흘러내렸다. 현진이 엄마가 미리 은은한 꽃을 준비했다. 다른 사람들은 꽃을 전달하느라 분주한데도 현진이 엄마는 예배가 끝난 후에 슬그머니 효정이에게 꽃을 주었다. 현진이 생각이 나서 조용히 전해주려 했던 것이다.

현진이 엄마가 결혼해서 늘하는 말이 "유아 세례를 받은 아이들이 부러웠다."는 것이다. 그것은 부모가 아이들에게 해줄 수 있는 최상의 일이라고 했다. 그래서 현진이와 효정이는 돌 이전에 유아 세례를 받았다. 효정이는 1988년 11월 13일 유아 세례를 받았다. 그리고 이날, 입교식을 했다.

이 세상에서 아비가 할 수 있는 일이 무엇이 있을까? 현진이는 1991년 5월 5일 유아세례를 받았다. 나는 지금도 현진이를 위해 가장 잘한 것은 유아세례를 받게 한 것이라고 생각한다.

이날 오후, 권재석 장로와 김완주 목사가 선교관 구입을 위해 태국으로 출발했다. 두 분이 여호수아와 갈렙같이 긍정적인 마음으로 일을 추진하고 있어 하나님이 이 분들을 사용하신다는 생각이 들었다.

4월 14일(금) 오전, 권재석 장로가 태국에 다녀와서 연락을 했다. 선교관을 구입하는데 힘들었지만 위치가 좋고, 예배드리기도 적당해 만족한다면서 집 옆의 공터에 순교비를 세우고, 한신교회 성지로서 방문하자고 하였다. 이 모든 것을 기억하면서 선교를 하면 좋을 것이라고 말했다.

이어 태국 법률회사에 있는 분에게서 연락이 왔는데 저당 문제가 있어서 난관이 있었지만 권 장로가 애써서 등기가 완료되었다고 했다.

3월 2일 선교관 구입이 가능하다는 연락을 받은 후, 4월 11일 태국 행정당국에 등기되었다. 꼭 40일이 걸린 것이다. 성경은 40일에 상당한 의미를 부여하고 있다. 모세가 시내산에서 십계명을 받은 것도 40일 금식기도 후에 일어났으며, 예수님이 공생애 사역 전에 광야에서 금식기도 하시면서 사탄의 시험을 극복한 것도 40일이다. 하나님의 도우심이 명백했다.

이 강을 통해 복음을 전해야 합니다

　4월 15일(토), '요한계시록'을 정독했다. 어렵고 난해한 부분이 조금은 이해가 되었다. 이 장을 읽다가 새벽 꿈 생각이 났다. 꿈에서 현진이가 "아빠~" 하고 불렀다. 둔한 듯하면서도 정이 들어 있는 목소리. 이 얼마나 듣고 싶은 목소리인가.

　이 소리를 들으면서 잠결에 생각하기를 '천국에서 부르는구나, 천국에서' 그러면서도 몸을 가누지 못하고 그냥 잤다. 아침에 깨보니 꿈이었다. 자책을 했다. '현진이가 부른 것인데.' 전날 밤에 성경 공부한다고 앉아있다가 밤 2시 넘어 잠이 들어 꿈에서 현진이가 부른 것인데도 정신을 잃고 있었다.

　오전 11시경, 김완주 목사가 태국에 선교관 구입을 위해 갔다가 인천공항에 도착하여 전화했다. 김 목사가 다소 흥분된 목소리로 말했다.

2006년 4월 11일 구입 당시의 선교관

"쌍아오마을은 크고 아늑했습니다. 메콩강에서 눈물이 났습니다. 배를 태울 만한 강이 아니었습니다. 누군가 전에 추모를 위한 것은 선교가 안된다고 말했습니다. 제가 대답했습니다. 이 순교는 엄청난 것입니다. 여기서 흘린 눈물은 하나님 나라를 확장하는 중요한 계기가 될 것입니다. 순교 추모가 제대로 진행이 되어야 선교가 이루어 질 수 있습니다. 쌍아오마을을 알려야 합니다."

듣고 있다가 처음에는 놀랐고, 나중에는 나도 모르게 눈물이 흘러내렸다.

"하나님이 하실 일을 선언하는 것으로 들립니다."

새벽에 현진이가 부르는 꿈을 꾸었다. 그리고 내일이 부활절이다. 부활절 직전에 선교관 구입이 이루어졌다. 김완주 목사가 선교관 구입을 위해 갔다 온 것은 잘된 일이었다.

이 분이 쌍아오마을을 볼 수 있었고, 선교할 지역도 결정하게 되었다

4월 19일(수) 낮 12시, 권재석 장로와 태국에 다녀 온후 진행된 일을 논의했다.

권 장로가 재정 장로를 맡으면서 많은 것을 알게 되었는데 잘못된 것이 많다면서 맡은 동안 고치도록 노력할 것이라고 말했다. 그리고 태국 선교는 부모들이 나서서 하기 때문에 할 수밖에 없다고 했다.

"조금 면목이 서게 되었습니다. 부활절 직전에 선교관이 구입되었군요."

권 장로가 아들에 대한 아버지의 사랑이 지극하여 하나님이 감동하셔서 이뤄졌다고 평가했다.

"원했던 것은 못해도 좋으니 노력이라도 하는 것입니다. 잊으라고 하다니요, 이해할 수가 없습니다."

4월 하순, 김완주 목사를 만났다. 김 목사는 영상으로만 보다가 쌍아오마을에 가서 놀랐다면서, 어떻게 이런 일이 있을 수 있었는지 상상이 안된다고 말했다. 순교자의 추모가 지지부진했는데, 오히려 선교할 수 있고 교회가 성장할 수 있는 기회였다며 이제라도 다시 시작해야 한다고 강조했다.

"이제야 제대로 될 것 같은 느낌이 듭니다. 그리고 박훈 목사가 왜 태국을 떠났는지 이유도 모르고, 또한 핑계조차 듣지 못했습니다."

"박훈 목사는 태국에서 정승회 선교사 밑에 들어간 것이 잘못입니다. 숨기려고 하는 사람에게 들어갔으니 부모님이 힘들고 본인도 그렇게 된 것입니다."

하나님이 택하신 집

4월 30일(일), 한신교회 예배시간에 쌍아오마을 선교관 구입이 영상으로 소개되었다. 영상 화면에 권재석 장로와 김완주 목사가 선교관 안에 십자가를 세우고 기도하는 모습이 나타났다.

담임목사가 순교 당시 5차 태국 선교팀이 숙소로 사용했던 집이라고 설명했다. 이어서 선교관에는 집주인이 벽에 걸어놓은 불상이 있었는데 그 불상을 쌍아오교회 청년들이 내렸고, 서울에서 가져간 십자가를 올리는 모습이 영상으로 보였다.

선교관에 올린 십자가는 내가 김완주 목사에게 선교관이 구입된 후 벽에 걸라고 전해준 것이었다. 하나님은 이 집을 선교관으로 택하신 것이라는 생각이 들었다.

부활절 직전인 4월 11일 태국 행정당국에 등기되었다. 현지에서 어린양의 부활을 예고하게 된 것이다.

선교사 파송 승인이 늦어지다

5월 5일(금) 오후, 김완주 목사가 집도 내놓고 한신교회 파송을 기다리고 있는데 한신교회 당회의 승인이 늦어지고 있다고 다소 힘들어 하는 목소리로 전화를 했다. 만일 이렇게 되면 교회 파송없이 그냥 선교지로 가야 할 것 같다는 말도 했다.

권재석 장로에게 연락했다. 권 장로는 몇 분의 장로들이 제기하는 문제가 있지만, 파송은 해야 하는 사안이니 기다려보자고 대답했다.

5월 7일(일) 오후 5시, 김연희 장로를 한신문화원에서 만났다. 김 장로는 김완주 목사와 전에 청년부에서 같이 근무해서 알고 있다면서, 김 목사에 대해 불만이 있다고 토로했다.

"지금은 의지를 가진 사람이 필요합니다. 현지에서 진행이 되어야지요. 바울이 택함을 받은 다음에는 기독교를 세계종교로 전파시켰습니다."

김 장로가 말했다.

"선교사를 보내는 것도 중요하지만 '태국 선교팀'을 만들어 예산을 지원해야 됩니다. 청년부가 아닌 교회 차원에서 진행해야 합니다. 한신교회에서 순교자가 나왔으니 교회가 존재하는 한 태국 선교를 해야 합니다. 그런데 일부 장로들은 태국은 선교가 아닌 추모를 해야한다고 주장하고 있습니다. 예산이 들어가니 그런 것인데 추모만으로는 한계가 있습니다."

김 장로가 지난 1월부터 줄기차게 주장해온 이야기였다.

"태국 선교사 자리가 비어 있습니다. 일단 파송을 하고 진행해야 일이 됩니다. 선교관을 수리하고 3주기 준비도 해야 됩니다."

김 장로가 2주후에 당회가 있고, 당회가 개최되기 전까지 태국에 추모만이 아니라 선교를 해야 된다는 취지의 '태국 선교방향'에 대해 정리해서 보내주면 이를 당회에서 설명하겠다고 말했다.

그래서, 5월 17일 '선교사 파송 등 현안 관련'이라는 제목으로 글을 작성하여 김 장로에게 보냈다.

태국 선교는 순교자 장례예배 때 한신교회에서 보도자료를 내고 '현지에 학교, 교회, 선교관의 건립과 장학사업, 순교비 제막' 등을 약속한 것입니다. 순교는 선교 중에 발생한 것으로서 추모사업만 진행하는 것은 그 의미와 본질이 퇴색됩니다. 태국 선교팀을 구성하고 교회 차원에서 진행하는 것이 바람직합니다. 김완주 목사가 6월에 파송되어야 선교관을 보수하고 3주기에 개관 예배를 드릴 수 있습니다. 중장기적으로 태국 동북부 지역에 선교센터가 좋을 것 같으며, 교회 건립도 필요할 것입니다.

그 후, 김완주 목사한테 연락이 왔다. 당회에서 선교사 파송이 승인되었으며, 교회 일정을 감안하여 6월 18일 파송예배를 드리기로 결정했다는 소식이었다.

6월 10일(토), 김완주 목사가 한신대 신학과 학생들과 만나는 자리에 동석했다.

김완주 목사가 신학생들에게 한신교회가 소속된 기장교단은 통틀어서 순교자가 2명이라면서, 어린 청년 2명의 순교자가 나왔으니 이를 기억하여 선교의 중요한 계기가 되어야한다고 역설했다. 그리고 학술적인 연구와 순교 현장에 선교가 지속적으로 확대되어야 하며, 그동안 지지부진했던 것은 회개하자고 호소했다.

"선교관이 구입되고, 김 목사님이 선교사를 지원했습니다. 그리고 학술연구가 추진되고 있으니 상당한 진전입니다."

신학과 두 학생은 하나님을 배우는 사람들로서 교단에서 순교자가 나왔는데도 이를 모르고 있었으니 부끄러운 일이라면서, 향후 이를 학술연구과제로 채택하고 순교지를 선교지로 가는 것을 추진할 생각이라고 설명했다.

김완주 목사 태국에 파송

6월 18일(일) 오후 3시, 김완주 목사 태국 선교사 파송 예배를 드렸다. 본인이 마음에 결심을 하고 하루빨리 가겠다고 서둘렀다.

김 목사는 파송 소감을 말하는 자리에서 2004년 5월 태국 선교사를 처음 지원했던 때부터 2년간 준비를 하고, 연단을 거쳤다고 했다. 태국에 뼈를 묻겠다고 선언했다.

6월 24일(토) 낮 12시경, 현진이 엄마와 같이 산소에 갔다. 산소에 가는 날은 아침부터 기다려진다. 물통에 물을 들고 산소에 올라가니, 먼저 올라간 현진이 엄마가 그 사이에 벌써 꽃을 심고 있었다. 나는 산소 옆에 돗자리를 깔고 누웠다. 제일 편하게 누워 하늘을 보면서 중얼거렸다.

"저 멀리 삼층천이 천국이라 했는데 바울이 다녀왔다고 했는데…."

햇볕이 따가웠다. 우산을 펴서 받치고 그 밑에 누웠다. 산이라 모기와 벌레가 많았지만 그래도 누웠다. 육신이 편해지면 아들에게 미안하다는 듯이 그냥 누웠다. 이 날은 유난히 잠이 쏟아졌다. 한참 자고 일어났는데도 현진이 엄마가 아직도 잔디를 다듬고 있었다.

현진이 엄마가 갑자기 놀라듯이 말했다.

"어떻게 여기에…."

5차 태국 선교팀원 두 분이 찾아왔다.

"오고 싶었습니다. 가끔 옵니다."

엄마의 얼굴에 눈물이 흘러내렸다. 두 분을 통해 현진이가 태국에서 어떻게 생활했는지 들었다. 현진이는 2~3살 나이 많은 형 두명과 늘 같이 다니며 웃으면서 놀았다고 했다. 성격이 활달하여 잘 어울렸으며 막내라 귀여움을 독차지했다. 팀에서 정한 시간을 잘 지켰고, 누나들이 무거운 것을 들면 자신이 나서서 들곤 했다고 말했다.

현진이 엄마가 말했다.

"현진이는 세탁소 다녀오는 것이나 청소하는 것, 빨래 널고 개는 것을 도와주었어요. 지금도 청소를 하거나 세탁소에 다녀올 때면 현진이 생각을 하면서 눈물을 흘립니다."

푸른 그리스도의 계절이 올 것이다

교회 홈페이지에 '장현진 선교사 게시판'이 있다. 이곳에 김완주 선교사가 글을 올렸다.

태국 땅에서 선교사님을 사랑하는 마음으로 글을 씁니다. 부족한 종과 가족이 가는 곳마다 주님이 인도하시는 귀한 역사가 일어나게 하소서. 태국 민족 가슴 가슴마다 순교자의 피를 심어 푸르고 푸른 그리스도의 계절이 오게 될 것입니다. (2006. 6. 25.)

10월 23일(월) 오후, 태국에서 김완주 선교사가 선교관 수리와 3주기 추모예배 준비 등을 협의하기 위해 연락했다. 그리고 태국의 현지 사정을 알려주었다.

"컨켄의 선교사들이 2004년 1월 13일 메콩강 사건을 태국 신문에서 보고 알았다고 했습니다. 당시 신문에는 배를 타고 장난을 치다가 배가 전복되었다는 기사가 났고, 그렇게 알고 있었다고 합니다. 그 이야기를 듣고 마음이 아팠습니다. 메콩강에 가서 보았고 지난 이야기를 알고 있는데, 이렇게 해서는 안됩니다."

마음이 많이 쓰였다. 하지만 하나님은 이렇게 잘못된 것을 바로 잡으신다는 생각이 위로가 되었다.

"카누는 타기도 힘든데, 어떻게 장난을 칩니까? 당시 태국언론 인터뷰를 정승회 선교사가 담당했습니다. 그때 정 선교사가 그렇게 말했던 것입니다."

이어서 김완주 선교사가 사고후 교단의 젊은 목회자들도, 배를 타고 장난을 쳐서 사고가 난 것이라면 순교가 아니라고 항의를 했다고 말했다. 교회가 소속된 교단에서도 그랬다니 어처구니없는 일이었다.

김완주 선교사가 단호하게 말했다.

"이제라도 정확하게 알려야 합니다. 그래야 선교가 제대로 진행이 됩니다."

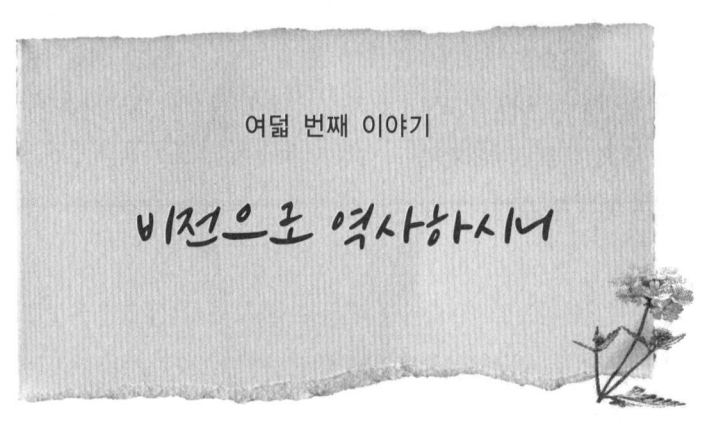

여덟 번째 이야기

비전으로 역사하시니

하늘 위에서 꽃이 내리고

 11월 14일(화), 신학대학원 6학기 마무리 단계에 있었다. 그리고 효정이 수능시험이 임박해 다소 긴장하고 있었다. 이날 새벽 꿈이다.
 집안에서 내가 현진이, 효정이와 같이 있었다. 아이들이 초등학교 저학년 시절로 보인다. 아이들에게 학교와 학원생활에 대해 묻고, 학원비를 주었다. 먼저 효정이에게 학원비를 주었는데 많다면서 일부를 돌려주었다. 자신 있다는 듯이 야무진 표정이었다. 효정이는 자기 일을 스스로 잘해 나갔다.
 "아빠, 배우니 좋아."
 현진이는 말하는 것이 이렇게 붙임성이 있었다.
 "그래 배우는 것이 가장 좋은 것이야."
 "…비를 내야 해."
 말하는 것을 들을 때는 알아들었는데 깨고 보니 앞 단어가 생각이 안 났다.

"더 필요한 것은 없니?"

"응. 아빠."

"이것은 친구들과 같이 사먹는데 사용해." 하면서 만원을 더 주었다. 현진이가 좋아하면서 웃었다.

그리고 아이들과 같이 집 밖으로 나왔다. 날이 맑고 깨끗했다. 현진이가 효정이와 함께 달리기도 하고 여기저기 뛰어다녔다.

그 순간 하늘에서 꽃들이 내려오고 있었다. 하늘을 가득 채워 천천히 뿌리듯이 내려오고 있었다. 아름다웠다. 꽃잎은 크지 않으면서 여러 종류였다. 분홍색, 노란색, 파란색 같이 보였다. 나와 현진이, 효정이가 같이 서서 하늘에서 내려오는 꽃을 쳐다 보았다. 그리고 내려오던 꽃들이 멈추었다.

왼손에 현진이 손을 잡고, 오른손에 효정이 손을 잡았다. 그리고 다시 하늘에서 꽃이 내려오기 시작했다. 아까와 똑 같은 꽃들이 하늘을 가득 채워 내려오고 있었다. 이번에는 더 오래 계속되었다.

"참으로 아름답구나!"

그러다 깨었다. 일어나니 아주 상쾌했다. 침대에 걸터앉아 기도하고 시간을 보니 새벽 4시가 넘었다. 그렇게 앉아 있다가 5시에 교회에 기도하러 갔다.

교회에 가는 길에 찬송가 469장이 자연스럽게 나왔다. "평화로다." 이 찬송을 오래 전부터 스스럼 없이 불렀다. 이 곡을 부르면 하늘에서 평화가 내려오는 것을 느낄수 있기 때문이다. 교회 순교비 앞에서 기도했다.

"하늘에서 꽃이 내렸습니다. 현진이와 같이 평화를 보았습니다. 3년 동안 효정이가 힘들었을 텐데 찬란한 꽃을 보여주셨습니다."

수능시험 직전이고, 특별 새벽기도회를 열고 있어서 교회 본당이 거의 찼다. 성가대에서 찬송가 469장을 불렀다.

저녁에는 학교에서 수업이 있었다. 신학대학원 경건실천 시간이었다. 찬양단이 찬송가 469장을 불렀다.

이 찬송가가 그렇게 자주 불리는 곡이 아닌데 이날은 하루종일 '평화'였다.

시간의 소중함

11월 19일(일) 오후 4시, 한신교회에서 순교자의 부모들과 만나자고 연락을 했다. 담임목사가 태국 선교팀을 구성하기로 당회에서 결정했고, 태국 선교팀도 구성하라고 청년부에 지시했다고 말했다.

12월 10일(일) 오후 4시, 경원중학교 시계탑에 갔다. 시계탑과 조경 상태가 괜찮은지 확인하기 위해 들렀다. 현진이와 헤어진지 3년 밖에 되지 않았지만 지난 3년이 앞선 46년보다 훨씬 길게 느껴졌다. 시계탑에 말했다.

"열심히 가고 있지만 너무 늦구나. 30년을 껑충 뛰어가면 안되니?"

귀 있으면 들으라고 하듯이 책망을 하고 푸념을 했다. 하나님 나라의 시간은 '천 년이 하루같고, 하루가 천 년 같다'고 했는데 이 시계는 사람이 만든대로만 가고 있구나.

지난 일을 생각하면서 이 시계탑이 시간의 소중함을 깨우쳐 주는 것이라고 생각했다. 하나님이 이 자리에 시계탑을 세우신 것은 우리에게 시간의 소중함을 가르쳐 주시기 위함이다.

12월 16일(토), 김완주 선교사가 기도편지를 보내왔다. 선교관을 수리하고 현판을 준비하며, 순교비를 제작하면서 보낸 것이다.

순교자들이 저를 감동시키는 것은 목사도 전하지 못하는 복음을 태국의 땅에 전하겠다고 떠난 거룩한 용기입니다. 선교관을 수리하고 있습니다. 순교비 세우기를 기도하였습니다. 10월말이 되면서 선교사들이 도와주는 것을 미루기에 혼자 나서 보기로 하고, 무심코 한적한 가게로 들어갔습니다. 여직원에게 사정을 설명했더니, 크리스천이었으며 그 자매가 비석 제작하는 곳을 알고 있었습니다. 그 자매가 가르쳐준 공장에서 순교비를 제작하고 있습니다. 3주기 추모식을 하나님께서 원하시는 것임을 알 수 있었습니다.

주 하나님이 저희에게 비취심이라

2007년 1월 1일(월), 송구영신 예배를 교회에서 드렸다. 현진이 엄마, 효정이와 같이 참석했다. 2004년 현진이가 태국 선교를 출발하기 직전에도 네 식구가 함께 송구영신 예배를 드렸다.

하나님이 주시는 축복의 말씀을 받았다. 현진이 엄마, 효정이가 하나씩, 그리고 나는 두개를 받았다. 물론 내가 받은 하나는 천국에 있는 아들을 위한 것이다.

내가 받은 말씀이다.

"지금까지는 너희가 내이름으로 아무 것도 구하지 아니하였으나 구하라 그리하면 받으리니 너희 기쁨이 충만하리라" (요 16:24).

현진이를 대신하여 받은 말씀이다.

"하나님이 세상을 이처럼 사랑하사 독생자를 주셨으니 이는 저를 믿는 자 마다 멸망치 않고 영생을 얻게 하려 하심이니라"(요 3:16).

이 말씀을 받고는 놀랐다. 송구영신 예배에 참석하기 전에 2시간 정도 이 성경구절을 묵상하다가 강해 설명자료를 적으면서 출발 직전에 블로그에 올렸다. 그런데 바로 이 말씀을 받은 것이다.

예수님이 하늘의 보좌를 버리고 이 세상에 육신으로 오셔서, 3년의 공생애 동안에 하신 말씀과 행하신 기적과 표징, 그리고 십자가에서 죽으심과 부활, 승천하신 이 모든 것이 택하신 백성으로 하여금 영생을 얻게 하려 함이었다.

하나님께서 '2천년 전 아들 예수를 보내 십자가의 길을 가게 하였을 때 마음이 많이 아팠단다. 내가 순교자를 알고 있노라.' 하시듯이 이 말씀을 주셨다.

"우리는 포기하지 않습니다"

1월 3일(수) 오후 7시 30분, 한신교회에서 태국 선교팀 파송예배가 있었다. 현진이 엄마와 같이 교회입구에 들어서니 청년들 여섯 명이 두 줄로 서서 인사를 했다.

아들이 순교할 때 같이 갔었던 청년들의 얼굴도 보였다. 몇몇은 현진이 엄마가 가르친 제자였다. 현진이 엄마는 눈물을 글썽이고 있었다.

청년부 게시판이 눈길을 끌었다. 교회에 오면 청년부 게시판을 보게 된다. 어린 아들이 태국 선교에 갔을 때 청년부와 함께 했기 때문이다.

"하나님께서 우리를 포기하지 않으니 우리도 당신을 포기하지 않습니다."

선교사 파송 인원이 13명이다. 청년부 목사와 12명이 파송되는 것이다. 예수님이 12명의 제자와 함께 갈릴리 호수에 복음 들고 가시는 것이 연상되었다.

효정이 대학 합격

1월 9일(화) 오후 7시경, 퇴근길에 반포고등학교 부근을 통과하여 고속터미널 방향으로 우회전할 때 효정이가 전화했다.
"아빠, 되었어!"
"그래? 그랬구나."
"내일이 발표인데, 선생님이 미리 확인하여 알려주셨어."
"잘되었다. 아주 잘되었구나."
지난 11월 수능시험 직전에 꿈을 꾼 것이 생각이 났다. 효정이, 현진이와 함께 하늘에서 내리는 꽃을 두 번이나 맞이하였다.
그후 효정이 대학 선택을 하나님이 인도하실 것이라는 생각이 들었다. 효정이는 생명과학을 공부하고 싶어했다. 원서 쓸 때 담임선생님이 추천하는 대로 연세대학교와 서울대학교를 복수로 지원하였다. 지난 12월 26일 연세대에 합격했다는 발표가 있었다. 그리고 이날 서울대 1차발표가 난 것이다. 연세대는 1차 발표로 확정되었지만 서울대는 2차 논술시험이 남아있었다. 효정이는 서울대에 진학하기를 원하고 있었다.
효정이에게 늘 미안했다. 현진이 생각 때문에 중요한 시기에 신경을 쓰지못했다. 그럼에도 효정이가 아픔을 이겨내면서 제 몫을 해냈다.
"하나님 고맙습니다. 하나님 고맙습니다."

차를 운전하고 오면서 이 말만 반복하였다.

하나님의 선물

1월 10일(수), 태국으로 출발하는 날 새벽에 꿈을 꾸었다.
어느 분과 함께 있었다. 그런데 내가 그 분을 볼 수는 없고, 누군가 같이 있다는 생각을 하고 있었다. 상자 한 개가 보였는데 책을 포장할 만한 정도의 크기였다. 상자에서는 빛이 나고 그 빛은 상자를 감싸듯이 은은하게 비추고 있었다. 나는 지켜보고만 있었다.
그리고 손을 내밀지도 않았는데 그 상자가 내 손에 들어와 있었다. 놀라서 둘러보았으나 주위에는 아무도 없었다.
하나님이 선물을 주셨다는 생각이 들었다. 태국에 가면서 계속 그것이 무슨 상자일까 생각했다.

오후 5시 30분, 인천에서 방콕행 비행기에 탑승했다. 3주기 추모예배를 위해 권재석 장로, 안 집사와 함께 출발했다. 다음 날 방콕의 구청에서 선교관의 관리 주체를 복지재단으로 전환하기 위한 면담이 예정되어 있었다. 설립자로 등록되는 3명이 다른 분들보다 먼저 출발한 것이다. 태국으로 출발하면서 한편으로는 기대가 되었다. 선교관이 구입된 후 수리되고 현관을 거는 것이다. 그리고 순교비를 세우는 것이다.

복지재단 설립 추진

1월 11일(목) 오전 9시, 방콕시내 구청에서 면담이 있었다. 비로소 알게 되었는데 복지재단 설립으로 김완주 선교사와 그의 가족에게 비자가 나올 수 있다고 했다. 지난해 김완주 선교사의 기도 편지에 비자 문제 해결을 위해 기도해달라고 쓰여 있었다. 이렇게 복지재단 설립으로 비자 문제를 해결할수 있게 될 줄은 몰랐다.

1월 12일(금) 아침 6시 30분, 방콕공항에서 우돈타니에 가는 비행기를 타고 출발했다. 청년부 선교팀도 이때부터 우리 일행과 일정을 같이 했다.

오전 8시경, 우돈타니공항에 도착했다. 우돈타니공항도 새롭게 단장이 되었다.

우돈타니 시내로 가서 예배용 꽃을 구입하고, 농카이까지 1시간 정도가니 메콩강이 보였다. 언제 보아도 도도하게 흐른다.

농카이에서 메콩강의 둑길로 들어서니 도로가 새롭게 포장되어 있었다. 김완주 선교사가 2주 전에 왔을 때는 없었다고 말했다. 방콕공항과 우돈타니공항이 새로 정비되었고, 순교지에 가는 도로가 새로 포장되어 이번에는 뭔가 달라질 것 같다는 느낌이 들었다.

차를 타고 가면서 김완주 선교사가 그동안 선교지에서 진행된 이야기를 들려주었다. 선교사들 간에 기득권 다툼이 심하고, 최근에 늦게오는 선교사들은 고생이 심하다는 것이다. 내가 메콩강을 바라보면서 말했다.

"태국에 오기 직전에 꿈을 꾸었는데 하나님이 선물을 주셨어요. 책자 같은 것인데 잘 될 것이라는 느낌이 듭니다."

쌍아오마을에 가까이 왔다. 길을 가로질러 플래카드가 나부꼈다. '한신교회 어서 오세요.' 한글이었다. 바람에 일부가 접히고, 거칠은 천에 급하게 쓴 듯한 글씨였다. 순간적으로 눈물이 핑 돌았다.

오후 2시, 쌍아오마을에 있는 초등학교에서 선교팀의 공연이 있었다.

초등학교 어린이들이 300명 이상이 되고 마을 주민들도 꽤 많이 모여 있었다. 시골 학교인데도 운동장이 아주 넓고 규모가 컸다. 선교팀이 공연할 때 어린이들과 마을 주민들이 손뼉치고 호응했다. 3년 만에 청년들이 초등학교에서 공연을 했다.

공연을 보면서 가슴이 뭉클했다. 그동안 서럽고 힘들었던 일들이 눈물이 되어서 흘러내렸다. 무대 옆을 보니 김완주 선교사와 선교팀을 인솔하고 있는 김미희 목사 역시 연신 눈물을 닦고 있었다.

교장선생님이 마이크를 잡고 어린이들과 마을 주민들에게 말했다.

"오늘은 세가지 기쁨이 있는 날입니다. 첫째는 어린이날입니다. 둘째는 장학금이 전달되었습니다. 셋째는 예수님의 사랑을 전하게 된 것입니다."

예수님 사랑이라는 말을 듣고는 충격을 받았다. 우리가 왜 이 마을에 왔고, 선교팀이 왜 이 마을에 왔는지를 깨닫게 해 준 말이었다. 뜨라이롱 목사에게 교장선생님이 교인이냐고 물어보았는데 아니라고 했다.

마침내 '완성된' 선교관

공연이 끝난후 선교관을 둘러보았다. 선교관의 겉은 하늘색이고, 안은 흰색이다. 천상을 의미하는 하늘색과 정직과 청결을 상징하는 흰색이다. 선교관에 울타리가 새로 설치되고 안에는 순교비가 세워져 있었다.

선교관의 위치는 이 마을의 중심부이다. 강을 바라보고 있으며, 옆에 마을의 공터와 회관이 있다. 김완주 선교사와 청년들이 순교비의 위치를 정확히 놓기 위해 애쓰고 있었다. 내가 비석 밑에 모래를 넣고 다듬자 수평이 되었다. 하나님이 이 비석을 만져 주신다는 느낌이 들었다. 선교관 내부의 마루는 널찍해서 시원한 느낌을 주었으며, 십자가가 중앙에 걸려 있었다. 이만하면 선교관으로 칭하기에 부족함이 없었다.

김 선교사는 선교관 내에 순교비를 만드는 것은 법적인 문제가 없고 원래 자기 집안에는 무엇이든지 괜찮은 것이라며, 마을 분들도 아무 문제가 없는 일이라고 했다.

이번 진행을 보면서, 하나님은 하실 일을 위해서 할 만한 사람을 택하신다는 생각이 들었다.

저녁에 선교관 현판이 도착했다. 시일이 촉박한 가운데 개관예배 일정에 맞추려고 노력했다는 것을 알 수 있었다.

현판은 '한신교회 선교관' 이라고 한글로 쓰고, 그 위에 태국어로 크게 쓰여있다.

쌍아오는 한신교회의 성지

저녁 7시, 쌍아오교회 앞에서 추모 음악회가 열렸다. 어린이 150명 등 대략 300명이 음악회에 참석했다. 많은 인원이다. 먼저, 어느 선교사 가족이 익숙한 솜씨로 연주했고, 김완주 선교사의 자녀인 시내가 바이

올린을 연주했다. 시내는 배우는 단계였지만 열심히 하는 모습이 보기에 좋았다. 선교팀이 공연하고, 쌍아오교회 어린이들이 태국 민속춤을 잇따라 공연했다. 그리고 마지막으로 순교자 영상이 상영되었다.

김완주 선교사가 설명했다.

"음악회의 순서는 의미있는 것입니다. 순교자가 부활로 이어지는 단계를 보여주고자 했습니다."

이어서 컨켄에서 사역하는 배종호 선교사의 설교가 있었다. 짧은 시간에 많은 것을 전하려 애쓰는 노력이 보였다. 그리고 권재석 장로가 한신교회 대표로 이 마을은 한신교회 성지이며, 우리는 매년 오고 있다고 설명했다.

마지막 순서에 내가 답사를 했다. 선물을 나누어 주는 순서가 남아있어서 그런지 다시 사람들이 모이기 시작했다.

2년 전 태국 TV 광고에서 86살의 츄 할아버지가 매일 20km를 걸어서 자기 아내의 산소에 가서 바이올린을 켜는 것을 보았습니다. 30년 동안이라 했습니다. '지순한 사랑' 입니다. 한신교회 청년들이 3년 전인 2004년 1월 이 마을에 처음으로 선교왔습니다. 우리의 아들들이 사랑을 전했습니다. 그리고 이번에 우리가 3번째 여기에 왔습니다. 우리도 같은 사랑을 전하는 것입니다. 이 사랑은 하늘에 계신 아버지의 사랑입니다.

그리고 이 사랑을 전하는 분들을 소개한다고 하면서, 뜨라이롱 목사, 안 집사 내외, 김완주 선교사를 무대로 올라오게 해서 같이 손을 잡고 태국어로 인사하였다. '캅쿤캅'

선교관 개관, 순교비 제막, 3주기 추모예배

1월 13일(토) 새벽 4시 30분, 쌍아오교회에서 기도했다. 이 시간이면 작은 풀벌레 소리조차 없이 조용하다. 내 속을 그대로 드러내 기도하게 된다.

"선교관과 순교비를 세워주시고, 선교사를 다시 보내주셨습니다. 힘들었지만 이만큼 되었으면 노력한 것입니다. 그런데 왜 이렇게 마음이 아픕니까? 그동안 무엇을 하려고 애를 썼는지, 마음이 아픈 것은 그대로입니다."

한 달란트를 주셨으니 한 달란트를 가지고 노력하면 되는 것이다. 그런데 마음은 아픈 채로 남아있으니 또 무엇을 해야하는가, 하지만 다시 또 해야 된다는 욕심을 내는 것이 아니다. 이 강에 인솔하고 안내한 사람들이 오히려 이곳에 오는 것을 방해하고 있다는 것이 견디기 힘든 것이다.

7시에 아침 기도회가 있었다. 김완주 선교사가 기도했다. 순교자를 추모하는 마음이 그대로 토로되었다. 심금을 울리는 영적인 기도였다. 오래 간만에 이 같은 기도를 들어 본다. 그 마음에 열정과 간절함이 담겨 있었다.

오전 10시, 3주기 추모예배 시간이다.
최성호 목사가 '선교는 열매를 맺어야 하며, 우리에게는 특히 씨앗이 있으니 열매를 맺어야 한다.' 고 설교했다. 마음 깊숙이 들어오는 내용이었다. 추모예배에 쌍아오 교인들이 많이 참석했다.
김종구 선교사의 통역을 지켜보면서 이제야 제대로 되고 있다는 생각이 들었다.

오전 11시, 쌍아오교회에서 추모예배를 드리고, 선교관으로 이동하여 선교관 개관 및 순교비 제막 예배를 드렸다. 쌍아오교회 교인과 마을 주민들도 많이 보였다.

권재석 장로가 경과보고를 했다.

"이 선교관은 2006년 4월 11일 구입하고, 수리를 거쳐 이번에 현판식과 함께 개관하게 되는 것입니다. 2005년 1월에 쌍아오마을에 매물로 나와있는 3개의 건물을 구입대상 후보로 검토하였으며, 그 중 이 집을 당회에서 구입하기로 결정하였습니다. 2006년 3월 2일 구입이 가능하다는 연락을 받았고, 40일만인 4월 11일에 구입이 완료된 것입니다."

나의 답사이다.

지난 3년을 돌이켜 보면 선교관이 세워지고 순교비가 제막되리라고는 생각조차하기 어려운 일이었습니다. 하지만 2년이 지나서 선교관이 구입되고, 선교사가 새로 파송되면서 상황이 반전되었습니다. 오늘 메콩강 순교지에서 하나님이 표징을 세우시고 이를 천하에 알리시는 것입니다. 예수님의 부활은 3일 걸렸지만 우리의 순교자 부활은 3년이 걸렸습니다. 이 표징은 이 땅의 선교를 하나님이 주관하신다는 것을 알리는 것입니다. 그리고 이 자리에 있는 분들은 하나님이 주관하시는 현장의 증인이 되었습니다.

저는 이자리에서 세가지 과제를 생각해보고자 합니다.

첫째는 믿음입니다. 하나님이 주관하시는 것을 믿음으로 보게되었으니 보다 진전있는 선교가 진행되기를 희망합니다.

둘째는 사랑입니다. 그동안 거짓말과 궤변으로 피눈물을 흘리게 한 사람들이 있습니다. 하지만 하나님께서 직접 일을 이렇게 하셨으니 이들의 행위는 작은 방해에 불과했다는 것을 깨닫게 되었습니다. 이들의 죄를 용서하겠습니다. 죄사함은 하나님만이 하시겠지만, 제가 할 수 있는 일이 용서라면 용서하겠습니다. 이제는 내려놓을 것입니다. 부탁이 있다면 이 사람들이 내년부터는 이 자리에 참석하여 같이 기도할 수 있기를 바랍니다.

셋째는 소망입니다. 태국 동북부 순교지 일대에 교회를 세우고자 합니다. 이것이 하나님의 뜻이라면 거룩한 열매로 남을 것이라고 생각합니다.

선교관 개관예배가 끝나고 그 자리에서 권재석 장로가 말했다. "사실, 이 선교관 구입은 여건상 거의 불가능했는데 장현진 선교사 아버지의 집념이 있었기에 가능했습니다."

"방해가 심하고 힘들어서 많이 흔들렸습니다. 그런데 장로님이 결단을 갖고 추진해 주셨고, 그래서 가능했던 것입니다."

권 장로가 다시 말했다. "여기에서 부활을 선언하는데 3년이 걸린 것이지요."

강가 기도회에서 희망의 메시지를

오후 4시, 메콩강에서 기도회가 시작되었다. 선교팀과 쌍아오교회 교인들이 같이 참석했다. 같은 시간에 서울 한신교회 본당에서도 추모예배가 진행된다.

기도회 순서에 부모의 답사가 있었다. 나는 순서에서 빠지겠다고 했더니 김완주 선교사가 해야 된다고 강권했다. 진행되는 분위기를 보니 침울했다. 이제는 희망을 말하는 것이 필요한 시기라고 생각하였다.

이 자리에서 희망의 메시지를 말하고자 합니다.

첫째는 이 메콩강에서 일어나는 변화입니다. 어부들이 순교 지점에 가면 소용돌이가 멈추고 물살이 조용해진다고 한답니다. 순교 지점은 물살이 빠르고 소용돌이가 몰아치는 곳입니다. 큰 배도 위험한 장소입니다. 그런데 이후 그곳의 물살이 조용하다고 합니다. 어부들이 그곳에는 하늘의 신이 있어서 그렇다고 했답니다.

둘째는 이 마을 쌍아오교회에 교인 수가 증가했다고 합니다. 강 건너 라오스 사람들이 교회에 출석하게 되었고, 다른 마을에서도 교회에 오고 있다고 합니다.

셋째는 사고 당시 하나님의 표징이 나타난 이야기입니다. 이 강에 올 때마다 십자가 목걸이를 걸게 됩니다. 순교 당시 선교팀이 목에 걸던 십자가입니다. 아들의 사진을 보면 이 강에 내려오면서 이 목걸이를 걸고 있었습니다.

이어서 십자가 목걸이가 발견된 것과 실체가 발견된 과정을 설명했다. 그리고 순서에 따라 카누에 헌화하였다. 카누를 타야 하는데 배를 타는 것을 사람들이 불안하게 생각하는 것 같았다. 지류에서만 한바퀴 돌도록 했다. 카누에 타려고 발을 들여 놓으려 하자 기우뚱하니 요동을 친다. 몸을 낮추어 가까스로 타야 했다. 모두들 탄식했다.

이제 교회를 세워야 합니다

오후 5시, 메콩강에서 기도회를 마치고 쌍아오마을로 올라오는 중이다. 권재석 장로가 서울에서 출발할 때 이제 태국 선교는 끝났다고 생각했는데, 이곳에 와서 보니 이제부터 시작이라는 생각이 든다고 말했다.

쌍아오교회에 오니 김종구 선교사가 가까이 오면서 십자가 목걸이를 기념으로 간직하고 싶다고 했다. 김종구 선교사는 그동안 쌍아오마을이 궁금했는데 이번에 왔다면서 내년에도 다시 오고 싶다고 했다.

오후 6시, 쌍아오교회 옆 창고에 모두 모였다. 이 자리에서 권재석 장로가 1주기부터 3주기까지 와서 보았는데 마을 사람들의 변화가 뚜렷하다고 하면서, 쌍아오마을이 복음을 전하는 표본으로 성장할 수 있다고 말했다.

뜨라이롱 목사가 현재 이 마을의 복음화율은 5% 라고 말했다.

밤 11시, 숙소로 사용하는 쌍아오교회 옆 창고에 모였다. 이 곳에서 나와 김완주, 박원식, 김종구 선교사가 묵었다. 나와 김완주 선교사가 선교방향에 대해 이야기를 했다.

"한 가지 소망이 있습니다. 동북부 지역에 교회를 세우는 일입니다. 이 교회는 크지 않더라도 모범적으로 성장하고, 오랫동안 기억되는 교회가 되면 좋겠습니다."

김완주 선교사가 교회를 세우면 누가 어떻게 유지할 생각인지 물었다.

"태국인 목사님을 찾으면 되고, 태국에서 목회하는 한국인 선교사가 될 수도 있겠지요. 그 분이 교회를 세우거나 기존의 교회를 연결하는 등 여러 형태가 있을수 있겠지요. 김 선교사님이 노력해 주세요. 하나님이 하실 것입니다."

"교회를 세우거나 유지하는 것은 시간이 많이 걸립니다."

"시간이 걸려도 괜찮습니다. 한신교회에 '장현진 태국 선교기금' 이 있다는 것만으로도 선교가 진행이 될 것입니다. 어린 순교자의 피를 기억하겠다는 것이니, 할 수밖에 없을 것이라고 생각합니다."
 김완주 선교사가 3년이 되었지만 이제까지 순교자 이름의 교회가 하나도 없다는 것은 크게 잘못된 것이라며 탄식하듯 말했다.

아버지의 마음입니다

 1월 14일(일) 오전 11시, 쌍아오교회에서 주일예배를 드렸다. 쌍아오교회 교인들과 한신교회 선교팀이 연합예배를 드렸다. 언어와 인종이 다르고 사는 것이 다르지만 '한마음'이 되어 하나님께 경배하는 것이다.

 오후 1시, 쌍아오교회 옆 창고에서 함윤덕 장로와 태국 선교에 대해서 이야기를 했다. 함 장로는 치앙라이에 선교하기 위해 가던 중 쌍아오 마을에서 일어난 이야기를 듣고 더 자세히 알고 싶어서 오게 된 것이다.
 함 장로가 어젯밤에 들었다면서 교회에서 주는 위로금을 받지 않고, 나중에 기금으로 처리하라고 해서 놀랐다고 말했다.
 "교회에서 잘못하길래 정직하게 하려고 했던 것뿐입니다. 위로금이라니요? 자식입니다. 무엇으로 위로가 된다고 그런 말을 함부로 할 수 있습니까?"
 이때 권재석 장로와 다른 분들이 동석했다. 함 장로가 말했다.
 "교회에 오래 있어보니, 저 사람이 교인인가 의구심이 들 때가 있어요. 그래서 더 힘든 경우가 많습니다."
 권 장로가 고개를 끄떡거리면서 말했다.
 "지난 이야기이지만 그때 교회에서 위로금을 준다고 할 때 현진이 아버지가 안 받겠다고 했어요. 그러다가 나중에 태국선교기금으로는 하겠다는 말을 듣고 그 말을 당회에 보고했어요. 그랬더니, 아 글쎄, 그랬더니… 어떤 장로님이 '영수증 받고 지불해야 한다'고 계속 주장하잖아요."

그리고는 내 얼굴을 바라보았다. 이어서 권 장로가 말했다.

"현진이 아버지가 울면서 기도하는 나를 봐서 그렇게 하겠다고 하는 것인데, 영수증 받고 지불해야 한다고 주장하는 교회라니. 그래서 이런 교회에 다닐 수 없다고 생각하고 사임서를 낼려고 했습니다. 그때 당시 박윤성 장로님에게 '장로 그만두고 당회도 떠나야겠다'고 했어요. 그리고 분당 한신교회에 있던 짐을 꾸리고 나오는데 박윤성 장로님이 붙잡더군요. 그러면서 서산에 있는 아는 목사님을 모시고 와서 만나자고 해서 뵙고, 그 목사님이 장로로서 해야 할 일 등 여러 가지 말씀을 해 주신 뒤 내가 교회에서 할 일이 있다는 것을 깨닫고 다시 당회에 나가게 되었어요. 이렇게 된 것입니다."

놀라웠다. 이런일이 있었다니.

그때, 김완주 선교사가 밖에서 들어왔다.

권재석 장로가 말했다.

"이제 정승회 선교사에게 말해야 합니다. 선교관이 되었어요. 이것만이라도 하려고, 그동안 참아 왔지만 자기가 잘못한 것을 알도록 해야지요. 현진이 아버지가 나서면 나도 도울 것입니다."

착잡했다. 마음의 고통이 심한 이야기였다. 이제 내려놔야 하는데.

"지금까지 선교관을 세우고 선교사를 파송하는 것에 집중했던 것은 사실입니다. 그 사람들의 이름만 생각나도 분노가 치밀어 올랐습니다. 하지만 이제 선교관이 구입되고 나니 그냥 두어도 된다는 생각이 듭니다."

권재석 장로가 말했다.

"그동안 과정을 지켜보면서 아버지의 마음은 저래야 된다는 생각이 들었습니다. 당시 메콩강에서 실체를 찾지 못하면 여기 남아서 죽겠다고 했다면서요, 어디에서 그랬나요?"

"당시 교회 옆에 천막을 치고 회의를 위해 모이곤 했습니다. 바로 저기 밖입니다. 여기 계신 안 집사님도 있었지요?"

안 집사가 몸을 우측으로 틀면서 "같이 있었어요." 라고 대답했다.

"그때, 이중표 목사님이 메콩강을 지켜보고 교회 앞에 와서 말했어요. 며칠 내로 찾지 못한다면 부모들은 서울로 가고 장로 한 명과 목사 한 명이 남아서 찾도록 하겠다는 것입니다. 그래서 그렇게 말했습니다."

권 장로가 좌중을 둘러보면서 말했다.

"어떻게… 이 같은 일이 상상이나 됩니까?"

뜨라이롱 목사와 대화

오후 2시경, 잠시 후에 우돈타니로 떠나야 할 시간이다.

권재석 장로가 뜨라이롱 목사에게 쌍아오교회 경비 운영을 물었다. 뜨라이롱 목사는 정승회 선교사측에서 매월 1만 바트(30만 원)를 지원하는데 이중에서 3천 바트(9만 원)는 교회건물 관리비, 7천 바트(21만 원)는 목사 생활비라고 말했다. 그런데 8개월 전부터 목사 생활비 7천 바트가 중단되었다고 했다. 권 장로가 8개월 전이라면 선교관을 구입한 후가 아니냐면서, 한신교회에서 쌍아오교회를 지원하는 방안을 검토하겠다고 했다. 선교관이 있으니 선교관 관리비를 지출하는 것이라고 했다.

의문이 생겨서 내가 뜨라이롱 목사에게 물었다.

"선교관 구입한 것을 정승회 선교사가 알고 있습니까?"

뜨라이롱 목사가 난처하다는 듯이 조심스럽게 말했다.

"선교관 구입하고 난 후, 얼마 안 되어서 정승회 선교사가 전화했어요. 왜 그렇게 했느냐고 야단했어요. 제가 한참을 울었어요."

그러면서 두 손을 올려 눈물을 닦는 시늉을 했다. 뜨라이롱 목사가 억지로 웃는 표정을 지으려 하지만 눈시울이 붉어져 있었다.

내가 다시 물었다.

"그런데 정승회 선교사가 어떻게 알고 전화했을까요?"

뜨라이롱 목사가 단호하게 대답했다.

"어떻게 알았느냐고 물었어요. 그랬더니 박훈 선교사가 알려주었다고 했어요."

"아." 모두들 놀랐다.

그러면서 누군가 말했다. "박훈, 그 사람 그렇게까지."

1월 15일(월) 오후 7시, 인천공항에 도착하여 교회 버스를 타고 서울로 오는 중이었다. 정석준 장로와 같이 자리에 앉았다.

정 장로가 내년에도 갈 것이냐고 물었다.

"살아 있는 한 가야겠지요. 이제 할 일을 조금 한 것 같습니다."

정 장로는 공항에서 최성호 목사도 비전이 있다고 했다며, 내년에는 본인도 가 볼 계획이라고 말했다.

그리고 나한테 여태까지 교회에서 말하고 싶어도 늘 미안해서 옆에 갈 수가 없었다고 말했다. 정 장로는 메콩강에서 수색할 때, 자신의 몸에 새끼줄을 묶어서 강물에 넣어서라도 어디에 있는지 찾았으면 좋겠다고 말한 분이다.

"제가 그동안 마음이 아팠던 것은 상황을 모르면서 반대하는 분들이 있었기 때문입니다. 장로님들이 메콩강에 가봐야 해요. 그래야 현실을 알 수 있어요. 이제 소망이 남았습니다. 교회를 세우기 위해 기도할 것입니다."

정석준 장로가 말했다.

"하나님이 하시는 일이니 하실 것입니다."

선교에 최선을 다합시다

1월 27일(토) 오후 6시, 이병묵 장로가 선교담당 장로로 취임한후 태국 선교에 대해 논의를 하기위해 자리를 마련했다. 최성호 목사, 선교팀장, 청년부 대표, 순교자 부모 등이 모였다.

이병묵 장로가 금년에 선교장로를 맡았다며, 태국 선교를 위해 할 일을 할 것이라고 했다. 최성호 목사가 이제는 잘되고 있는 것 같다고 말했다. 이어서 안 집사가 태국은 쌍아오마을을 중심으로 선교를 진행해야 한다며, 이만큼 선교가 잘 진행되는 지역을 찾기가 힘들다고 말했다.

내가 부연해서 말했다

"선교관이 구입되면서 상황이 반전되었고, 김완주 선교사님이 파송됨으로서 교회에서 원하는 선교가 가능하게 되었습니다. 지켜보니 제대로 된 선교사가 파송되면 50% 는 성공입니다."

"부목사들이 열심히 해야 합니다. 여기 최 목사님도 있어서 잘 알겠지만, 많은 분들이 적당히 하다가 유학가는 지원이나 받으려는 경향이 있습니다."

이병묵 장로가 좌중을 둘러보면서 뼈있는 말을 한마디 했다.

2월 11일(일) 오후 3시, 한신교회 태국 선교와 3주기 추모예배 경과를 보고하는 예배를 드렸다.

순서에 따라 청년의 기도가 시작되었는데, 의미있는 내용이었다.

"하나님이 태국을 선택하시고 복음을 들고 가게 하셨습니다. 순교의 피가 있습니다. 선교하게 하옵소서."

이어서 선교관 개관예배, 순교비 제막, 3주기 추모예배가 영상으로 보고되었다. 메콩강이 보이고 카누가 보였다. 현진이 엄마는 쏟아지는 눈물을 닦으면서 울음을 참느라 애쓰고 있었다.

권재석 장로가 진행된 과정을 날짜순으로 설명하고, "순교가 있었고 3년 동안 그 마을이 성지로 변화되어 가는 것을 보았습니다. 하나님 나라 역사의 비전을 보았습니다."라고 했다.

선교팀 대표는 태국 선교비전을 설명했다.

"방콕부근에 소재한 선교하는 방송국이 동북부 메콩강 유역으로 이동했으며, 이 방송은 라오스에서도 들을 수 있다고 합니다. 동북부 지역에서 선교의 비전을 보았습니다."

김완주 선교사가 설교했다.

선교관내에 순교비를 만들어야 하는데 막막했습니다. 선교사들은 모 선교사가 개입된 일이니 개입하고 싶지 않다고 도와주지 않았습니다. 혼자 비석 만드는 곳을 찾아 다녔습니다. 그러다가 어느 날 한 자매가 비석이 가능한 곳을 알려주었습니다. 하나님이 인도해 주신 것이라는 것을 느낄수 있었습니다. 아멘.

예배를 드리면서 모두 비전을 담아내려 노력하고 있다는 것을 느꼈다. 이것이 순교의 또 다른 열매라고 생각했다.

태국 선교는 의무입니다

5월 8일(화) 오후 8시, 한신교회 태국 5차 선교팀(2004년 1월)에 참석했던 정성윤 청년을 만났다. 정성윤 청년이 오래 전부터 뵙고 싶었다면서 얼마 전에 직장에서 손가락을 다쳐 4월 6일 봉합 수술을 받았는데 수술실에 들어가기 전에 환상으로 선교관이 보였다고 했다. 그러면서 오른손 둘째 손가락을 보여주었다. 붕대가 감겨 있었다.

"전에 선교관을 언제 보았던가요?"

정성윤 청년이 태국 5차 선교때, 현진이는 작은 방에서 잠을 잤고 본인은 마루에서 잤다고 했다. 지난해 2006년 1월 선교에도 참석하여 선교관을 둘러보았다고 말했다.

그리고 2006년 2월경 꿈을 꾸었는데, 현진이가 '형 이리와 봐, 이 집으로 선교관을 해야 돼.' 라고 했다. 그래서 당시 선교를 다녀온 청년들에게 현진이가 묵은 숙소이니 힘을 모아 그 집을 구입해서 선교관으로 사용하자고 했으며, 시간이 지나면서 잊고 있었는데 나중에 구입했다는 소식을 들었다고 했다.

그랬다. 청년들이 이렇게 생각을 모으고 있었다.

"현진이가 정성윤 형제를 많이 따랐던 것 같아요. 혹시 5차 선교할 때 기억나는 일이 있거나 말하고 싶은 것이 있나요?"

그러자 정성윤 형제가 주저없이 말을 이어갔다. 그날 선교팀이 유치원에서 사역한 후 강가로 내려가는 언덕에서 박훈 목사와 정승회 선교사, 쌍아오교회 목사가 같이 내려갔고, 이들이 인솔해서 갔다고 했다.

카누를 태운 경위 등에 대해서도 자세하게 설명했다. 대략 알고 있는 내용이었다.

"그 당시 박훈 목사님이 배가 출발한 후에 강에 내려왔다고 했다는 것을 알고는 너무 실망했습니다. 어떻게 그럴 수가 있어요? 서울에 와서 청년들이 박훈 목사님이 없는 자리에서 별도로 부모님을 만나서 설명해야 된다고 했습니다."

이것은 처음 듣는 이야기였다. 이런 일이 있었다니.

"3년이 지났는데 강으로 가는 과정이 기억이 나는가요?"

이 청년이 화를 버럭내며, "그걸 어떻게 잊습니까?" 라고 반문했다.

순간, 내 눈에 눈물이 고였다. 이어서 정성윤 청년이 태국에 다녀온 청년들이 '태국 선교후원회'를 만드는 중이라고 말했다.

"선교는 하나님이 하시는 것입니다. 힘들게 생각하지 말아요."

이 청년이 목소리를 높여 단호하게 말했다.

"이것은 의무입니다. 태국 다녀온 청년과 자매들이 하기로 했습니다."

늦은 밤에 집에 오면서, 정성윤 형제가 말한 '의무입니다' 라는 말이 귓가에서 계속 맴돌았다. 집에 와서 현진이 엄마에게 정성윤 형제가 전해준 이야기를 설명했다. 그러면서 말했다.

"이상한 일이야. 상황을 들으면서 화가 솟구쳐야 하는데, 그것이 아니야. '이 사람들 큰일이다. 하나님의 엄청난 진노를 받을 것이다.' 이런 생각이 들더라고."

현진이 엄마가 말했다. "당신이 변했어. 전과 달라졌어."

5월 27일(일) 저녁, 주일 저녁예배를 드리고 집에 오니 현진이 엄마가 서둘러서 말했다.

"오늘 예배를 드리고 나오는데 김의웅 장로님이 귀한 말씀을 주셨어. '순교자는 아무나 되는 것이 아니야.' 라면서, '오랫동안 목회한 분도 안 되는 일이야, 한신교회는 순교자와 같이 가는 것이야.' 라고 하셨어."

현진이 엄마는 현진이가 보고 싶으면 혼자서 눈물 지으면서 중얼거리듯이 말하곤 했다.

"우리 현진이는 유학갔어요. 우리 현진이는 천국에 유학갔어요."

그리고 언젠가 효정이도 현진이는 잃은 것이 아니라고 말했던 것이 기억났다.

현진이는 천국으로 유학을 간 것이다. 잃은 것이 아니었다. 현진이는 천국에서 하나님이 함께 계시고, 하나님께서 극진히 사랑하신다고 꿈에서 직접 말했다. 이 생각을 하면 나도 모르게 계속해서 찬송을 부르게 된다.

나지막한 '종아' 소리에 잠 깨

2월 1일(목) 새벽, 누군가 부르는 소리에 잠이 깨었다.

"종아."

시간을 보니 4시였다. 기도하다가 다시 쓰러져 잠이 들었다 전날 하루종일 바쁘게 일하고, 새벽 1시 넘어 잠이 들어서 그런지 정신을 가눌 수가 없었다. 하지만 분명하게 들렸다.

"종아."

지난 1월 초에도 한밤중에 누가 부르는 소리를 들었다. 그때도 깨고 보니 새벽 4시였다. 그때는 앉아서 기도하다가 새벽기도에 갔다.

낮음직하면서 분명하게 부르는 소리였다.

오전 7시 30분에 회사에 출근했다. 업무를 시작하기 전에 찬양을 듣는 습관이 생겼다. 이날도 역시 찬양을 들으면서 생각했다.
지난 1월초에는 혹시 잘못들었나 했었다. 그리고 이날 새벽에 다시 들었는데 이번에는 확실하게 들었다. 누군가 나를 부르는 소리를 듣고 지난 번에도 들었다는 생각이 났다. 그런데 '종아' 라니, '종아' 라고 부를 수 있는 분은 누구인가? 한 분뿐이다. 그렇다면 하나님이 부르신 것이다.
그렇구나, 종이었다. 믿는 자라면 누구나 주의 종이었다. 하나님이 나의 믿음을 붙잡는 소리였다. 이 한마디로 충분했다.

오후 1시경, 현진이 엄마가 전화했다. 그리고 급하게 말했다.
"됐어요." 목소리가 떨리고, 기쁨과 울음이 섞여 있었다. 이어서 다시 말했다. "붙었어."
효정이가 서울대 2차시험에 합격했다는 소식이었다. 엄마가 홈페이지에서 합격자 발표를 확인했다고 했다.
"하나님, 오늘 처음으로 기쁨을 느낍니다. 이 기쁨이 아픔을 다만 얼마라도 녹여 주고 있습니다."
효정이에게 전화했다.
"효정아, 축하한다. 발표가 났구나."
"응, 아빠."
"고맙구나."
효정이가 차분하게 대답했다.
"하나님이 도와주셨어. 내 실력이 아니고 하나님이 도와주신 것이야."

언젠가 현진이 엄마가 말했다.
"하나님이 현진이를 찾게하신 것은 효정이를 위해서였어. 현진이를 찾지 못했으면 당신은 그 강에 남아 있을 것이고, 그러면 나도 그랬을 것이고, 효정이가 서울에서 혼자 학교를 다닐 수가 있겠어?"
그랬다. 이런 상황에서 3년이 되었고, 효정이가 이겨낸 것이다.

지난해 11월 16일 수능시험을 보러 간 학교 교문에서 효정이와 같이 기도를 했다. 그리고 '하나님 이렇게 허락하셨으니 감사합니다.' 라고 하면서 울었다. 시험을 잘 보게 해달라는 기도는 감히 하지도 못했고, 그저 이 순간에 서게 된 것만도 감사하다고 기도했다. 그리고 홀로 교문에 남아서 자책을 했다. 시험장에 들어가는 아이 앞에서 눈물을 보이다니, 참으로 못났구나.

그리고 이날 새벽에 하나님은 이 못난 자를 부르셨다. 마치 '네가 아픔속에 있지만 나는 이렇게 너를 붙잡고 있단다.' 라고 하시듯이 나를 부르셨다.

사진이라도 같이 있어야

　지난해 9월초, 신학대학원 졸업이 다가올 때였다. 졸업 앨범 제작을 위해 사진을 찍어야 하는데 가족 사진도 함께 촬영해야 한다고 해서 사진관에 문의했다.
　"아들이 있습니다. 유학가서 같이 찍을 수가 없으니 디지털 카메라로 나와 함께 있는 사진으로 합성이 가능할까요? 사진 합성이 안되면 가족사진을 찍지 않을 생각입니다."
　사진관 주인이 가족사진이 없으면 앨범의 전체구도에 영향을 미치게 된다고 하면서 노력해보겠다고 했다. 그후, 2007년 1월말 졸업이 다가오자 궁금해서 사진관에 전화했다. 사진관에서 제작이 잘되었다고 말했다.

　신학 강의를 들으면 교수들이 자기 소개서를 제출하라고 했다. 그럴 때마다 가족사진은 현진이가 있는 사진으로 제출했다. 그리고 신학을 배우는 동기를 쓰라고 하면 '아들 때문이며 하지 않을 수 없었기 때문입니다.' 라고 기재했다. 앞으로 하고자 하는 일에도 '지금은 모르겠으나 하나님이 하라 하시면 무엇이든 해야합니다.' 라고 덧붙였다.

　내가 힘들 때 이해하려고 노력했던 권재석 장로가 말했다.
　"아들을 사랑해서…."
　그런데 이런 이유만이 아니었다. 자식을 사랑하지 않는 사람이 어디 있겠는가? 의지했고 그럴만한 위치에 있던 사람들에게 실망했기 때문에 그것이 서글퍼서 더 마음이 아픈 것이다.

신학대학원 졸업 앨범에 현진이와 함께 한 사진

2월 15일(목), 백석신학대학원 졸업식 날이다. 종합대학교가 있는 천안에서 졸업식이 있었다. 현진이 엄마와 효정이가 같이 참석했다. 입구에 차를 세우고 가운을 받으러 중앙건물에 홀로 올라가는 길이었다. 몹시 추운 날인데도 불구하고 눈물이 계속 흘러내렸다. 지금까지 졸업식도 많이 있었지만 이같은 감정은 처음이었다. 내 속의 아픔이 눈물로 쏟아졌다.

신학대학원 졸업식은 예배 분위기였다. 기도와 설교가 있었다. 이런 신실한 분위기가 마음에 들었다.

서울로 오는 길에 차안에서 효정이가 말했다.

"아빠, 현진이 사진을 봤어."

"졸업 앨범에 현진이 사진이 함께 있기를 원했단다."

그리고 현진이 엄마의 얼굴을 보니 울음을 참고 있었다.

이 앨범은 보는 것만으로도 마음이 아프지만 내게는 귀한 것이다. 그리고 이렇게 졸업사진에 현진이와 같이 있으니 더욱 그랬다. 하나님께서 이 마음을 받아주셔서 이렇게 증표로 남도록 허락하신 것이라는 생각이 들었다.

"할 수 있습니다"

2007년 2월에 신학대학원을 졸업하고 강도사 시험이 있었다. 3월부터 기독교전문대학원 박사과정이 시작되었고 강도사 교육을 다녀왔다. 그리고 언제 시작될지 모르지만 해야만 할 것 같은 목회 준비를 생각하고 있었다. 이런 시기에 몇 차례 의미있는 꿈을 꾸었다.

2월 28일(수) 꿈이다. 내가 현진이와 같이 있었다.
"현진아, 2학년이 되는구나. 2년후면 대학에 들어가게 돼."
"아빠, 그 다음에는?"
"그 다음에는 대학 공부를 하는 것이야."
"아빠, 그 다음에는?"
"그 다음에는…."
할 말이 없어서 내가 웃었다. 현진이도 나를 보고 웃었다. 늘 웃는 그 웃음이었다. 내가 현진이 어깨를 감싸 안으면서 같이 웃었다.
이날 꿈은 현진이가 하나님 말씀을 공부하라고 하는 것이라는 생각이 들었다. '고등학교, 대학, 그 다음에는…' 그 다음에 무엇이 있겠는가?
그랬다. 언젠가 꿈에서 현진이가 천국에서는 하나님 말씀을 먹는다고 했다.

3월 19일(월), 강도사 임용을 위한 강도사 교육이 진행되어 '안성명성수양원'에 들어갔다. 그리고 그곳에서 숙박하다가 다음 날 새벽에 꿈을 꾸었다. 주위에 꽃들이 있고 아늑한 곳이었는데 현진이와 내가 같이 있었다. 그런데 현진이가 색동 옷을 입고 있었다.

보기에 좋았다.

"현진아, 어떻게 이런 옷을 혼자 입었니?"

현진이가 웃기만 했다. 그래서 나도 같이 웃었다.

강도사 교육을 받다가 어떻게 하다가 상상도 할 수 없는 이런 길에 와있다는 생각이 들었다. 아마도 현진이가 응원을 하는 모양이다.

3월 24일(토), 새벽 꿈이다. 몇 사람과 같이 어느 곳에 갔다. 학교 같은 모양의 흰색의 건물이 있었다. 3층 건물이었다. 사람들이 그 건물에 들어가지 못하고 밖에만 있었다. 이때 관리인이 나타났고, 내가 관리인에게 건물에 들어가야 한다고 말했다. 그런데 관리인에게 말을 하는 도중에 양쪽 가슴이 엄청 아팠다. 견딜 수 없어서 가슴을 잡고 울면서 말했다.

"마음이 너무 아픕니다. 들어가야 합니다."

이 분이 고개를 끄떡거렸고, 모두들 그 건물에 들어갔다. 내부는 겉과는 달리 아주 잘 지은 건물이었다.

내가 관리인에게 말했다.

"들어오게 해주셔서 고맙습니다."

관리인이 고개를 끄떡거렸다. 그러면서 어느 분이 나타났다.

관리인이 "여기에서 가장 귀한 분입니다." 라고 소개했다.

화려한 듯하면서도 귀해 보이는 긴 옷을 입고 있었다. 풍채가 아주 좋은 분이었다.

내가 "고맙습니다."라고 하자, 이 분이 고개를 숙이면서 나와 같이 인사를 했다. 내가 이 분에게 말했다.

"이제 가야 합니다. 다시 오겠습니다."

그러면서 이 분을 보니, 무언가 말을 하려고 하는 것 같았다.

"나는 능력이 없습니다. 이 양쪽의 가슴이 아파서 견딜 수가 없습니다. 이제는 마음이 아파서 더 이상 할 수가 없습니다."

그러면서 눈물을 쏟았다. 이때 이 분이 말했다.

"당신을 믿고 있어요. 당신이 하기 나름이요."

무슨 말을 하는 것인지 이해를 하지 못했다.

"당신이 하고자 하면 될 것입니다. 당신은 할 수 있습니다."

뜻밖의 말을 연거푸 계속하였다. 나는 아무 말도 못했고, 이 분을 바라보고만 있는데, 이 분이 돌아서서 시야에서 사라졌다.

그리고 잠이 깨었다. 이상한 꿈이었다. 이 꿈을 꾸기 전날 밤에 기도하면서 지나간 일들을 생각하게 되었다. 이제 내년 4월에는 목사 안수를 받는다. 현진이와 약속했기 때문에 이것까지는 해야 한다. 하지만 그 후에는 어떻게 할 것인가? 하나님께서 배우게 하셨으니 작더라도 적합한 일을 해야 하는데. 그러면서 내가 목회를 할 수 있을지 의문이 들었다. 무엇보다도 마음의 준비가 되지 않았고, 능력이 안 된다고 생각했다. 그리고 잠이 들었다. 그런데 꿈에 이 같은 말을 듣게 된 것이다.

돌이켜 보니, 너무 힘들어서 그냥 죽게 해 달라고 했을 때는 하나님이 '하나님.'이라고 하시면서 '도와줄 것이다.' 라고 하셨고, 현진이가 보고싶어서 울 때 현진이가 '하나님이 함께 계셔, 극진히 사랑하셔.' 라면서 천국 이야기를 들려주었다. 그리고 이번에는 '당신은 할 수 있습니다.' 라는 말을 들었다.

하나님께서 붙잡으시고 인도하신다.

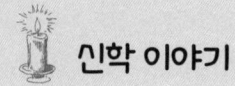 신학 이야기

테힌나

하나님의 은혜를 간구하는 기도를 나타내는 것은 히브리어로 테힌나(תחנה)이다. 탄원이다. 이 단어는 구약에서 25회 나오는데 상당수가 성전 봉헌 때 드린 기도에 나온다. 이것을 그림 언어로 표현하면, 항복을 하기 위해 손을 드는 것이다.

> 그러나 내 하나님 여호와여 주의 종의 기도(테필라)와 간구(테힌나)를 돌아보시며 이 종이 오늘 주 앞에서 부르짖음과 비는 기도를 들으시옵소서 (왕상 8:28)

은혜를 간구하는 기도에 우리의 마음이 끌리는 이유는 우리의 삶에는 '테힌나'가 절실히 요청되기 때문이다. '간절함'이 있다는 것은 그만큼 우리에게 생명이 있다는 뜻이고, 우리가 생명력 있게 살고 싶어한다는 증거이다.

세상에서 가장 슬픈 일은 '은혜를 간구하는 기도'를 드릴 수 없을 만큼 삶이 버려지고 포기된 상황이다.

세례 요한은 사가랴와 엘리사벳의 간절한 기도로 태어났다. "천사가 그에게 이르되 사가랴여 무서워하지 말라 너의 간구함이 들린지라 네 아내 엘리사벳이 네게 아들을 낳아 주리니 그 이름을 요한이라 하라"(눅 1:13). 그리고 부모의 간절함이 요한을 성실하고 신실한 제사장으로 살아가게 했다.

하늘의 문을 여소서 이곳을 주목하소서
주를 향한 노래가 꺼지지 않으니
하늘을 열고 보소서
이곳에 임재 하소서 주님을 기다립니다
기도의 향기가 하늘에 닿으니
주여 임재하여 주소서
이곳에 오셔서 이곳에 앉으소서
이곳에서 드리는 예배를 받으소서
주님의 이름이 주님의 이름만이
오직 주의 이름만 이곳에 있습니다
- 하늘의 문을 여소서(세키나), 찬양

예배드리면서 이 찬양이 나오면 은혜를 간구하는 기도하는 마음이 된다. 지난 이야기를 돌아보면서 의문이 들었다. 본래 나는 마음이 약하고 미련한 사람이다. 그런데 매년 쌍아오마을에 가서 예배드리고, 신학을 공부하며 이야기를 기록하고 있다. 어떤 의지로 이렇게 할 수 있는가? 순교의 현장에서 아들을 찾으려는 절실함이 있었고 하나님께 기도했다. 신학을 공부하면서 진리에 대한 탐구와 깨달음이 있었으며, 신학을 강의하면서 학문적 논리가 체계적으로 자리 잡게 되었다. 그리고 현실에서 여러가지 신앙적인 체험을 하게 되면서 하나님이 인도하신다는 믿음이 있었으니 매년 계속해서 진행할 수 있었다는 생각이 든다.

지난 일을 진행하면서 나는 하나님께 매달렸는데 이것은 '테힌나'라고 말하고 싶다. 하나님께 드리는 기도이다. 그리스도인이 하나님께 드리는 기도와 간구하는 방향은 하나님이 이끌어 주셔야 한다. 그러한 기도와 간구는 신학의 토대 위에 있어야 한다.

『사랑한다 현진아 토브』

이 책은 2022년 10월에 출판했습니다.
1편『사랑한다 현진아』가 2007년 11월에 출판된 이후부터
2022년 10월까지 15년 동안 진행된 이야기입니다.
기념교회를 세우려고 했으나 여건이 맞지 않아 보류했습니다.
선교관이 낡아 새로 짓기로 하면서 기념교회 설립이 진행됩니다.
목사 안수를 받았고, 신학박사 학위를 받았습니다.
태국 선교사들과 순교 기념사업을 위해 기도하신 분들이 있습니다.
하나님의 도우심이 있었습니다.

2부에서는『사랑한다 현진아 토브』를 소개합니다.

제2부 사랑한다 현진아 토브

빛이 하나님이 보시기에 좋았더라
하나님이 빛과 어둠을 나누사 (창 1:4)

그 여자가 임신하여 아들을 낳으니
그가 잘 생긴 것을 보고 석 달 동안
그를 숨겼으나 (출 2:2)

당신들은 나를 해하려 하였으나 하나님은 그것을
선으로 바꾸사 오늘과 같이 많은 백성의 생명을
구원하게 하시려 하셨나니 (창 50:20)

하나님 이해

여호와 라파

하나님은 '치료하는 하나님'이다. 히브리어로 여호와 라파(יְהוָה רָפָא)이다. "내 모든 규례를 지키면 내가 애굽 사람에게 내린 모든 질병 중 하나도 너희에게 내리지 아니하리니 나는 너희를 치료하는 여호와임이라" (출 15:26)

애굽에서 노예 생활을 하던 이스라엘 백성은 하나님의 도우심으로 애굽에서 나오게 된다. 홍해를 건너 수르 광야에 들어갔고 마라에 도착하지만 그곳에 물이 써서 먹을 수 없자 백성이 원망한다. 모세는 하나님께 기도한다.

하나님은 한 나무를 가리키시고 그 나무를 물에 던지라 명한다. 그러자 쓴 물이 단물이 되어 모든 사람들이 마실 수 있게 된다. 이때 하나님은 "나는 너희를 치료하는 여호와임이라"고 말씀하셨다. 하나님은 이스라엘 백성에게 자신을 치료자라고 소개하며 그들을 보호하고 치유하겠다고 약속하셨다.

테바의 의미

히브리어 테바(תֵּבָה)는 상자(ark)이다. 노아의 방주(창 6:18), 모세를 담은 갈대 상자(출 2:3)에만 사용되었다. 신약에서 히브리어 테바를 헬라어 키보토스(κιβωτός)로 번역했다. 키보토스는 언약궤에 사용되었다. "금 향로와 사면을 금으로 싼 언약궤가 있고 그 안에 만나를 담은 금 항

아리와 아론의 싹난 지팡이와 언약의 돌판들이 있고"(히 9:4)

이러한 관점에서 보면, 테바는 구약과 신약에서 노아의 방주, 모세를 담은 갈대상자, 언약궤에 사용된 것으로 볼 수 있다.

노아의 방주는 세상의 심판가운데 하나님의 구원을 상징한다. 홍수 속에서도 방주는 생명을 보호하는 도구로 사용되었다. 모세를 담은 갈대상자는 이스라엘 민족의 구원 역사를 시작하는 상징적인 도구로 강물에서 모세를 보호하여 하나님의 계획을 이루었다. 언약궤는 하나님의 임재와 이스라엘 백성과의 언약을 상징하는 도구로, 성소의 중심에 놓여 하나님과의 관계를 나타낸다. 테바는 모두 물리적인 구조물이지만, 동시에 하나님의 보호하심과 구속의 도구라는 공통된 의미를 가지고 있다. 하나님의 구원계획이 시대와 상황을 넘어 일관되게 이어지고 있다는 것을 의미한다. 따라서 노아의 방주, 모세의 갈대상자, 언약궤는 구원을 향한 하나님의 섭리와 임재, 그리고 생명을 보호하려는 하나님의 의도를 드러내는 중요한 상징이다.

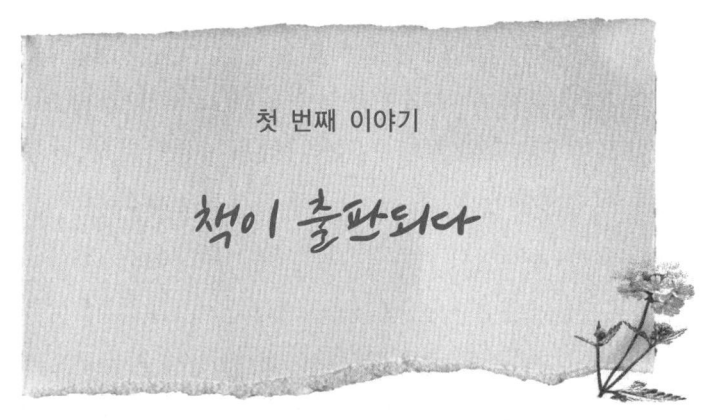

첫 번째 이야기

책이 출판되다

01 기다리던 제목

출판 감사예배

2007년 12월 7일(금) 10시 30분, 서울의 지하철 2호선 방배역에서 내려 백석신학대학원 방향으로 나온다. 정면 건물에 현수막이 보인다. 『사랑한다 현진아』 출판 감사예배. 그 순간에 눈물이 핑 돌았다.
오늘 백석신학대학원 예배실에서 출판 감사예배를 드린다.
출판 감사예배에서 백석신학대학원 김진섭 원장이 설교하고, 정인찬 학장이 축도했다. 한신교회 강용규 목사, 분당 한신교회 이윤재 목사, 백석기독교전문대학원 홍인규 원장이 각각 축사를 했다. 그리고 백석예술대학교 김진상 교수의 축가가 있었다. 백석신학대학원 원우회, 한신교회 장로 및 교인 등이 참석한 가운데 진행된 이 예배는 백석신학대학원 '예사모' 모임에서 주관하였다.

예배가 진행되는 도중에 많은 눈물을 흘렸다. 책이 출판되다니, 책의 제목이 한번 떠오르자 다른 제목은 생각이 나지 않았다. 출판 감사예배에서 나는 이렇게 말했다.

이 자리를 만들어 주신 하나님께 감사드립니다. 예배를 주관하여 주신 원장님, 교수님, 한신교회 목사님과 교우, 백석신학대학원 학우, 예사모 회원 그리고 이 자리에 참석해 주신 모든 분께 감사드립니다. 하늘의 천군 천사가 하나님 전에 드리는 예배를 준비해 주셨습니다.

저는 이곳에서 3년을 공부했습니다. 하나님을 의지하여 글을 썼고, 오늘 이 자리에서 출판 감사예배를 드리게 되었습니다. 그래서 여기서 진행되는 예배가 의미가 있고 영광스럽습니다. 글을 쓸 때 하나님께서 기록하게 하신다고 느꼈습니다. 그리고 출판하는 과정에서도 하나님께서 지휘하신다는 것을 느끼고 있습니다. 그러면 왜 하나님께서 이 책을 기록하고 출판하게 하셨을까요? 그것은 어렵고 힘들 때 하나님께서 아파하시고 위로하시며 의로운 손으로 잡아 주셨다는 것을 증거하기 위해서입니다. 이제 하나님께서 김진섭 원장님을 통해 말씀하신 대로 사역과 선교의 문을 열고, 밀알이 된 상편에 이어 중편과 하편이 계속되는 비전을 담아내도록 하겠습니다.

책이 출판되어 세상에 널리 알게 하신 하나님께 감사와 영광을 드립니다. 이 자리에 참석해 주신 모든 분께 다시 한번 고맙다는 인사를 드립니다.

분홍색 꽃잎의 의미

　11월 10일(토) 오전 11시, 책이 나오고 현진이 엄마와 같이 산소에 갔다. 하늘에 있는 현진이에게 책을 보여주고 싶었다.
　산소 앞에 성경대가 있다. 마태복음 3장 17절이 기록되어 있다. 이중표 목사가 기도한다고 하여 1개월 이상 기다렸다. 그리고 산소에 하나님 말씀으로 남기라고 했다.
　담임목사실에서 이 말씀을 적어 주면서 "허, 어떻게 내가 이 놀라운 말씀을 찾았을까? 어떻게 내게 이 놀라운 말씀을 찾게 하셨을까?" 하면서 눈물을 글썽였다. 주름 있는 얼굴에 하나님이 주신 말씀이라는 감동이 드러나 있었다. 그 성경대에 하나님께 보고하듯이 책을 놓았다. 책임을 다했다는 안도감이 들었다.

　그러는 중에 현진이 엄마가 산소 주변을 정리하다가, "어머." 하는 것이다. 성경대 옆에 꽃잎이 두 개 피어 있어 이를 보고 놀란 것이다. 봄이면 현진이 엄마가 작은 꽃들을 심는다. 그리고 꽃이 피었다가 8~9월이면 지고, 10~11월이면 시든 줄기만 남게 된다.
　그런데 오늘 꽃잎 두 개가 피어나온 것을 보았다. 이 시기에는 2주마다 토요일에 산소에서 기도했다. 이날은 날씨가 추웠고 두툼한 옷을 입고 갔다.
　책 표지에 디자인으로 넣은 꽃잎이 있다. 『사랑한다 현진아』에서 '한' 자의 ㅇ에 꽃잎이 있고 그 꽃잎의 색이 분홍색이다. 여기에 피어 있는 꽃잎이 책에 있는 꽃잎과 모양새가 같고 색깔도 분홍색으로 같았다.
　디자이너에게 책 표지에 넣은 꽃잎이 어떻게 들어간 것인지 물었다. 그는 책 내용에 꽃잎이 뿌려지는 표현이 있어서 인터넷에서 이미지를 찾아 넣었다고 했다. 마치 책의 꽃잎이 세상으로 나온 것만 같았다. 두 손을 모아 고백했다. "하나님이 지난 일을 책으로 기록하게 하셨구나."

홈페이지 제작

7월 초순. 태국에서 진행되는 일을 블로그에 기록하다가 홈페이지가 필요하다는 생각이 들었다. 교회 게시판에 있는 글을 모아야 한다는 제안도 있었다.

인터넷에서 몇 개의 홈페이지 모델을 검색하다가 간단하게 정형화된 틀에 맞추는 것이 무리라고 생각되어 전문가에게 의뢰하기로 했다. 그리고 서초동 사랑의교회 정문에 위치하고 있는 작은 회사를 방문했다. 그동안 진행을 유형수 기획실장에게 설명하자, 본인이 하겠다고 선뜻 나섰다.

쉽게 나온 대답에 당황했다. 일의 규모가 작아 전문가로서 주저할 수 있다는 생각이 들었다.

"선교로 하고 싶습니다."

사랑의교회 출석 교인이었다. 그렇게 의뢰하고 1개월 정도 지나 홈페이지가 제작되었다. 현진이가 선교지에서 태국 어린이와 같이 만들기 장면이 있다. 이 장면이 교대로 등장하면서 하늘의 구름에 앉아 있듯이 생생하게 표현되었다.

"하나님이 우리 현진이 모습을 세상에 보여주시는 것입니다. 밝은 모습입니다." 나는 기뻐하며 말했다.

매스컴에서 책을 소개하다

2007년 11월 18일(일), 〈기독교연합신문〉에서 책을 소개했다.
2007년 12월 1일(토) 오전 8시, CTS 기독교TV 뉴스와이드 인물포커스에서 책을 소개했다.
2007년 12월 14일(금), 〈국민일보〉에서 책을 소개했다.
2007년 12월 17일(월), 극동방송 '하나 되게 하소서' 지난 일의 진행이 방송되었다. 사회는 새안산교회 김학중 목사이다.

책이 출판된 후에 현진이 엄마가 말했다.
"이 책은 당신이 쓴 것이 아니야, 하나님이 써 주셨어."
평소에 편지나 글을 쓰는 적도 없었을 뿐만 아니라 감정 표현이 어눌한 것을 잘 알고 있기 때문이다. 책을 출판하기 전에 현진이 엄마에게 읽어보라고 주었는데, 소리 내어 울면서 읽을 수 없다고 했다.

책이 출판될 것입니다

10월 초순, 책에 넣을 사진을 찍기 위해 한신교회에서 보관하고 있는 메콩강에서 찾은 십자가 목걸이를 잠시 빌려왔다.
저녁이라 집에 가져와 다음 날 낮에 한신교회에 있는 순교비에 올려 놓고 사진을 찍으려고 했다.
그날 밤 꿈을 꾸었다. 이 세상에 어떤 사람 형태로 보이는 악이 권세를 장악하자 사람들이 이를 저지하려다가 쫓기어 뿔뿔이 흩어졌다. 악이 대부분의 세상을 장악하게 되었다. 거리에 사람들이 보이지 않았다.

그리고 그 악이 우리 집 현관으로 들어오려고 문 앞에 서 있었다. 그런데 그 악이 들어오지 못하고 있었다. 내가 그 문밖을 보는데 어떤 형상으로 보이기는 하는데 확실하지가 않았다.

"하나님, 책을 출판할 수 있게 해 주세요."

갑자기 기도를 했다.

그리고 문밖에 있던 악이 머뭇거리더니 물러갔다.

"절대 악이야."

마음을 놓으며 나도 모르게 소리를 질렀다.

그리고 바로 잠에서 깨었다. '절대 악' 이라니. 내가 이 단어를 모르는데 왜 그런 말을 하게 되었지?

다음 날 한신교회 앞 순교비와 십자가 목걸이 등을 사진으로 남기려고 찾아 다니는데 계속해서 꿈이 떠올랐다. 사진을 찍던 출판사 분께 "책이 출판될 것입니다." 라고 말했다.

책을 출판해야 한다는 간절한 마음이 있던 차에 나도 모르는 방해 공작이 있었다. 나는 하나님께 도움을 구하고 하나님께서 방해 공작을 물리쳐 주셨다고 생각한다.

02 순교성지 선포

12월 16일(일), 『사랑한다 현진아』가 한신교회와 태국 선교사들에게 알려지기 시작했다. 한신교회에 200권, 분당 한신교회에 100권을 나누었다.

태국에 있는 선교사 150명에게 한신교회에서 파송한 김완주 선교사를 통해 우편으로 책을 발송했다. 쌍아오마을에 있는 선교관에 20권을 비치했다. 태국에 있는 선교사들에게 안내장을 같이 보냈다.

12월 23일(일) 오후 2시, 한신교회 문화원.

이번에 태국을 방문할 선교팀이 모였다. 청년부 선교팀 14명이 선교를 위해 준비하고 있다. 서상건 장로와 김일현 집사, 그리고 부모들이 같이 방문한다.

"선교를 태국에 집중해야 합니다. 순교자가 있는 곳입니다. 김완주 선교사님을 파송했으니까 전적으로 지원해야 합니다."

선교 담당하는 이병묵 장로가 말했다.

이 장로는 2004년 1월 순교가 있은 후 그해 8월에 태국에 가서 메콩강을 둘러보고 당시의 사건 내용을 확인하고 알려준 분이다. 교회에서 신망이 두터운 분이다.

"이번 1월 13일 저녁 6시~7시에 한신교회에서 '순교자 추모기도회'를 하면 좋겠습니다." 안호준 집사가 제안했다.

2008년 1월 11일(금) 오후 5시 30분, 집에서 인천공항으로 출발했다.

새벽에 눈이 왔다. 이번 태국 방문에 진전이 있기를 기대한다. 청년부 선교팀 14명은 며칠 전에 출발했으며, 김완주 선교사가 사역하는 태국 동북부 콘캔에서 선교활동을 하고 있다.

쌍아오마을 가는 길

1월 12일(토) 오전 9시 30분, 방콕에서 우돈타니에 가는 비행기를 타고 1시간 걸려 공항에 도착했다. 교회에서 같이 가는 서상건 장로, 김일현 집사에게 쌍아오마을로 가는 코스를 알려 주었다.

우돈타니공항에서 김종구 선교사를 만났다. 그리고 시내에서 지난 3

년 동안 다녔던 꽃가게에서 예배용 꽃을 샀다.

오후 2시, 우돈타니에서 쌍아오마을로 출발했다. 승합차로 3시간 소요된다. 우돈타니에서 국경도시인 농카이를 향해 1시간 가고, 농카이에서 메콩강의 상류를 따라 왼쪽의 둑길로 2시간 간다. 농카이에서 메콩강 건너는 라오스 수도 비엔티안이다. 메콩강 둑길에 들어서니 큰 강이 보인다. 그 강의 너비와 위용에 저절로 탄식하게 된다.

오후 5시, 쌍아오마을에 도착했다. 마을 입구에 선교관을 알리는 표지가 세워졌다. 김완주 선교사가 세운 것이다. 전면에 태국어와 영어로 썼다. 〈Hanshin Mission House〉 뒷면에는 〈HanJin Liberary〉로 되어있다. 한신 선교관, 한진도서관을 나타낸 것이다. 어설프게 만들었지만 얼마나 의미 있는 일인가. 이 먼 오지에 서울 한신교회에서 진행하는 일이 표시되어 있다.

쌍아오교회에 도착하니 뜨라이롱 목사가 반겨준다. 달려와서 나를 안는다. "싸왓디크랍."

서울에서 출발할 때는 마음이 무거웠는데, 이렇게 도착하면 반겨 주는 분이 있어 마음이 놓인다. 14살 어린 아들이 하나님 사랑을 전하며 배운다고 왔다가 순교한 마을이다. 선교관 구입에 대해서 한신교회 권재석 장로 등 여러 분들이 노력하였고, 3년이 될 때 선교관 개관 예배를 드렸다. 생각해 보면 사람의 힘으로는 할 수 없는 일이라는 것을 느낀다. 그 당시 상황에서는 거의 불가능해 보였고 노력이라도 해보자는 것이었는데 하나님이 더 이상 두고 볼 수 없다는 듯이 장애물을 제거하고 순식간에 해결해 주셨다. 그 시기에 맞추어 김완주 선교사가 이곳에 선교사로 왔으며, 현지에서 필요한 일 정도만 하고 있는데 이렇게 변화되고 있다.

순교자 추모 음악회

저녁 7시 30분, '순교자 추모 음악회'가 시작되었다.

쌍아오교회 앞의 공터에 마을 주민들이 빽빽이 모였다. 어린이 150명이 가운데 앉아 있고 어른 300명이 둘러 있다. 이 마을 사람들 대부분 참석한 것이다. 김종구 선교사가 사회를 보면서 태국어로 통역했다.

한신교회 선교팀이 한복을 입고 화관무를 했다. 마음 주민들이 환호했다. 다음으로 쌍아오교회 어린아이들이 태국 전통춤을 깐싸댕했다(보여주었다). 깜찍하고 귀엽다. 이어서 선교팀이 'Get Down, 행복하세요, 태권무, 전신갑주'를 공연했다. 마음이 푸근해진다.

마을 이장이 인사말을 했다. 그리고 서울에서 온 사람들을 무대로 불러 인사를 하는데 마을 사람들이 꽃목걸이를 걸어 주었다.

김종구 선교사가 태국에서 8년 동안 선교했지만 이렇게 꽃목걸이를 받은 것은 처음이라고 말했다. 그리고 마을 주민 한 분이 나오더니 꽃을 내게 더 걸어준다. 얼떨결에 2개를 걸었다. 이 분은 4년 전 메콩강에서 현진이를 찾을 때 매일 아침마다 강을 안내하며 도움을 주었다. 뜨라이롱 목사가 꽃목걸이는 이장 부부의 아이디어이고 마을 사람들이 같이 만든 것이라고 했다.

서상건 장로가 인사했다. "쌍아오마을은 한신교회의 순교성지로 방문하는 것이며, 우리는 이렇게 늘 오고 있으며, 환영해 주어서 고맙습니다."

내가 말했다.

한 사람이 있습니다. 이 사람은 아들이 있습니다. 그 아들은 씩씩하고 누구나 좋아하는 아이입니다. 어느 날 그 아들이 먼 나라에 사랑을 전하기 위해 떠났습니다. 며칠 후 험한 강에서 실종되었고, 그 아버지는 그 강에 와서 아들을 찾아 헤매면서 아들을 돌려보내고 자신을 데려가라고 기도했습니다. 그리고 그 사람은 아들의 실체를 찾아 서울로 갑니다. 그 사람은 3년 동안 아들이 전한 사랑을 공부하면서 신학을 배웠고, 아들을 찾은 곳에 3년 동안 다니면서 아들이 전한 사랑을 실천하려고 했습니다. 그리고 그 이야기를 담아 책으로 기록했습니다. 바로 이 책입니다.

그 사람이 이 자리에 서 있습니다. 저는 이 책을 쓰고 나서 깨달았습니다. 이 책에서 보여주는 아버지의 자식 사랑 이야기는 다름아닌 하늘 아버지가 그의 백성을 사랑하는 이야기였습니다. 오늘 이 자리에서 쌍아오마을 사람들과 제가 한 마음이 된 것을 느낍니다.

나는 김완주 선교사의 손을 잡고 같이 마을 사람들에게 인사했다. 그리고 이장에게 『사랑한다 현진아』를 드리면서 말했다. "이 책을 마을 이장님께 증정하겠습니다." 마을 사람들이 박수치는 소리가 크게 들렸다.

1월 13일(일) 새벽 4시 40분, 시계를 맞추어 놓았는데 미리 잠에서 깼다. 이 마을에 오면 시계의 도움 없이 새벽에 잠이 깬다. 밤에 기온이 내려가 이불을 두 개 덮었다. 교회에서 기도하기 위해 샤워를 했다. 정결하게 기도해야 한다는 생각이 들었다.

쌍아오교회에 오니 뜨라이롱 목사가 성경을 준다. 2005년 1주기 방문 시 예배를 드리고 맡기면서 "쌍아오교회 교인이 되었으므로 제 성경을 두고 가겠습니다. 이곳에서 제가 같이 예배를 드리는 것입니다."라고 했다. 그리고 매년 여기에 와서 성경 앞부분의 공백에 방문한 날짜와 주요 일정을 간단히 기록해 두었다.

아들이 순교한 날의 새벽이다. 기도하려는데 눈물이 흘러내렸다. 아무도 없는 조용한 교회에서 홀로 소리 내어 기도했다.

4주기 추모예배

오전 10시 30분, 쌍아오교회에서 추모예배가 진행되었다. 쌍아오교회에서 40명, 청년부 선교팀 13명 등이 참석했다. 김완주 선교사의 사회, 김미희 목사의 설교, 김종구 선교사의 통역으로 진행되었다. 선교팀의 특송이 있었다. 이곳에서 청년들이 특송 부르는 것을 보니 마음이 따뜻해진다.

김미희 목사가 '부활'(막 16:1~7)을 주제로 설교했다. "주님이 부활하시어 갈릴리에서 만난다고 하셨습니다. 누가복음에서 사도행전으로 이어지는 것입니다. 4주기 추모예배의 의미는 슬픔에서 희망으로 옮겨가는 것입니다."

쌍아오교회에서 선교관으로 이동하여 도서관 현판식이 진행되었다. 〈한진도서관〉 순교자 이름을 한 글자씩 넣어서 현판을 만든 것이다. 서울 한신교회에 있는 도서관에 이중표 목사가 순교자 이름 한 글자씩 넣었으니 여기도 같이 하자는 의견이었다.

내가 말했다.

순교지 선교관에서 도서관 현판식을 하게 되어 감사드립니다. 2천 년 전에 엠마오로 가는 두 제자가 있었습니다. 예수님이 십자가에 달리셨고 절망하여 고향으로 내려가는 길입니다. 이때 두 제자는 예수님을 만나 마침내 두 눈이 밝아져 '마음이 뜨겁지 아니하더냐' 고 말합니다. 이 두 사람은 예수님을 증거하게 된 것입니다. 2천 년이 지난 지금까지 성경에 증인으로 남아있습니다.

우리의 순교자들은 예수님을 증거하는 증인이 되었습니다. 또한 우리는 순교자 추모예배를 드리고 기념사업을 하기 위해 모였으니, 순교 사건에 우리가 증인이 되는 것입니다. 이것은 결국 예수님을 증거하는 일입니다.

순교자가 있으면 그 선교는 하나님이 주관하신다고 합니다. 왜냐하면 순교의 피가 고귀하기 때문입니다. 우리가 아니라도 하나님은 할만한 사람을 택하시어 30년, 100년이 지나도 순교자를 기억하게 하실 것입니다.

선교관에 『사랑한다 현진아』 20권이 비치되어 있다. 이곳에 선교관이 있고 그 진행 과정을 기록한 책이 진열되어 있으니 또한 이것이 증인이구나.

오후 2시, 메콩강에서 십자가 목걸이를 찾은 곳과 현진이의 실체를 찾은 곳에 가서 기도하면서 십자가 목걸이를 강물에 띄우기로 했다. 나와 현진이 엄마, 박원식 선교사와 뜨라이롱 목사가 함께 나섰다. 김일현 집사가 같이 가겠다고 일어섰다.

핫캄피는 쌍아오마을에서 메콩강 하류 쪽 10km 지점이다. 십자가 목걸이가 발견된 곳이다. 십자가 목걸이 18개를 강물에 띄웠다.

메콩강가 기도회

오후 4시, 메콩강가에서 기도회가 열렸다.

쌍아오마을에서 강가로 내려가기 위해 강둑에 섰다. 멀리서 보니 강물의 흐름이 상당히 빠르다.

서상건 장로는 어제 강을 바라보면서 혀를 찼다. "물의 흐름이 여기서 보아도 상당히 빠른데 어떻게 저런 강에서, 허." 이중표 목사는 실종 시 이 강을 보고 "이런 강에서 저런 배에 태우다니. 허. 허. 미친 짓이야." 라고 했다. 한신교회 강용규 목사는 2006년 1월에 강둑에서 강의 흐름을 보더니 "여름철 홍수 때 한강 물보다 빠르다." 며 놀라워했다. 분당 한신교회 이윤재 목사는 2005년 8월에 부임하고 바로 이곳에 다녀왔다면서 "어떻게 그런 강에서, 하루종일 금식하고 기도했습니다." 며 탄식했다. 이 강을 보면 놀라움과 함께 장탄식이 절로 나온다.

이 지역의 강물은 매년 상류에서 내려오는 강물의 양에 따라 흐름이 바뀌고 있다. 메콩강의 폭이 300m 정도 된다. 어느 때는 강폭 전체를 채워 강물이 흐른다. 어느 때는 강가에 지류가 생기고 냇가같이 건널 수 있으며 강폭의 중간 지대에 모래언덕이 넓게 생긴다. 강의 본류는 모래언덕 너머에서 시작하여 라오스쪽에 치우쳐 흐르며, 그 너비는 160~200m 이다.

올해는 가뭄으로 강물이 줄었다. 강폭의 중간 지대에 모래언덕이 넓게 보였다. 그곳에서 기도회를 열기로 했다. 강물이 흐르는 상황이 순교 당시와 비슷하다.

모래언덕에 서니 강물의 흐름이 쏴 하면서 마치 달리기하듯이 빨라 보였다. 이곳에서 강 건너 라오스가 잘 보인다. 강 건너 라오스 가까이에 있는 왼쪽의 큰 바위 2개 앞에 빠르게 흐르는 강물을 바라보며 상념에 잠겼다. 그곳에서 카누가 전복되었다.

기도회 참석자들이 카누가 출발한 지점에 모였다. 오전에 예배드릴 때 인원이 모두 참석하였고, 그 외 마을 사람들이 보였다.

부모가 인사하는 순서이다.

제가 이곳에서 핫캄피와 후에이탑창을 방문하고, 십자가 목걸이를 띄우면서 기도를 하는 것에는 세 가지 의미가 있습니다. 첫째, 하나님께 우리가 뜻을 모아 노력하고 있다는 것을 보여드립니다. 둘째, 쌍아오마을과 서울에서 지켜보는 모든 분이 이곳에서 진행되는 상황을 기억하기를 기대합니다. 셋째, 이 강에서 현진이가 순교했고 십자가를 건졌으며 실체를 찾았다는 것을 저 자신이 잊지 않으려 합니다.

그리고 사실 이번에 자책한 일이 있습니다. 선교관이 세워졌고 선교사가 파송되었으며 그동안 진행된 일이 책으로 기록되었으니 저는 이제 할 만큼 했다고 생각했습니다. 힘들고 지친 마음이 들었습니다. 그런데 이번에 김일현 집사님을 만나고 나서 그 믿음과 의지를 보고 놀랐습니다. 그래서 스스로 다짐했습니다. '쌍아오마을 선교를 계속해야 한다.'

이날 오후 6시(태국 오후 4시), 서울 한신교회에서 '순교자 추모 기도회'가 열렸다. 메콩강가에서 기도회를 여는 시간이다.

담임목사가 주관했다. 고등학생 20명이 예배석에 앉았는데 모두 현진이 친구들이었다. 주일학교 교사인 이금자 집사가 이들을 안내했다. 현진이는 참 좋은 친구를 사귀었다고 생각했다.

현진이 엄마가 태국으로 출발하기 전에 글을 준비하여 교인을 통해 현진이 친구들에게 전달했다.

뜨라이롱 목사와 대화

저녁 8시, 쌍아오교회이다. 뜨라이롱 목사가 선교 활동과 마을의 변화를 설명했다. 나는 뜨라이롱 목사와 약속한 8만 바트(320만 원)를 헌금했다. 이번에도 약속했던 일이 이행되었다. 현진이 엄마가 웃는 모습을 보였다. 낮에 말없이 눈물을 흘렸는데 이제 웃고 있다.

1월 14일(월) 오전 10시, 쌍아오마을 면 소재지에 있는 박촘중학교 강당에서 선교팀의 공연이 있었다. 학생들 5백명이 참석했다. 선교팀의 공연이 활기차고 아름다웠다. 학생들의 호응이 좋았다.
오후 1시, 박촘초등학교에서 선교팀이 공연했다. 아이들이 웃으며 즐거워한다. 쌍아오마을의 아이 몇이 현진이 엄마에게 인사를 했다.

김완주 선교사가 사역하는 콘캔에 한국의 초등학교 5~6학년 어린이 3명이 겨울방학에 선교지를 방문했다. 김포한신교회 조영식 목사의 아들 조하민, 권재순 목사의 아들 권예찬, 김포한신교회 초등부 김진하이다. 이 아이들이 쌍아오마을에 와서 예배와 선교팀 공연에 모두 참석했다. 대견하다. 현진이 초등학교 다닐 때 같이 씩씩했다.
한 아이를 무릎에 앉혀놓고 보니 어딜 가든지 내 무릎에 앉으려던 어릴 때 현진이 생각이 났다. 현진이 엄마가 가만히 다가와서 내 손을 잡았다. 현진이 생각이 났던 모양이다.

1월 15일(화) 오전 9시, 쌍아오마을의 유치원을 방문했다. 원생이 40명이며 마을 규모에 비해 많다. 준비한 물품을 나누어주었다. 현진이 선교팀이 유치원에서 사역하였기에 그 후 매년 쌍아오마을 방문 시 선물을 주었다. 어린아이들이 손을 모아 인사하며 웃는다. 마냥 즐거운 모습이다.

오전 10시, 태국 선교팀이 쌍아오마을에서 김완주 선교사가 사역하는 콘캔을 둘러보고, 오후에 우돈타니를 거쳐 방콕으로 이동했다.
밤 12시 35분, 인천행 비행기를 탔다.

한신교회의 선교 보고

1월 20일(일), 한신교회에서 태국 선교 경과보고가 있었다.

한신교회 선교사역위원회 해외선교 팀장을 맡고 있는 홍성걸 집사입니다. 단기선교가 2004. 1. 5~17 태국 동북부 지역 및 메콩강 유역(박촘, 쌍아오마을)에서 28명이 참석한 가운데 진행되었습니다. 주요 사역 내용은 찬양과 워쉽, 뮤지컬 '전신갑주' 공연을 통해 학교 및 교회에서 복음 전파, 복음 전도지 전달 및 어린이 성경학교를 통한 개인전도 등입니다.

그러는 중에 선교 대원 중 순교 사건이 발생하여 한신교회에 큰 충격과 아픔을 주었고 전 교인의 선교에 대한 관심 증가와 함께 한국교회에 큰 파장을 일으켰습니다. 한국기독교장로회 교단의 제1호 순교자로 기록되고, 태국 선교에 대한 하나님의 특별하신 계획에 한신교회가 선택된 것을 깨닫게 되었습니다.

특히 두 분 순교자 부모님의 지극한 사랑을 지켜보며 한신의 성도들은 하나님의 사랑을 체험하는 은혜를 받고 있으며, 장현진 순교자의 아버지 장기옥 성도님은 아들에 대한 지극한 사랑을 책으로 기록하여 『사랑한다 현진아』라는 책을 내서 많은 감동과 은혜를 끼쳤습니다. 최근 신학대학원을 졸업하고 오는

4월 목사 안수를 앞두고 있는 등 순교자 부모님들은 변화된 삶을 몸소 보이며, 아들이 못다 한 하나님의 사랑을 전하는 일에 헌신하고 계십니다.

더불어 한신교회는 순교 사건에 담긴 하나님의 특별하신 뜻에 순종하고자 미흡하나마 노력하여 왔고, 순교자 가족과 함께 매년 순교자 추모예배와 단기선교에도 순교자의 영성을 닮고 기리는 행사가 지속되고 있습니다. 특히 태국 단기선교에 참여하는 모든 선교 대원들이 매년 하나님이 주시는 특별한 은혜를 체험하며 순교자의 영성을 받고 돌아오고 있습니다.

한신교회는 순교 사건이 발생한 태국 쌍아오마을을 한신교회의 순교성지로 선포하여 특별한 관심과 지원을 하고 있습니다. 현재 김완주 선교사가 파송을 받아 체계적이고 지속적인 태국 선교를 위해서 애쓰고 있습니다.

그 결과 지난 2007년 쌍아오마을에 순교자를 기념하는 선교관을 매입하고 선교관 뜰에 순교비를 세웠으며, 쌍아오교회에서 음악회를 열어 순교의 영성과 사랑을 전했습니다. 금년 2008년 제4회 순교자 추모예배는 쌍아오교회 교인들과 단기선교팀이 함께 드렸으며, 제2회 순교자 추모 음악회는 마을 주민 450명을 모시고 순교자의 사랑을 기리고 한신교회의 사랑을 전하였습니다. 그리고 선교관 내에 도서관 개관식을 갖고 도서관을 찾는 사람들이 자연스레 순교자의 영성을 닮아 복음화되도록 유도하고 있습니다.(중략)

이상에서 보신 바와 같이 태국 땅은 우리 한신교회의 선교의 뜨거운 젊은 피가 뿌려진 곳입니다. 이제 우리는 남은 자로서 사명을 감당해야 할 때입니다. 우리나라가 복음화되기까지는 선교 초기에 많은 서양 선교사의 피가 뿌려졌고 헌신이 있었던 것처럼 우리 한신교회도 하나님의 뜻에 겸손히 순종하는 마음으로 태국 땅에서 소외되고 인습에 억눌려 있는 쌍아오마을 영혼을 중심으로 태국 선교를 위한 특별한 여러 가지 선교사업을 펼쳐나갈 것입니다. 이에 성도님들이 그리스도의 사랑 나눔에 동참하셔서 '보내는 선교사'로서 기도로 물질로 많은 헌신이 있으시기를 부탁드립니다.

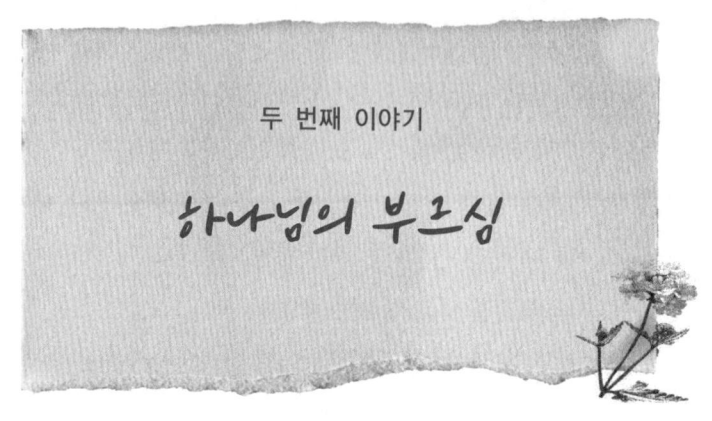

두 번째 이야기

하나님의 부르심

01 목사 안수를 받다

목사 안수받는 날

4월 12일(토) 오후 2시, 목사 안수 예식이 시작되었다. 현진이가 태국에서 순교한 후 신학대학원에 입학하여 3년 동안 공부했다. 졸업 후 1년 동안 강도사 사역을 하고 서울 사당동 흰돌교회에서 목사 안수를 받았다. 노회 목사들의 설교와 권면과 축사가 있었다.

한신교회 담임목사, 분당 한신교회 담임목사 등이 화환을 보내주었고, 진영훈 장로, 서상건 장로, 이재훈 장로, 권재석 장로, 한신교회의 교우들이 방문하여 축하해 주었다. 강도사로 사역하던 헌신교회에서 담임목사와 교우들이 방문했다. 어머니와 장로인 외삼촌과 친척들이 왔다. 목사 임직자 5명 중 내가 답례사를 했다.

먼저, 천상에 계신 하나님께 영광과 경배를 올려 드립니다. 이 예배를 진행하시는 노회장님과 목사님들, 이 자리에 참석한 모든 분께 감사드립니다. '기쁨이 크면 눈물이 나온다.'고 합니다. 목사 안수를 받으니 기쁩니다. 저 역시 눈물이 앞을 가립니다. 하지만 기쁨보다는 인도하시는 하나님께 감사한 마음이 앞서게 됩니다. '감사의 눈물' 입니다.

신학대학원의 노교수님이 말씀하셨습니다. "목사가 되는 것은 투명한 유리통 속에 들어가서 자신을 보여주는 것이다." 목사가 되는 것은 두렵고 놀라운 일입니다. 선지자들을 보면, 하나님 뵙기를 두려워하고 감히 소명을 받지 못하겠다고 합니다. 이러니 하나님은 선지자를 부르실 때 특별한 노력을 하시게 됩니다. 하나님께서 이사야를 부르실 때는 천상의 보좌를 보여 주셨습니다. 그리고 이사야가 사역하는 동안에 계속해서 말씀하셨습니다. "두려워하지 말라 놀라지 말라 너를 도와주리라"(사 41:10) 하나님은 예레미야를 부르실 때는 말씀으로 강권했습니다. "너는 아이라 말하지 말고 내가 너를 누구에게 보내든지 너는 가며 내가 네게 무엇을 명령하든지 너는 말할지니라"(렘 1:7)

하나님은 사람의 몸으로 오셔서 십자가의 고난을 감당하기 위해 예루살렘에 입성하셨습니다. 그때 어린 나귀를 찾으셨습니다. 힘이 있는 말이 아니라 어린 나귀입니다. 그러면서 "주가 쓰시겠다"고 하셨습니다.

지금 이 순간, 목사 임직자들은 하나님이 부르시는 자리에 섰습니다. 우리는 하나님의 부르심을 받기에 부족한 것이 많습니다. 마음이 두렵고 말이 어눌하니 아이이고 몸이 약하고 볼품이 없으니 어린 나귀입니다. 그러나 하나님의 부르심에 감격하여 응답하고자 합니다.

'거룩하신 하나님, 이제 주저하지 않고 말씀을 받겠습니다. 내가 여기 있나이다. 나를 사용하옵소서. 의로우신 아버지여 이제 두려워하지 않고 놀라지 않겠습니다. 주의 오른손으로 나를 붙잡아 주옵소서. 나의 힘이 되신 여호와여 내가 주를 사랑하나이다. 온몸과 마음과 정성을 다하여, 하나님의 양을 섬기며

정직한 길을 갈 수 있도록 인도하옵소서.'

오늘 이 순간부터 주님이 주시는 멍에를 메고 주님께 배우며 주님의 인도 아래 그리스도의 진실된 증인이 되겠습니다. 아멘.

이날 CBS TV 뉴스에서 목사 안수 진행을 촬영했다. 4월 14일(월) '장현진 선교사 아버지의 목사 안수'라는 제목으로 방영되었다. 방송국에서 갑자기 연락이 와서 인터뷰를 했다.

전국 교회에 책을 보내다

4월 15일(화), 전국 50개 신학대학원에 책을 기증했다. 그리고 9월부터 전국 3,286개 교회에 책을 기증하기로 했다. 매달 200부씩 나누어 보냈다. 책을 보내면서 안내장을 같이 넣었다.

담임 목사님께

교회의 은혜로운 성장과 발전을 기원하며, 주님의 이름으로 인사드립니다. 저는 2004년 1월 13일 태국 동북부 쌍아오마을 부근의 메콩강에서 단기선교 중에 순교한 장현진 선교사의 아버지입니다. 아들이 순교한 후, 백석신학대학원에서 신학을 공부하고 2007년 2월 졸업했습니다. 그리고 2008년 4월 12일 목사 안수를 받았습니다. 현재 작은 교회에서 부목사로 섬기고 있습니다.

지난 이야기를 기록하여 『사랑한다 현진아』를 출판하였습니다. 그동안 진행된 일을 정직하게 기록했습니다. 어느 목사님은 이 책을 메콩강에서 단기선교 중에 순교한 어린 선교사의 '순교사'라고 하셨습니다. 이 책은 고통 속에 있는 영혼을 인도하신 하나님을 증거하는 내용입니다. 주의 백성을 사랑하시고 섭리하시는 하나님의 놀라우신 계획을 알리고자 합니다.

　귀 교회에 이 책을 기증하고자 합니다. 도서관에 비치하여 많은 분들이 읽었으면 하는 소박한 바람입니다.

　하나님께 영광을 드리며, 주 예수 그리스도의 은혜가 책을 읽는 모든 분에게 함께하시기를 기원합니다.

2008년 9월 1일, 목사 장기옥 드림

　2009년 1월 11일(일) 오전 7시, 한신교회의 주일예배에 참석했다. 태국 쌍아오마을에 부모와 청년부 선교팀 6명이 출발한다.

　오전 11시 30분, 분당 한신교회의 주일예배에 참석했다. 이곳에 현진이 순교 후에 이중표 목사가 함께 예배를 드리자고 하여 같이 왔었다. 이중표 목사가 소천하고 이윤재 목사가 부임했다.

　이윤재 목사가 담임목사로 부임한 뒤 우리 집을 방문하여 하나님께 기도하고, 바로 태국 쌍아오마을에 다녀왔다. 순교 사건에 대해 애틋한 마음을 표현하고 있었다. 그래서 태국에 가기 전에 예배에 참석하며 인사를 드리는 것이다.

　오후 9시, 인천공항에서 방콕행 비행기를 탔다. 새벽 2시에 방콕공항에 도착했으며, 박원식 선교사와 김호중 선교사가 마중 나왔다.

　1월 12일(월) 오전 11시, 우돈타니공항에 도착했다. 날씨가 서늘하다. 태국 동북부 지역에는 얼음이 얼었고, 몇십 년 만의 일이라고 한다. 현진이 엄마는 서울에서 입던 옷을 그대로 입고 있다. 며칠 동안 몸이 아파서 병원에 다니고 있었는데 출국할 때에 괜찮을 것 같다고 했다.

쌍아오마을 음악회

오후 4시, 쌍아오마을의 선교관에 도착했다. 이곳에 선교관이 있다는 것은 가슴 벅찬 일이다. 얼마나 소중한 것인가!

오후 7시, 쌍아오마을에서 마을 주민들을 대상으로 음악회가 열렸다. 지난해까지 진행했다가 올해는 비용감축 차원에서 안 하기로 했는데 마을 주민들이 원해서 다시 추진하게 되었다. 마을의 참석 인원이 대략 300명 정도 된다. 많이 참석했다. 마무리 즈음에 내가 인사했다.

날씨가 춥습니다. 그렇지만 이 자리에 있는 우리는 춥지 않습니다. 우리에게는 사랑이 있기 때문입니다. 하늘에 계신 분이 이 자리에 사랑을 내려 주고 있습니다. 5년 전에 선교팀이 이 사랑을 전하기 위해 여기에 왔습니다. 쌍아오 마을은 태국에서 가장 사랑이 가득 찬 마을이 될 것입니다. 제가 여러분을 만난 기념으로 우리에게 사랑을 주는 분을 생각하는 노래 한 곡을 부르겠습니다.

그리고 '나를 위해 오신 주님' 찬양을 불렀다. 이 찬양을 우연히 알게 되어 자주 들었는데 쌍아오마을에 오니 가사가 생각이 나서 그만 부르고 말았다. 찬양이 끝나고 김완주 선교사와 같이 마을 주민들에게 인사를 했다. "모두에게 감사드립니다. 싸왓디크랍."

1월 13일(화) 새벽 4시 30분, 쌍아오교회에서 기도했다.
아침 6시가 되자 뜨라이롱 목사가 내가 맡긴 성경을 주었다. "5주기 추모예배, 청년부 선교팀 6명, 박원식, 김호중 선교사 통역." 을 기록했다. 이렇게 주요 활동을 메모하고 서울로 떠날 때는 다시 뜨라이롱 목사에게 맡긴다.

오전 11시, 박촘초등학교에서 선교팀의 공연이 열렸다.

김완주 선교사의 가족이 무대에 올랐고 딸 시내와 신화가 바이올린을 연주했다. 가족이 함께 공연하는 것을 보니 뭉클했다.

선교팀이 공연할 때는 지켜보는 것만으로도 가슴이 벅차다. 서울에서 느끼지 못한 감동이 솟구친다. 공연하는 청년들에게 귀중한 경험이 될 것이다. 힘들게 준비하고 선교 다니는 동안의 노고가 이 순간에 보람으로 채워지는 것이다. 어린아이들의 초롱초롱한 눈과 맑은 웃음이 보기에 좋았다.

5주기 추모예배

오후 3시, 쌍아오교회에서 추모예배를 드렸다. 예배에 30명이 참석했다. 예배 참석자들에게 십자가 목걸이를 나누어 주었다.

김완주 선교사의 사회와 김호중 선교사의 통역으로 진행이 되었다. 청년부 선교팀이 특송을 불렀고, 문기정 목사가 설교했다.

오후 4시, 메콩강가에서 기도회가 열렸다. 강가에서 진행되므로 예배 참석자들과 함께 마을 주민들이 많이 모였다. 김완주 선교사의 사회로 찬송하고 기도했다.

내가 인사했다.

그동안 우리는 이곳에 계속 찾아왔고 이제는 선교관이 생기고 순교비가 세워졌습니다. 김완주 선교사님이 가족과 함께 왔습니다. 이러한 과정이 책으로 출판되었습니다. 우리가 여기에 오는 것은 하나님께서 하시는 것입니다.

여기에 있는 분들은 '하나님의 사람, 하나님이 함께하는 사람' 입니다. 5년이 되었습니다. 때로는 우리가 이곳에 오는 데 어려움이 있었지만, 우리는 매년 이곳을 찾아 예배를 드렸습니다. 우리에게 무슨 힘이 있다고 그렇게 할 수 있습니까? 순교로 인한 선교는 하나님이 직접 하시기 때문입니다.

우리는 그동안 계속해서 위기를 겪었습니다. 신자의 위기는 하나님의 기회입니다. 창조적인 기회입니다. 고난에서 우리의 약함이 드러나지만 동시에 하나님의 강함이 나타납니다. 하나님은 즉각 일을 하시기도 하지만, 때로는 믿음으로 기다리라고 하시기도 합니다.

우리는 할 수 있습니다. 왜냐하면 하나님께서 내게 말씀을 주셨기 때문입니다. '이제까지 너를 도왔고, 앞으로 너를 도울 것이다.'라고 말씀하셨습니다. 그래서 우리는 할 수 있을 것이라고 생각합니다.

쌍아오교회 교인들이 '아멘.' 하고 크게 소리를 내면서 반응했다.

오후 6시, 뜨라이롱 목사와 대화하는 시간이다. 나는 뜨라이롱 목사와 약속한 8만 바트를 헌금했다. 선교관이 낡아 페인트칠이 필요하다고 요청했다.

뜨라이롱 목사가 우리 일정이 너무 짧으니 내년에는 더 머물러 달라고 요청했다. 나는 직장에 다니면서 신학 공부하고 있으니 이해해 달라고 말했다. 뜨라이롱 목사와 사모가 눈물을 글썽인다.

저녁 8시, 쌍아오마을에서 우돈타니의 김완주 선교사의 제자훈련센터로 이동했다. 제자훈련센터는 지난해에 콘캔에서 우돈타니로 이전하였다.

1월 14일(수) 오전 11시 30분, 우돈타니공항에서 방콕행 비행기에 탑승하여 오후 1시에 도착했다. 방콕 날씨가 서늘하다. 인천행 출발이 밤 11시 30분이라 시간적 여유가 있다.

방콕 시내의 서점으로 갔다. 『사랑한다 현진아』가 진열되어 있다. 서점 주인은 책에 실명이 거론되어 처음에는 진열하는 것을 주저했으나, 본인이 직접 책을 읽고 나서 진열했고, 저자를 만나고 싶다고 말했다. 태국 선교사들의 일이 사실대로 기록되어 있으니 이해할 만하다. 성경에도 모든 이야기가 사실대로 기록되어 있지 않은가? 사실대로 기록되지 않았으면 오늘날 성경은 도덕책이 되었을 것이다.

"태국에 가고 싶습니다"

1월 18일(일) 오전 7시, 서울 한신교회에서 예배를 드렸다.

오전 11시 30분, 분당 한신교회 예배에 참석했다. 부모들이 같이 갔다. 예배 후에 이윤재 목사가 식사를 요청해 지하 식당으로 갔다. 그곳에서 이중표 목사의 안경애 사모를 만났다. 분당 한신교회에 출석하고 있었다. 사모의 근황이 궁금했는데 반가웠다.

"후배 목사님들이 사역하는 교회에 가곤 합니다." 안경애 사모가 분당 한신교회에 출석하게 된 상황을 설명했다.

"이번에 태국에 다녀왔습니다."

"저도 태국에 가고 싶습니다."

"그래요? 건강하시면 제가 모시고 다녀오겠습니다. 어떤 곳인지 궁금하실 것입니다."

"정말인가요? 진짜 나를 데리고 갈 것인가요? 내년에 가겠습니다."

"예, 제가 모시고 가겠습니다."

이제야 알게 되었다. 안경애 사모가 쌍아오마을에 가기를 원하고 있었다.

02 나의 힘이 되신 여호와

경동제일교회에서 설교

3월 8일(일) 오후 2시 30분, 경동제일교회 주일 오후 예배에 참석했다.

몇 주 전에 이기경 담임목사가 연락했다. 책을 읽었으며 설교를 해달라면서 어떤 내용이라도 좋다고 했다. 처음에는 망설였다. 책의 내용으로 교회에서 설교를 한 적이 없기 때문이다. 그런데 왠지 이번에는 해야 된다는 마음이 들었다.

교회에 도착하고 보니 참 컸다. 건물의 외형은 전통적인 모양이고, 본당은 넓고 웅장하며 경건해 보였다. 이렇게 좋은 교회였다니, 본당에 들어설 때 설교에 대한 부담이 있었지만 낯설지 않고 편안한 마음이 들었다. 이날은 경동제일교회 창립 105주년 감사예배일이다. 설교 내용은 책에 있는 지난 일을 예수님의 요단강 세례와 연관하여 구성했다.

성경 본문은 마태복음 3:17, 설교 제목은 '내 기뻐하는 자' 이다.

교인들과 찬양대가 모두 같이 '나의 힘이 되신 여호와여' 를 찬양했다. 이어서 찬양대의 창립 105주년 특별 찬양이 이어졌다. 그리고 축하 케이크 식이 진행되었다.

예배를 마치고 이기경 담임목사가 말했다.

"나는 곧 퇴임하게 되는 데 우선은 필리핀 선교사로 가려고 합니다. 경동제일교회가 필리핀에 단기선교를 하곤 했습니다." 이어서 "현진이가 아빠를 목사가 되도록 만들었군요. 책을 읽고 목사님을 만나고 싶었습니다. 오늘이 경동제일교회 설립 105주년 기념일입니다."

"제가 얼떨결에 설교를 수락하고 후회했는데 이번에는 꼭 해야되겠다는 생각이 들었습니다. 그리고 오늘 예배를 위해 본당에 들어서면서 낯설지가 않았고, 또한 목사님을 뵈니 마음이 편해지는 것을 느꼈습니다."

새롭게 하소서

5월 28일(목), CBS '새롭게 하소서' 가 방영되었다.
〈아들아, 천국에서 다시 만나자〉 헌신교회 장기옥 목사.
연예인으로서 유명한 고은아, 임동진 씨가 진행하는 TV프로이다. 사실 이 프로그램을 잘 알지 못하면서 방송국에서 연락이 오자 덥석 응했다. 무슨 정신으로 그랬는지 모르겠다.

TV로 방영될 때 현진이 엄마가 장학사 시험을 며칠 앞두고 있던 날이었다. 몇 년을 준비했고 정리해야 하는 시간인데 TV 프로를 보았다.
"시험 잘 치러야 하는데, 시간이 묘하네."
나중에 알았지만 좋은 성적으로 합격했다고 한다.
"시험 직전에 TV 보고도 합격했으니 다행이야."
"아는 문제들이 나왔어, 하나님이 도와주셨어."

그리고 현진이 누나가 대학에 합격했을 때 이야기이다. 서울대학교 이공계 4년 장학생으로 합격했다. 입학한 것만으로도 기쁜데 학비를 면제받는 장학생이라니.

"고맙구나, 현진이 생각에 네게 신경을 못 썼는데."

"하나님이 도와주셨어요." 효정이가 덤덤하게 웃으면서 말했다.

우리 식구는 무슨 일이 있으면 "하나님이 도와주셨어." 라고 한다.

서울지방병무청 방문

9월 하순, 신길동 서울지방병무청을 방문했다. 현진이가 19세가 되어 군입대 신체검사를 받으라는 징병검사 통지서가 왔다. 담당자인 김미숙 임상심리사에게 "현진이 대신 왔습니다." 라고 하면서 『사랑한다 현진아』를 주었다.

현진이가 2004년 1월 한신교회 선교팀으로 태국 갔다가 사고를 당했고 당시 언론에 보도되었으며 아비로서 그 과정을 기록하게 되었다. 차마 바로 사망신고를 할 수가 없었는데, 2007년에 동사무소에서 연락이 와 주태국 대사관에서 발급한 서류를 제출했더니 다른 서류가 필요하다고 했다. 주태국 대사관은 2004년에 발급한 서류가 전부라고 했다. 그래서 아직도 서류상으로 그대로 있어 송구하다고 말했다.

"그렇게 되었군요." 라며 담당자가 내 이야기를 듣고 어쩔 줄 몰라 했다.

"징병검사통지서를 받고 이곳에 온 아이들이 부럽습니다. 현진이가 이곳에서 신체검사를 받으면 얼마나 기쁘겠습니까?"

담당 공무원은 내 사연을 '병무행정 소식' 에 기고하여 부모의 마음을 널리 알리겠다고 말했다. 그리고 나는 현진이 친구들이 그곳 서울지방병무청에 올 것 같아 한참을 두리번거렸다.

　12월 초순, 안경애 사모에게 연락했다. 지난 1월 태국에 가겠다고 하여 지난 9월부터 11월까지 두 차례 통화하면서 태국 가는 일정에 대해 알려드렸다. 그런데 이 시기에 태국 여행이 갑자기 증가하여 이코노믹석이 매진되었다. 그래서 내가 예약한 태국 일정에 맞추어 비즈니스석으로 추가하여 예약했다.
　"사모님 건강하신가요?"
　"담낭암에 걸려 수술을 하지 않고 약물치료 중이지만 괜찮습니다. 다 나았습니다."
　"태국은 먼 거리라 힘드실 텐데요?"
　"잘 다닙니다. 가고 싶습니다."
　"예약은 해두었는데 출발이 임박할 때까지 건강을 살펴보셔야 합니다."

언약의 꿈

　2010년 1월 2일(토), 새벽에 꿈을 꾸었다.
　어느 마을을 방문했는데 주위에 상가들이 있고 건물들이 보였다. 어느 분이 무슨 일을 하고 있는데 내가 그 분을 지켜보고 있다.
　"무지개를 찾아봐." 그 분이 말했다.
　나는 하늘을 보았고 무지개는 보이지 않았다. 그래서 "무지개는 비가 온 후에 햇빛이 나야 되는데." 라며 혼잣말을 했다.

"무지개를 찾아봐." 그 분이 다시 말했다.

나는 "무지개는 비가 오고 나서 생기는 것인데 지금 있을까?" 하면서 하늘을 쳐다보았다. 역시 무지개는 없었고 그 분을 다시 쳐다보았다.

"무지개를 찾아봐." 그 분이 세 번째로 말했다.

내가 돌아서 하늘을 보는데 그때 먼 하늘에서 다양한 색상의 화려한 빛이 뭉쳐서 다가오는 것이 보였다. "참 아름답구나." 라고 말했다.

그 순간에 바로 카메라에 사진을 담았다. 그런데 갑자기 무지개가 사라졌다. 주위를 보니 그 분이 보이지 않았다.

지난 연말에 요한계시록 20~21장 강해 자료를 정리하다가 하늘 궁전의 아름다움을 읽으면서 표현하기 어려운 보석 색깔이 있겠다고 생각했다. 그래서 그런지 이 무지개는 지금까지 보지 못한 찬란한 색으로 여러 가지 환상적인 줄로 보였다.

무지개는 언약의 표시이다. 하나님은 노아에게 무지개를 언약의 표시로 보여주셨다. 하나님이 "너를 도울 것이다." 라고 하셨는데 그것을 다시 알려주시는 것인가? 어떤 일이 진행될까?

"기금이 있어 잘되었군요"

1월 5일(화) 오후 3시, 한신교회 강용규 목사를 방문했다. 태국에 가기 전에 인사차 갔다. 박사학위 논문을 책자로 증정했다.

"어휴 신학박사네요?" 어려운 일을 했다며 논문을 여러 페이지 넘겨 보았다. 역사서 설교를 많이 하는 분이라 그런지 논문 내용에 관심이 높았다.

일어나는데 강 목사가 말했다.

"헌금은 어떻게 할 것인가요?"

나는 무슨 뜻인가 의아해서 쳐다보았다.

"기금 말입니다. 당회에서 교회에 바쳤으면 교회가 사용해야지 왜 그냥 두느냐고 합니다."

"그것은 목사님이 처음 교회에 부임하실 때 제가 현진이 엄마와 같이 당회에 참석해서 설명했습니다."

"알아요. 당회에서 자꾸 말이 많으면 별로 좋을 것이 없습니다. 제가 지난 연말까지 이 문제에 대해 해결하겠다고 말한바 있습니다."

"현진이 엄마가 기념교회를 세운다는 소망을 가지고 있습니다. 기금이 있으면 교회에 부담이 되지 않으니 좋지 않습니까?"

"태국에 김완주 선교사가 제자훈련센터를 짓겠다고 지원해 달라고 하는데 그렇게 하면 어떨까요?"

"제자훈련센터 지원은 가능한 대로 진행해야 할 것 같아요. 기금은 교회를 세우는 것으로 진행하면 한신교회에 부담이 없겠지요."

"정히 교회를 세워야 한다면 제자훈련센터 내에 할 수도 있지요? 제가 진행하면 이런 여건을 보고 결정합니다."

"그렇게 해주시면 좋습니다. 기금이 있어 잘 되었군요. 그러니 기념교회 설립하는 문제를 이렇게 쉽게 논의할 수 있겠지요?"

"그럼요."

"사실 제가 하는 일은 태국 다녀와서 상황을 알려드리는 것입니다. 이렇게 말하는 것도 처음에 교회에서 약속했기 때문입니다."

"이제 목사가 되었으니 교회 사정을 이해할 것입니다. 제가 이 교회에 있는 동안에는 태국 선교를 할 것입니다."

1월 10일(일) 오전 7시, 한신교회 주일예배에 현진이 엄마와 같이 참석했다. 교인 소식을 전할 때 강용규 목사가 설명했다.

"장기옥 목사님이 교회를 방문했습니다. 전에는 집사였는데 신학을 공부하여 목사 안수를 받았고, 더 공부하여 신학박사 학위를 받았습니다."

오전 11시, 분당 한신교회에 현진이 엄마와 같이 방문했다.

이윤재 목사에게 논문을 드렸다. 논문 심사위원을 보면서 모두 유명한 교수라면서 어떻게 이것을 했느냐고 물었다. 자신이 이스라엘에서 공부한 사례를 설명했다. 논문을 내는 것이 어렵다고 했다. 이어서 한 알의 밀알을 신학적으로 연결하여 뜨겁게 기도했다.

"안경애 사모님이 이번에 태국에 가시겠다고 했습니다. 얼마 전에 아프지 않다고 하셨는데 다시 확인해야 합니다." 내가 조심스럽게 말했다.

"이야기 들었습니다. 제가 다녀오시라고 말했습니다."

안경애 사모 방문

오후 1시, 안경애 사모가 분당 한신교회에 출석하고 있어 만나 뵈려고 찾았으나 이날 예배에 참석하지 않았다. 행정실에 연락처를 물어 집으로 방문했다. 분당 한신교회 부근 작은 아파트에서 혼자 기거하고 있었다. 핼쑥하고 많이 아픈 모습이다.

"1월 초순부터 갑자기 많이 힘듭니다. 항암제 주사를 맞았습니다. 오늘도 오전 내내 아팠는데, 잠시부터 아픈 것이 멈추었습니다."

"그러셨군요. 건강이 중요합니다. 사모님이 기쁜 마음으로 태국에 가겠다고 말씀하셔서 지난달에 비행기 예약을 했습니다. 몸이 아파서 못가시더라도 가신 것이나 마찬가지입니다."

"그럼요. 갔다 오신 것이나 마찬가지입니다." 현진이 엄마가 눈시울을 붉히면서 말했다.

박사학위 논문을 드렸다.

"어이구, 대단하십니다."

"이중표 목사님에게 드리고 싶었습니다."

"예."하면서 안경애 사모가 눈물을 닦았다.

"이제 신학 논문도 썼으니, 처음에 약속한 대로 태국에 기념교회를 세우는 것이 소망입니다."

"무엇인가를 하려는 것은 기쁜 일입니다."

"제가 아무것도 모를 때 먼저 한신교회에서 기념교회를 세우겠다고 발표했고 그래서 저는 아비로서 약속한 것은 지켜야 한다는 생각이 들기 때문입니다."

"그렇군요." 이어서 안경애 사모가 눈물을 글썽이며 말했다.

"목사님 기도해 주세요."

사모의 목소리가 약하고 힘이 없다. 마음이 아프다. 내 눈가에도 눈물이 맺혔다. 담임목사 사모로 있을 때 많은 분들이 주위에 모였는데 은퇴하고 병약하니까 집안에 홀로 쓸쓸하기만 하구나.

하나님, 사모님이 목회자 아내로서 평생을 살았습니다. 교회를 세우고 복음을 전하며 하나님의 일을 했습니다. 이제 육신이 아프고 세상적 힘 든 것을 겪고 있습니다. 더 많은 일을 할 수 있도록 돌보아 주시옵소서. 순교지 태국에 가고자 합니다. 그 마음을 받아 주시고 건강을 지켜주옵소서. 그러나 만일 하나님이 정한 때가 되면 준비할 시간과 기회를 주시고 마음을 편하게 하여 주옵소서. 지난 세월 동안 만났던 많은 사람이 다녀가게 하시고 이 세상에서 할 일이 있으면 하나님이 주시는 지혜로 넉넉한 마음으로 준비하게 하시옵소서. 예수님의 이름으로 기도합니다. 아멘."

기도하고 아파트 현관문을 나오는데 문득 이중표 목사가 서울아산병원에 입원해 있을 때 권재석 장로와 현진이 엄마와 같이 가서 기도했던 일이 떠올랐다. 그때 사모가 병실 옆에서 초조한 모습으로 이중표 목사를 간호하고 있었다. 이제 안경애 사모가 홀로 남아 병환을 겪고 있으니, 하나님이 천사들을 보내주셔서 사모의 집을 지켜주시리라 생각했다.

1월 12일(화) 오전 6시, 집에서 인천공항으로 출발했다.
방콕행 비행기에서 『사랑한다 현진아』를 읽었다. 책이 출판되고 오랜만에 읽는다. 책을 읽는 동안 눈물이 흘러내렸다. 어떻게 그 힘든 과정을 진행했는지, 선교관 구입과 기금의 설립과정이 설명되어 있다. 권재석 장로가 기금 설립을 권유해서 그렇게 했지만 괜한 일을 했다는 생각도 들었다. 교회에 이런 내용을 다시 설명하는 것이 힘들기 때문이다.

오후 2시, 방콕공항에 박원식 선교사가 마중 나왔다.
오후 8시, 우돈타니공항에서 김완주 선교사를 만났다. 그런데 왠지 표정이 무거워 보여 뭔가 문제가 있다는 것을 느꼈다.

1월 13일(수) 오전 10시, 우돈타니에서 쌍아오마을에 가는 중에 김완주 선교사와 논의했다.

"순교자 기념교회를 세워야 하지 않을까요? 강용규 목사님이 관심을 가지고 있습니다."

"얼마 전에 안경애 사모님이 강용규 목사님에게 태국에 순교자 기념교회를 지으라고 했다고 들었습니다. 이중표 목사님의 약속이니 후임자가 지켜야 한다고 했습니다. 지난 10월 강용규 목사님이 제게 순교자 기념교회를 어떻게 해야 하느냐고 묻길래, 순교 당시 이중표 목사님의 약속이니 해야 한다고 제안했습니다."

이제야 상황을 이해하게 되었다. 김완주 선교사가 이곳에 있으니 시간이 걸리더라도 의미 있게 진행하면 될 것이다.

6주기 추모예배

오전 11시, 쌍아오마을에 도착했다. 뜨라이롱 목사가 반갑게 맞이했다. 쌍아오교회 교인들이 보였고 인사를 나눴다.

오후 3시, 쌍아오교회에서 추모예배를 드렸다. 한신교회 청년부 선교팀 5명, 미용선교 나영자 권사, 부모들, 쌍아오교회 교인들 30명이 참석했다. 예배에 참석한 교인들에게 십자가 목걸이를 나누어 주었다.

선교팀의 성철안 목사가 '처음과 같은 마음'이라는 제목으로 설교를 했다. 처음 사랑을 회복하라는 의미 있는 내용이다.

오후 4시, 메콩강가에서 기도회가 열렸다. 강 입구에 얕은 지류가 있어 건너갈 수가 있었다. 강폭 중간에 모래언덕이 있고 그 너머에 강물이 흐른다. 강물이 흐르는 곳에 도착했다. 가뭄으로 강물이 빠졌다. 메콩강 건너 라오스 가까이 있는 바위들을 보면 가늠이 된다.

김완주 선교사가 뜨겁게 기도했다. "내 사랑하는 아들이요 내 기뻐하는 자." 우렁찬 목소리이다.

기도하는 중에 이중표 목사가 메콩강가에서 기도하던 모습이 생각났다. 하늘을 올려보고 눈물을 흘리며 떨림이 있는 목소리로 기도했다. 하늘을 품고 강을 아우르는 기도였다.

내가 인사했다.

제가 몇 년 전에 곤고한 가운데 무엇인가 의미 있는 일을 하려고 기도하는 시기가 있었습니다. 그때 하나님이 말씀을 주셨습니다. '너는 할 수 있다.' 당시는 무엇을 할 수 있다고 하는지 이해를 못했습니다. 그런데 지금에 이르러 '할 수 있다.' 고 하신 것은 하나님의 일이라는 것을 깨달았습니다. 이 마을에 선교관이 세워졌습니다. 이제 더 큰 소망도 있습니다.

뜨라이롱 목사의 선교

저녁 8시, 쌍아오교회에서 뜨라이롱 목사에게 한 해 동안의 선교 진행을 듣고 우리에게 하고 싶은 이야기를 해 달라고 했다.

"정승회 선교사가 지난주에 쌍아오마을에 오겠다고 전화했는데 못 오게 했습니다. 여기에 오면 간섭을 많이 합니다." 뜨라이롱 목사가 고개를 흔들면서 갑갑하다는 듯이 말했다.

정승회 선교사는 현진이 선교팀이 태국에 왔을 때 쌍아오마을을 안내했다.

"못 오게 했어요?" 김완주 선교사가 의외라는 듯이 물었다.

"못 오게 했어요." 뜨라이롱 목사가 딱부러지게 대답했다.

"정승회 선교사가 교회를 비워달라고 하면 어떻게 하는가요?" 김완주 선교사가 궁금하다는 듯이 질문했다.

"쌍아오교회 교인들이 있어서 그렇게 하지 못합니다." 뜨라이롱 목사가 당연하다는 듯이 말했다.

"뜨라이롱 목사님의 동역자들은 누가 있는가요?" 내가 물었다.

"러이도에 53개 태국 교회가 있으며 서로 도와주고 있습니다."

"우리는 쌍아오교회가 정승회 선교사와 교제를 하지 말라는 것이 아닙니다. 그 사람의 지원도 받아야 합니다. 쌍아오교회의 성장에 도움이 되는 측면에서 우리는 도울 뿐입니다. 어느 교회든지 쌍아오교회에 도움이 되면 협력해야 합니다." 나는 걱정이 되어 솔직하게 말했다.

"부모님과 한신교회에 적극 협조할 것입니다. 김완주 선교사님은 협조가 안 됩니다. 제자훈련센터에 있는 교인들의 자제를 내쫓았습니다. 다른 선교팀이 와도 나에게는 연락을 하지 않고 이장과 직접 대화를 합니다. 그러면 곤란합니다. 혼자 해야 합니다."

이렇게 솔직하게 이야기하니까 고마웠다. 그런데 갈등이 많이 누적되어 있다. 어떻게 해야 하는가?

김완주 선교사는 39세, 뜨라이롱 목사는 48세이다.

"아잔(목사)에게 김완주 선교사님이 동생입니다." 나는 두 사람의 손을 잡고 계속하여 말했다.

"김완주 선교사님은 이곳에 와서 많은 일을 진행했습니다. 정승회, 박훈 목사가 감추려는 울타리를 허물고 순교자를 알리고 사역의 의미를 찾으려 노력하고 있습니다. 시행착오가 있으면 지적하고 항의를 해야 합니다. 그리고 서로 도와주어야 합니다. 한신교회와 부모님들은 뜨라이롱 목사님을 돕는 것이고, 또한 김완주 선교사님이 적응하도록 도우려는 것입니다."

1월 14일(목) 새벽 5시, 쌍아오교회에서 새벽예배가 진행됐다. 이 시간에 기도하는 것이 좋다.

김완주 선교사가 설교했다. 요한복음 10장, '삯꾼 목자와 선한 목자'이다. 선교사 사회의 어려움이 느껴진다.

오전 9시, 선교관에서 부모들이 모여 회의를 했다.

"이번에 선교팀으로 청년들을 모아 오려고 노력했으며 많이 힘들었습니다." 안호준 집사가 탄식하며 말했다.

"이제 시간이 흘렀고 그런 노력을 하지 않아도 됩니다. 김완주 선교사님이 있으니 기념교회를 세우면 됩니다. 기념교회가 발전하는 모습을 보면 보람이 있을 것입니다." 라며 내가 의견을 정리했다.

우돈타니는 김완주 선교사가 있어 돌봄이 가능하고, 쌍아오교회에서 멀리 있으니 거부감 없이 서로 도움이 될 만한 위치이다. 우돈타니는 대도시라서 교인이 늘어날 수 있다. 사도 바울이 선교여행 시 대도시를 찾아 교회를 설립하지 않았는가. 그리고 우돈타니 제자훈련센터는 한신교회에서 지원하는데 큰 부담을 느끼고 있으니 어떻게 진행이 될지도 미지수다. 교회설립 비용은 기금으로만 하면 한신교회에 부담이 없을 것이다.

오후 6시, 방콕에 도착하여 이종혁 장로를 찾아갔다. 교회를 설립하는데 좋은 방법이 있는지 자문을 구하고자 했다. 이 장로는 태국인 선교단체 CCT에 의뢰하면 땅을 줄 것이며, 그 땅에 교회를 설립하면 된다고 했다. 태국인 목사도 보내준다는 것이다. 가장 쉬운 방법이다. 우돈타니에 조준형 목사가 CCT 출신이고, 그런 사역을 하고 있다. 이종혁 장로는 조준형 선교사가 협조할 것이라며 진행하라고 추천했다.

하지만 우리에게는 파송 선교사가 있다. 이런 순간에 한신교회에서 파송한 선교사가 있다는 것은 얼마나 고마운 일인가.

1월 22일(금) 오전 9시 30분, 한신교회에서 산소로 출발했다. 지난번 강용규 목사가 산소에서 예배를 주관하겠다고 하여 진행하게 되었다.

날씨가 영하 11도로 추웠다. 현진이가 산소에 안장된 날도 이렇게 추웠다. 10일 전에 눈이 많이 와 6일 전인 지난 토요일 산소에 와서 눈을 치우고 조금 떨어진 곳에 쌓아두었다. 담임목사가 처음 예배를 드리러 오는데 눈이 쌓여 있으면 힘들어할까 봐 미리 와 치운 것이다. 어제 낮에 날씨가 풀리면서 비가 약간 왔으나 오늘 다시 추웠다. 산소 주변의 눈은 모두 녹았고, 내가 모아 둔 눈만 동산같이 쌓여 있다. 눈을 그대로 두었어도 하나님이 길을 열어 주실 것인데 괜한 노력을 했다는 생각이 들었다

오전 11시에 산소에서 예배를 드렸다. 장영수 부목사가 기도하고 강용규 목사가 설교했다. 찬송하고 기도하는 중에 현진이 엄마가 눈물을 많이 흘렸다.

기념교회 설립 계획

1월 28일(목) 오후 2시, 부모들이 강용규 목사를 방문하여 순교자 기념교회 설립에 대해 설명했다.

한신교회에서 순교자 기념사업으로 교회설립 계획 등을 발표했다. 선교관이 세워졌고 선교사가 파송되었으며 매년 1월 쌍아오교회를 방문했다.

기념교회 설립을 위한 '장현진 선교사 태국 선교기금'이 있다.

쌍아오마을에 기존 교회가 있고 선교관이 설립되어 이곳을 벗어나 거점이 될 만한 지역으로 우돈타니가 적합해 보인다.

현지 목사는 태국인으로 선발하고 한신교회 파송 선교사가 지원하면 된다.

설명을 듣던 강 목사가 말했다. "태국에 가보고 결정하겠습니다. 부모님들이 합의했으면 그렇게 하는 것이지요."

03 아버지의 마음

신학박사 학위 수여식

2월 18일(목), 백석기독교전문대학원에서 신학박사 학위 수여식이 있었다. 신학대학원을 졸업하고 신학 공부를 계속해야겠다는 생각이 들어 박사과정에 등록했다. 월요일마다 9시간 강의를 듣는 3년 과정이다. 수업 준비와 논문작성에 노력이 필요했다. 직장을 다녀야 하기 때문에 제대로 할 수 있을지 의문이 들었지만 그래도 해야 한다는 생각뿐이었다.

그렇게 정신없이 매여 미루지 않고 매일같이 준비하다 보니 좋은 결과를 맺었다. 박사과정을 공부하면서 『사랑한다 현진아』를 출판했고 목사 안수를 받았다. 그리고 논문을 작성하고 학위를 받았다. 논문 심사를 통과하고 나니 하늘을 날아갈 듯이 기뻤다. 3년 만에 통과하여 이루었다는 생각에 마음이 뿌듯했다.

학위수여식 중 백석대 합창단의 '여호와는 나의 목자' 축가가 있었다. 박사 학위자들이 맨 앞자리에 앉았는데, 축가에 따라 흰색의 무용복을 입은 무용수가 내 자리에서 불과 5m도 안 되는 정면 단상에서 그림 같은 무용을 시연했다. 그 순간 하늘의 천사가 내려온 줄 알았다. 천사가 천상의 노래에 맞추어 무용으로 보여주는 느낌이었다.

이날 오후, CGN TV 〈아버지 시대〉가 방영되었다.
온누리교회 민만규 목사와 탤런트 전혜진이 〈아버지의 마음〉이라는 주제로 문답식으로 진행했다.
공교롭게도 박사학위 받는 날 오후에 방영되었다.
하나님께서 힘을 주신다는 생각이 들었다. 학위 받는 날 현진이를 알리게 되어 하나님께 감사를 드렸다.

2010년 1학기에 신학대학에서 구약개론 강의를 시작했다.
전공필수로 3개 반에 120명 수강한다. 구약개론은 구약의 전반적인 체계를 익히는 과정이다. 강의를 준비하면서 신학 연구에 상당한 진전이 있었다. 수업을 듣는 학생들도 집중력이 있었다. 신학은 배울수록 깨달음이 있는 신비한 영역이다.

이 시기에 이천에 계신 어머니가 아프셔서 2주마다 토요일에 찾아가 기도하고 찬송했다. 어머니께서는 아들이 신학대학에서 교수로 강의를 한다는 말을 듣고 무척 기뻐하셨다. "목사하고 박사하고 이제는 교수도 하는구나." 하면서 활짝 웃으셨다.
어머니와 같이 찬송하고 기도하면 즐겁고 마음이 편하다. 언제든지 나를 믿어주시며 현진이를 그리워하는 마음이 간절한 분이다. 손주를 키우면서 늘 찬송 부르셨다. 이날 찬송 부르실 때 눈물을 글썽이다가 나를 보면 웃으려고 애쓰셨다.

2010년 2학기에 설교학을 강의했다. 교재를 준비하면서 설교학 책을 다양하게 연구했다. 먼저 설교사를 살펴보고, 전통적인 설교를 소개했으며 성경적인 설교 방식으로 전개했다.

2011년 1월 1일(토), 새해 기도. 현진이가 태국에 갔던 일이 7년이 되었다. 신년 예배를 드리고 말씀이 기록된 쪽지를 뽑았다. "또 여호와를 기뻐하라 그가 네 마음의 소원을 네게 이루어 주시리로다"(시 37:4) 내 마음의 소원이 무엇일까? 태국에 기념교회를 세우는 것인가? 신학 연구하는 것에 기쁨이 있고 강의를 하게 되니 보람이 있다. 지금까지 그랬듯이 주어진 일을 하면 될 것이다.

1월 9일(일) 오전 7시, 한신교회 주일예배에 참석했다. 주보에 부모들이 태국으로 출발하는 것으로 적혀 있다.

강용규 목사에게 태국 출발 인사를 하러 갔다. 강 목사가 말했다.

"태국에 가고 싶고 교인들이 가보라고 하는데 시간이 나지 않습니다."

오전 11시 30분, 분당 한신교회 주일예배에 참석했다.

예배 시간이 끝나고, 두 분이 내게 다가와 말했다. 이순자 권사가 "장현진 선교사를 기억합니다. 지켜보고 있습니다." 라고 했다.

그리고 2층 본당에서 1층으로 내려가는 계단에서 이종옥 권사가 "지난해에도 산소에 들렀어요. 그 부근에 갈 일이 있었는데 산소에 특별히 가고 싶었어요."라고 말했다.

1월 12일(수) 오전 10시, 인천공항에서 방콕행 비행기를 탔다. 비행 시간 중에 〈광야에서〉라는 책을 읽었다. 우리의 삶이 광야의 길이며 하나님을 의지해야 한다는 내용이다. 내 삶이 광야의 길에 있고 하나님의 인도가 없는 길이라면 암흑일 것이다.

그동안 교회에서 진행된 일을 함께 가고 있는 안호준 집사에게 들었다. 안 집사는 교회에서 청년부 선교팀을 보내지 않으려고 해서 고민했다고 말했다. 올해는 청년부 선교팀이 없이 부모들만 출발하였다.

"이제 부모들은 교회에서 태국에 가자는 이야기를 하지 않아도 됩니다. 마음은 아프지만 다른 사람도 이해해야 하고요. 우리는 부모로서 해야 할 일만 묵묵히 하면 됩니다." 나는 스스로에게 말하듯이 당부했다.

오후 2시, 방콕공항에 박원식 선교사가 가족과 함께 마중 나왔다.

오후 8시, 우돈타니공항에 김완주 선교사가 마중 나왔다. 이렇게 선교사들을 만나게 되니 든든하고 마음이 편했다.

밤 10시, 지난해에 머물렀던 우돈타니 리셋호텔에 도착했다. 조용하고 저렴하다. 나와 안호준 집사, 김완주 선교사가 모여서 내일 예배를 위해 협의를 했다.

나는 그동안 예배를 지켜보면서 서울에서 목사와 선교팀이 오지 않으면 뜨라이룽 목사가 설교하는 것이 좋겠다는 생각을 했다. 쌍아오교회 교인들이 예배에 참석하기 때문이다. 더욱이 우돈타니 제자훈련센터 운영과 관련하여 뜨라이룽 목사와 교인들이 김완주 선교사에게 불만이 있다는 이야기를 들은 바 있다. 쌍아오교회 교인들의 불만도 이해가 되고, 김완주 선교사의 설명도 이해가 된다. 하지만 이로 인해 사이가 벌어졌으니 난감할 뿐이다. 진행이 늦더라도 쌍아오교회 교인들을 설득하는 방식을 택해야 한다는 생각이 들었다.

1월 13일(목) 오전 7시, 김완주 선교사의 제자훈련센터에서 학생들을 만났다. 10명의 학생과 사진을 찍고 기도했다.

오전 11시, 쌍아오마을에 도착했다. 뜨라이롱 목사가 반갑게 맞이했다.

쌍아오교회에 우돈타니에서 구입한 꽃을 장식했다. 선교관에 가서 책장에 박사학위 논문과 신학대학교 강의안을 넣었다. 『사랑한다 현진아』가 있고, 그 옆에 박사학위 논문과 강의안이 비치되었다.

7주기 추모예배

오후 3시, 쌍아오교회에서 추모예배를 드렸다.

예배에 어른 40명, 초등학생 20명이 참석했다. 초등학생들은 교복을 입고 찬양 준비를 했다. 예배 참석자들에게 십자가 목걸이를 한 분씩 목에 걸어주었다. 모두 두 손을 모아 정중하게 인사했다. 태국 사람들은 기품있게 인사한다. 어린이도 어른같이 두 손을 모아 인사한다.

예배 시간에 부모들과 김완주 선교사가 같이 찬양을 했다. 한글로 부르고 이어서 태국어로 불렀다.

이어서 어린이들이 교복을 입고 찬양했다. 흰색 교복에 십자가 목걸이가 유난히 눈에 띄었다. 열심히 찬양하는 모습이 대견하고 예뻤다.

뜨라이롱 목사가 설교를 했다. 요한복음 14:1~6이다. 통역자가 말하면 나는 리시버를 통해 들었다. 통역자는 콘캔에서 동쪽으로 국경지대 도시에서 사역하는 선교사의 사모이며, 태국에 온 지 10년 되었다. 설교 내용을 통역해 주니까 이해가 빨라 좋았다.

"순교자 부모님을 만나 함께 예배를 드리니 감사합니다. 순교자 부모님들은 여기 교인입니다. 순교자 부모님들이 사정이 있어서 여기에 오지 못한다 하더라도 우리는 순교자 추모예배를 매년 드릴 것입니다. 순교자를 기억할 것입니다. 왜냐하면 우리가 해야 할 일이기 때문입니다."

뜨라이롱 목사의 메시지를 듣고 몹시 놀랐다. 얼마나 듣고 싶던 말인가? 서울에서 부모들만 오면서 마음이 아팠는데, 하나님이 위로의 말씀을 주셨다. 마음의 빈 공간을 채워주는 것이다.

오후 4시, 메콩강가에서 기도회가 열렸다. 강물이 많이 증가하여 강가에서 진행했다. 뜨라이롱 목사가 기도회를 주관했다. 탁자와 꽃병, 마이크를 설치해 놓았다.

내가 인사했다.

저는 매년 쌍아오마을에 올 즈음에는 가슴이 설렙니다. 이번에는 어떤 변화가 있을까 교인들이 보고 싶기도 합니다. 주님이 요한복음 7:37~38에 '누구든지 목마르거든 내게로 와서 마시라 그 배에서 생수의 강이 흘러나오리라'고 말씀했습니다. 저 앞에 메콩강이 있습니다. 저 강은 흐르다가 장애를 만나면 돌아서 흘러갑니다. 강물은 갈라지기도 하고 다시 하류에서 만나 흘러갑니다. 하나님이 정해주신 목적지를 향해 그 길을 계속 흘러갑니다.

지금까지 우리의 진행이 이와 같아요. 아이들이 이 강에서 순교했습니다. 그 후 선교관이 세워졌고 책이 출판되었으며 선교사들이 왔습니다. 부모님들이 7년째 찾아오고 있습니다. 여기서 변함없이 예배를 드리고 있습니다.

이것은 저 메콩강이 흐르는 것과 같습니다. 하나님이 메콩강을 흘려보내고 계시며 우리의 일도 하나님이 시키는 대로 진행됩니다. 하나님이 정하신 목적이 있고 그 목적을 향해 가고 있기 때문입니다. 앞으로 10년, 20년 하나님이 하시는 대로 진행할 것입니다.

메콩강을 사람이 막을 수 없듯이 하나님이 하시는 일을 사람이 막을 수가 없어요. 메콩강은 복음의 강이며, 구원의 강이며, 순교의 피가 흐르는 강이며, 생수가 넘치는 강입니다. 저 강물로 인해 복음이 전해져 주님이 주시는 생수가 넘칠 것입니다.

1월 14일(금) 새벽 5시, 쌍아오교회의 새벽예배에 참석했다. 김완주 선교사가 설교했다. 빌립보서 4장을 설명하며 선교 현장의 소식을 알려주었다.

오전 8시, 뜨라이롱 목사와 자리를 같이했다. 안호준 집사 내외, 김완주 선교사가 모였다. 나는 뜨라이롱 목사와 약속한 8만 바트를 헌금했다.
"고맙습니다." 뜨라이롱 목사 내외가 눈물을 글썽이면서 말했다.
"우리가 이렇게 목사님을 만나고 있습니다. 목사님이 여기에서 기도하고 복음 전하는 것이 제게는 고마운 것입니다."

오전 10시, 선교관에서 회의를 했다. 나와 안호준 집사, 김완주 선교사가 생각을 모았다.
첫째, 이번에는 성과가 있었다. 뜨라이롱 목사와 교인들이 예배를 주관하고, 앞으로 계속하여 예배를 드리겠다고 선언하였다.
둘째, 교회 설립은 여건이 좋지 않으니 보류할 수밖에 없다.
셋째, 김완주 선교사는 협력자라는 입장에서 뜨라이롱 목사에게 좀 더 배려하면서 관계를 우호적으로 이끌면 좋겠다.
교회 설립을 해야 하는데, 김완주 선교사가 제자훈련센터를 확장할 계획이니 일단 방향을 보류키로 했다. 제자훈련센터에 비용이 많이 들어 한신교회에서 부정적으로 보고 있어서 어떻게 진행이 될지 지켜봐야 한다. 또한 우리는 선교사가 목표로 하는 사역에 가능한 도와주기로 했다.

오후 5시, 방콕공항에 도착했다.

박원식 선교사는 김완주 선교사가 쌍아오마을에 개입할수록 뜨라이롱 목사와 교인들에게 상처를 주니 손을 떼도록 해야 한다고 말했다. 또한 교회 설립은 태국 내 CCT 선교단체를 통해야 한다고 설명했다.

"글쎄요. 쌍아오마을은 한신교회 파송 선교사가 있으니, 교회 설립은 당연히 김완주 선교사를 통해야 합니다. 추진력이 있으니 잘할 것입니다. 설립 후의 운영도 생각해야지요."

이어서 나는 박원식 선교사에게 쌍아오마을의 선교를 잘하려는 것은 이해한다면서, 우리는 김완주 선교사를 도와주는 정도에서 머물러야 하다고 당부했다.

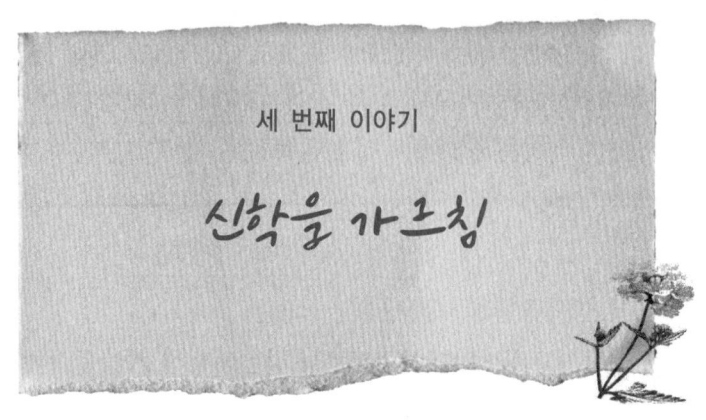

세 번째 이야기

신학을 가르침

01 그리스도의 증인

2011년 1학기에 구약개론을 강의했고, 2학기에 모세오경과 설교학 개론을 강의했다.

6월 22일(수) 저녁, 어머니가 하나님의 부르심을 받았다. 어머니 장례 일정 중에 박원식 선교사가 서울 병원에 입원했다. 그리고 퇴원했길래 위로금을 주면서 병문안을 가지 못해 송구하다고 말했다. 박원식 선교사가 자기 수술이 잘되었다고 했다. 다행이었다. 그런데 나는 박 선교사의 건강이 나아질 것이라고 생각했다. 태국 방문 일정을 박 선교사가 도와주고 있었다. 그래서 하나님이 활동할 수 있도록 치료해 주실 것이라고 확신하고 있었다.

2012년 1월 5일(목) 오후 2시, 강용규 목사에게 태국 출발 전 인사를 했다. 모세오경 강의안을 드렸다.

1월 12일(목) 오후 2시, 방콕공항에 박원식 선교사가 가족과 함께 쌍아오마을에 가기 위해 마중 나왔다.

오후 8시, 우돈타니공항에서 이성원 선교사를 만났다. 이 선교사는 백석신학대학원을 졸업하고 2010년 태국에 왔으나 방콕은 물가가 비싸 2011년 미개척지로 보이는 라오스로 선교지를 옮겼다. 최근에 쌍아오마을 메콩강 건너 라오스에서 선교하고 있다. 35세로 당찬 사람이다. 건설회사 다닐 때 사고로 다리에 큰 수술을 했고 신학을 공부하여 선교사가 되었다. 하나님이 든든한 우군을 보내주셨다.

잠시 후에 조준형 선교사를 만났다. 태국 선교사 사회에서 신망받고 있는 분이다. 방콕공항에서 조 선교사에게 연락했는데 본인이 사역하는 숙소에 묵으라고 권유하여 방문했다. 조 선교사가 사역하는 수련원(교육원)은 넓은 터에 잘 지었다. 태국 선교와 교회 사역 등에 대해 3시간 동안 이야기했다. 그리고 진솔하게 진행 과정을 설명하고 앞으로 교회를 세우려 하는데 어떻게 하는 것이 좋은지 자문을 구했다. 조 선교사와 사모는 교회를 설립하면 지속해야 한다며 몇 년 지켜보고 천천히 하는 것이 좋겠다고 말했다. 태국에 빈 교회가 많고 교회를 짓다가 중단한 곳이 많다는 것이다.

1월 13일(금) 오전 12시, 쌍아오마을에 도착했다. 쌍아오교회에 우돈타니에서 구입한 꽃을 장식했다. 그리고 선교관에 가서 모세오경, 구약개론, 설교학개론 강의안을 책장에 넣었다. 내년에는 어떤 제목이 될까?

8주기 추모예배

오후 3시, 쌍아오교회에서 추모예배를 드렸다. 뜨라이롱 목사가 주관했다.

기도는 박원식, 축도는 김완주, 통역은 민윤기 선교사이다. 예배에 어른 40명, 초등학생 20명이 참석했다. 예배 참석자들에게 십자가 목걸이를 나누어 주었다.

오후 4시, 메콩강가에서 기도회가 열렸다. 마을 어린이들이 많이 참석했다. 뜨라이롱 목사가 기도하고 설교했다.

내가 인사했다.

우리는 여기에 오기 위해 준비를 합니다. 진행을 보면 하나님이 우리를 이곳에 오도록 인도하시는 것을 알게 됩니다. 하나님은 순교자를 통해 한신교회와 쌍아오마을이 연결되도록 하는 것입니다.

성경에 '환난 중에도 즐거워 하나니 이는 환난은 인내를 인내는 연단을 연단은 소망을 이루는 줄 앎이라'(롬 5:3~4)고 했습니다. 환난 중에 즐거워할 수 있는 것은 소망을 주기 때문입니다.

그러면 우리의 소망은 무엇일까요? 이 마을에 복음 전하던 순교자가 기억되는 것입니다. 하나님은 순교자를 기억하도록 만드십니다. 하나님은 살아 역사하는 분이며 고귀한 순교자의 피를 헛되이 하지 않으십니다.

또한 이 마을이 복음의 중심이 되어 태국 전역에 복음이 확산되는 것입니다. 한 알의 밀알이 열매로 자라나는 것입니다. 이를 위해 우리는 한 마음으로 힘을 합쳐야 합니다. 하나님은 우리 모두를 사랑하십니다. 우리 모두는 뜨라이롱 목사님, 김완주 선교사님을 사랑합니다.

1월 14일(토) 오전 5시, 쌍아오교회의 새벽예배 시간이다. 쌍아오교회 교인들이 김완주 선교사에게 거부감을 보여 이번에는 내가 진행했다. 성경 본문은 사도행전 1:6~8, 설교 제목은 '그리스도의 증인'이다.

봉쌈란교회 신축

오전 10시, 봉쌈란교회에서 예배당 신축예배를 드렸다. 봉쌈란교회는 쌍아오마을에서 산길 내륙으로 1.2km 정도 들어간다.

김완주 선교사의 지원으로 예배당 건물이 세워졌다. 서울 부근에 있는 교회의 헌금이 있었다. 단층 건물로 교회 내부가 넓게 보이도록 잘 지었다. 김완주 선교사가 눈물을 글썽인다. 그동안의 수고와 감동이 얼굴에 드러나 보인다. 교회 건물을 짓는 데 도움을 준 교회와 목사님께 감사를 드렸다.

봉쌈란교회 교인들이 상기된 표정으로 기뻐했다. 봉쌈란마을은 피부병(한센병) 환우들이 많이 있는 곳이다. 뜨라이룽 목사가 이곳에서 예배를 드리고 복음을 전했으며, 매년 순교자 추모예배에 봉쌈란교회 목사와 교인들이 참석한다.

오후 5시, 우돈타니공항을 거쳐 방콕공항에 왔다.

방콕공항에서 박원식 선교사한테 쌍아오교회의 지난 일들에 대해 들었다. 박 선교사는 김완주 선교사와 쌍아오교회 교인들의 사이가 점점 나빠진다고 말했다.

어떻게 해야 할까? 쌍아오교회 교인들 설득이 쉽지 않은 모양이다. 안타까운 상황이다. 하지만 김 선교사가 바울 같은 추진력이 있고 열정이 있으니 장애를 해결할 것으로 기대했다. 그리고 박 선교사에게는 쌍아오마을의 진행에 대해 개입하지 말라고 당부했다.

"쌍아오마을은 한신교회 선교팀의 순교지이고, 김완주 선교사님은 한신교회 파송 선교사입니다. 김 선교사님은 목회 경험이 많으니 스스로 해결해 나가야 합니다. 박 선교사님은 내게 도움을 주어 한신교회와 쌍아오교회를 연결해 주고, 김 선교사님을 지원하는 역할에서 그쳐야 합니다."

02 하나님께 다가가는 경로

2012년 1학기에 구약개론을 강의하고, 2학기에 구약신학을 강의했다.

2012년 12월 하순, 김완주 선교사가 급하게 전화했다. 한신교회에서 2013년부터 지원을 중단하겠다니 강용규 목사를 만나 설명해 달라는 것이다. 안호준 집사에게 김완주 선교사의 요청을 알려주고 교회에 가서 설명하자고 제안했다.

"우리가 무슨 힘이 있어요? 강 목사님이 결정하면 그대로 되는 것이지, 힘없어요. 김완주 선교사가 제대로 선교 보고를 하지 않아 투명하지 않답니다. 더욱이 지금은 교회 건물 건축을 위해 비용을 줄이려고 하니 명분이 된 것입니다." 안 집사가 안타깝다는 듯이 말했다.

2013년 1월 6일(일) 오전 7시, 한신교회 주일예배에 참석했다. 태국 출발 전 이 시간에 예배를 드린다.

안호준 집사 내외와 같이 강용규 목사에게 태국 출발 인사를 하러 갔다. 구약신학 강의안을 드렸다.

"김완주 선교사님은 어떻게 결정되었는가요?"

"지난 12월부로 교회 지원은 끝났습니다. 본인이 6개월간 더 지원해 달라고 요청하여 월 1백만 원씩 후원하고 있습니다."

"열심히 사역했습니다. 파송 당시는 방해하는 선교사가 있어 어려웠지만 추진력 있게 일을 하여 그나마 진전이 있었습니다. 선교사 파송이라도 유지하기를 원했는데 마음이 아픕니다."

"교회에서는 할 만큼 했습니다. 매년 5천만 원씩 지원했습니다."

"목사님이 여러 가지 감안해서 결정하셨겠지만, 한신교회 태국 선교에 위기가 온 것이 아닌가 생각됩니다."

"앞으로 태국 선교를 어떻게 할 것인지 생각해 보겠습니다."

오전 11시 30분, 분당 한신교회 주일예배에 참석했다. 예배 전에 이윤재 목사를 만나서 구약신학 강의안을 드렸다.

예배가 끝난 후 두 분이 다가와 인사했다. 이순자 권사는 "기억하고 기도하고 있습니다." 라고 했다. 이종옥 권사는 내 손을 잡고 "산소에 갔었는데 올해도 갈 것입니다." 라며 마음이 아픈 듯이 울음을 터트렸다.

1월 10일(목) 오후, 권재석 장로에게 어떻게 할지 자문을 듣기 위해 연락을 드렸다. 권 장로가 지난 과정을 설명했다.

"2012년 8월 당회에서 김완주 선교사의 지원을 12월까지 끝내자는 결정이 있었습니다. 8월에 결정된 것을 늦게 통보한 것입니다."

이어서 말했다. "지난 12월 김완주 선교사한테 8월 당회에서 결정했고, 12월에 통보된 것이라고 설명했습니다. 그리고 복지재단을 확인해야 합니다. 김완주 선교사가 자기가 없으면 선교관이 태국인에게 넘어 간다고 했습니다."

"이번에 가서 선교관이 어떻게 관리되고 있는지 확인하겠습니다. 장로님, 앞으로 태국 선교를 어떻게 해야 합니까?"

"장 목사님이 다시 해야 합니다. 교회 설립을 비롯하여 방향을 다시 잡아야 합니다."

1월 12일(토) 오후 2시, 방콕공항에 박원식 선교사가 마중 나왔다. 매년 이렇게 나오니 고마운 일이다.

오후 8시, 우돈타니공항에서 이성원 선교사를 만났다. 김완주 선교사는 연락이 안된다. 그래서 조준형 선교사에게 전화하고 조 선교사의 사역지인 수련원(교육원)으로 갔다.

오후 10시, 수련원 입구에 들어서니 김완주 선교사에게서 연락이 왔다. 오늘이 어린이날이라 제자훈련센터 아이들을 데리고 야외에 갔다가, 현재 우돈타니로 돌아가는 길인데 밤 1시에 도착한다는 것이다. 언제나 열심히 사역하는 분이다.

조준형 선교사에게 구약신학 강의안을 드렸다. 그리고 밤늦게 2시간 이야기했다. 지난해와 마찬가지로 솔직하게 접근했다. 조 선교사는 교회를 짓는 것은 사역자를 만나야 하므로 어렵다면서 기존 교회에 지원하는 것이 좋다고 단언적으로 말했다. 자신의 수련원은 CCT에서 준 대지에 투자를 받아서 설립한 것이며, 교회 건물을 짓는데 8천만 원 들었다고 했다. 터가 넓고 규모가 상당히 큰 최신식 건물이다. 저렴한 비용으로 잘 지었다는 생각이 들었다. 오랫동안 사역한 분이라 진행하는 방법을 알기 때문일 것이다. 조 선교사는 지난해와 똑같은 답변을 할 수밖에 없다고 했다.

1월 13일(일) 오전 10시, 쌍아오마을에 도착했다. 쌍아오교회에 우돈타니에서 구입한 꽃을 장식했다. 주일예배를 시작하면서 뜨라이롱 목사의 누나가 사역자로서 기도하고 간증했다. 아이들이 어린이 주일이라 태국 전통춤을 추었다.

주일예배후 선교관에 가서 구약개론(개정), 구약신학 강의안을 책장에 넣었다. 내가 목사 안수받을 때 권재석 장로가 준 액자가 있다. 기도하는 그림으로 '날마다 새롭고 좋은 날 되소서' 라고 쓰여 있다. 이 액자는 선교관에 있는 것이 의미 있다고 생각되어 서울에서 가져왔다. 선교관에는 권재석 장로의 손길이 묻어 있다. 이 분이 선교관을 구입하고 벽에 걸은 십자가도 있고, 기도하는 액자도 걸려 있어 조화를 이루고 있다. 그리고 한국 전통한복 인형 3개를 가져와서 진열했다. 한국교회의 선교관이란 의미가 드러났다. 분위기가 한결 밝아졌다.

9주기 추모예배

오후 3시, 쌍아오교회에서 추모예배를 드렸다. 예배에 어른 20명, 초등학생 20명이 참석했다. 김완주 선교사는 봉쌈란교회 교인 10명과 같이 도착했다. 봉쌈란교회 교인들이 예배에 참석하니 반가웠다. 예배 참석자들에게 십자가 목걸이를 나누어 주었다.

뜨라이롱 목사가 설교했고, 축도는 김완주 선교사가 했다.

오후 4시, 메콩강가에서 기도회가 열렸다. 뜨라이롱 목사가 주관했다.

내가 인사했다.

뜨라이롱 목사님과 교인들, 선교사들이 합심하여 추모예배를 드리고 기도회 여는 것을 보면서 하나님이 주시는 은혜와 위로를 받습니다. 그리고 마음이 채워지고 다음을 기약하면서 서울로 돌아갑니다.

여기에는 세 가지 이유가 있습니다. 첫째, 쌍아오마을 주민들이 반겨주고 뜨라이롱 목사님과 교인들이 예배를 주관하고 있기 때문입니다. 봉쌈란교회 교인들도 참석합니다. 순교자를 기억하니 이보다 더한 위로가 없습니다. 둘째, 선교사들이 이 자리를 지키고 있습니다. 김완주 선교사님과 박원식 선교사님이 있으며, 올해는 이성원 선교사님이 자리를 함께했습니다. 과거에도 많은 분들이 이곳을 찾아왔습니다. 셋째, 하나님의 역사를 보게 됩니다. 선교관이 세워지고 계속 방문하면서 예배를 드리고 있습니다. 이곳에서 기도하면 하나님이 도와주신다는 느낌이 듭니다.

성경에는 아버지의 뜻대로 하는 자가 천국에 간다고 하였고, 좁은 문으로 가라 했습니다. 이곳에 와서 예배드리고 쌍아오교회 교인들과 만나는 일은 하나님의 뜻이고 좁은 문입니다.

1월 14일(월) 새벽 5시, 쌍아오교회에서 내가 새벽예배를 인도했다. 성경 본문은 예레미야 29:10~14, 설교 제목은 '하나님께 다가가는 경로'이다.

선교 방향의 전환

오후 2시. 우돈타니공항에서 박원식 선교사에게 말했다.
"어제부터 생각했습니다. 교회설립은 파송 선교사가 있어야 하는데 이제 쉽지 않아요. 권재석 장로님은 우리가 방향을 다시 잡고 진행해야 한다고 했습니다. 현재는 선교관이 중심인데 낡은 목조건물이라 현대식으로 신축해야 합니다."

박원식 선교사에게 뜨라이롱 목사를 통해 신축하는 기간 및 비용을 조사해 달라고 요청했다.

오후 6시, 방콕에서 노바회계법률사무소 대표를 만나 한신복지재단에 대해 협의했다.

"복지재단 활동을 매년 태국 정부에 보고해야 합니다. 자료가 있어야 하는데 몇 년 전부터 못 받고 있습니다." 노바 대표가 상황을 설명했다.

"신고에 필요한 서류와 비용을 알려주세요." 이제부터 내가 확인해야 한다.

03 순교의 열매

2월 1일(금) 오후 2시, 서울에서 권재석 장로를 방문했다.
태국에 선교관을 새로 지으려는데 어떻게 진행해야 할지 자문을 구하기 위해서이다.

"하나님의 역사가 다시 시작되는군요. 건물이 낡아 선교사들이 방문할 때 이용에 한계가 있고, 쌍아오마을 사람들이 잘 활용할 수 있도록 해야 합니다. 무엇보다 선교기념관이라는 것을 알고 진행해야 합니다."

쌍아오마을에 몇 년간 같이 다니면서 선교관을 직접 구입하여 등기하고, 선교관 벽에 십자가를 걸은 분이다. 오랫동안 장로로 헌신하면서 태국의 선교 과정을 경험한 분이라 그런지 만날 때마다 하나님이 하늘

왕국을 지키는 천군을 보내주셨다는 믿음을 느끼게 된다.

태국 선교방안 보고

2월 2일(토) 오후 2시, 강용규 목사를 방문했다. 쌍아오마을의 선교관을 새로 짓는 계획을 설명했다

태국 선교방안

선교관 건물이 노후화되었다. 순교자 기념교회 설립은 파송 선교사가 없으므로 어려움이 있다. 올해는 선교관을 2층으로 건축한다. 공사 기간은 10개월 소요되며, 2014년 1월 10주기 방문 시 선교관 신축예배가 가능하다. 선교관 건축으로 1억 2천만 원 소요된다. 소요 비용은 '장현진 선교사 태국 선교기금'(1억 5천만 원)으로 가능하다.

이와 같이 설명을 하자 강용규 목사가 말했다.
"왜 기금이 목적헌금으로 되어 있어요? 교회에 헌금했으면 그만이지 왜 사용 용도가 지정되어 있는가요?"
갑자기 난관이 생겼다. 기금이 조성된 상황에 대해 알려드리겠다고 말했다.

2월 4일(월) 오후 5시, 권재석 장로에게 연락을 드리면서 뭔가 이상하다고 설명했다. 그러자 권재석 장로가 이야기했다.
"어제 강용규 목사님이 당회 안건으로 '장기옥 목사, 안호준 집사가 선교관을 새로 짓겠다는 제안'을 설명했습니다. 토론과정에서 어떤 장

로가 작은 마을에 선교관을 새로 지을 필요가 있느냐고 의문을 제기했습니다. 그래서 제가 선교관을 구입하게 된 동기를 말하고 장기옥 목사님이 위로금을 안 받길래 기금으로 만들어 교회설립에 사용하자고 제안하여 수용하게 되었다고 설명했습니다.

그 기금으로 선교관을 새로 짓자고 하니 뜻이 좋은 것이라고 했고, 상황을 알게 된 다수의 장로들이 찬성했습니다. 그러자 강 목사님이 논의를 중단시키고 장로를 태국에 보내 선교관을 새로 지을 것인지 확인하겠다고 말했습니다."

이어서 "강 목사님이 '한번 헌금했으면 그만이지 사용 용도를 정하는 것은 아니다.'라고 했으니 당시 기금 제안 상황을 설명하는 것이 필요합니다."라고 했다.

2월 13일(수) 오후 2시, 현진이 엄마와 같이 강용규 목사를 방문했다. 지난번에 강 목사가 목적 헌금이 왜 있느냐고 힐책하듯이 말했으므로 2005년 9월에 한신교회 당회에 같이 참석했었던 현진이 엄마와 같이 설명하러 가게 되었다.

태국 선교방안(II)

쌍아오마을의 한신선교관은 선교팀이 머물던 집으로 1층 목조건물이며 토지가격 정도인 2,800만 원에 구입했다. 선교관 소유를 위해 '한신복지재단'을 설립했다. 선교관 건물이 노후화되어 새로 건축이 필요한 상황이다. 지난 1월 방문 시 선교관의 난간이 썩고, 마룻바닥 사이가 벌어져 있었다.

순교 당시 2004년 5월에 이중표 목사님이 교회에서 위로금을 지급하겠다고 말했으나, 장현진 부모는 이를 거절한 바 있다. 또한 당시 '순교자 추모사업'을 담당하고 있던 권재석 장로님이 여러 차례 받으라고 권유한 바 있다. 이중표 목사님이 돌아가신 후 목사님들이 새로 부임하자 권재석 장로님이 교회에서 주려는 위로금을 교회설립을 위한 목적기금으로 기증하면 이를 기반으로 선교사역이 되는 것이라면서 다시 권유했다.

장현진 부모는 이를 통해 순교자를 기억하면 태국 선교에 도움이 될 것이라고 기대하였다. 그래서 목적기금으로 〈장현진 선교사 태국 선교기금〉이고, 태국에 교회 설립으로 하며, 기금 사용할 때는 이명희 집사의 동의를 받도록 하자고 제안했다.

이에 대해 권재석 장로님이 제안을 당회에서 수용하기로 했으니 당회에서 기증식을 갖자고 했고, 장기옥 목사는 당회에서 목적 기금 설정 동기를 설명했다(2005. 9. 11).

현재는 기념교회 설립이 어렵고 선교관 신축이 필요하다.

이같이 설명하고 한신교회에서 발급한 '기금 증서'와 『사랑한다 현진아』에 기금 설명 부분을 펼쳐서 보여주었다.

강 목사가 보고서와 기금증서와 책의 기금 설명 부분을 번갈아 보았다. 그리고 잠시 침묵하다가 말했다.

"선교관을 새로 짓는다고 하니 제가 태국에 가보겠습니다."

4월 17일(수) 오후 9시, 강용규 목사가 연락했다. 다음 주 4월 22일 부터 24일 까지 쌍아오마을을 방문하겠으니 통역 목사를 준비해 주고 방문 일정을 작성해 달라고 했다. 서기 장로와 같이 간다는 것이다.

진행이 되는 것 같아 기뻤다. 방문 일정에 따라 준비를 하고 행정 목사에게 전달했다.

며칠 후에 강용규 목사가 태국에 다녀왔다. 쌍아오마을의 선교관이 아직 쓸만하고, 나중에 건축이 필요하면 현지인들이 사용하는 방식으로 다리를 기둥으로 받쳐서 올리면 된다고 말했다.

현진이 생일에 꽃을 두다

6월 11일(화) 오후, 현진이 생일에 한신교회 순교비 앞에 작은 꽃화분을 놓았다.

순교비는 메콩강 사건이 나고 몇 개월 후에 세웠다. 어느 날 이중표 목사가 연락하면서 교회 앞에 순교비를 세우겠다고 말했다. 현진이 생일 직전이었다. 순교비 제막 예배를 드렸다.

생일에 교회 앞을 지나다가 순교비가 쓸쓸해 보여 작은 꽃화분을 놓았다가 며칠 후에 집으로 가져오곤 했다. 하늘에 있는 아들에게 보내주는 것이다.

내년에는 한신교회 건물을 허물고 새로 건축할 것이다. 당분간 순교비 앞에 꽃을 두는 기회가 없을 것 같다.

"사랑한다 현진아" "생일날 아빠가 아들에게" 리본을 달았다. 교회 입구 옆 순교비에 꽃화분을 놓으면서 하나님이 이것을 보시고 교회를 부흥시켜 주실 것을 기원했다. 그런데 이번에 꽃화분을 놓고 기도하는데 예전보다 마음이 간절했다. 교회 건물을 새로 건축한다니까 순교비가 어디에 있을지 걱정이 앞섰다.

2013년 1학기에 구약개론을 강의하고, 2학기에 구약신학을 강의했다. 매년 강의를 하면서 한층 심오한 신학 사상을 배운다.

2014년 1월 1일(수) 오전, 태국 출발에 앞서 지난날을 되돌아봤다. 신학대학원 학생, 목사 안수, 박사학위, 교수를 하면서 10년 동안 바쁘게 보냈다. 직장에 다니면서 쉽지 않은 과정을 걸었다.

현진이는 14살 태국 출발할 때 모습으로 내게 남아 있다.

1월 5일(일) 오전 7시, 한신교회 주일예배에 현진이 엄마와 같이 참석했다.

진영훈 장로가 대표기도 했다. "우리 교회가 선교를 하게 하소서. 태국 순교 10주기입니다." 순교 당시 메콩강에서 실종자를 찾는 현장을 직접 보았던 분이라 마음에 우러나오는 기도를 한다는 생각이 들었다.

예배 후 부모들이 같이 강용규 목사를 만났다. 구약신학 강의안 개정판을 설명하면서 드렸다.

"태국에 다녀오겠습니다."

"제가 이번에 가야 하는데 죄송합니다."

오전 11시 30분, 분당 한신교회에 안호준 집사와 같이 방문했다. 예배 시작 전에 두 분 권사를 만났다. 그러잖아도 때가 된 것으로 생각하고 있다면서 반갑게 손을 잡는다.

이윤재 목사에게 구약신학 강의안을 드렸다.

이날 아침에 안호준 집사는 이제 분당 한신교회에 그만 가자고 했다. 한신교회와 분당 한신교회가 토지 소유 문제로 서로 다투고 있어서 불편하다는 것이다. 나는 우리를 지켜보며 기도하는 분들이 있다면서 이번이 10주기이니 이번까지 만이라도 부모들이 가자고 요청했다.

예배를 마치고 안 집사에게 말했다. "1주기 태국 방문 후에 이중표 목사님이 권재석 장로님과 우리 부부와 같이 이곳에서 순교 사건을 소개하면서 예배를 드렸습니다. 우리가 이제까지 10년 동안 부모로서 책임을 다했으니 그만해도 된다고 생각합니다."

1월 12일(일) 오후 2시, 방콕공항에 박원식 선교사가 마중 나왔다.
이번에는 나와 현진이 엄마가 같이 갔다. 현진이 엄마가 건강이 약해져서 쉬라고 했으나 10주기라서 함께 가겠다고 했다.

1월 13일(월) 오전 8시, 우돈타니 꽃가게에서 예배용 꽃을 구입했다.
오전 11시 30분, 쌍아오마을에 도착했다. 선교관에 가서 구약신학(개정) 강의안을 책장에 넣었다.

10주기 추모예배

오후 3시, 쌍아오교회에서 추모예배를 드렸다. 뜨라이롱 목사가 순서를 준비해 놓았다. 설교는 봉쌈란교회 목사이다.
뜨라이롱 목사가 내게 대표기도를 제안했다. 한신교회 목사가 가지 않았고 10주기라서 내가 해도 되겠다는 생각이 들었다. 예배에 어른 40명, 초등학생 10명이 참석했다. 잠시 후 김완주 선교사와 함께 봉쌈란교회에서 10명이 왔다. 예배에 참석한 교인들에게 십자가 목걸이를 나누어 주었다.
나는 이렇게 대표기도를 했다.

주님은 제자들에게 '내 증인이 되리라'고 말씀하셨습니다. 성경의 많은 사건에는 증인이 있습니다. 우리의 순교 사건에 증인이 있으며 이 자리에 있는 분들이 증인입니다. 우리들이 주의 거룩한 증인된 삶을 살기를 원합니다.

많은 기독교인이 우리의 순교 사건을 지켜보며 하나님의 역사를 위해 기도하고 있습니다. 쌍아오마을을 방문하여 복음을 전한 선교사들이 있습니다. 이들을 기억하여 주옵소서. 또한 모두가 주의 뜻 안에서 한 마음이 되게 하시고 주님이 주시는 지혜와 능력으로 합심하여 주의 복음을 전하게 하시옵소서. 복음의 빚진 자로서 주신 사명을 기쁨으로 감당하게 하시옵소서.

하나님께서는 '증인들에게 열매를 맺으라'고 말씀하셨습니다. 우리가 주의 증인으로서 순교자를 기념하며 주님이 인도하시는 계획에 따라 합당한 열매 맺기를 원합니다.

하나님께서 사용하시는 사람들을 불러 모아 주옵소서. 새 힘을 부어 주옵소서. 주께서 예비하신 일이 진행되기를 원합니다. 주님이 진행하시는 복음의 역사로 우리의 상황이 회복이 되고 우리가 미래의 비전과 소망을 보게 하시옵소서.

쌍아오마을이 복음의 전초기지가 되어 태국과 동남아 전역에 복음이 더욱 확장되게 하시옵소서. 메콩강을 따라 순교자의 이야기와 십자가의 복음이 굽이굽이 전해지는 역사가 있게 하시옵소서. 하나님 나라에 영원히 남겨지는 기념비가 되게 하시옵소서.

하나님께서 예배를 주관하시어 하나님의 영광이 드러나게 하시옵소서. 우리의 기도가 하나님의 뜻을 구하며 성령의 인도를 받게 하시옵소서.

주 예수 그리스도의 이름으로 기도합니다. 아멘

오후 4시, 메콩강가에서 기도회가 열렸다. 예배에 참석한 교인들과 마을 사람들이 참석했다. 뜨라이롱 목사가 주관했다.

내가 인사했다.

10년이 되었습니다. 서울에서 부모님들이 왔습니다. 이 마을에는 목사님과 교인들이 있습니다. 사도행전 1:8에서 예수님은 마지막으로 제자들에게 말씀하셨습니다. '내 증인이 되리라' 제자들이 증인이 될 것입니다. 나중에 증인에 합류한 사람도 있습니다. 사도 바울입니다.

주의 증인이 되는 것이 어떤 의미가 있을까요?

첫째, 예수님을 전하는 기독교 역사에는 증인이 있습니다. 우리의 순교 사건에도 증인이 있습니다. 이 마을을 다녀간 분들이 있고 지금 이 자리에 있는 우리가 증인입니다.

둘째, 예수님은 증인에게 책임을 주십니다. 기독교 역사에는 사건이 있고 상황이 있습니다. 그때마다 증인이 역할을 했습니다. 증인은 주님이 원하시는 일을 하도록 주님이 인도하십니다. 이곳에 선교관을 세우고 기념하는 일을 하는 것은 주님의 인도입니다.

우리는 주의 증인으로서 증인된 삶을 살아야 합니다.

모두 헌화하고, 십자가 목걸이 24개를 마음에 담아 강물에 띄웠다.

뜨라이롱 목사가 러이교회 여성 목사를 소개했다. 교인 3명과 같이 왔다. 이 분이 추모예배와 기도회를 핸드폰으로 동영상을 찍었으며 강가 기도회 진행을 세심하게 지켜보았다.

오후 8시, 선교관에서 뜨라이롱 목사와 자리를 함께했다. 태국 및 라오스 선교에 대해 들었다. 나는 뜨라이롱 목사와 약속한 8만 바트를 헌금했다.

1월 14일(화) 새벽 5시, 쌍아오교회에서 내가 새벽예배를 인도했다. 성경 본문은 사도행전 1:8 및 요한복음 15:8, 설교 제목은 '순교의 열매'이다.

2014년 1월 13일 쌍아오교회 10주기 추모예배 후 전교인이 함께 했다.

오전 11시, 뜨라이롱 목사가 좋은 소식을 전해주었다.

어제 러이교회에서 온 목사는 교인이 200명 되는 대형교회 목사이며 순교자 예배와 메콩강가 기도회를 동영상으로 촬영했다. 그리고 교회에 가서 내년부터 예배와 기도회에 참석하기로 결정했다는 것이다.

또 반가운 소식이 있다. 이성원 선교사의 사역이 눈부시다. 1월 11일부터 12일까지 백석대 선교팀 22명이 교수, 의사 등을 이끌고 쌍아오마을에 의료선교를 했다. 이어서 1월 15일부터 17일까지 인천 새힘교회 중고등부 선교팀이 온다. 이성원 선교사가 라오스에서 사역하면서 선교팀을 초청했는데, 그중에 며칠을 쌍아오마을에서 선교하는 것이다.

10주기에 의미 있는 좋은 소식을 들었다.

1월 24일(금) 오후 2시, 서울에서 강용규 목사에게 태국 순교 10주기 방문 결과를 설명했다. 그리고 보완해서 말했다.

"쌍아오교회에서 예배를 주관하고 있습니다. 한신교회에서 애써 선교팀을 안 보내도 됩니다. 선교관 신축은 필요합니다."
"지난해 4월에 갔을 때 다른 집들이 기둥으로 받쳐서 이층으로 올리는 것을 보았습니다. 그렇게 하려고 합니다."
"태국에서 임시방편으로 할 때 기둥으로 받쳐서 이층으로 올립니다. 선교관은 나무가 낡아 새로 벽돌로 지어야 합니다. 그렇게 하려면 불안하므로 그냥 두는 것이 낫겠습니다."
"한신교회가 2015년까지 건물을 짓게 되는데 그 후에 쌓아오 선교관을 새로 짓겠습니다. 그때 장 목사님과 협의하겠습니다." 강 목사가 확실하다는 듯이 말했다. 이어서 질문했다,
"김완주 선교사가 예배에 왔었나요?"
"예배에 참석하고 인사하고 갔습니다."

04 내가 너를 도와주리라

2014년 1학기에 구약개론을 강의했다. 지난해 강의안에 신학 사상을 보완했다. 그리고 2학기에 구약연구방법론과 구약신학을 강의했다.

2015년 1월 4일(일) 오전 7시, 한신교회 주일예배에 참석했다. 예배당 건물이 건축 중이므로 교회 앞 반원상가 지하실을 개조하여 예배실로 사용하고 있다.

안호준 집사와 같이 태국 출발 인사를 위해 강용규 목사를 방문했다. 인사하면서 구약연구방법론과 구약신학(개정) 강의안을 드렸다.

1월 12일(월) 오후 2시, 방콕공항에 박원식 선교사가 마중 나왔다.

오후 8시, 우돈타니공항에서 이성원 선교사를 만났다. 우돈타니에 오면 순교지에 가까이 왔다는 생각에 다소 긴장하게 되는데 선교사가 이곳에서 반겨주니 마음이 놓이게 된다.

1월 13일(화) 오전 11시 30분, 쌍아오마을에 도착했다. 쌍아오교회에 우돈타니에서 구입한 꽃을 장식했다. 선교관에 가서 구약연구방법론, 구약신학(개정) 강의안을 책장에 넣었다. 지난해 업적이다.

김완주 선교사와 대화

오후 2시 30분, 김완주 선교사가 쌍아오교회 예배에 참석하기 위해 왔다.

"기다리고 있습니다." 나는 반가워서 얼른 손을 잡았다.

"우돈타니에 부지를 사고 교회를 짓고 있습니다." 웃으면서 말했다.

"추진력이 있어서 잘할 것입니다. 태국 선교초기의 어려움을 잘 넘겼습니다. 그런데 이제는 주위를 돌아보고 같이 조화를 이루어 가야 합니다. 건물 짓는 것 보다는 사람들이 같이 참여하는 과정이 필요합니다. 김 선교사님이 태국에서 뼈를 묻을 것이라고 했고 하나님이 알고 계시니, 지금은 힘들어도 나중에는 모두에게 인정받을 것입니다."

김완주 선교사가 고개를 끄덕였다.

사도 바울 같은 열정이 있어서 신중하게 진행하면 훌륭한 선교사가 될 것이다. 그런데 이곳에 있는 안호준 집사 내외, 박원식 선교사, 뜨라이롱 목사와 서먹서먹하게 대하고 있으니, 붙들고 있을 수도 없는 상황이 되었다.

사도행전에 선교를 하는 과정에서 서로 의견 차이를 보였으나 결국 같은 방향으로 선교를 하였으니 우리에게도 때가 되면 하나님이 통합된 마음을 주실 것이라고 생각했다.

11주기 추모예배

오후 3시, 쌍아오교회에서 추모예배를 드렸다.

뜨라이롱 목사가 예배를 진행했다. 예배에 70명이 참석했다. 라오스 청년 7명이 예배를 준비하고 있고, 뜨라이롱 목사 아들 요가 기타를 치며 찬양을 인도했다. 예배 참석자들에게 십자가 목걸이를 나누어 주었다. 러이교회 이산샤민 목사가 설교했다. ETF 동북부 노회장으로 67세이며 50년 사역했다. 태국에서 유명한 목사이다. 신앙의 경륜이 느껴진다.

오후 4시, 메콩강가에서 기도회가 열렸다. 봉쌈란교회 목사가 기도하고, 뜨라이롱 목사가 설교했다. 예배에 참석한 사람들과 마을 사람들이 강가에 모였다. 강물이 많이 불어 강가 입구에서 내려가는 밑부분까지 물이 차 있다. 지금까지 지켜본 중에서 가장 많은 수준의 강물이 흘렀다. 강폭이 300m 정도 되는데 물이 가득 찼다. 라오스 사역자들이 기도회를 위해 강 입구에 며칠 동안 천막을 쳤다.

내가 인사했다.

예배와 기도회에 참석한 모든 분께 감사드립니다. 예배에 참석한 교인들이 많았고, 기도회에서는 찬송과 기도로 강물이 넘쳐흐르듯이 복음이 확장되고 있다는 생각을 하게 됩니다.

이곳에서 여러분을 만나 예배드리고 기도를 하면 마음이 한결 가벼워지고 하나님의 사랑을 느끼게 됩니다.

우리가 이곳에 매년 찾아오고 여러분들과 교제합니다. 선교관이 있습니다. 하나님이 이끌어 주셨습니다. 앞으로도 우리는 이곳에서 여러분을 만나게 될 것입니다. 이것은 하나님이 우리에게 주시는 기대와 소망입니다.

저녁 8시, 뜨라이롱 목사와 자리를 함께했다.
선교관에 페인트칠하고 화장실을 수리해서 고맙다고 말했다.
뜨라이롱 목사는 태국 북부 13개 교회가 소속된 노회에 가입했다. 노회장은 오늘 설교한 이산 싸민 러이교회 담임목사이다. 지난해 예배에 참석한 여목사는 러이교회 부목사이다. 뜨라이롱 목사는 라오스 몽족 선교를 하고 있다. 아들 요는 라오스에서 사역하고 주일에 쌍아오마을에 온다.

1월 14일(수) 새벽 5시, 쌍아오교회에서 내가 새벽예배를 인도했다. 성경 본문은 이사야 41:8~10, 설교 제목은 '내가 너를 도와주리라'이다.

두려워하지 말라 내가 너와 함께 함이라 놀라지 말라 나는 네 하나님이 됨이라 내가 너를 굳세게 하리라 참으로 너를 도와주리라 참으로 나의 의로운 오른손으로 너를 붙들리라 (사 41:10)

사람들은 어려운 상황에서 이 구절을 접하게 됩니다. 저도 마찬가지였습니다. 그런데 사실 이 구절이 마음에 와닿지 않았습니다. 왜냐하면 이미 두렵고 놀란 일을 당했습니다. 이미 당했는데 무엇을 두려워하지 말라 놀라지 말라는 것입니까?

그런데 어제 메콩강을 따라 2시간 동안 쌍아오마을로 오면서 이 말씀이 이해되었습니다. 후반부에 '너를 도와주리라'가 있습니다. 그 당시 힘들었고 방해가 있었어요. 하지만 이 마을에 선교관이 있습니다. 매년 이 마을을 방문하고 예배를 드립니다. 조금이라도 해야 된다는 마음에서 진행한 것입니다. 그 과정이 책에 기록되어 있습니다. 지금 생각하면 무슨 의지로 견뎌냈는지 모를 정도입니다. 하나님이 도와주셨습니다.

'두려워하지 말라 놀라지 말라'는 위로를 주는 것이며, '너를 도와주리라'는 기대와 소망의 메시지를 주는 것입니다. 아멘.

오후 2시, 우돈타니공항이다. 이성원 선교사가 최근 사역에 대해 설명했다. 쌍아오마을의 메콩강 건너 껀캄마을에 선교하고 있으며 2012년 2월 12일에 교회를 설립하였다. 놀라운 일이다. 현진이 선교팀이 카누를 타게 된 것은 메콩강 건너 라오스를 보면서 답사하는 것이라고 했다. 카누가 중간에 멈추었지만 10년이 되어 이성원 선교사가 쌍아오마을의 강 건너 라오스 마을에 선교하고 있다.

강 건너 라오스 주민들이 쌍아오마을에서 열리는 5일장에 물건을 사기 위해 배를 타고 온다. 쌍아오마을 주민들이 사용하는 언어는 태국 동북부 이산지방 언어로서 라오스 언어와 비슷하므로 대화가 가능하다. 라오스 군인과 태국 군인 사이에 각각 국경 수비대가 있지만 마을 주민들이 서로 왕래하는 것에 제한을 두지 않는다.

오후 5시, 방콕공항에서 노바에 연락했다. 한신복지재단의 행정청 보고 비용을 확인하고, 강용규 목사의 요청에 따라 이사 1명에 권재석 장로가 은퇴했으니 서기 장로의 아들로 변경하라고 알려 주었다.

1월 29일(목) 오후 2시, 서울에서 강용규 목사에게 태국 순교 11주기 방문 결과를 설명했다.

05 십자가 복음

2015년 1학기에 구약연구방법론을 강의하고, 2학기에 구약신학을 강의했다. 구약개론으로 전체 구조를 정리하고, 구약연구방법론으로 이론의 근거를 배우며, 구약신학으로 신학적 체계를 정립하였다.

10월 14일(수) 오후, 김석기가 만나자고 연락했다.
몇 년 전부터 고양시 부근의 교회에서 찬양으로 봉사했으며 갈급한 마음이 들어 신학을 공부하겠다는 것이다. 메콩강 사건이 생각나고 책임감이 들어 이제는 신학을 공부하고 목회를 하면서 마음을 새롭게 해야겠다고 말했다. 신학대학원도 2~3개 염두에 두고 있었다. 나는 석기의 결심을 확인하고 백석신학대학원을 추천했다. 규모가 크고 교수진이 좋아 여러 교단에서 추천한다고 설명했다.
그리고 12월 초 백석신학대학원에 입학원서를 내고, 12월 29일 합격통지서를 받았다. 석기가 신학대학원에서 목사과정을 공부하게 되다니 기뻤다.

2016년 1월 9일(토) 오후 5시, 방콕의 노바에서 연락이 왔다. 한신복지재단 실적보고와 등기이사 변경이 완료되었으며 박춤면에서 등기 서류를 받으면 된다. 몇 년 동안 미뤄진 한신복지재단 실적보고가 마무리

되었다.

1월 10일(일) 오전 7시, 한신교회 주일예배에 참석했다.
예배당 건물이 2년째 건축 중이며 반원상가 지하실을 예배실로 사용하고 있다. 예배후 강용규 목사를 방문하여 태국 출발 인사를 했다. 그러면서 구약연구방법론(개정)과 구약신학(개정)의 강의안을 드렸다.

1월 13일(수) 오전 11시 30분, 쌍아오마을에 도착했다. 쌍아오교회에 우돈타니에서 구입한 꽃을 장식했다. 그리고 선교관에 가서 구약연구방법론(개정), 구약신학(개정) 강의안을 책장에 넣었다. 그동안 가져온 책을 보니 책장에 3칸이 되었다. 매년 늘어나고 있다.

12주기 추모예배

오후 3시, 쌍아오교회에서 추모예배를 드렸다. 뜨라이롱 목사가 예배를 진행했다. 예배에 70명이 참석했다. 예배 참석자들에게 십자가 목걸이를 나누어 주었다.
뜨라이롱 목사의 자녀의 봉사가 아름답다. 요가 기타를 치며 청년 2명과 같이 찬양을 인도했다. 화는 영상 스크린에 말씀과 찬양을 올리고 있다.
뜨라이롱 목사가 웃으며 예배에 4개 언어가 사용된다고 말했다. 태국어, 라오스 2부족어, 한국어이다. 라오스교회 청년들이 합창했다. 설교는 라오스교회 사역자가 했다.

오후 4시, 메콩강가에서 기도회가 열렸다. 메콩강은 지난해보다 강물이 줄었으며, 강물의 흐름은 거세고 더 빨랐다.

뜨라이롱 목사가 기도하고, 라오스교회 사역자가 설교했다. 라오스 사역자들의 신학 교육이 잘 되는 것으로 보였다.

내가 인사했다.

예배와 기도회를 준비해 주신 모든 분께 감사를 드립니다. 12년 되었습니다. 우리는 계속하여 찾아왔습니다. 왜 이렇게 찾아와야 했을까요? 신학적으로 어떤 의미가 있는지 질문을 하게 됩니다.

그런데 이 자리에서 예배드리고 기도하면서 답변을 찾게 되었습니다. 주기도문을 보면 '하늘에 계신 우리 아버지'라고 시작합니다. 신앙고백은 '나는 전능하신 아버지 하나님, 천지의 창조주를 믿습니다.'라고 되어 있습니다.

예수님이 겟세마네 기도하실 때 '아바 아버지'라고 하셨어요(막 14:36). 아바('Aββα)는 아람어의 히브리어 발음으로 해석하는데, 한국어 '아빠'의 의미와 같습니다. 발음도 거의 같습니다. '친밀하며 사랑하는' 의미가 담긴 용어입니다.

하나님과 우리는 아버지와 아들의 자식 관계입니다. 하나님은 우리 그리스도인을 자식으로 간주하십니다. 우리는 두 아이를 생각하여 오는 것이며, 이것은 하나님이 우리에게 자식을 생각하는 마음을 주셨기 때문입니다.

앞으로 저는 하나님이 주신 마음으로 이곳을 방문하여 아들을 생각하며 의미 있는 일을 하겠습니다.

저녁 8시, 뜨라이롱 목사와 자리를 함께했다. 쌍아오교회 선교에 대해 협의했다. 쌍아오교회는 어른 73명, 어린이 47명으로 120명이다, 꾸준히 성장하고 있다. 뜨라이롱 목사는 라오스 몽족 선교를 하고 있다.

선교관에서 라오스 교역자 40명이 숙식하면서 회의를 했다.

이날 일정을 마무리하면서 안호준 집사에게 말했다.

"그동안 노력을 했으나 선교관을 구입하고 유지하는 것에 머물고 있습니다. 선교관 구입은 장로님들이 전임 목사가 약속한 기념사업이라고 하면서 진행한 것입니다. 현재 상황을 보면 더 이상 진전이 어려워 보입니다."

안호준 집사가 무언가 말을 하려다가 아쉬운 듯이 나를 본다.

"선교관은 하나님이 세워 놓으셨기 때문에 유지하고 관리하실 것입니다. 우리는 우리의 할 일을 계속하면 된다고 생각합니다."

1월 14일(목) 새벽 5시, 쌍아오교회에서 내가 새벽예배를 인도했다. 라오스 사역자 20명이 하룻밤 묵고 예배에 참석했다. 성경 본문은 마태복음 21:18~22, 설교 제목은 '그리스도인의 책임' 이다.

오전 10시, 서울로 떠나는 길에 모두 메콩강가로 가서 기도하였다.

그리고 선교관으로 이동하는데 귓가에 시편 23편이 들려왔다. "여호와는 나의 목자시니 내게 부족함이 없으리로다" (시 23:1) 하나님은 나와 함께하실 것이다. 나의 마음을 하나님께 의지하게 하시는 것이다.

오전 11시, 봉쌈란교회를 방문했다. 그리고 박촘면에 가서 새로 나온 한신복지재단 등록증을 받았다.

1월 26일(화) 오후 3시, 서울에서 강용규 목사에게 태국 순교 12주기 방문 결과를 설명했다. 태국에서 가져온 한신복지재단 등록증을 제출했다.

설명하고 나니 왠지 허전한 느낌이 들었다. 그동안 태국을 다니면서 의미 있게 진행하려고 노력했지만 진전이 없었다. 이제는 태국에 파송 선교사가 없고 부모들이 선교사를 주선하여 태국 방문 일정을 만들다 보니 이런 상황이 힘에 부쳤다. 그리고 불현듯이 태국 선교를 가면서 현진이가 내게 "초라해 보이면 안 돼요."라고 한 말이 생각이 났다.

그래서 강 목사에게 말했다. "이제 세월이 많이 지났고 태국에 선교관이 있어서 방문이 가능합니다. 부모들은 매년 태국방문을 계속할 것입니다. 앞으로 목사님께서는 순교자 추모 사업에 대해 이미 교회에서 약속된 것이니 해야 된다는 말을 더 이상 하지 않겠습니다."

강용규 목사가 뜻밖이라는 듯이 나를 보며 말했다. "목사님은 역시 대단하십니다."

"사실 목사님은 임기를 마치면 이 교회를 떠나시겠지요. 하지만 부모들은 아들의 순교비가 있으니 이 교회의 교인으로 남아야 할 것입니다."

06 하나님의 언약

2016년 1학기에 구약연구방법론을 강의했고, 2학기에 신학대학원에서 구약신학을 강의했다.

12월 30일(금) 오후 2시, 한신교회 강용규 목사를 방문했다. 며칠 전에 안호준 집사가 연락하면서 한신교회 건물을 새로 지었는데 먼저 건물 앞에 있던 순교비가 없다고 했다. 안호준 집사와 같이 강용규 목사를 방문하여 그동안 진행에 대해 설명했다.

새 건물에서 순교비 위치

교회의 새 건물이 신축되었고 순교비가 먼저와 같이 교회 앞에 있지 않아서 목사님 계획이 궁금합니다.

2004년 5월 어느 날, 이중표 목사님이 순교비를 교회 입구에 세우겠다고 했습니다. 기존에 성경 구절이 있는 작은 비석을 치우고 그 자리에 세운 것입니다. 한신교회 창립일에 교회 1층 현관에서 '순교추모비' 제막 예배를 드렸습니다(2004. 6. 5).

신학적 근거를 찾아보았습니다. 사도 바울은 십자가 복음입니다. 십자가를 부끄러워하지 않는다고 했습니다(롬 1:16). 오히려 자랑했습니다. 복음이 복음으로 인정받는 근거입니다. 한신교회 설립 후 가장 큰 사건이 순교 사건이라고 했습니다. 교회가 소속된 한국기독교장로회 교단에서 순교자로 추서했습니다. 건물은 낡으면 다시 지으면 되지만, 순교비는 기념으로 남겨야 합니다.

사실 부모들은 태국에 가서 메콩강을 보고 마음이 아파서 울고 웁니다. 그런 가운데 순교비가 있어서 교회가 교회로 보입니다.

기도하면 교회 앞에 순교비가 보입니다. 순교비를 먼저 건물에서와 같이 1층 입구 왼쪽에 작은 화단이 있으니 그곳에 위치하면 어떨지 생각을 합니다.

설명을 듣고 강용규 목사가 말했다.

"내가 알아서 하겠으니 맡겨주세요."

"이중표 목사님이 기도했다고 하면서 세웠습니다. 지금 생각나는 것은 이중표 목사님이 저와 현진이 엄마에게 자신의 이름은 교회에 넣지 않겠지만 순교비는 세워야 한다는 말도 했습니다."

강 목사가 잠시 생각하더니 말했다. "문화원을 임차해서 도서관을 만들고 그곳에 의미 있게 순교비를 갖다 놓을 것입니다."

지켜보던 안 집사가 떠는 목소리로 말했다. "문화원은 한신교회가 아니고 임차를 해야 하며 철수할 수 있으니 예배당 건물에 있어야 합니다."

"임차가 안 되면 예배당 건물에 장소를 만들어 세워 놓을 것입니다."
이런 상황이 되니 마음이 아팠다. "목사님이 생각해서 진행하시면 됩니다." 이어서 탄식하듯이 말했다. "지난 1월에 태국에 다녀와서 목사님께 설명할 때, 제가 '앞으로 목사님께는 순교자 추모 사업에 대해 이미 교회에서 약속된 것이니 해야 된다는 말을 더 이상 하지 않겠습니다.'라고 했지요? 그런데 이렇게 또 와서 설명하고 있습니다. 마음이 너무 아파서 이렇게 다시 왔습니다."
강 목사가 갑자기 몸을 오른쪽으로 젖히며 계면쩍게 웃는다.
"제가 지난 1월에 그렇게 말했지요?" 나는 확인하듯이 물었다.
"예."하고 강 목사가 고개를 끄떡였다.
안 집사가 의아하다는 듯이 나를 본다.
"내가 있는 동안은 태국 선교를 할 것입니다." 강용규 목사가 확실하다는 듯이 말했다.

어느 목사님의 설교가 생각이 났다. "교인은 고난의 현장이 있어야 합니다. 고난의 때에 성령을 만나게 됩니다. 고난이 고난으로 끝나는 것이 아닌 것은 고난 속에서 하나님의 영광을 볼 수 있기 때문입니다. 성령의 강력한 역사를 깊이 체험하기를 원합니다. 고난이 고난으로 끝나면 이보다 더 억울한 일이 있겠습니까? 그래서 성령이 역사하는 것입니다."

2017년 1월 8일(일) 오전 7시, 한신교회 주일예배에 참석했다. 습관대로 순교비가 있던 1층 입구에 눈길이 갔다. 빈자리를 보니 마음이 공허하고 허망해진다.

1월 12일(목) 오후 2시, 안호준 집사와 함께 방콕공항에 도착했다. 공항에 박원식 선교사와 국정원 선교사가 마중 나왔다. 국정원 선교사는 5년 전부터 방콕에서 한방치료 선교를 하고 있다.

오후 8시, 우돈타니공항에서 이성원 선교사를 만났다.

1월 13일(금) 오전 11시 30분, 쌍아오마을에 도착했다. 쌍아오교회에 우돈타니에서 구입한 꽃을 장식했다. 선교관에 가서 구약연구방법론(개정), 구약신학(개정) 강의안을 책장에 넣었다. 지난해 업적이다.

아리랑 국악선교단 손한웅 단장과 팀원을 만났다. 매년 15일 동안 태국을 순회 선교하고 있으며, 이번에는 치앙라이에서 출발하여 어제 밤에 쌍아오마을에 도착했다.

13주기 추모예배

오후 3시, 쌍아오교회에서 추모예배를 드렸다. 3일 전부터 이날 오전까지 많은 비가 왔으며, 오후에 예배를 드리려 하니 햇살이 비추었다. 쌍아오교회 교인이 오후에 비가 그친 것은 예배를 드리기 위한 것이라고 했다.

뜨라이롱 목사가 예배를 주관했다. 예배에 70명이 참석했다. 예배 참석자들에게 십자가 목걸이를 나누어 주었다. 라오스 사역자 8명이 찬양을 했다. 라오스 여러 교회의 찬양 인도자들이다.

오후 4시, 메콩강가에서 기도회가 열렸다. 지난해보다 강물이 많이 증가했다. 예배 참석자들과 마을 사람들이 모였다. 뜨라이롱 목사가 진행했다. 요가 찬양을 인도했으며, 이어서 모두 뜨겁게 기도했다.
내가 인사했다.

서울에서 출발할 때는 외롭고 힘든 순례의 길을 걷는다고 생각합니다. 그리고 이곳에 도착하여 교인들과 예배드리고 기도회를 함께 하는 가운데 하나님께서 천군 천사를 보내 예식을 진행하며 순교자를 지켜주신다는 생각이 듭니다. 뜨라이롱 목사님이 현진이 이름을 불러주며 기억하는 모습을 보니 고마워서 눈물이 납니다.
이곳에서 여러분들이 애쓰는 것을 보며 하나님의 위로를 받습니다. 어떻게 이 은혜를 말로 표현할 수 있으리오. 매년 이곳에 오면서 교인들께 마음과 정성으로 보답을 드리고자 합니다.

오후 6시, 아리랑 국악선교단이 1시간 동안 공연을 했다. 마을 주민들 150명이 참석했으며 호응이 컸다. 국악선교단이 땀을 흘리며 공연하는 모습을 보니 마음이 따뜻해지고 이 분들의 수고에 고마워하게 된다.

밤 9시, 선교관에서 뜨라이롱 목사와 지난 사역에 대해 대화했다.
"매년 1월 13일 쌍아오마을 '순교자 예배'는 태국 교회에 유명한 이야기입니다. 단기 선교팀이 순교하고 그곳에 선교관을 세웠으며 매년 방문하여 예배를 드리는 것은 유례가 없는 일입니다."
뜨라이롱 목사가 눈물을 글썽이며 말했다.

1월 14일(토) 새벽 5시, 쌍아오교회에서 내가 새벽예배를 인도했다.

성경 본문은 이사야 51:1~3, 설교 제목은 '여호와 하나님의 약속'이다.

오전 9시, 국정원 선교사가 침과 부황으로 쌍아오마을의 아픈 사람들을 치료했다. 치료받은 사람들이 두 손을 모아 인사하는 모습을 보며 마음이 뭉클했다.

1월 18일(수) 오후 2시, 서울에서 강용규 목사에게 태국 순교 13주기 방문 결과를 설명했다.

설명을 듣고 나서, 강 목사가 의료선교를 2018년 7월에 쌍아오마을과 라오스로 갈 의향이 있으니 사전 조사해 달라고 말했다.

갑작스러운 말을 듣고 강 목사 얼굴을 바라보았다. 의료선교라니 의아했다. 무슨 변화가 생기는 것인가?

강 목사는 한신교회에서 매년 7월 해외 의료선교를 하고 있는데 그동안 브라질, 인도 등 여러 나라를 다녀왔지만, 왜 태국은 안 하느냐는 이야기가 있다고 했다.

그러면서 세 가지 사항을 점검해 달라고 했다. 첫째 의료선교에서 의약품 반입이 문제이다. 둘째 선교 인원이 30명 정도이다. 쌍아오마을 인근에 호텔이 있는지 살펴달라. 셋째 쌍아오마을에서 1박하고 나머지 기간은 라오스로 갈 것이다.

태국 및 라오스 의료선교 현황을 파악하기로 했다.

나는 중요하다는 의미를 담고 기침을 하고 질문을 했다. "현진이 실체를 찾을 때 전날 메콩강에서 미리 나온 십자가 목걸이가 있습니다. 새 건물로 이전하면서 보관하고 있는지 궁금합니다."

"잘 보관하고 있습니다." 강 목사가 고개를 끄덕이며 말했다.

"현진이 장례예배에서 진영훈 장로님이 머리카락을 잘라서 보관하겠다고 하였고, 그때 옆에 있던 부목사가 머리카락을 조금 잘랐습니다. 십자가 목걸이와 같이 보관함에 넣어 있었습니다."

강 목사가 고개를 끄떡였다.

이야기를 마치고 진심으로 내가 말했다. "교회 건물 건축에 고생이 많으셨습니다."

"이제 저도 얼마 남지 않았습니다. 글쎄 5년이나 할까요?"

"목사님이 쌍아오마을 이야기를 잘 아십니다. 이곳에 계시는 동안 태국 선교가 진행이 되어야 할 텐데요."

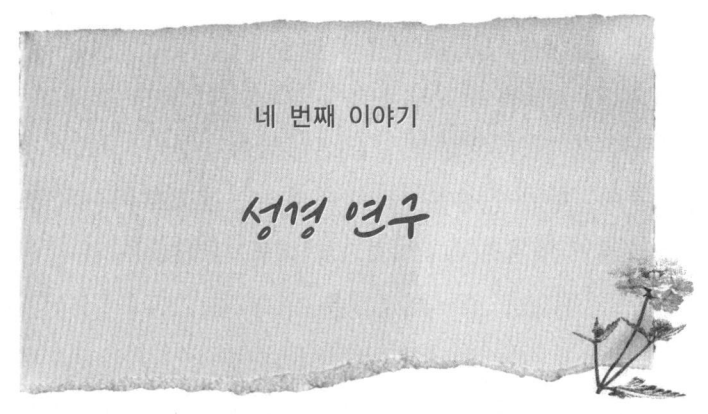

네 번째 이야기

성경 연구

01 하나님을 만나리라

이사야서 주석서 완성

1월 30일(월), 이사야서 주석서를 완성했다. 그동안 구약개론, 모세오경, 구약연구방법론, 구약신학의 강의를 통해 구약의 전반적인 체계와 신학 사상을 정리하였다. 이제는 성경을 연구하면서 주석서를 작성하기로 했다. 5월에 창세기 주석서, 7월에 출애굽기 주석서, 10월에 신명기 주석서를 완성했다.

3월 28일(화) 오후 2시, 강용규 목사를 방문했다. 이사야서 주석서를 드렸다. 강 목사가 "어려운 책인데." 하면서 펼쳐 본다.
지난 1월에 강 목사가 태국과 라오스를 연계하여 의료선교 계획을 세워보고 2018년 7월 진행해 보자고 말했다. 태국 및 라오스 선교사들에게 의료선교 상황을 알아보고 관세 제도를 확인했다.

태국과 라오스는 의약품 반입을 허가 받아야 한다. 의료선교는 의약품을 방문자들이 가방에 분산하여 가져가는 정도로 이루어지고 있다. 최근에 통제가 엄격해지고 있으므로 대규모 의료선교를 준비하기에 2018년 7월은 어렵다. 향후 태국 방문 시 세부적으로 확인해야 한다.

10월 28일(토) 오전 11시, 김석기 전도사의 '선교회' 설립 감사예배가 있었다. 김 전도사는 신학대학원 4학기 재학 중에 자신이 일하는 사업장에서 교회를 개척했다. 노회 목사 10명이 예배를 드렸다.

2018년 1월 7일(일) 오전 7시, 한신교회 주일예배에 참석했다. 찬양하고 기도하고 성찬식이 진행되었다. 그런데 분위기가 맥이 풀리듯이 활기가 없었다. 교회 앞에 순교비가 없어서 내 느낌이 그런가 하는 생각이 들었다.

안호준 집사, 최은혜 권사와 같이 강용규 목사를 방문했다.

"태국에 다녀오겠습니다."

강 목사가 "장 목사님은 더 젊어지는 것 같아요. 나는 그렇지 않은데." 하면서 웃는다.

"목사님이 좋아 보입니다. 태국 일을 하시니 건강하셔야지요."

1월 12일(금) 오후 2시, 방콕공항에 박원식 선교사와 국정원 선교사가 마중 나왔다. 이성원 선교사는 라오스에 일정이 있어서 못 나온다고 했다. 나중에 알게 되었는데 박원식 선교사와 이성원 선교사가 라오스 선교 방향을 두고 의견 차이로 다툼이 있다고 했다.

오전 10시 30분, 쌍아오마을에 도착했다. 어제까지 날씨가 추웠고 겨울옷을 입고 다녔으며, 오늘은 풀렸다고 한다.

선교관에 도착하니 수리하고 페인트칠을 예쁘게 단장했다. 산뜻했다. 선교관의 나무계단이 부식되어 있었는데 시멘트 벽돌로 수리했다. 마룻바닥에 못을 박아 튼튼해졌다. 선교관 밑에 기둥이 보이지 않도록 옆을 시멘트 벽돌로 막았다. 순교비는 계단 위에 튼튼하게 옮겨져 있었다. 선교관을 새로 짓지 않으니 하나님이 수리하게 하셨다는 생각이 들었다.

책장에 창세기, 출애굽기, 신명기, 이사야서 주석서를 넣었다.

잠시 후 어제 먼저 도착한 안호준 집사, 최은혜 권사가 외부에 갔다가 왔다. 지난해 선교왔던 아리랑 국악선교단 손한웅 단장을 만났다. 이 분은 태국에서 오랫동안 선교를 했다. 지난해 이곳에서 새벽기도 할 때 늦게 남아 눈물 흘리며 기도하는 것을 보았다.

이어서 한신교회의 방상숙, 이정미, 손은자 권사가 왔다. 이 분들은 국악선교단으로 선교왔다. 오랫동안의 믿음의 경륜이 느껴진다. 그리고 방콕에서 태권도 선교를 하는 유옥임 선교사가 왔다. 평신도 선교사가 이곳까지 오는 것이 쉽지 않을 텐데 고마운 일이다.

뜨라이롱 목사와 함께 러이교회에서 사역하는 두 분이 와서 인사했다. 하타일락 목사와 춘 목사이다. 목사 집안의 남매이다. 춘 목사가 담임하는 러이교회는 교인이 1천 명이다. 사진을 보니 규모가 상당하다. 러이지역에 14개 교회가 있다. 이 분들은 뜨라이롱 목사와 같이 라오스 몽족 선교를 하고 있다

뜨라이롱 목사는 추모예배에서 박원식 선교사가 설교를 하면 어떠냐고 질문했다. 나는 태국인 목사가 설교하는 것이 좋겠다고 말했다. 뜨라이롱 목사가 원래 계획이 춘 목사가 추모예배에서 설교하고, 하타일락 목

사는 내일 주일예배에서 설교하기로 했다며 그대로 진행하겠다고 했다.

14주기 추모예배

오후 3시, 쌍아오교회에서 추모예배를 드렸다. 교회 단상에 꽃이 장식되어 있다. 뜨라이롱 목사가 예배를 주관했다. 쌍아오교회, 라오스교회 등에서 70명이 참석했다. 예배 참석자들에게 십자가 목걸이를 나누어 주었다.

춘 목사가 전자오르간을 연주하면서 뜨겁게 찬양했고, 요와 라오스 청년 4명이 연주를 했다. 춘 목사가 설교했다.

뜨라이롱 목사가 서울에서 온 선교팀을 소개했다.

내가 인사했다.

예배를 준비하고 참석한 분들께 감사드립니다. 예레미야 29장 10절에 보면 이스라엘 백성이 포로지에서 70년 동안 보내는데, 하나님의 일은 연단의 시간이 필요하다는 것입니다. 이러한 과정은 평안을 주기 위한 것이며 미래와 희망을 준다고 했습니다. 이 과정에서 그리스도인에게 중요한 것은 하나님을 만나는 것입니다. 우리가 이곳에서 예배를 드리는 것은 연단의 시간이라고 할 수 있으며, 하나님을 만나는 과정이라고 생각합니다. 우리는 예배드리면서 하나님을 만날 수 있습니다.

오후 4시, 메콩강가에서 기도회가 열렸다. 예배 참석자들과 마을 사람들이 모였다. 뜨라이롱 목사가 주관했다.

하타일락 목사가 헌화하는 동안 찬송하면서 분위기를 경건하게 이

2018년 1월 13일 하늘에서 본 메콩강가 기도회.
강가에 기도회 참석자들이 보이고, 중앙에 넓은 마당이 선교관 옆 마을의 공터이다

끌어 주었다. 찬송의 운율이 강하게 메아리쳤다. 하나님이 기도회를 위해 찬송하는 천사를 보내주셨다는 생각이 들었다. 마음이 따뜻해지고 그 모습에 절로 눈물이 흘러나왔다.

오후 7시, 아리랑 국악선교단이 공연했다. 쌍아오마을 주민들이 150명 참석했다. 유옥임 선교사가 사회를 보았는데, 밤이라 그런지 설명하는 목소리가 컸다. 뜨라이롱 목사를 보니 걱정스러워하는 표정이다.

밤 9시, 선교관이다. 아리랑 선교단의 저녁 점검 시간이다.
한신교회 권사들이 선교단장의 권유로 오게 되었으며 사실은 몇 번 번복했다면서 공연하다 보니 보람이 있다고 말했다.
이어서 안호준 집사가 1년 동안 태국에 오기 위한 준비 과정을 설명했다. 그런데 울먹이듯 말하고 이내 눈물을 보였다. 그동안 준비하는

것이 힘들었던 모양이다. 어떻게 해야 하는가?

내 순서이다.

"저는 신학을 공부했고, 강의안에 이어 주석서를 만들고 있습니다. 책이 만들어지면 쌍아오마을에 가져옵니다. 그리고 강용규 목사님께 드립니다. 그것은 아비로서 노력하고 있다는 모습을 보여주는 것입니다.

제가 안 집사님에게 교인들에게 이곳에 가자고 권유하는 이야기를 하지 말라고 권면합니다. 그렇게 애쓰는 마음을 이해하면서도 마음이 아픕니다. 부모들은 책임을 지고 오면 됩니다. 현진이는 하나님이 주신 내 아들입니다. 하나님이 이런 마음을 아시면 된다는 생각으로 하고 있습니다."

1월 14일(일) 새벽 5시, 쌍아오교회. 뜨라이롱 목사, 러이교회 춘 목사, 사역자 10명, 그리고 서울 선교팀이 참석했다. 연합예배이다.

뜨라이롱 목사가 보관하고 있는 나의 성경을 주었다. 매년 주요 사항을 메모하고 떠날 때 성경을 맡기고 있다. 예배 일자, 설교자, 설교 제목 등이 기재되어 있다. 14년이 되어 한 페이지를 넘어갔고 다음 페이지에 기재했다.

뜨라이롱 목사가 춘 목사에게 나의 성경의 메모를 설명하면서 눈물을 글썽거렸다. 춘 목사가 나를 보며 놀라는 표정을 지었다. 하나님이 이 분들에게 이러한 기록을 알게 하셨다는 생각이 들었다.

예배를 시작하면서 춘 목사가 반주했다. 찬송가 214장 나 주의 도움 받고자, 한국어와 태국어로 불렀다.

내가 새벽예배를 인도했다. 성경 본문은 예레미야 29:13~14, 설교 제목은 '하나님을 만나리라'이다.

선교관 새롭게 단장

오전 7시, 뜨라이롱 목사와 자리를 함께했다.

"선교관을 수리하고 새롭게 단장해 주어 고맙습니다. 하나님이 기뻐하실 것입니다." 나는 진심으로 감사를 표했다.

지난해 1월 선교관 마룻바닥이 삐걱거려서 이곳저곳 못을 박아 달라고 요청했더니, 뜨라이롱 목사가 선교관이 너무 낡았다며 웃었다. 나는 선교관을 언젠가 새로 짓겠지만 그때까지 고쳐서 사용해야 하며, 선교관은 순교자에게 의미가 있다고 말했다. 뜨라이롱 목사가 고개를 끄떡였다. 그리고 이번에 보니 선교관을 대폭 수리하였다. 나의 마음을 이해한 것이다.

"강가에서 배를 태웠고 시신이 발견된 강물에서 내 손으로 건져 올렸습니다. 이 모든 것을 다 아는데, 순교자는 예우를 받아야 합니다. 부모님이 서울에서 오지 않더라도 내가 계속 예배를 주관할 것입니다." 뜨라이롱 목사가 눈시울이 붉어지며 말했다.

"고맙습니다. 부모님들은 쌍아오교회 교인이며 목사님은 담임목사님입니다."

뜨라이롱 목사가 이곳에 더 있어 달라 하면서 1년에 한 번이 아닌 수시로 방문해 달라고 했다. 그러면서 그의 눈가에 눈물이 맺혀 있다. 뜨라이롱 목사는 러이교회와 라오스 선교를 같이하고 있으며 협력관계라고 했다. 그러면서 다른 교회와 협력하는 것에 동의를 구하듯이 나를 바라본다.

"목사님이 기도하면서 진행하면 됩니다. 저는 직장에 다니며 신학을 공부하고 있습니다. 매년 방문하고 약속된 헌금을 합니다. 이곳에 방문할 때 선교사들이 몇 분만 오는 데 그것은 제가 지원하는 데 한계가 있기 때문입니다. 한신교회도 마찬가지입니다. 선교관 구입하고 유지하고 있으며 매월 관리비 지원하고 있습니다. 그 외에는 도와줄 여력이 없다고 합니다. 한신교회는 쌍아오마을을 순교성지라고 선포했고 지금까지 이렇게 관계가 지속되고 있습니다. 우리는 앞으로도 계속할 것입니다. 만일 다른 교회에서 순교지 쌍아오마을의 복음을 위해 도움을 주겠다면 누구든지 협력하면 됩니다. 우리는 같이 협력할 것입니다."

나는 그동안 여러 번 밝혔던 내용을 말했다.

오전 10시 30분, 쌍아오교회 주일예배. 교인 100명 정도가 참석했다. 하타일락 목사가 1시간 20분 설교했다. 태국인 교회는 설교를 1~2시간 한다. 시원한 목소리에 파워가 있고 열정적이다. 목회에 성공할 것 같다는 느낌이 들었다.

1월 19일(금) 오후 3시, 서울에서 강용규 목사에게 태국 순교 14주기 방문 결과를 설명했다. 안호준 집사 내외와 같이 갔다.

사진으로 진행 과정을 설명했다. 쌍아오마을, 강가, 선교관, 추모예배, 강가 기도, 아리랑 선교단, 선교팀 사역 모습 등. 그리고 보완해서 설명했다.

첫째, 뜨라이롱 목사가 라오스 선교하면서 도움이 필요하여 러이교회 등 다른 교회와 협력하는데 괜찮냐고 질문했고, "우리가 도와드리는 것에 한계가 있으니 다른 교회와 협력해도 좋다. 한신교회 담임목사님도 마찬가지일 것이다." 라고 말했다. 강 목사가 끄떡인다.

둘째, 뜨라이롱 목사가 "자기가 강가에서 배를 태웠고 강물에서 시신이 발견되자 건져 올린 사람으로서 모든 것을 아는데, 순교자는 예우를 받아야 한다."고 했다. 부모님이 서울에서 오지 않더라도 자기가 예배를 주관할 것이라면서 눈물을 글썽였다. 강 목사가 "고마운 일입니다." 라고 했다.

셋째, 선교관을 페인트칠하며 보수했고 순교비도 보수하여 선교관 입구의 돌계단 위에 잘 놓았다. 대개 사람들이 시간이 지나면 흔적을 지우려 하는데 이렇게 잘 보존하고 있다. 강 목사가 사진의 선교관 수리 상태와 순교비를 잘 보이도록 올려놓은 것을 바라보았다.

이같이 설명을 하니 강용규 목사가 갑자기 물었다. "김완주 선교사 소식을 들었습니까?"

"지난달에 김완주 선교사한테 안부 문자를 보내면서 마음이 아팠습니다. 다행스러운 것은 한신교회 파송이 끝났지만 태국을 떠나지 않았다는 것입니다. 하나님이 김완주 선교사를 돌보아 주실 것이라고 생각합니다."

사실 사역지 태국을 떠나지 않았다는 것은 중요한 것이다. 김완주 선교사는 태국 선교사를 지원할 때 태국에 뼈를 묻을 것이라고 말했다.

복음서에 예수님이 제자들을 가르치시는 장면이 등장한다. 예수께서 말씀하신 '하나님 나라의 의'(마 6:33)는 구약 율법의 의와 연속선상에 있으면서(마 5:17~19) 그것을 훨씬 뛰어넘는 차원에 속해 있다.

예수님의 말씀 중에 제자들의 믿음이 부족한 것을 혼내 주시는 말씀이 있다. "예수께서 열두 제자에게 이르시되 너희도 가려느냐"(요 6:67) 이 구절은 깊은 의미를 내포하고 있다. 제자들이 예수님을 떠난 것이다. "그의 제자 중에서 많은 사람이 떠나가고 다시 그와 함께 다니지 아니하더라"(요 6:66)

제자들에게 나름대로 이유는 그럴듯하다. 그러나 예수님은 그런 사정을 인정하지 않고 "가려느냐"라고 제자들의 아픈 곳을 직접 지적하셨다.

그리고 십자가의 때가 가까이 오니 예수님은 다시 제자들의 믿음의 수준을 지적하셨다. "보라 너희가 다 각각 제 곳으로 흩어지고 나를 혼자 둘 때가 오나니 벌써 왔도다"(요 16:32)

1월 20일(토) 저녁, 이런 생각이 들었다. 2004년 1월 14살에 태국 선교에 갔고, 2018년 1월 14년이 지났다. 14년 동안 현진이와 같이 살았고, 14년 동안 현진이 생각하며 무언가 하려고 노력했다. 앞으로 14년 동안 소망이 열매 되어 널리 알려지면 좋겠구나.

02 신앙의 체험

3월에 예레미야서 주석서를 완성했고, 7월에 요한복음 주석서를 완성했다.

10월 14일(일) 오후, 경원중학교 시계탑에 들렀다.
시계탑 주변을 돌아보는 것은 기쁜 일이다. 그런데 시계의 시간이 멈춰 있었다. 영구적이라 했는데 이상하여 시계탑 회사에 점검을 요청했다. 시계조절 박스에 회로가 4개로서 14년마다 교체가 필요하다고 했다. 시계탑을 설치한 지 14년이 되었다.
시계탑 옆에 테니스장이 있으며 그 자리에 학교의 급식 건물을 지으면서 주변이 공사장이 되었다. 그리고 시계가 멈춰 있었다. 마치 주변이 시끄러워 시계가 멈춘 것으로 보였다. 하지만 시계는 정확하게 부품의 교체 시기에 멈추었다.

세상을 창조하고 섭리로 이끄는 하나님의 계획도 이와 같을 것이다. 세상은 하나님이 주관하신다. 하나님의 진행이 멈춘 것은 그 분의 계획에 따른 것이며 때가 되면 계속 진행할 것이다.

11월 24일(토) 오후 1시, 효정이 결혼식 날이다.
새벽에 눈이 꽃송이 날리듯이 하늘을 덮으며 내렸다. 오전 8시에 눈이 그쳤다. 결혼식은 서울대 호암교수회관에서 진행되었다. 효정이 신랑과 대학원에서 같이 공부했다. 눈이 많이 오다가 그치니, 하나님이 축복하신다는 느낌이 들었다.
이날 현진이 사촌들이 모두 왔다. 사촌들이 효정이와 현진이가 어렸을 때 같이 놀아주던 때가 생각이 났다. 우리 현진이가 천국에서 누나의 결혼을 축하하며 기뻐할 것이다.

2019년 1월 6일(일) 오전 7시, 한신교회 주일예배에 참석했다. 권재석 장로가 대표기도를 했다. "태국 순교자 예배 15주년으로 태국 선교팀이 열매를 맺게 해주옵소서."라는 간구가 있었다. 태국 선교에 대한 열정이 있는 분이다.
강용규 목사가 주보에 따라 태국 선교팀을 소개했다. 이번 선교는 부모들과 한신교회 선교팀으로 네 분이 간다. 김혜자 장로, 이연순, 유기영, 정연주 권사이다.

1월 12일(토) 오후 2시, 방콕공항에 박원식 선교사가 마중 나왔다. 태국과 라오스의 선교 소식을 들었다.

1월 13일(일) 오전 10시 30분, 쌍아오마을에 도착했다. 쌍아오교회에 꽃을 장식했다. 주일예배 시작 전이다. 뜨라이롱 목사가 안색이 안 좋아 보였다. 주일예배에 이어 교인들이 참석하도록 추모예배를 1시에 드리기로 했다.

주일예배 후에 선교관에 가서 예레미야서, 요한복음 주석서를 책장에 넣었다.『사랑한다 현진아』가 있고, 학위 논문과 강의안과 주석서가 있다. 선교관 책장을 보면 마음이 뿌듯하다.

어제 선교관에 도착한 선교팀이 식사를 선교관에서 하고 있었다. 서울에서 반찬을 가져왔으며 밥만 뜨라이롱 목사가 해 주고 있다. 아마 교회에서 연세있는 분들이 왔기에 한국식으로 식사를 하려고 별도로 준비했을 것이다.

잠시 전 뜨라이롱 목사의 안색이 안좋아 보였던 것이 마음에 걸렸다. 그리고 식사는 준비하는 정성이 있으니 이렇게 해서는 안된다는 생각이 들었다. 그래서 반찬을 교회에 주고 식사를 교회에서 같이하도록 했다.

그리고 손한웅 선교사를 만났다. 손 선교사는 2018년 9월부터 치앙라이 부근 람빵에서 평신도 선교하고 있다.

러이교회에서 사역하는 두 분이 다가와 인사했다. 하타일락 목사와 춘 목사이다. 매년 만나게 되어 반가웠다.

15주기 추모예배

오후 1시, 쌍아오교회에서 추모예배를 드렸다. 교회에 꽃을 장식했다. 뜨라이롱 목사가 예배를 주관했으며, 예배에 70명이 참석했다. 기도는 러이교회 하타일락 목사가 했다. 예배 참석자들에게 십자가를 나누어 주었다.

서울에서 온 선교팀을 소개하자 교인들이 반가워했다.
내가 인사했다.

예배에 참석해주셔서 감사합니다. 메콩강을 따라오면서 이런 생각을 했습니다. 우리는 2004년 순교 이후 15년째 만나고 있습니다. 사도행전에 보면 전도하면서 공동체가 형성되고 영적인 관계가 지속됩니다. 고린도, 에베소, 빌립보 공동체가 만들어집니다.
우리의 경우 이곳에 다녀간 선교사들과 이 사건을 아는 사람들이 기대하고 소망하는 한마음으로 복음의 현장을 간직하고 있을 것입니다. 우리는 이를 '쌍아오 공동체'(Sangao Community)라고 할 수 있습니다. 이것은 하나님 나라 생명책에 기록이 됩니다.

오후 2시, 메콩강가에서 기도회가 열렸다. 뜨라이롱 목사가 주관하고 러이교회 춘 목사가 기도했다. 강물이 많이 늘었다. 최근 3년 동안 강물이 계속 많아졌다. 올해는 메콩강 상류에 홍수가 났다.

밤 9시, 선교관에서 한신교회 선교팀이 일정 점검을 하면서 소감을 말하는 대화의 시간이다.
내 차례가 되었다.
"차를 타고 메콩강을 따라오면서 불현듯 이런 생각이 들었습니다. 언제까지 이렇게 방문할 수 있을까? 걱정이 되었습니다. 그러다가 하나님이 허락하는 날까지 오면 된다고 생각했고 이내 마음이 편해졌습니다."
"어디 아프신가요?" 유기영 권사가 놀라며 질문했다.
"아픈 데는 없습니다. 책임감이 들어서 그런 것 같은데, 이번에는 왠지 앞으로 변화가 있을 것 같다는 생각이 들었습니다."

1월 14일(월) 새벽 5시, 쌍아오교회에서 내가 새벽예배를 인도했다. 성경 본문은 고린도전서 2:1~5, 설교 제목은 '신앙의 체험'이다.

오전 10시 30분, 박촘의 교회건축 현장에 갔다. 뜨라이롱 목사가 교회를 짓고 있다. 땅은 뜨라이롱 목사의 처가의 것이다. 마을이 아닌 곳에 언덕을 평지화하고 건물을 짓는 것이다. 올해 9월 준공 예정이다.

모두 같이 기도했다. 그런데 기도를 하는 중에 산만하게 무엇인가 어른거린 것이 마음에 걸렸고 나도 모르게 "무슨 일인지 모르겠다."고 소리 내 말했다. 옆에 있던 분이 "무슨 일인지 모르겠다니요?" 하고 묻는다.

이곳에 교회가 설립되면 쌍아오교회는 어떻게 운영될까? 교회는 마을에 있어야 할 텐데 이곳은 멀리 외진 곳이다. 뜨라이롱 목사가 이곳 상황에 따라 운영할 것이다. 그러면 나는 무엇을 걱정하는가?

뜨라이롱 목사의 딸 화가 지난해 결혼을 했다. 어린아이부터 성장 과정을 보아 왔는데. 어느덧 세월이 흐르고 있구나. 화에게 축의금을 주면서 축복했다. 그런데 이 자리에서 화가 목사가 될 것 같은 느낌이 들었다.

책 출판을 다시 준비하다

1월 15일(화) 새벽, 인천행 비행기이다.

이번 방문에서 진행된 일을 메모하다가 잠이 들었다. 꿈을 꾸었다. 어떤 분이 인물에 대한 분석 책을 만들고 있다고 했다. 먼저 만든 책을 보여주면서 이렇게 만든다고 했다. 그리고 내 책을 출판하겠다고 했다.

보여주신 책을 보니 두껍다. 나는 구약개론 강의안 같이 1,000페이지라고 생각한다.
그 분을 보며 말했다.
"그렇게 한 일이 없는데, 그렇게 작성할 것이 없습니다."
"전문가 50명이 분석하는 것이다."
무슨 의미일까? 하나님이 책을 내라고 하시는 것인가, 책에 담을 내용이 많다는 것인가, 어떤 내용을 어떻게 담아야 하는가.

1월 18일(금) 오후 2시, 서울에서 강용규 목사에게 태국 순교 15주기 방문 결과를 설명했다. 그리고 사진으로 보완했다. 쌍아오마을, 선교관, 추모예배, 강가 기도, 유치원 방문 장면 등.
의료선교와 관련하여 설명했다. 지난해 3월에 의료선교에 대해 설명하면서 태국 방문시 실제 상황을 확인하겠다고 하였다.
"태국은 의약품을 개인 가방에 분산하는 정도로 진행합니다. 소수 인원이 하는 정도는 가능해 보이지만, 규모가 큰 의료선교는 허가 받아 진행해야 합니다. 라오스는 의료선교가 어려운 상황입니다. 통제가 강화되어 의약품 반입이 어렵고 방문자는 정부에 보고해야 합니다. 여건이 나아지는 것을 기다려야 합니다."

03 여호와는 하나님이시로다

2월에 사도행전 주석서를 완성했다. 이어서 5월에 로마서 주석서, 8월에 갈라디아서 주석서를 완성했다.

5월 1일(수), 태국 방콕의 노바를 방문했다. 오전 9시에 인천에서 방콕으로 출발하여 오후 11시에 인천에 도착했다.

　며칠 전에 노바에서 2019년에 보고할 한신복지재단 회계실적보고서에 장기옥, 안호준 이사가 태국에서 3개월 내에 이사회를 개최한 사실을 기재해야 한다고 연락했다.

　그리고 태국의 규제가 강화되어 외국인이 세운 복지재단의 이사로 등재하려면 태국에서 근무한 노동허가증(work permit)이 있어야 한다. 한신복지재단 이사에 태국인 3명을 기재해야 한다. 대표에 뜨라이롱 목사를 세워야 할 것 같다. 선교관을 이용하고 관리하고 있으며, 매년 실적 보고를 해야 하기 때문이다.

　이사 변경에 대해서는 노바에서 법령에 따른 절차를 알려 줄 것이다. 그다음에 한신교회 담임목사에게 설명하기로 했다.

　성경은 "하나님을 믿으라" (막 11:22)고 한다. 우리는 하나님의 힘을 믿는가? 아브라함과 사라는 고향을 떠났고 하나님이 자손에 대한 약속을 하셨다. 세월이 지나면서 그 약속이 다시 주어질 때 웃었다. 25년 지나니 실현되었다. 하나님은 구부러진 것을 바로 펴주신다. 하나님의 시간은 기다려야 한다.

　그동안 태국 순례의 이야기를 기록하면서, 진행되는 하나님의 시간을 기다려야 된다는 생각이 들었다.

　7월 15일(월) 오후, 태국 손한웅 선교사가 서울에 왔다. 안호준 집사와 같이 만났다.

　안 집사가 한신교회 앞에 있던 순교비와 도서관 입구에 있었던 동판이 새 건물을 지으면서 어디로 갔는지 모르겠다고 탄식하듯이 말했다.

　"강용규 목사님이 지난번에 자신에게 맡기라고 했으니 기다려야지요."

"글쎄, 어떻게 진행이 될지."

"성경에 두 사람이 들으면 증인이라 했습니다. 안 집사님과 제가 함께 들었으니 하나님이 증인을 세운 것입니다."

나는 걱정하지 않아도 된다는 생각이 들었다. 순교자를 기념하는 것은 하나님의 일이기 때문이다.

성경에 나오는 인물을 보면 하나님이 문을 닫으려 하실 때에는 그 누구도 그 문을 열 자가 없고, 하나님이 문을 열려고 하실 때에는 그 누구도 그 문을 닫을 자가 없다는 사실을 가르쳐 준다.

10월 1일(화) 오후 2시, 강용규 목사를 방문하여 한신복지재단 이사 교체 필요성을 설명했다. 안호준 집사와 같이 갔다. 며칠 전에 방콕의 노바에서 법적인 문제를 확인했으며, 1월 태국 방문 시까지 이사를 태국인으로 변경해야 한다는 의견을 보내왔다.

설명하기 전에 로마서 주석서를 강 목사에게 드렸다.

"어려운 책인데 완성했군요. 나는 작은 분량 하나를 완성하는 것도 힘든데, 이렇게 주석서를 계속하여 만드니 대단합니다." 강 목사가 책을 펴 본다.

이번에 방문하게 된 경위를 설명했다.

"지난 5월 1일 제가 안 집사님과 같이 방콕 노바에 가서 서류 작업을 했습니다. 태국 행정청 절차가 까다로워 방콕에 가서 직접 서명해야 한다고 했습니다. 그리고 며칠 전에는 이사를 교체해야 하는데 이제 더 이상 늦출 수 없다고 했습니다. 1월 13일 태국 방문 전에 절차를 진행해야 합니다."

한신복지재단 운영

한신복지재단(Han Shin Foundation)은 태국 쌍아오마을 선교관을 구입하기 위해 설립되었다. 설립 당시 '태국 내무부 재단 규정'에 따라 'St. Mark & St. Josh 재단'(입양관리재단) 소속의 비영리 법인으로 신고되었다.

한신복지재단이 소유하고 있는 재산(선교관)은 제3자에게 매각할 수 없다. 만일 한신복지재단이 해산하게 되면 선교관은 소속된 'St. Mark & St. Josh 재단'에 남겨지게 된다. 원래 선교관이 매각되지 않도록 이러한 출자 형식을 선택하게 된 것이며, 선교관을 현행대로 유지하려면 한신복지재단이 존속해야 한다.

매년 운영실적을 태국 국세청, 박촘면 2개 부서에 제출해야 하며, 이를 노바회계법률사무소를 통해 진행해 왔다.

또한 재단 규정에 따라 한신복지재단은 4년마다 '연장 신고'를 해야 한다. 2015년 8월 20일에 신고했으며, 이번에 새로 신고해야 한다.

현재 이사 4명이 등록되어 있으며, 태국인 3명으로 변경해야 한다. 외국인(한국인)은 태국에서 근무한 노동허가증(work permit)이 있어야 하므로 선임이 사실상 불가능하게 되었다.

이사를 태국인으로 변경해도 소유 재산을 매각할 수 없으므로 운영하는 효과는 현재와 동일하다. 이사 변경 및 재단 연장 신고 서류는 태국 방문하는 2020년 1월 13일 전에 미리 준비해야 한다.

설명을 하고 이사 3명을 뜨라이롱 목사와 자녀 혹은 교인으로 하자고 제안했다. 뜨라이롱 목사가 매년 추모 예배를 드리고 선교관을 관리하고 있으므로 신뢰할 수 있다고 말했다.

강용규 목사는 노바 사람을 2명 포함하라고 했다. "장 목사님은 뜨라이롱 목사를 믿고 그렇게 진행하자고 하지만, 사실 저는 불안합니다."

뜨라이롱 목사와 노바에서 추천하는 2명으로 진행하기로 했다. 그리고 강 목사가 이사 변경에 대해 검토하겠다고 말했다.

담임목사실을 나오면서 안 집사가 말했다. "이사를 뜨라이롱 목사와 그 사람이 추천하는 2명으로 해도 매각할 수 없으니 잘 유지될 것인데 괜히 행정청 보고에 비용이 더 들게 된 것 같습니다."
"노바에서는 그렇게 설명했지요. 그런데 미래를 예상할 수 없으니 이사를 분산해 두는 것이 필요할 수도 있습니다. 생각해 보니 후일에 순교자를 알지 못하는 사람이 나타나면 쌍아오마을 선교관을 매각하거나 지원을 중단할 수 있을 텐데, 한신복지재단이 태국 자선단체 소속이라 소유재산을 매매하지 못하게 되어 있어 결국 자선단체에서 사용할 것이니 다행입니다."
"나중에는 그럴 수도 있습니다." 안 집사가 말했다.
요셉이 애굽에 있을 때 애굽 사람들이 칭송했지만, 요셉을 모르는 왕이 들어서니 이스라엘 백성이 무거운 짐을 지고 노예가 되었다.
교회가 소유해야 하는 재산이나 선교관은 하나님의 것이니 사람은 이를 자신의 소유로 만들거나 임의로 매매해서는 안 될 것이다.

12월 20일(금) 오후 2시, 강용규 목사를 방문하여 지난번에 설명했던 한신복지재단 이사 교체 필요성을 다시 설명했다. 다음 달 1월 13일 태국을 방문하기 전에 서류를 준비해야 한다. 안호준 집사와 같이 방문했다.
선교관을 유지해야 된다는 생각을 하게 된 이유를 설명했다.
첫째, 광명시의 목사가 태국 순교 이야기를 알고 쌍아오마을 선교관은 태국 동북부 선교의 디딤돌이 되어야 한다면서 어느 분을 통해 부모를 만나고 싶다는 제안을 했다.

둘째, 태국 기독교 순례자들이 선교관을 방문하고 있다. 그 분들이 "아버지가 얼마나 마음이 아팠으면 이곳에 이런 노력을 하고 있을까?"라고 말했다고 한다.

셋째, 도주환 선교사가 1월에 쌍아오마을에 가게 되었다. 2004년 1월 메콩강 순교 사건을 알고 있고, "이번 순례의 여정에 같이 가게 된 것이 영광입니다."라고 했다. 태국과 한국의 교인들이 이 사건의 진행을 지켜보고 있다.

그러면서 지난 10월 1일에 보고한 내용을 보완하여 설명했다.

"알겠습니다. 장로 몇 분에게 이야기해보고 답을 주겠습니다." 강 목사가 고개를 끄떡이며 말했다.

2020년 1월 5일(일) 오전 7시, 한신교회 주일예배에 참석했다. 홍정식 원로장로가 대표기도를 했다. 태국 선교팀을 위한 기도가 있다. 원로장로들은 태국의 순교 사건을 알고 있어 이렇듯 태국 선교기도를 한다.

안호준 집사와 같이 강용규 목사를 방문했다.
"한신복지재단 진행은 어떻게 할까요?"
"한신교회에서 태국에 가 있는 사람이 없으니 그때 정리한 안대로 해야겠습니다. 그대로 진행해 주세요."
이번에도 진행이 되는구나 안도했다.

태국어에 능통한 선교사

오후 2시, 방콕공항에 도착했으며 도주환 선교사를 만났다.

지난해 10월 박원식 선교사에게 다가오는 1월 쌍아오마을에 갈 수 있느냐고 3차례 연락을 했지만 회신이 없었다. 지금까지 없었던 일이다. 그래서 직관적으로 쌍아오교회에 어떤 변화가 있다고 생각했다.

이성원 선교사는 1월 13일에 파송교회 담임목사가 방문하므로 순교자 추모예배만 드리고 라오스로 떠나야 한다.

이번에는 한신복지재단의 이사 변경의 필요성을 뜨라이롱 목사에게 설명해야 하므로 태국어에 능통한 통역이 필요했다. 쌍아오마을 방문이 가능한 선교사를 찾는 중에 어느 분이 도주환 선교사를 추천했으며 바로 연락을 취해 쌍아오마을에 가게 되었다.

도주환 선교사는 태국에서 20년 선교했다. 2001년~2005년에 메콩강 선교사로 사역했다. 그리고 2004년 쌍아오마을 순교 사건을 잘 알고 있으며 『사랑한다 현진아』를 읽었다고 했다.

1월 13일(월) 오전 11시 30분, 쌍아오마을에 도착했다. 쌍아오교회에 우돈타니에서 구입한 꽃을 내려놓았다. 예배당 건물에 의자만 있고, 마이크 설비와 악기가 없었다. 뜨라이롱 목사를 보니 서먹서먹한 표정이다. 늘 웃으며 반가워했는데 왠지 눈길을 피하는 것이 느껴졌다.

선교관에 갔다. 안호준 집사와 최은혜 권사가 있고, 손한웅 단장과 아리랑 국악선교단 3분을 만났다. 반가웠다.

책장에 사도행전, 로마서, 갈라디아서 주석서를 넣었다. 『사랑한다 현진아』가 있고, 학위 논문과 강의안과 주석서가 있다. 선교관 책장을 보면 마음이 뿌듯하고 보람이 느껴진다. 선교관이 하나님의 말씀으로 채워진다.

16주기 추모예배

오후 3시, 쌍아오교회에서 추모예배를 드렸다. 예배에 30명이 참석했다. 교회 건물 이용이 제한되어 소수 교인만 참석했다. 예배 참석자들에게 십자가 목걸이를 나누어주었다. 뜨라이롱 목사가 설교하고 도주환 선교사가 축도했다.
내가 인사했다.

쌍아오마을은 예수님 당시 갈릴리라는 생각이 듭니다. 작은 시골이지만, 태국 선교역사에 의미 있는 마을입니다. 이렇게 매년 부모님들이 찾아와서 예배를 드리고 마을 주민들과 만나게 됩니다. 예수님은 부활하시어 제자들을 갈릴리에서 만난다고 하셨습니다. 갈릴리는 만남의 장소입니다. 예수님은 쌍아오마을에서 우리를 만나주시고 복음을 전하게 하십니다.

2020년 1월 13일 메콩강가에서 기도회를 마치고, 필자(왼쪽)가 십자가 목걸이를 강물에 띄우기 위해 강의 본류가 흐르는 곳으로 이동하고 있다.

오후 4시, 강가에서 기도회가 열렸다. 뜨라이롱 목사가 주관했다.

강물은 지난해 보다 많이 줄었다. 상류에서 내려오는 강물이 줄어든 것이다. 강가로 내려가면서 냇가같이 건널 수 있는 지류가 있고, 강폭의 중간 지대에 모래언덕이 넓게 보였다. 강의 본류는 모래언덕 너머에서 시작하여 라오스쪽에 치우쳐 흐른다.

기도회 참석자들이 모래언덕에서 강건너 라오스를 보면서 강의 본류에 헌화하고 십자가 목걸이를 띄우기로 했다.

올해는 순교 당시와 비슷하게 강물이 흐르고 있다. 기도회 참석자들이 강가의 지류를 건너가고 있다. 나는 걸어가며 목에 걸고 있는 십자가 목걸이를 내려다본다. 그때 2004년 1월 13일 순교 직전에 사진에 있는 현진이 모습이 생각났다. 현진이가 사고 직전에 선교팀과 마을 어린이들이 같이 강의 본류가 흐르는 곳으로 가면서 찍은 사진이다. 현진이가 십자가 목걸이를 목에 걸고 나찬웅의 손을 잡고 걸어오는 모습이다. 현진이는 사진마다 늘 십자가 목걸이를 하고 있었다.

나는 현진이의 그 모습을 『사랑한다 현진아』에 기록했다. 그 당시 현진이는 선교팀과 같이 메콩강 건너 라오스를 바라보며 배를 타기 위해 모이는 곳을 향해 가고 있었다. 그리고 이 순간에 나는 메콩강 강물에 현진이가 목에 걸었던 그 십자가 목걸이를 띄우러 가고 있다.

메콩강의 휘몰아치는 거센 물살을 보며 이성원 선교사가 기도했다. 모두 헌화하고, 십자가 목걸이 30개를 강물에 띄웠다.

모래언덕에 서니 강 건너 라오스의 산과 들이 뚜렷하게 잘 보인다. 이성원 선교사가 강 건너에 보이는 껀캄마을을 손으로 가리키며 교회를 설립하여 선교하고 있다고 설명했다. 한신교회 선교팀이 배를 타고 가다가 사고가 났는데, 후일에 내가 다닌 신학대학원 출신의 선교사가 그 강 건너 작은 마을에 교회를 짓고 복음을 전하고 있다. 놀라운 일이다. 라오스는 기독교 선교를 금지하고 있으므로 어려움이 많았을 것이다. 대단한 열정이다.

쌍아오교회의 상황

오후 6시, 박촘에 있는 신축 교회를 방문했다. 뜨라이롱 목사가 박촘의 외진 곳에 건축하여 지난해 10월 신축예배를 드렸다. 그 후 그곳에서 예배를 드린다. 토지는 뜨라이롱 목사 처가의 것으로 토지를 담보로 대출을 받고 여러 곳에서 지원을 받았다고 했다.

그리고 뜨라이롱 목사가 쌍아오교회의 상황에 대해 설명했다. 도주환 선교사가 통역했으며 막힘없이 대화했다.

쌍아오교회 건물은 박촘교회 아피싯 목사와 그의 처의 명의로 등기되어 있다. 아피싯 목사가 은행에 담보 잡히고 대출받았으며, 상환하지 않고 어디로 가서 은행에 압류되고 경매로 넘어갔다. 4개월 전인 지난해 9월 은행에서 압류 통지가 왔다. 압류 금액은 1천 5백만 원이다. 뜨라이롱 목사는 박촘에 새로 교회를 짓고 쌍아오교회 건물 압류를 알게 되었으며, 박원식 선교사에게 쌍아오교회 건물 압류 상황을 지난해 9월 알려 주었다. 태국에서 경매는 2차에서 가격이 낮아지므로 기다렸다가 가격이 낮아지면 참여할 것이다. 쌍아오교회 교인들은 박촘에서 예배드리는 것보다 쌍아오마을에서 예배드리기를 원한다. 딸 화가 신학을 공부하고 있으므로 그가 목사로서 사역할 것이다.

설명을 듣고 전혀 예상하지 못한 상황이라 많이 놀랐다. 태국에서 건물의 소유권의 문제가 있고, 대출과 압류와 경매 진행의 복잡한 문제가 있으므로 뜨라이롱 목사가 처리하는 것을 지켜볼 수밖에 없다. 박촘에 새로 교회를 신축하면서 이보다 훨씬 적은 압류 비용을 그대로 두고 있다는 것은 이해되지 않았다. 다행스러운 것은 쌍아오마을 교인들은 쌍아오마을에서 예배 드리기를 원하고, 화가 신학 공부를 하고 있다는 것이다.

나는 뜨라이롱 목사에게 몇 가지 완곡하게 부탁했다.

첫째, 쌍아오마을의 사역은 뜨라이롱 목사가 진행해야 할 것이다. 쌍아오교회가 박촘까지 확장되는 모습을 보니 기쁘다. 쌍아오마을은 한신교회 선교팀이 순교한 곳이다. 한신교회에서 순교성지로 선포하였고, 선교관을 세우고 지원하고 있으며, 부모들이 방문하도록 배려하고 있다. 매년 부모들이 이 마을에 와서 예배를 드리고 있다. 쌍아오마을에 교회가 있고 예배를 드리며 기도하는 것은 의미 있는 일이다. 쌍아오마을에 예배처가 있어야 한다. 앞으로 쌍아오교회 건물의 압류가 잘 해결되기를 희망한다.

둘째, 한신복지재단의 이사 교체에 대한 것이다. 태국 Mark & St. Josh 재단 소속으로 한신복지재단이 있고, 한신복지재단이 한신선교관을 소유하고 있다. 한신복지재단에 이사가 3명이 있는데 태국인으로 교체해야 한다. 뜨라이롱 목사, 노바 추천 2명이다. 이사는 관리만 하는 것이고, 매매나 담보 잡히는 일은 하지 못한다. 노바에서 서류에 사인해 달라고 요청할 것이다.

셋째, 나와 약속한 8만 바트 헌금이다. 선교에 사용하면 된다.

그리고 지난해 10월 박원식 선교사에게 이번 추모예배를 위해 쌍아오마을을 방문하자고 세 차례 연락했으나 회신이 없었다. 이곳에 와보니 쌍아오교회 건물이 압류되고 예배처가 박촘으로 옮겨졌다. 이런 상황이 되어 그런 것 같다. 그동안 박원식 선교사가 수고했으며, 이제부터는 도주환 선교사를 통해 연락하겠다.

1월 14일(화) 새벽 5시, 쌍아오교회에서 내가 새벽예배를 인도했다. 성경 본문은 열왕기상 18:36~39, 설교 제목은 '여호와는 하나님이시다'이다.

오후 9시 30분, 방콕공항에서 인천행 비행기를 기다리면서 지난 일을 생각해 보았다. 내년에는 어떻게 진행될까? 지금까지 그래왔듯이 어떤 변화가 있을지라도 하나님이 이끌어 주실 것이다.

1월 18일(토) 오전 11시, 산소에서 예배를 드렸다.
한신교회 최병수 목사, 이명현 목사, 현진이 엄마가 같이 예배를 드리러 산소에 갔다. 두 분 목사가 동행하니 참 고맙다.
오후 1시, 산소에서 예배를 마치고 여주 인터체인지 부근에 있을 때 이명현 목사가 전화를 하다가 핸드폰을 내게 건넸다.
광명시 영지교회 정도환 목사이다.
"여러 해 전에 쌍아오마을에 가서 선교관에서 하루 밤을 잤습니다. 태국 동북부와 라오스 선교를 하고 싶은데, 그러려면 선교관을 새로 짓고 그곳을 선교거점으로 삼았으면 좋겠다는 생각이 듭니다. 쌍아오마을 부근에 교회 건물도 건축했습니다. 그곳에 갈 때 같이 가서 계획을 세우고 싶습니다."
기억이 났다. 2012년 1월 태국 방문 시 봉쌈란교회에서 예배당 신축 예배가 있었다. 그때 서울 부근의 교회에서 지원한 것이라고 했으며, 당시 모두 함께 감사기도를 드렸다. 그 교회의 담임목사가 연결되었다.
"내년 1월 13일 예배드리러 갈 때 같이 가서 계획을 세우는 것이 좋을 듯합니다." 내가 정중하게 제안했다.

그리고 그 자리에서 옆에 있던 이명현 목사에게 말했다.

"지난 1월 14일 쌍아오교회 새벽예배에서 제가 설교했습니다. 엘리야가 갈멜산에서 승리했으나 그 후에 로뎀나무에서 회의에 빠져 있을 때 하나님이 7천 명이 있다고 말씀했다면서, 태국 순교에 대해 많은 분들이 알고 있고 하나님이 진행하실 것이라고 했습니다. 제가 강용규 목사님에게 선교관을 새로 짓자고 2013년 2월에 설명했고, 강 목사님이 쌍아오마을에 갔다 왔으나 나중에 하자고 했습니다. 그런데 그곳을 다녀온 뒤, 선교관을 새로 짓자는 분이 있습니다."

선교관을 새로 짓자는 분이 있다니 생각도 못 한 일이다. 이런 마음을 전달받은 것을 보면 하나님께서 지켜보신다는 증거이다.

마음이 편안해진다. 성령이 주시는 평안이다. 때가 되면 하나님의 시간에 따라 진행이 될 것이다.

2월 5일(수) 오후 2시 30분, 강용규 목사에게 태국 순교 16주기 방문 결과를 설명했다. 강 목사의 미국 출장으로 늦어졌다. 강 목사에게 며칠 전에 완성한 요한계시록 주석서를 드렸다.

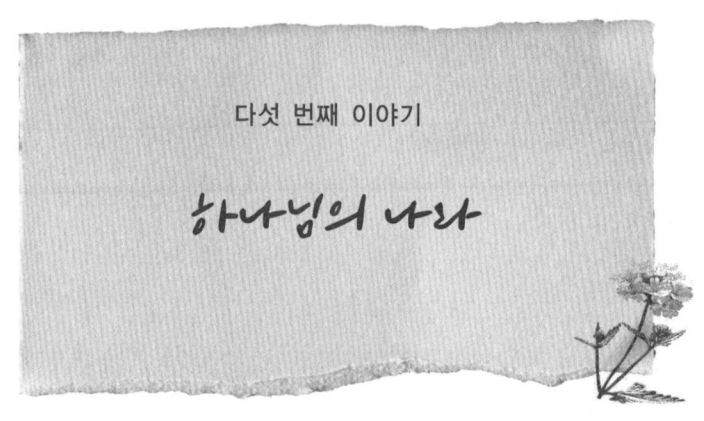

다섯 번째 이야기

하나님의 나라

01 여호와 이레

2월에 요한계시록 주석서를 완성했다. 이어서 4월에 다니엘서 주석서, 7월에 마태복음 주석서를 완성했다.
이렇게 구약 6권, 신약 6권의 주석서를 완성했다.

5월 19일(화), 김석기의 목사 안수가 휜돌교회에서 있었다. 이곳에서 나는 2008년에 목사 안수를 받았고 김석기는 12년 후에 목사 안수를 받았다.

9월 1일(화), 현진이 엄마가 교장이 되었다. 그동안 중학교에서 가르치고 장학사와 교감을 거쳐 교장으로 발령이 났다. 가르침이나 학교 행정에서 학생들 위주로 생각하고 배려하는 것이 돋보였다.
현진이가 천국에서 기뻐할 것이다. 현진이가 중학생 때 선교하러 갔고 현진이 엄마는 또래의 아이들을 가르치면서 현진이 생각이 많이 났을 것이다. 그것을 참아내며 가르침을 계속한 것은 하나님의 힘이라고 생각한다.

쌍아오마을 방문이 가능할까

12월 4일(금) 오후 5시, 태국에 있는 도주환 선교사에게 연락을 했다.
"태국의 코로나 상황은 어떤가요?"
"태국은 지난 5개월 동안 코로나 확진자가 거의 없었습니다."
카톡의 사진을 보니 선교사의 모습이 밝았다.
"이번 1월 13일 서울에서 쌍아오마을 방문이 어렵게 되었습니다. 쌍아오마을에서 추모예배가 진행될 것인데 태국에 있는 선교사님이 방문하면 좋겠다는 생각이 듭니다. 어떻게 하면 될까요?"
"어느덧 1년이란 시간이 흘렀군요. 저는 1월에 치앙라이에 있을 것입니다. 치앙라이에서 쌍아오마을까지는 자동차로 12시간 걸립니다. 그곳에 가서 예배드리고 싶었습니다. 쌍아오마을을 방문하겠습니다. 왠지 저도 빚진 자처럼 느껴져서 사명감으로 다녀오겠습니다."

12월 12일(토) 오후 9시, 손한웅 선교사가 연락을 했다. 손한웅 선교사는 태국 치앙마이 부근 람빵에서 사역하고 있다. "1월 쌍아오마을 방문을 위해 기도하고 있습니다. 서울에서 쌍아오마을 방문이 어렵게 되면 저 혼자라도 다녀와야 할 듯합니다. 주께서 행하실 일을 기대하며 기도합니다."

이런 상황이 되니 2년 전, 2019년 1월에 쌍아오마을 선교관의 선교팀 모임에서 있었던 일이 생각났다.

내가 "언제까지 이렇게 방문할 수 있을까? 걱정이 되었습니다."라고 말했고, 그때 한신교회 유기영 권사가 "어디 아프신가요?"하고 물었다. 나는 "아픈 데는 없습니다. 이번에는 왠지 앞으로 변화가 있을 것 같다는 생각이 들었습니다."라고 말했다.

그리고 계속 변화가 나타났다. 2019년 5월에 선교관 행정청 실적 보고와 관련하여 태국에 급히 다녀왔으며, 한신복지재단 이사를 태국인으로 변경해야 했다. 2020년 1월에 쌍아오마을에 가보니 쌍아오교회 건물은 압류되었고, 뜨라이롱 목사는 박촘에서 예배를 드리고 있었다. 그리고 2021년 1월은 코로나로 인해 방문이 어렵게 되었다.

하지만 지나고 보니 장애가 나타나더라도 하나씩 해결이 되고 있다. 이번에는 태국 방문이 어렵게 되니 태국에 있는 선교사 두 분이 쌍아오마을에 가려고 준비하고 있다.

12월 16일(수), 쌍아오마을 뜨라이롱 목사에게 선교관에 비치해 달라고 책을 발송했다. 새로 완성한 다니엘서, 마태복음, 요한계시록 주석서이다.

2021년 1월 4일(월) 오후 7시, 도주환 선교사가 급히 연락을 했다.
태국에서 코로나가 갑자기 확산되어 먼 거리 이동에 제한이 있다고 했다. 나는 선교사 두 분에게 쌍아오마을 방문을 하지 않고, 나의 서신을 뜨라이롱 목사에게 보내 쌍아오교회 교인들에게 우리의 마음을 전하자고 제안했다.

1월 10일(일) 오후, 쌍아오교회에 전달할 서신을 도주환 선교사에게 이메일로 보냈다. 처음에 6페이지로 작성했으나 태국어로 번역하는데 6일 걸린다고 해서 다시 2페이지로 작성하여 보냈다.

1월 12일(화) 오후 2시 30분, 강용규 목사를 방문하여 태국 순교 17주기 예배의 진행에 대해 설명했다. 안호준 집사 내외와 같이 방문했다. 코로나로 인해 번거러울 텐데 시간 내어 고맙다고 인사하면서 다니엘서 주석서를 드렸다. 강 목사가 "다니엘서가 어려운데" 하면서 받았다.

오후 6시, 도주환 선교사가 쌍아오마을 진행을 설명했다.
"내일 선교관에서 추모예배를 드릴 것입니다. 장 목사님이 보낸 서신을 교인들에게 낭독할 것입니다. 태국어로 번역해서 보냈습니다."
태국어로 번역한 서신을 뜨라이롱 목사의 딸 화에게 라인(LINE)으로 보냈고, 그 내용을 예배 시 교인들에게 읽어줄 것이다. 내가 작성한 글이 처음으로 태국어로 번역되어 뜨라이롱 목사와 교인들에게 그대로 읽혀 지는 것이다. 이런 일이 있다니. 그동안 태국에서 진행되는 순교자 추모예배에 참석했고 이번에 처음으로 방문하지 못했다. 대신에 쌍아오마을에 마음을 담은 서신을 보낼 수 있게 되었다. 하나님이 준비해 주셨다. '여호와 이레.'

17주기 추모예배

오후 5시(태국 오후 3시), 쌍아오마을 선교관에서 순교자 추모예배가 진행되었다. 예배에 쌍아오교회 교인들 20명이 참석했다.

뜨라이롱 목사, 사모, 요와 화, 교인들이 보인다. 모두 건강한 모습이다. 선교관이 깨끗하게 정리되어 있다. 뜨라이롱 목사가 예배를 주관했다. 요가 기타치며 찬양하는 모습이 보인다. 화가 내가 보낸 서신을 교인들 앞에서 낭독했다.

나의 마음을 담은 글이 태국어로 읽어지다니 은혜로운 일이다.

선교관 책장에 비치된 책들이 보인다. 책장 가운데 한국의 전통한복 인형들이 3개 놓여 있다. 주석서는 12종이며, 종류별로 3~4권씩 비치되어 있다. 지난 12월에 보낸 주석서 3종이 보인다.

구약은 창세기, 출애굽기, 신명기, 이사야서, 예레미야서, 다니엘서이다. 신약은 마태복음, 요한복음, 사도행전, 로마서, 갈라디아서, 요한계시록이다. 강의안은 5종이다. 구약개론, 모세오경, 구약신학, 구약연구방법론, 설교학개론이다. 그리고 『사랑한다 현진아』 20권이 있고, 박사 논문이 보인다. 그동안 기록한 책들이다. 선교관 책장이 하나님 말씀으로 채워지는 것은 보람 있는 일이다. 그동안의 수고와 땀이 생각나고 가슴 벅찬 감동을 느낀다.

나는 뜨라이롱 목사와 약속한 8만 바트를 헌금했다.

쌍아오교회에 보낸 서신

순교자 추모예배에 임하여 드리는 문안 인사입니다.

뜨라이롱 목사님, 교인들 모두 안녕하셨는지요?

저는 매년 1월 13일 쌍아오마을을 방문하여 뜨라이롱 목사님의 인도로 진행되는 순교자 추모예배를 함께 드렸습니다. 하지만 이번에는 코로나 확산으로 인해 태국 방문이 어렵게 되었습니다. 하나님의 은혜로 방역이 진행되어 속히 일상생활이 가능해지기를 바랍니다.

　이러한 제한적인 환경에서도 순교자 17주기 추모예배를 드리는 목사님과 교인들께 제 마음을 전하고자 합니다.

　세상 사람들의 교제는 자기의 이익을 출발점으로 시작합니다. 하지만 저와 쌍아오교회의 교제는 십자가로부터 시작된 것이라고 생각합니다. 아들이 한신교회 선교팀으로 쌍아오마을에 갔고 선교팀과 같이 메콩강에서 사고를 당했으며 2명이 순교했습니다. 그 당시 부모님들이 메콩강에서 눈물 흘리며 어찌할 줄을 모르고 있을 때, 쌍아오교회 교인들과 마을 사람들, 태국 군인들이 힘을 다해 찾는 노력을 하였습니다. 그곳에서 흘린 땀방울은 우리의 핏방울이었습니다.

　부모님들이 매년 쌍아오마을을 방문하면서 뜨라이룽 목사님과 교인들을 만나는 것에는 하나님의 사랑이 중심에 있다고 생각합니다. 부모님들이 쌍아오마을을 찾아가는 것은 자식에 대한 그리움과 정이라고 할 수 있고, 신학적으로 하나님의 사랑으로 표현할 수 있습니다. 이러한 사랑은 하나님이 주시는 것이라고 생각합니다.

　현실적으로 보면 순교자 추모와 선교와 복음을 전하는 것에 지금까지 많은 어려움이 있었고, 앞으로도 어려움이 있을 수 있습니다. 하지만 우리를 사랑하시는 이로 말미암아 우리가 넉넉히 이기게 될 것입니다.

　성경에 이렇게 기록되어 있습니다. "건축자가 버린 돌이 집 모퉁이의 머릿돌이 되었나니 이는 여호와께서 행하신 것이요 우리 눈에 기이한 바로다"(시 118:22~23) 우리의 어린 순교자들은 건축자가 버린 돌이 되었지만, 이제는 쌍아오마을의 모퉁이 머릿돌이 될 것입니다. 이러한 일은 하나님이 행하실 것입니다.

　태국 기독교인에게 '그날'의 사건이 알려졌고 매년 부모님들이 방문하여 쌍아오교회에서 예배를 드리는 것이 잘 알려져 있다고 합니다. 모든 그리스도인들은 뜨라이롱 목사님과 교인들이 매년 추모예배를 드리는 그 따뜻한 마음을 기억하며 고마움을 표시하게 될 것입니다. 이러한 진행을 아시는 하나님께서 뜨라이롱 목사님과 교인들의 마음을 헤아려 도움을 주시고, 하나님이 하셔야 할 일에서 여러분들을 사용하시어 복음이 확장되는 역사를 진행하실 것이라고 생각합니다.

부모님들이 올해는 코로나로 인해 쌍아오마을을 방문하지 못했으나, 내년에는 상황이 호전되어 방문할 수 있기를 기대합니다.

이 시간에 예배를 드리고 있을 뜨라이롱 목사님과 교인들께 제가 마음을 다해 감사드립니다. 하나님의 은혜와 평강이 뜨라이롱 목사님과 교인들에게 임하시기를 기도합니다.

또한 이번에 쌍아오마을을 방문하려고 준비하고 있었던 도주환, 손한웅 선교사님에게 고마움을 표현하며, 하나님의 은혜가 있기를 기도합니다. 아멘.

02 에벤에셀 하나님

2021년 2월, 코로나 팬데믹으로 세상이 혼란스럽게 움직인다. 사람은 문명을 자랑하였으나 한낱 오만이었고 사람의 문명은 허약하다는 것이 드러났다. 또한 사람은 삶이 유한한 존재이면서 그런 사실을 잊고 지낸 것이다.

6월 11일(금) 오전 9시, 태국 노바에서 한신복지재단의 이사 변경이 등록된 서류를 보내왔다. 지난해 1월에 신청한 것이 마무리되었다. 이사는 3명이다. 뜨라이롱 목사와 노바 추천 2명이다.

코로나로 인해 태국을 방문하지 못하는 상황이 되니 그 시기에 잘 처리했다. 하나님께서 시기를 조정하시어 때를 맞추게 하셨다는 생각이 들었다.

8월 20일(금), 새벽에 효정이가 아이를 낳았다.
이름이 '하은'이다. 사위의 SNS 기록을 보니 결혼하는 날부터 태어난 날까지 1천일이다. 현진이 엄마가 기뻐하며 활짝 웃는다. 핸드폰이 하은이 사진으로 채워지고 있다. 하나님이 은혜 주셔서 건강하게 잘 자라기를 축복했다.
현진이는 좋은 일이 있으면 "아빠 나이스." 라고 말했다. 그렇구나 "현진아 나이스." 이다. 네가 따르며 좋아하던 누나가 엄마가 되었어. 네가 삼촌이 된 것이야, 기쁜 날이다.

쌍아오교회를 도와주겠다

11월 3일(수) 오전 11시, 도주환 선교사에게 연락했다. 뜨라이롱 목사의 안부와 쌍아오교회 건물의 압류 진행을 확인해 달라고 했다. 도주환 선교사가 머뭇거리면서 뜨라이롱 목사가 정확하게 이야기를 하지 않는다고 말했다.
"제가 쌍아오교회를 도와주려고 한다면 설명할 것입니다."
"뜨라이롱 목사님이 말하지 않는 부분이 있습니다. 목사님이 마음도 아픈데 실망할까봐 걱정이 됩니다."
"저는 그동안 뜨라이롱 목사님을 보아왔습니다. 선교사들이 제기한 우려에 대해서는 사소한 부분이니 넘어가도 된다고 말했습니다. 서울의 대형교회 목사님들도 알고 보면 문제가 많이 있습니다. 태국 목사님이 쌍아오마을에서 예배드리고 기도하는 것만으로 고맙게 생각합니다. 저는 뜨라이롱 목사님을 신뢰할 수 있습니다. 뜨라이롱 목사님에 대해 김완주 선교사님은 투명하게 지적했으며, 박원식 선교사님은 뜨라이롱 목사님의 입장에서 말하므로 이해 안 될 때가 많았어요. 그래서 저는 두 분의 이야기를 듣고 쌍아오마을 선교에 필요한 기준에서 보려고 했습니다. 그런데 도주환 선교사님을 보니 대화가 잘 이루어지고, 객관적으로 생각해 보려는 것을 느꼈습니다. 저는 현재 확인한 것을 통해 방법을 찾으면 된다고 생각합니다. 불확실하면 시간을 두고 지켜보면 됩니다. 그리고 뜨라이롱 목사님에게는 도와주려 한다는 인식을 주는 것이 필요합니다. 다시 한번 뜨라이롱 목사님에게 제가 도와주려는 것이니 정확하게 알아야 한다고 말해주면 좋겠습니다."

"알겠습니다. 그렇군요."

영지교회 방문

11월 24일(수) 오후 1시, 광명시 영지교회 정도환 목사를 방문했다. 2년 전에 우연히 연락되었으며 코로나 유행으로 이제야 만나게 되었다. '영지'는 신령한 연못이라는 의미이며 '실로암 못'을 나타낸다(요 9:7). 복음서의 예수님 사역 현장이라는 생각이 들었다.

해외 선교를 설명하는 상황 게시판이 눈길을 끌었다.

"선교는 교인들이 솔선하여 진행됩니다." 정 목사가 말했다.

"상황 게시판을 보니 목사님이 방향을 제시하는 것으로 보입니다." 나는 게시판을 보며 느낌대로 말했다.

정 목사는 2012년 쌍아오마을 부근 봉쌈란교회 건축에 장로 부부가 헌금했고, 그 후에도 매월 지원했다고 밝혔다. 그리고 태국 쌍아오마을의 선교관에 갔었고, 선교관이 태국 동북부와 라오스에 선교하는 거점이 될 수 있어 선교관을 새로 짓는 것이 좋겠다고 말했다. 2년 전에 전화로 말한 그대로였다.

  "쌍아오마을의 선교관은 한신교회에서 때가 되면 새로 지을 것입니다. 강용규 목사님이 새로 짓겠다고 하셨고, 그냥 두면 그것도 이상한 일이 됩니다. 언젠가 새로 짓고 나서 정 목사님이 선교할 때 쌍아오마을 선교관을 이용하면 좋을 것 같습니다."

  이 순간에 나는 선교관을 새로 짓는 것에 어떤 진행이라도 있다는 듯이 말했다. 그리고 의아하게 생각했다.

  "다음에 쌍아오마을 방문 시 같이 갔으면 좋겠습니다." 정 목사가 당부했다.

  "하나님이 준비해 주신 분이군요. 이번에 갑자기 목사님 생각이 났고 그래서 오게 되었습니다. 태국에 갈 때가 되면 연락드리겠습니다."

  오랜 시간이 흘렀고 지쳐서 이제 그만해도 될 것이라는 생각이 들었다. 그런데 또 태국 선교를 계속할 수 있는 계기가 생기는구나.

쌍아오교회 압류 상황

  12월 14일(화) 오후 6시, 도주환 선교사로부터 소식이 전해졌다.
  뜨라이롱 목사가 다시 확인해 준 이야기이다. 쌍아오교회 건물을 은행이 압류하였고 법원에 납부할 금액은 13만 바트(520만 원)이다. 소유자 아피싯에게 간신히 연락되었는데 낙찰이 되어도 소유권 이전을 해

주지 않겠다고 한다. 태국 법령에 소유권 이전은 소유자의 허락이 있어야 한다. 요와 화는 통신으로 신학 석사과정을 공부하고 있으며 목사가 되어 요는 쌍아오마을, 화는 박촘에서 사역할 것이다.

이렇게 되면 쌍아오교회 건물의 압류 문제는 해결되지 않은 채 이런 상황이 지속될 것이다. 요와 화가 신학 공부하고 있다니 반가웠다.

도주환 선교사에게 다가오는 1월에 서울에서 태국 방문이 어렵게 되어 그가 쌍아오마을 방문이 가능한지 문의를 했다.

"태국에서 이동이 자유롭습니다. 다녀오겠습니다. 1월 10일부터 15일까지 일정을 비워두고 있습니다." 도 선교사가 계획을 말했다.

12월 27일(월) 오후 10시, 라오스 이성원 선교사의 선교 보고이다. 동영상에는 쌍아오마을의 메콩강 건너 라오스 껀캄교회에서 어린이들이 크리스마스 찬양하는 장면이 등장한다.

"쑥싼완 크리스맛 메리 크리스마스. 코로나로 인해 모이기도 힘들었던 시간, 그래도 껀캄교회 어린이들은 아주 열심히 크리스마스를 준비했습니다."

이성원 선교사가 어린이들을 가르치는 장면이 등장했다. 껀캄교회는 이성원 선교사가 2012년 2월에 개척하여 10년이 되었다.

2022년 1월 7일(금) 오후 8시, 태국 쌍아오마을에서 순교자 추모예배에 낭독될 서신을 도주환 선교사에게 이메일로 보냈다. 태국어로 번역할 것이다.

선교관 신축을 논의

1월 11일(화) 오후 2시, 안호준 집사와 같이 강용규 목사를 방문했다. 새 학기 강의안으로 준비한 창세기 주석서(개정)을 드렸다.

그리고 태국 순교 18주기 예배 진행에 대해 설명하고, 쌍아오교회 압류 상황에 대해서도 설명했다. 예배 및 기도회는 뜨라이롱 목사가 교인들과 선교관에서 진행할 것이다. 도주환 선교사가 쌍아오마을을 방문할 것이다. 쌍아오교회 건물은 등기 소유자가 아피싯으로 되어 있고 대출받고 상환하지 않아 압류되었다(13만 바트). 아피싯이 경매에서 낙찰이 되어도 등기 이전을 해주지 않는다고 하므로 해결이 안 된다.

설명하고 나니 강 목사가 말했다.
"나도 이제 얼마 안남았습니다."
"목사님이 10년은 더 하셔야지요. 태국 선교를 진행하셔야지요?"
"지금이 18주기이니 20주기에는 쌍아오마을에 가겠습니다."
갑작스러운 말이었다. 그런데 나는 기다렸다는 듯이 설명했다.
"지난번에 광명시의 목사님을 만났습니다. 그 목사님이 쌍아오마을 선교관에 갔었다면서 선교관을 새로 짓고 태국 동북부와 라오스 선교 거점으로 삼으면 좋겠다고 했습니다. 선교관을 새로 짓자는 것입니다. 하지만 한신교회 순교성지이니 목사님이 새로 짓고 20주기 방문 시 신축예배를 드리면 좋을 것입니다."
"새로 짓는 것으로 해요?"
"목사님이 10주기 때에 한신교회 건물을 짓고 나서 선교관을 새로 짓겠다고 말씀하셨습니다. 새로 지으면 태국 선교실적이 될 것입니다."
"건물 짓는 것은 새로 비용이 추가되곤 하는데 그 문제를 고려해서 진행해야 합니다."

"기금이 있으니 그 정도로 해도 될 것입니다." 나는 이번에는 해야 한다는 생각이 들었고 쉽게 생각하자고 제안한 것이다.

"기금으로 하고 새로 헌금도 하고 그러면 됩니다." 강 목사가 계획을 얘기하듯 말하더니, 이어서 "선교지에서 비용을 청구하면 서울에서는 어느 정도 감안해서 보려는 경향이 있습니다."라고 했다.

"미리 잘 세워야지요. 교회 돈을 무서워해야 하는데 일이 시작되면 그런 부분이 둔해지는 것 같습니다."

"장 목사님은 아실 것이니 그런 부분을 고려해서 계획을 세워보세요."

1월 12일(수) 오전 10시, 도주환 선교사가 연락했다.

"잠시 후에 쌍아오마을로 출발할 것입니다."

나는 강용규 목사가 쌍아오마을 선교관을 새로 짓겠다고 한 것을 알려주고, 뜨라이롱 목사에게 건축 절차와 설계도 모형을 확인해 달라고 요청했다. 지난 2013년에 준비했던 설계도 모형과 계획안을 이메일로 보내주었다.

"교회 비용이니 잘 확인해야 됩니다." 거듭 당부했다.

한신교회 순교비 진행

1월 13일(목) 오후 4시, 한신교회 담임목사실에서 순교자 기도회를 가졌다.

부모들과 김혜자 장로가 참석했다. 쌍아오마을 선교관에서 뜨라이롱 목사와 교인들이 예배드리고 강가에서 기도하는 시간에 서울에서 기도회를 갖는 것이다. 강용규 목사가 기도했다.

기도회가 끝나고 내가 말했다.

"이번에는 순교의 날에 한신교회에서 목사님이 기도를 하시니 의미가 있습니다."

"지난번에 말했지요? 제가 20주기에 태국을 방문하겠습니다."

"선교관 신축 계획을 만들어 보고드리겠습니다."

"그렇게 해 주세요. 저는 앞으로 3년이면 은퇴합니다."

"목사님, 한 가지 바람이 있습니다. 한신교회 앞에 있던 순교비가 아직도 자리를 못 잡고 있습니다. 5년 전에 목사님이 장소를 만들어 세워 놓을 것이라고 한 바 있습니다. 오랫동안 방치되고 있습니다."

"지금 계획 중입니다. 의미 있게 할 것입니다."

"선교관 신축예배 전에 순교비가 자리 잡을 수 있을까요? 도서관 동판도 있습니다."

"그때까지는 해야겠지요." 강 목사가 확실하다는 듯이 말했다.

"나의 소망은 하나님으로부터"

기도회가 끝나고 김혜자 장로가 회의실에서 차를 마시자고 했다.

"장로님이 기도회에 참석해 주셔서 고맙습니다."

"오늘 기도회가 있다고 해서 시간에 맞춰 기다렸습니다. 순교자 장례예배 때 이명희 집사를 위로하고자 안아 주었는데 그때 내 몸으로 느낀 것은 엄청난 아픔이었습니다. 어떻게 말로 설명하겠어요. 그냥 눈물이…" 옆에 있는 현진이 엄마를 보면서 그 당시를 회상하듯이 말했다.

"오늘 담임목사님이 쌍아오마을 선교관을 신축하겠다고 다시 말했고, 한신교회에 순교비를 의미 있게 할 것이라고 했습니다. 그리고 장로님이 그 자리에 앉아 계셨습니다."

1층에 내려오니 김 장로가 신년 카드를 여러 장 가지고 와서 뽑으라고 했다. 그 해의 하나님의 말씀이다.

"이제 네게 지운 그의 멍에를 내가 깨뜨리고 네 결박을 끊으리라"(나훔 1:13) "나의 영혼아 잠잠히 하나님만 바라라 무릇 나의 소망이 그로부터 나오는도다"(시 62:5).

하나님이 주시는 말씀이다. '나의 소망은 하나님으로부터 나오는도다.'

18주기 추모예배

오후 5시(태국 오후 3시), 쌍아오마을 선교관에서 순교자 추모예배가 진행되었다. 사진을 보니 뜨라이롱 목사와 교인들이 십자가 목걸이를 하고 있다. 요가 기타 치며 찬양을 한다. 그리고 책장에 비치된 책들이 보인다.

도주환 선교사가 예배에 참석했다. 내가 보낸 서신을 태국어로 낭독했다. 나의 마음이 교인들에게 전해졌다. 그리고 도주환 선교사가 뜨라이롱 목사에게 헌금하는 모습이 보인다. 나와 뜨라이롱 목사가 약속한 8만 바트 헌금이다. 이번에도 이루어졌다.

이어서 메콩강가에서 기도회가 있었다. 뜨라이롱 목사와 교인들이 십자가 목걸이 32개를 강물에 띄웠다. 십자가 목걸이는 지난 12월 중순에 내가 뜨라이롱 목사에게 우편으로 보낸 것이다.

　예배를 마치고 도주환 선교사가 뜨라이롱 목사에게 한신교회에서 선교관을 새로 짓기로 했다고 알려주었고, 뜨라이롱 목사가 계획을 세우겠다고 전해왔다.
　뜨라이롱 목사는 "선교관을 새로 지으면 쌍아오마을 교인들이 그곳에서 예배를 드릴 것입니다. 감사한 일입니다."라고 말했다.
　현진이 엄마는 선교관 위치가 메콩강 강변이니 마을 주민들의 모임 장소, 예배드리는 교회, 선교사들의 숙소로 이용하면 좋겠다는 제안을 했다.
　그렇게 되면 선교관이 되고 기념교회가 되는 것이다. 그동안 '순교자 기념교회'를 세우려고 했는데 이제 순교지에 기념교회가 세워지는 것인가. 하나님은 어떻게 진행하실지, 지금까지 인도하신 하나님의 계획은 무엇인지 기도할 뿐이다.

18주기, 쌍아오교회에 보낸 서신

　순교자 추모예배에 임하여 드리는 문안 인사입니다.
　뜨라이롱 목사님, 사모님, 요와 화, 교인들 모두 안녕하셨는지요?
　지난해에 이어 올해도 코로나 확산으로 서울에서 쌍아오마을 방문이 어렵게 되었습니다. 하루속히 하나님의 은혜로 이전과 같은 생활이 가능해지기를 기도합니다.
　먼저 이번 순교자 추모예배에 임하여 지난 일을 생각해 보고자 합니다.
　첫째, 순교의 과정입니다. 한신교회 선교팀이 쌍아오마을을 방문하여 선교했으며 메콩강에서 2명이 순교했습니다. 그리고 우리의 쌍아오마을 방문은 계속되었습니다.

둘째, 쌍아오마을에 한신교회의 선교관이 있습니다. 서울의 단기선교팀이 선교지에서 순교자가 발생하고 그곳에 선교관과 순교비를 세웠으며, 매년 방문하는 것은 유례가 없다고 합니다.

셋째, 순교자 추모예배의 진행입니다. 매년 뜨라이롱 목사님은 순교자 추모예배를 진행하고 있습니다. 태국 기독교인에게 잘 알려진 일이라고 합니다. 뜨라이롱 목사님은 '순교자는 예우를 받아야 한다.'고 말했습니다. 그동안 쌍아오마을에서 선교하고 순교자 추모예배에 참여한 분들이 있습니다. 이분들은 모두 '쌍아오 공동체'라고 선언한 바 있습니다. 하나님께서 이분들의 수고와 노력을 기억하실 것입니다.

넷째, 쌍아오교회의 복음의 확장입니다. 쌍아오교회는 교인이 증가하고 박촘교회로 확장되었습니다. 라오스에 선교하고 있습니다. 하나님이 뜨라이롱 목사님과 쌍아오교회를 복음의 전도자가 되게 하셨습니다.

다섯째, 순교 사건의 기록입니다. 순교 후 3년간 진행된 일이 『사랑한다 현진아』에 기록되었습니다. 그 책은 한국의 교회와 신학대학원에 비치되어 있습니다. 태국의 선교사들에게도 알려져 있습니다.

선교관에는 쌍아오마을을 방문하면서 연구한 책들이 보관되어 있습니다. 『사랑한다 현진아』가 있고, 박사학위 논문, 신학대학교 강의안, 주석서 12종 등으로 매년 증가하고 있습니다.

천상의 하나님께 보고하듯이 선교관에 책이 쌓이고 기록으로 남겨지고 있습니다. 선교관이 하나님의 말씀으로 채워지는 것은 그리스도인의 기쁨입니다.

이렇게 기록하고 보관하는 것은 하나님 나라의 진행된 일을 후일에 알려야 된다는 생각이 들기 때문입니다. 성경에 보면 하나님은 선지자들에게 기록하라고 하셨습니다. 이사야, 예레미야 등 그 분들이 책으로 기록했기에 후일에 그리스도인이 하나님의 역사와 말씀을 알게 되는 것입니다.

이러한 일들을 통해 앞으로 우리의 비전을 담아보고자 합니다.

첫째, 믿음입니다. 우리는 하나님이 주신 믿음으로 지금까지 하고자 했던 일을 계속하여 진행할 것입니다. 하나님은 우리의 믿음의 의지를 보시고 그 분의 역사를 전개해 나가실 것입니다.

둘째, 소망입니다. 우리는 메콩강 순교에 따른 하나님 나라의 진행을 보게 해달라고 기도해야 할 것입니다. 하나님은 순교자를 기억하시고 그 분이 해야 할 일을 진행하실 것입니다. 메콩강의 순교는 하나님의 역사가 되었기 때문입니다. 우리는 기도하면서 하나님의 때와 시기를 기다려야 합니다.

셋째, 사랑입니다. 우리는 하나님이 주시는 사랑으로 하나의 통합된 마음을 가져야 할 것입니다. 그리스도인의 활동은 하나님의 사랑이 중심에 위치하고 있습니다.

그동안 쌍아오마을을 방문한 선교사들, 선교팀, 한신교회 목사와 교우들, 기독교 순례자들 등 모든 분이 하나님의 사랑 안에서 하나의 공동체가 되었습니다. 그리스도 중심의 연합입니다. 모든 일은 하나님이 주시는 사랑 안에서 계획되고 이루어질 수 있다고 생각합니다.

이와 같이 믿음, 소망, 사랑으로 우리의 몸과 마음이 다져져야 할 것입니다. 하나님이 그렇게 하실 것으로 믿습니다. 메콩강의 순교는 서울 한신교회와 태국 쌍아오교회 교인들이 영원히 기억하게 될 것이고, 하나님의 선교 역사에 귀한 열매로 남겨질 것이라고 생각합니다.

우리는 하나님의 사랑 안에 있는 '쌍아오 공동체'의 구성원으로서 하나님의 뜻을 구하여 각자의 길에서 노력해야 할 것입니다. 이른바 '믿음의 선한 싸움'입니다(딤전 6:12).

하나님은 우리의 진행을 지켜보고 계십니다. 그리하여 모든 것을 아시고 때마다 그리스도인의 정신으로 무장하게 하십니다. 하나님께서 우리에게 복음의 능력을 더해 주시고, 선교의 한 페이지를 확장하여 나가게 하실 것이며, 순교로 인해 모인 우리 모두를 하나님이 사랑으로 인도하실 것입니다.

이 시간에 순교자 추모예배를 드리고 있는 뜨라이롱 목사님과 교인들께 깊은 감사를 드립니다. 또한 이번에 쌍아오마을을 방문하여 예배에 참석한 도주환 선교사님에게 고마움을 전합니다. 아멘.

쌍아오마을 선교관 신축

2월 23일(수) 오후 2시, 안호준 집사와 같이 강용규 목사를 방문하여 쌍아오마을 선교관 신축에 대해 설명했다. 도주환 선교사와 뜨라이롱 목사가 선교관 건축하는 절차를 확인하였다.

선교관의 건물이 노후화되어 새로 짓는 것이며, 2024년 1월 20주기 방문 시 신축예배 예정이다.

우선 2층 혹은 3층의 구조를 선택하고 설계도를 작성하여 박촘면에 허가를 신청해야 한다. 2층은 공사비 1억 6천만 원이며 공사 기간은 1년이다. 기금으로 가능하다. 3층은 공사비 2억 원이며 공사 기간은 1년 6개월이다.

이번에 선교관을 신축하고 쌍아오마을에 교회 예배실을 갖추는 것이다. 그동안 한신교회에서 '순교자 기념교회'를 설립하고자 노력했으며, 위치가 순교지 쌍아오마을이라는 점에서 의미가 있다. 교회 이름은 '쌍아오선교기념교회'가 적합해 보인다.

이와 같이 설명하고 나서 보완했다.

"선교관 신축하면 다른 교회의 선교팀도 이용할 수 있습니다."

"알겠습니다. 검토하겠습니다." 강용규 목사가 말했다.

3월 25일(금) 오후 2시, 안호준 집사와 같이 강용규 목사를 방문했다.

"선교관을 2층으로 신축하기로 당회에서 결정했습니다." 강 목사가 계획을 설명했다.

"그럼 2층으로 설계도를 의뢰하겠습니다."

"교회 지급은 1억 6천만 원이 한도입니다. 대금 지급은 교회에서 장 목사님에게 보내는 방식으로 하겠습니다."

4월 27일(수) 오후 2시, 안호준 집사와 같이 강용규 목사를 방문하여 선교관 신축 진행 절차와 계획을 설명했다.

"태국에서 건축이고 장 목사님이 할 수밖에 없습니다." 강 목사가 말했다.

"사실 당분간 선교관 신축이 어렵다고 생각했는데 지난 1월에 목사님이 선교관을 새로 짓겠다고 해서 진행되고 있습니다."

"제가 교회 부임 시 이미 순교자님이 있었고, 퇴임 전에 해야 할 일은 해야 된다는 생각입니다. 후임 목사는 생각이 어떨지 모르겠습니다. 요셉을 알지 못하는 왕이 들어서면 상황이 변할 수 있습니다. 나도 한치 건너인데 새 목사는 두치 건너입니다."

"목사님, 선교관 신축이 진행되니 기쁘시지요? 하나님의 일은 기쁜 마음으로 해야 됩니다." 내가 고백하듯이 말했다.

6월 3일(금) 오후 2시 30분, 강용규 목사를 방문하여 선교관 신축 진행에 대해 관련 서류를 펴며 설명했다.

선교관의 설계도와 조감도가 A3 용지 64장이다. 그리고 건물 공사와 관련된 태국어 서류가 있고 한글로 번역했다.

지난 몇 주 동안 뜨라이롱 목사가 설명하는 내용을 근거로 도주환 선교사와 협의하면서 절차를 진행했다. 여러 모형의 설계도를 검토했다. 도주환 선교사와 뜨라이롱 목사가 박촘면에 건축허가를 신청했으며, 박촘면의 요청에 따라 노바에서 한신복지재단 이사가 제출해야 하는 서류를 준비했다. 그리고 건물 공사 일정에 따른 자금지출의 '건물 공사 계획서'를 만들었고, 건축업자와 '인건비 계약서'를 작성했다. '인건비 계약서'는 태국에서 건축하는 과정을 연구하고 한신교회의 지원을 감안하여 보완된 새로운 형식이다.

이어서 말했다.

"최근 자재비가 큰 폭으로 상승했습니다. 설계도 준비와 허가 신청 및 인건비 계약서를 준비하는 중에 어려운 상황이 발생하곤 했습니다. 제가 괜히 책임질 일을 시작했나 라며 후회도 했는데, 이번에는 해야 한다는 생각으로 진행하니 어려운 상황이 해결되는 것을 보았습니다. 하나님이 진행하신다는 생각이 듭니다."

"수고했습니다." 강용규 목사가 말했다.

7월 23일(토) 및 9월 2일(금), 선교관 공사 진행을 강용규 목사에게 설명했다. 기초공사가 마무리되고 1층 바닥에 이어 2층 골조가 올라간다. 자재 구입과 인건비 지출을 파악하고 공사 현장의 사진으로 확인했다. 설계도에서 변화가 필요한 부분은 도주환 선교사와 뜨라이롱 목사가 협의하면서 실용적으로 만들어지고 있다.

그리고 9월 12일(월), 선교관 공사 진행을 보완 설명하면서 강용규 목사에게 말했다. "선교관을 새로 짓고 쌍아오선교기념교회가 준비되고 있어서 기쁩니다. 하나님께서 목사님을 통해 짓게 하신다고 생각합니다."

서울과 태국에서 코로나 팬데믹을 극복하면서 사회생활이 회복되었고 교회 예배와 선교사들의 활동이 제한받지 않게 되었다. 그러면서 쌍아오마을 선교관 신축이 시작되었다.

생각해 보니 2006년 4월 선교관을 세울 때 파송 선교사가 없었지만, 어느 날 갑자기 '선교관 구입이 가능해졌다.'라는 연락이 왔고 40일 만에 이루어졌다. 이번 선교관의 신축 때도 파송 선교사가 없지만, 어느 날 갑자기 '새로 짓는 것'이 시작되었고 1년 동안의 건물 공사가 진행되고 있다.

쌍아오마을 교인들 요청에 따라 1층이 선교관이고 2층이 교회 예배실이다. 선교관을 새로 짓고 그곳에 '순교자 기념교회'가 세워지는 것이다. '쌍아오선교기념교회'이다.

하나님이 인도하신다.

신학 이야기

토브

창세기에서 하나님이 세상을 창조하시며 말씀하셨다. "좋았더라"(창 1:4) 히브리어로 토브이다. 요셉이 말했다. "하나님은 그것을 선으로 바꾸사"(창 50:20) '선' 이 히브리어로 토브(טוֹב) 이다.

창세기가 끝나고 출애굽기가 시작되면서 애굽의 상황이 변화된다. 애굽은 400년 전에 요셉이 기근을 극복한 공훈이 있다는 것을 알지 못하는 새로운 왕이 들어섰다. 그리고 이스라엘 백성의 수가 늘어나면서 번성하자 애굽의 바로는 불안을 느낀 나머지 이스라엘 백성을 노예로 부리고 학대한다. 바로는 히브리인이 아들을 낳으면 나일강에 던지라고 명령한다. 이 시기에 모세가 태어난다.

출애굽기에서 모세가 태어날 때 상황이다. "그가 잘 생긴 것을 보고 석 달 동안 그를 숨겼으나"(출 2:2) '잘 생긴' 이 토브이며 좋은 혹은 선한(good)이란 의미이다. 아이는 창세기와 출애굽기를 연결하는 하나의 고리가 된다.

아이가 성장하면서 더 숨길 수 없게 되었다. "갈대 상자를 가져다가 역청과 나무 진을 칠하고 아기를 거기 담아 나일 강 가 갈대 사이에 두고"(출 2:3) '갈대' 는 나일강변에서 자라는 수중 식물 파피루스이다. '상자' 는 히브리어로 테바(תֵּבָה)이며 노아가 만들었던 방주(ark)나 모세를 태운 상자를 가리킬 때만 사용되었다. 모세를 태운 상자는 노아의 방주처럼 역청까지 발라 물이 스며들지 않게 하였으니 아기를 구원하기 위한 방주였다.

모세의 모친 요게벳은 아기를 바구니에 담아 나일강에 띄워 보내야 했으며, 미리암이 그곳에서 지켜보도록 했다(출 2:4).

그때 애굽의 공주가 목욕하기 위해 나일강가로 나왔다. 공주가 상자를 열어보니 아기가 울고 있었다. 공주는 불쌍히 여겨 동정심과 연민을 느꼈다. 지켜보던 미리암이 그 아기를 위해 히브리 유모를 찾아보겠다고 제안하자 공주가 그렇게 하라고 했다(출 2:9).

그 당시 상황으로 보아 모세가 성장하기 위해서는 바로의 딸이 허락하지 않으면 방법이 없었을 것이다. 얼마나 절묘한 일인가! 하나님이 출애굽을 위해 모세를 양육하도록 디자인하셨다. 하나님은 애굽을 패배시키고 이스라엘을 자유롭게 하시는 첫걸음으로 두 여성과 한 어린 소녀와 우는 아기를 사용하셨다. 하나님은 세상의 강한 것들을 부끄럽게 하시고 약한 것들을 사용하신다(고전 1:27).

> 작은 갈대 상자 물이 새지 않도록 역청과 나무 진을 칠하네
> 어떤 맘이었을까 그녀의 두 눈엔 눈물이 흐르고 흘러
> 동그란 눈으로 엄마를 보고 있는 아이와 입을 맞추고
> 상자를 덮고 강가에 띄우며 간절히 기도했겠지
> 정처 없이 강물에 흔들흔들 흘러내려가는 그 상자를 보며
> 눈을 감아도 보이는 아이와 눈을 맞추며 주저앉아 눈물을 흘렸겠지
> 너의 삶의 참 주인 너의 참 부모이신 하나님 그 손에 너의 삶을 맡긴다
> 너의 삶의 참 주인 너를 이끄시는 주 하나님 그 손에 너의 삶을 드린다
> 그가 널 구원하시리 그가 널 이끄시리라
> 그가 널 사용하시리 그가 너를 인도하시리
> - 요게벳의 노래, 찬양

이 찬양은 요게벳이 아기 모세와 이별하는 상황을 그려낸 노래이다.

태국 쌍아오마을에 있는 메콩강을 보면서 모세가 나일강 갈대 상자에 태워진 장면이 연상되었다.

메콩강에서 아들을 찾으려 혼신을 다하는 5일째 아침이었다(2004. 1. 18). 군인 잠수부들이 철수하겠다는 그 마지막 날이다. 메콩강의 거세고 빠른 급류의 물을 바라보면서 이제 어떻게 해야 하는가 망연자실하고 있었다. 이때 강가에서 현진이 실체를 찾았다는 연락을 받았다.

놀라고 급한 마음에 메콩강에서 마을 공터로 뛰어 갔다. 500m 가 넘는 거리이다. 달려 가는데 발이 공중에서 땅으로 떨어지지 않았다. 붕붕 허우적대는 느낌이다. "왜 이리 늦는가." 현진이 누나가 내 옆에서 같이 가고 있다. 나를 걱정하듯이 "아빠."를 연신 불렀다.

얼마나 목메어 찾던 아들인가. 그 아들을 찾아 달려가는 중이다. 그 순간에 돌연히 현진이가 태어난 날(1990. 6. 11)이 생각났다. 퇴근 길에 집에 가까이 왔을 때 이천에 있는 형한테 연락이 왔다. 어머니가 해산을 돕고 있는데 아기를 낳았다는 것이다. 병원으로 달려가는데 얼마나 기쁜지 발걸음이 땅에 떨어지지 않았다. 14년 만에 내 몸이 똑같은 발걸음을 기억해 낸 것이다. 현진이를 메콩강에서 찾았는데 허우적거릴 뿐 발걸음이 땅에 떨어지지 않았다. 현진이 태어난 날에 보러 가는 발걸음은 기쁨의 발걸음이었고, 현진이를 찾았다는 날에 보러 가는 발걸음은 놀람의 발걸음이었다. 이 두 번의 발걸음이 겹치면서 내 몸이 움직이고 있었다.

어떻게 갔는지 모르게 쌍아오마을 공터에 도착했다. 작은 트럭의 뒤칸에 아들이 놓여 있었다. "현진아, 아빠가 왔다. 아빠가 여기에 있어."

순간 이것이 현실이라는 사실에 절망을 느꼈다. 현기증이 일어났지만 이를 악물고 현진이 모습을 확인했다. 현진이다.

강물에서 4일 15시간 있었는데 이렇게 깨끗하다니, 피부색 그대로였다. 실체를 급히 90km 떨어진 러이병원 영안실로 옮겼다.

  러이병원에서 방콕으로 이동하기 전에 2시간 동안 태국인과 함께 아들의 몸을 소독하며 닦았다. "현진아." 이름을 불러가며 아들의 얼굴과 몸을 만졌다. 눈물이 하염없이 흘러내렸고, 현진이 얼굴에 떨어졌다. 옆에서 현진이 엄마가 울고 있다.

제3부 사랑한다 현진아 헤세드

나를 사랑하고 내 계명을 지키는 자에게는 천 대까지
은혜를 베푸느니라 (출 20:6, 신 5:10)

주께서는 온 마음으로 주의 앞에서 행하는 종들에게 언약을 지키시고
은혜를 베푸시나이다 (왕상 8:23)

첫 번째 이야기

하나님의 은혜

여호와께서 그의 앞으로 지나시며 선포하시되
여호와라 여호와라 자비롭고 은혜롭고
노하기를 더디하고
인자와 진실이 많은 하나님이라 (출 34:6)

여호와는 긍휼이 많으시고 은혜로우시며
노하기를 더디 하시고
인자하심이 풍부하시도다 (시 103:8)

하나님 이해

엘로힘

하나님은 히브리어로 엘로힘(אֱלֹהִים)이다. "태초에 하나님이 천지를 창조하시니라" (창 1:1) 엘로힘의 기본 어근은 엘(אֵל)이다. 엘은 오래된 셈어로서 신을 의미한다.

엘로힘은 인간에게 계시된 모든 신적 활동의 주체이고, 인간에게 받는 모든 존경과 경외의 대상이 되는 유일신이다. 엘로힘은 복수형이며 동사는 단수형을 사용했다. 복수형 엘로힘은 구약에서 특수하게 쓰여졌고, 다른 셈어에서는 쓰지 않았다. 복수형은 삼위일체의 하나님이다 (성부, 성자, 성령). 엘로힘은 장엄 복수이다. 장엄이란 하늘과 물과 같이 제한 없이 크고 능력이 무한한 것을 표시할 때 쓰는 말이다.

성령

성령은 구약에서 하나님의 영, 여호와의 영으로 나타낸다. 구약에서 하나님의 영은 창세기에 처음 등장한다. "땅이 혼돈하고 공허하며 흑암이 깊음 위에 있고 하나님의 영은 수면 위에 운행하시니라"(창 1:2) 하나님의 영은 히브리어로 루아흐 엘로힘(רוּחַ אֱלֹהִים)이다.

하나님의 영과 인간의 능력의 관계는 일찍부터 인지되어 왔다. 요셉은 창세기의 인물 중 유일하게 하나님의 영을 받은 사람이다(창 41:38). 모세는 모든 백성이 선지자가 되게 하는 하나님의 영을 소유하게 해 달라는 기도했고(민 11:29), 하나님의 영은 다양한 분량으로 주어진다.

여호수아는 하나님의 영을 받은 후 리더십을 발휘하기 시작했다(민 27:18). 다윗은 왕의 자격에 합당한 자로 인정을 받았으며 기름부음을 받은 날부터 하나님의 영이 계속 함께 하는 은총을 받았다(삼상 16:13). 구약에서 하나님의 영은 하나님의 자기 계시라기보다는 하나님의 구원의 능력과 크게 관련이 있다. 신약에서는 하나님의 영, 성령, 진리의 영, 보혜사로 나타낸다.

성령은 하나님이 그 분의 백성에게 임재하여 내리는 모든 신령한 은사와 능력이 결합되는 매개체가 된다. 성령은 하나님과 동일시되며, 신적 속성을 가진다. 성령은 아버지께로부터 오고(요 15:26), 아버지와 아들에 의해 보냄을 받았다(요 16:7).

성령의 인도

그리스도인이 믿음을 받아들이는 것은 성령의 인도하심이다. 성령은 인간의 마음속에서 직접 활동한다. 이것은 오순절 성령 강림과 더불어 시작된 하나님의 새 일이다. 초대교회는 오순절에 성령 강림을 체험하였다. 베드로가 사용한 표현은 "너희가 보고 듣는 이것을 부어주셨느니라"(행 2:33)이다.

성령의 증거는 논리를 필요로 하지 않는다. 은백색의 빛이 한순간에 번쩍이듯, 그 분의 증거는 인간의 영혼에 직접 작용한다.

성령은 인간 영혼의 깊은 곳에 찾아오셔서 기독교가 진리임을 알게 해주신다. 성령께 맡기면 우리의 일이 세상적인 관점에서는 이해가 어렵지만 성직(聖職)처럼 느껴질 것이다.

성령은 우리 영혼의 창가에 '바람이 불면 울리는 하프'(wind harp)를 걸어 놓으실 것이다. 천국의 바람이 불어오고 그래서 울리는 이 하프 소리는 우리에게 큰 힘과 위로를 줄 것이다. 성령은 우리의 마음속에 언제나 음악이 가득하게 할 것이다.

성령은 우리의 예배를 진정한 영적 차원으로 끌어올리시기도 한다. 우리 안에 거하는 성령은 우리 영혼이 '좀 더 높은 영적 실재'에 직접 접촉할 수 있도록 이끈다. 성령을 통해 우리는 내세의 능력을 보고 느끼며 '눈에 보이지 않는 하나님'을 만나게 된다.

토브 책의 출판

2022년 10월 1일(토), 『사랑한다 현진아 토브』가 출판되었다. 1편

『사랑한다 현진아』가 출판되고 15년이 지났다. 1편 이후 진행된 일을 기록했다. 매년 쌍아오마을을 방문했고 선교와 관련된 일들이 진행되었으며, 내가 신학을 공부해야만 했던 이야기를 담아 2편을 출판했다.

책의 제목을 무엇으로 할까?

1편의 제목에 토브를 붙였다. 『사랑한다 현진아 토브』이다. 창세기에서 하나님은 천지를 창조하시면서 "좋았더라" 고 하셨으며, 히브리어로 토브(good)이다. 출애굽기에서 모세가 태어날 때의 모습도 토브로 표현하였다. 요셉이 "하나님은 그것을 선으로 바꾸사"라고 할 때 '선' 이 토브이다. 하나님께서 지금까지 진행된 모든 상황을 선(토브)으로 이끌어 주시기를 소망했다.

책의 이야기는 어떻게 전개될까?

이 부분은 상당한 고민이 있었다. 태국에 기념교회를 설립하고 싶었다. 그러나 건축은 급하지 않았다. 이미 그곳에는 많은 교회가 지어져 있고 빈 건물이며 관리조차 중단된 곳이 상당수에 달했다. 선교관은 노후화되었으니 새로 지어야만 했다. 필요한 시기에 하나님이 진행하실 것이라고 생각했다. 그리고 어느 날 선교관을 새로 짓게 되면서 기념교회 설립도 추진되었다.

사실 이러한 외형적인 내용보다 중요한 것은 이 사건에 관련된 사람들의 마음가짐이라는 생각이 든다. 건물을 새로 짓고 스스로 만족하는 것이 무슨 의미가 있을까? 시간이 지나면 다 낡아진다.

선교의 열매를 평가하는 것은 하나님의 영역이고, 신앙의 깊이는 하나님이 주시는 마음가짐에 달려 있다는 생각이 들었다. 진행된 이야기를 진솔하게 기록으로 남기면 된다는 생각이다.

책이 출판되는 시기에 한신교회 게시판에 기록했다.

9월 27일(화) 기록이다.

태국 쌍아오마을에 '한신교회 선교관'이 있습니다. 2004년 1월 그때 한신교회 선교팀이 숙소로 사용하던 집이며, 2006년 4월 11일 구입하여 등기까지 마쳤습니다. 그동안 선교관은 도서관, 교육관, 숙소로 사용했습니다. 선교관은 원래 낡은 목재 건물로 세월이 지나면서 더 낡고 부식되었습니다.

2022년 1월에 담임목사님이 '새로 짓는 것'으로 말씀하였고, 3월에 2층으로 계획을 수립했습니다. 6월에는 건물 공사 계획서를 승인했고, 7월에 공사를 시작했습니다. 태국 도주환 선교사님과 뜨라이롱 목사님이 진행 중입니다.

건물 공사 기간은 1년이며 내부 인테리어 작업을 한 후에 2024년 1월 순교 20주기에 신축 예배를 드릴 예정입니다.

한편 선교관 2층에 기념교회가 세워지게 되었습니다. 2004년 순교 후 한신교회는 '순교자 기념교회'를 태국에 세우겠다고 계획을 발표했습니다. 그러나 쌍아오마을에는 이미 교회가 있으므로 우돈타니 등에 설립을 모색하다 보니 어려운 점이 있어서 미루어졌습니다. 그런데 2019년 9월부터 쌍아오교회가 교회 건물을 사용할 수 없는 안타까운 상황이 생겼고, 쌍아오마을 교인들의 뜻에 따라 선교관 2층에 예배처를 준비하게 됩니다. 1층은 선교관이고 2층은 교회가 됩니다.

순교지에 기념교회가 세워지는 것입니다. 기쁜 일입니다. 교회 이름은 도주환 선교사님과 뜨라이롱 목사님이 추천했으며, 담임목사님이 승인했습니다. "쌍아오선교기념교회". 하나님이 인도하십니다. 기도하시고 응원하시는 모든 분께 감사드립니다.

이어서 10월 1일(토) 기록이다.

2004년에 현진이가 순교하였고, 제가 3년간의 진행을 기록하여 2007년 11월에 『사랑한다 현진아』를 출간했습니다.
그 후 진행된 이야기를 모아 2022년 10월에 『사랑한다 현진아 토브』를 출간합니다. 순교 4년부터 18년까지 태국 쌍아오마을에 다니면서 순례자로서 경험한 일에 연관된 내용입니다. 14살 아들이 맡기고 간 선교 비전의 그 두 번째 기록입니다.
1편 같이 날짜순으로 기록했습니다. 신학 이야기가 있고 영감을 얻은 찬양을 기재했습니다. 하나님이 인도하시는 길에 서서 약한 자들이 노력하는 모습을 담았습니다. 선교지에는 의미 있는 자취를 남기려고 애를 썼습니다. 이것은 부모의 자식 사랑이며, 곧 하나님이 자기 백성을 사랑하는 마음이라는 생각이 듭니다.
하나님께서 지금까지 진행된 모든 상황을 선(토브)으로 이끌어 주시기를 소망합니다. 그동안 기도하고 응원한 모든 분께 감사드립니다. 이 책을 기록하고 출간하도록 이끌어 주신 하나님께 감사드립니다.

10월 2일(일) 오후 1시, 쌍아오마을에 선교관을 새로 짓는다는 계획이 알려지면서 한신교회에서 4월 3일부터 주일 오후에 기도하는 모임이 생겼다. 선교관 공사를 위해 기도하는 것이다. 안호준 집사 내외가 준비하였고 김혜자 장로 등 태국에 다녀온 몇 분이 참석했다. 출판된 토브 책을 기도회에 참석한 분들에게 나누어주었다.
이 날은 설교 담당하는 부목사의 다른 일정으로 내가 대신 말씀을 전했다. 책의 내용과 연관된 내용이다. 설교제목은 '하나님의 선'이다.

하나님은 환난을 막아주시는 것이 아니라 환난을 극복하도록 도와주십니다. 지금까지 태국 선교하면서 시간이 지날수록 한신교회에서 호응이 없어 가슴이 먹먹해지고 있었습니다. 순교자 가족은 슬픔으로 가슴을 저미고 이렇게 애쓰며 선교해야 하는가? 이제 그만해도 되지 않는가? 라는 생각이 들었습니다. 하지만 안 집사님 내외와 함께 쌍아오마을 메콩강에 있을때 두 분이 애통하며 기도하는 것을 보았기에 계속해야 했습니다. 요셉이 어려운 상황을 겪고 마지막에 하나님이 선으로 이끌어 주셨다고 고백했습니다. 우리가 겪은 어려운 상황을 하나님이 선으로 이끌어주시기를 기도합니다. 아멘.

10월 4일(화), 새로 출판된 토브 책을 책에 등장하는 사람들, 한신교회 교인들, 태국 선교사, 지인들에게 안내글과 함께 우편으로 보냈다.

주님의 이름으로 인사드립니다.
이 책은 14살 아들이 맡기고 간 선교 비전의 그 두 번째 기록입니다.
현진이가 태국 단기선교 중 쌍아오마을 메콩강에서 순교했습니다. 3년간 진행을 기록하여 2007년 11월 『사랑한다 현진아』를 출간했습니다.
그 후 15년간 진행된 이야기를 모아 『사랑한다 현진아 토브』를 출간합니다. 매년 태국 쌍아오마을에 다니면서 순례자로서 경험한 일에 연관된 내용입니다. 신학 이야기가 있고 영감을 얻은 찬양이 있습니다.
하나님이 인도하시는 일정에 따라 약한 자들이 노력하는 모습을 담았습니다. 선교지에 가서 의미있는 자취를 남기려고 애를 썼습니다.
이것은 부모의 자식 사랑이며, 곧 하나님이 자기 백성을 사랑하는 마음이라는 생각이 듭니다. 하나님께서 지금까지 진행된 모든 상황을 선(토브)으로 이끌어 주시기를 소망합니다.

2022년 10월 1일, 목사 장기옥 드림

한신교회 강용규 목사는 미국에 3개월 동안 안식 휴가 중이라 해서 9월 하순에 안내글과 함께 우편으로 보냈다.

앞에 발송한 책의 안내글에 아래 글을 추가하였다.

"이야기 전개에 목사님 말씀을 포함했습니다. 최소한으로 줄이려고 애를 썼습니다. 부득이 하니 이해해 주시기 바랍니다."

10월 초순에 태국 박원식 선교사에게 토브 책을 보냈다. 그리고 10월 11일에 박 선교사가 쌍아오마을에 들렀다고 한다. 놀라운 일이라고 하면서 선교관 건물 공사 사진을 보냈다.

"선교사님들과 함께 왔다가 잠깐 들렀다가 갑니다."

"20주기에 신축 예배를 드릴 것입니다. 기도해 주세요. 하나님이 진행하십니다."

언론에서 책을 소개

2022년 10. 20(목), 〈기독신문〉에서 책을 소개했다.

"아들이 남긴 선교비전 제가 이어갑니다"

장기옥 목사는 2004년 1월 13일을 결코 잊을 수 없다. 태국에 단기선교를 갔던 아들이 메콩강에서 순교했기 때문이다. 당시 하나님을 제대로 알지 못했던 그는 크게 낙심하여 삶의 끈마저 놓고 싶은 마음까지 들었다. 그러나 아들이 순교지에서 겪은 이야기들을 추적하며 하나님 나라를 확장해야 한다는 사명이 움트는 것을 느끼고 다시 일어나 〈사랑한다 현진아〉라는 책을 펴냈다.

이후 15년이 흘러 장 목사는 같은 제목에 토브(선)을 더해 〈사랑한다 현진아 토브)를 엮었다. 그는 아들 현진이 순교한 지 4년째 되는 해부터 해마다 태국 쌍아오마을을 찾는 순례를 시작했다. 아들이 유명을 달리한 메콩강가를 찾아가 기도회를 갖고, 한신교회 관계자들을 만나 아들의 순교가 헛되지 않도록 태국 선교에 동역해 줄 것을 요청했다. 처음에는 사람들이 갑작스런 그의 선교 열정에 의아해했고 오해를 하기도 했다.

그러나 하나님이 선교의 열정을 불어넣어 주시는 만큼 저자는 태국을 향한 불타오르는 마음을 진정시킬 수 없었다. 그는 선교 계획이 난관에 부닥치는 고통 가운데 주저앉기보다 하나님의 뜻을 더 알기 위해 신학을 공부하고 신학박사 학위까지 받았다. 하나님께 조금이라도 가까이 가는 일이라고 생각하면 물불을 가리지 않고 순종하며 도전했다. 아들의 순교의 의미를 퇴색시키고 싶지 않았고, 하늘나라에서 아들을 만나면 부끄럽지 않은 아버지로 마주하고 싶었기 때문이었다.

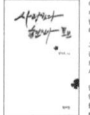

연례행사처럼 여기던 태국 방문이 코로나19로 불가능하게 된 동안에도 쌍아오교회와 현지 마을을 위해 선교비를 보내고 기도회를 갖도록 도왔다. 18년간에 걸친 한결같은 방문과 기도는 하나씩 결실을 맺었고 최근에는 오래도록 고대하던 선교관을 쌍아오마을에 짓게 됐다. 또 순교지 기념교회를 선교관 2층에 세웠다.

선교일지처럼 펼쳐지는 이 책을 읽으며 독자들은 "땅 끝까지 이르러 내 증인이 되리라"는 말씀과 더불어 "내가 세상 끝날까지 너희와 항상 함께 있으리라"는 언약이 지금도 이뤄지고 있음을 인정하게 된다. 인간적인 고통을 승화시켜 하나님 나라를 바라볼 때 당장은 눈앞에 아무것도 없는 것 같지만 하나님이 선하게 길을 내주신다는 사실을 믿게 된다.

저자 장기옥 목사는 요즘 이렇게 기도하고 있다.

"하나님의 일에는 때와 시기가 있으며, 하나님이 문을 열어 주셔야 선교도 진행된다는 것을 알았습니다. 지금까지처럼 앞으로도 태국 쌍아오마을 선교를 토브로 이끌어 주옵소서."

2022년 11월 13일(일), 〈기독교연합신문〉에서 책을 소개했다.

순교자의 아버지는 '선하신 하나님'을 고백했다.

2004년 1월 한국에서 온 단기선교팀이 태국 동북부 쌍아오마을의 메콩강을 순회하다 사고가 났다. 선교팀이 단체로 카누를 타는 과정에서 배가 전복됐는데, 이 사고로 두 명의 귀한 생명이 숨을 거뒀다. 당시 나이 14살. 불과 중학교 1학년이던 장현진 군도 그중 한 명이었다. 장 군의 아버지(당시 한신교회 집사)는 강에서 아들을 찾아 헤매는 고통스러운 상황 속에서 "우리 현진이만 찾

제3부 사랑한다 현진아 헤세드

게해주신다면 신학을 공부하고 하나님이 원하시는 길로 걸어가겠다"고 서원했다. 수색이 길어지고 이제 포기해야 한다고 하던 그때 거짓말처럼 아들의 시신이 발견됐다. 이후 무사히 서울로 돌아와 장례를 치렀다.

서울의 백석신대원에서 신학을 공부한 아버지 장기옥 목사는 2007년 11월 일련의 과정을 담은 책 〈사랑한다 현진아〉를 펴낸다. 이 책의 서문에는 아들을 향한 절절한 사랑과 말 못할 슬픔, 그럼에도 불구하고 하나님의 뜻을 찾는 구도자의 모습이 고스란히 담겼다.

"사랑하는 아들을 잃은 놀라움과 고통으로 모든 소망이 사라진 아버지는 죽기만을 간구합니다. 하지만 오히려 하나님의 손길과 은혜를 체험합니다. 그래서 아버지는 아들을 찾아 순교지를 헤매면서 겪은 이야기를 하나님 앞에 풀어놓기 시작합니다. 무엇보다도 짧은 삶을 살다간 아들에게 해주고 싶은 아버지의 가슴 시린 사랑이 들어 있습니다."

선하게 이끄시는 하나님

첫 번째 책이 나오고 벌써 15년이 흘렀다. 아들이 살다간 14년에 1년을 더 얹은 짧지 않은 시간이건만 애끓는 부정은 풍화되지 않았다. 그 마음을 달래기 위해 아버지는 다시 펜을 들었다. 글을 쓰는 시간은 주로 새벽. 자다 일어나 차분한 마음으로 시작하는 글쓰기지만 이내 눈물을 쏟고 만다. 인간의 마음으로 형용할 수 없는 감정이 솟구치기도 한다. 새벽기도를 가려고 일어난 아내는 퉁퉁 불어 있는 장 목사의 눈을 보며 "또 책을 쓰고 있었군요" 하며 위로한다.

장 목사에게 글을 쓰는 행위는 '기록' 이상의 의미를 갖는다. 새벽 미명에 기도하듯 내뱉는 문장에는 슬픔과 울분 설움 그리움 등 다양한 감정이 담긴다. 울며 기도하며 써내려가다 보면 감정들은 이내 하나님의 마음에 가닿는다.

책에는 1편 〈사랑한다 현진아〉 발간 이후 진행된 일들을 기록했다. 책의 제목은 〈사랑한다 현진아 토브〉라고 지었다. '토브'는 히브리어로 '좋은' 혹은 '선한'이라는 의미다. 창세기에서 요셉이 "하나님은 그것을 선으로 바꾸사"(창 50:20)라고 했던 바로 그 '선'이 토브다.

"지난 시간을 돌이켜 보면 하나님의 인도하심 가운데 나타난 일들이 생각납니다. 매년 진행한 태국 쌍아오마을 방문은 순례자의 길이었으며, 그 과정에서 작은 일들이 이뤄지면서 하나님의 나라가 확장되는 모습을 보았습니다. 쌍아오교회에서 예배를 드리고, 강가에서 기도하며 마을 사람들과 교제하였고, 쌍아오교회의 새벽기도는 하나님께 소망을 간구하는 시간이었습니다."

〈사랑한다 현진아 토브〉를 읽어 내려가다 보면 무엇보다 아들의 순교를 퇴색시키고 싶지 않은 아버지의 마음이 절절하게 느껴진다. 장 목사는 "훗날 하늘나라에서 아들을 만나면 부끄럽지 않은 아버지의 모습을 보여주고 싶었다"고 했다. 그리고 그 노력의 흔적은 책을 통해 고스란히 남았다.

"대나무는 매년 마디가 쌓이면서 튼튼해진다고 합니다. 외형적으로 대나무는 마디를 드러내며 자신을 지탱하고 있습니다. 이 책도 마찬가지로 첫 편의 마디 위에 새로운 한 편이 쌓였습니다. 바라기는 이 책이 개인의 노력으로 그치는 것이 아니라 교회와 선교지에 의미 있는 기록으로 남기를 기대합니다."

상처 입은 치유자

목사 안수를 받기 전 장 목사는 법무법인 컨설턴트로 일했다. 아들을 잃고 난 뒤 그는 직장을 다니며 신학 공부를 시작했다. 일과 공부를 병행하는 것이 녹록지 않았다. 너무 힘든 나머지 체중까지 확 줄었다. 처음에는 그저 '졸업이나 해야지' 하는 마음이었다. 그러던 어느 날 아들의 산소를 찾은 그는 적어도 노력하고 있다는 것을 보여주고 싶은 마음에 '목사안수'까지 받겠다고 약속했다.

한 번도 생각하지 않았던 목회자의 길이었지만 하나님께서 쓰고자 하시니 막힘이 없었다. 목사 안수를 받던 당시의 감정은 지금도 생생하다.

"목사 안수를 받을 때 하나님의 인도를 받았다는 생각에 눈물을 흘렸습니다. 제가 어린 나귀같이 약하고 볼품없으나, 주님이 주시는 멍에를 메고 주님께 배우며 주님의 인도 아래 그리스도의 진실한 증인이 되고 싶다고 생각했습니다."

하나님은 장 목사를 거기서 멈추지 않으셨다. 공부를 더 해 신학박사 학위까지 받게하셨다. 장 목사는 "신학을 배우고 연구하는 과정은 신앙의 깊이를 쌓는 데 큰 도움이 됐다"며 "그로 인해 마음의 안정을 찾게 됐다"고 회상했다. 현재도 장 목사는 백석 교단 소속 목회자로 협동목회를 하고 있으며, 여러 신학교에서 학생들을 가르치고 있다.

자식을 앞세우는 일은 사람이 경험하는 가장 큰 고통 가운데 하나다. 장 목사는 헤아릴수 없는 고통 앞에 무너지지 않았다. 오히려 아픔을 딛고 하나님의 선한 것으로 승화시켰다. 두 번째 책 '토브'를 펴낸 후 장 목사는 종종 '하나님의 선'이라는 제목으로 말씀을 전한다. 창세기 50장에 등장하는 요셉에 대한 설교다.

"총리가 된 요셉은 자신을 버린 형들을 만난 자리에서 '당신들은 나를 해하려 하였으나 하나님은 그것을 선으로 바꾸사 오늘과 같이 많은 백성을 구원하게 하시려 하셨나니'라고 고백합니다. 하나님의 일을 하면 모든 일이 어려움 없이 진행될 것 같지만 대부분의 상황은 그렇지 않습니다. 그래서 사람들은 하나님의 섭리를 이해하기 어렵다고 합니다. 지금 힘드신가요? 하나님을 의지하고 나아간다면 요셉이 그랬던 것처럼 종래에는 '하나님께서 모든 것을 선하게 이끄셨다'고 고백하게 될 것입니다."

순교의 열매

한편 올해 초 〈사랑한다 현진아 토브〉 원고를 마무리 지으려던 차에 기쁜 소식이 들려왔다. 교회가 순교지에 세웠던 선교관이 낡아 고민하던 차에 선교관 신축이 추진된다는 소식이었다. 그리고 선교관 2층에 쌍아오교회가 이전해 들어오기로 했다는 말에 장 목사와 아내는 기쁨을 감추지 못했다.

지금껏 쌍아오교회의 목회자와 교인들은 순교자를 기억하며 매년 추모예배를 드리고 있다. 장 목사는 "쌍아오교회가 선교관 2층에 들어오게 되면 그곳이 곧 기념교회가 되는 것"이라며 "그동안 '순교자 기념교회'를 세우려고 했는데 이제 그 교회가 세워지는 셈이다. 이 일이 조금만 늦었어도 책에 담길 수 없었을텐데 하나님께서 제 책의 모양새까지 완성해 주시는 것 같다"고 웃으며 말했다.

장 목사는 새롭게 지어지는 선교관과 기념교회를 통해 순교의 역사가 이어지고 선교의 귀한 열매가 계속되기를 기도하고 있다. 앞으로 진행될 일들은 세 번째 책에 오롯이 담길 예정이다.

장 목사는 "이 책을 기록하면서 하나님이 인도하셨다는 것을 깨닫게 된다"며 "지난 일들은 분명히 긴 과정이었으며 어떻게 한 방향으로 진행됐는지 놀라울 뿐이다. 하나님이 내 영혼을 부요하게 하셔서 가능했다는 생각이 든다"고 했다.

장 목사는 끝으로 "하나님께서 소망을 갖게 하셨고 그 소망이 저를 부끄럽게 하지 않을 것"이라며 "지금까지 진행된 것 가운데 당연한 것은 없었으니 모든 것이 하나님의 은혜"라고 고백했다.

토브 책의 서평

10월 8일(토) 10시, 산소에 가는 길이다. 한신교회 서상건 장로가 연락했다. "책을 읽고 있습니다. 쌍아오마을에 갔던 기억이 납니다. 현진이가 기억이 많이 납니다."

이어서 11시 30분, 산소를 둘러보는데 전화가 왔다. 분당 한신교회 이상수 목사이다. "책을 다 읽었습니다. 마음이 아팠습니다. 연락을 드리고 싶었습니다."

마치 하늘에서 보고 있다는 듯이 '책을 다 읽었다'고 하는 목사님이 전화를 했다.

산소에서 기도했다. "하나님 책이 나왔습니다. 현진이에게 보여주고 싶었습니다. '사랑한다 현진아 토브' 입니다. 하나님이 선으로 인도하심에 감사드립니다."

첫 출판 기념예배 장면이 아직도 생생한데 아빠 엄마의 사랑은 또 한 번의 부모 마음을 사랑하는 현진이에게 진액을 쏟아 부었군요. 아들의 값진 순교가 아빠를 진정하고 존귀한 신학자로 변하게 하고 엄마의 영성을 십자가로 연결시켜 참교육의 면류관을 씌워 주었습니다.

현진이의 고귀한 순교는 하늘에서 땅의 부모를 홍보석이 되게 했습니다. 살아도 주를 위해 살고 죽어도 주를 위해 죽는 주님의 거룩한 친족이 되었습니다. 주님 감사합니다. 사랑하는 현진이의 순교로 뼈를 깎는 부모의 헌신과 사명으로 영광을 받아 주시옵소서. 귀한 가정을 축복하옵소서.

- 조한주 목사의 글(2022. 10. 05.)

책을 펼치는 순간 기도하며 썼다는 상황을 인식했습니다. 매순간 이야기를 정확하게 기록하여 놀라웠습니다. 등장하는 모든 분이 시기별로 역할이 있고 진행이 되는 것을 알게 됩니다. 모두가 하나님이 이끄시는 선을 향해 모아진다는 느낌입니다. 참 좋은 글을 남겼습니다. 선교관을 새로 짓고 기념교회를 세우는 책임이 더욱 느껴지게 됩니다.

- 도주환 선교사의 글(2022. 10. 12.)

'사랑한다 현진아 토브' 정성을 다해 읽었습니다. 한주간 아픈 마음 감사한 마음 뜨거운 마음을 많이 느끼는 시간이었고 주님께서 허락하신 은혜의 시간이었습니다. 코로나 때문에 얼어붙고 메말랐던 마음에 눈물을 때론 뜨거운 성령의 역사 하심을 받는 귀한 한 주간이었습니다.
목사님, 말로 다 할 수 없는 아픔을 믿음으로 이기시고 주님의 종으로 순종하셨으니 정녕 주님께서 위로의 주님으로 함께하심을 믿습니다. 감사합니다. 1편은 책을 읽고 마음이 아픈 상태에서 기도를 했으며, 2편은 책을 읽고 소망이 이루어지고 선교의 열매가 이어지는 것을 보며 희망을 보았습니다.

- 분당 한신교회 이순자 권사의 글(2022. 10. 13.)

'사랑한다 현진아 토브'를 통독하면서, 태국오지 쌍아오마을의 메콩강에서 순교자 장현진의 희생이 결코 헛되지 않았구나 절감하며 희생을 선(토브)으로 바꾸시는 하나님의 오묘하신 섭리와 인도하심을 찬양합니다.
현진이의 순교가 한알의 밀알이 되어 쌍아오마을과 강건너 라오스까지 복음의 지경이 넓혀지고 있고, 십수년동안 한결같이 현장을 방문하여 순교자 추모예배에 참석하신 부모님들의 기도와 헌신으로 인하여, 선교관 신축과 순교자 기념교회가 세워지고 있음을 보고 무한한 감동과 감사의 마음을 금할 수가 없습니다.

- 한신교회 진영훈 장로의 글(2022. 10. 21.)

현진이 순교 후 살아온 18년 동안의 노력이 보입니다. 그리스도의 십자가 보혈의 권능이 얼마나 대단한지를 살면서 체험한 것입니다. 매년 말씀대로, 약속대로, 서원대로 진행된 하나님의 역사입니다. 이것은 현대를 살아가며 아픔과 어려움, 고난과 환난을 당하고 있는 그리스도인들에게 예수 그리스도의 십자가 정신과 사랑을 알게 하고, 또한 많은 백성을 구원하기 위한 선교의 일선에 서 있는 많은 분에게 큰 힘이 될 것입니다.

- 이제국 목사의 글(2022. 11. 04.)

하늘나라에서 아들 현진이가 웃는 모습을 생각하고 아픈 마음을 인내하며 한자 한자 거짓 없이 사실대로 진솔하게 기록한 선교행전입니다. 아버지로서 목사로서 교수로서 하나님이 주신 사명을 가감없이 있는 그대로 일기 형식으로 기록하고 순교자의 내용을 성경 말씀을 설교하는 내용과 함께 아버지의 마음을 하나님의 마음으로 풀어낸 소중한 책입니다.

2017년 13주기부터 메콩강 순교지에서 함께 추모예배에 참석한 나로서는 감회가 새롭고 그날의 기억들이 새롭게 다가와서 더욱 의미 있습니다.

올 해 초 한국에 잠시 방문했을 때 '사랑한다 현진아' 1편을 단숨에 읽었습니다. 그리고 이번에 2편 '사랑한다 현진아 토브'를 읽었습니다.

태국에서 사역하고 있는 선교사로서 아들의 순교가 결코 헛되지 않았으며, 그리고 태국 선교의 밑거름이 되길 기도합니다.
이제 2024년 순교 20주년을 맞아 쌍아오선교기념교회 건축예배를 기대하며 아울러 '사랑한다 현진아' 3편도 조심스럽게 기대해 봅니다.

- 태국 손한웅 선교사의 글(2022. 11. 06.)

저자는 이 책을 통해 독자들에게 메콩강 사고 이후 사고수습과 일련의 진행과정을 통해서, 깊은 절망과 비통함 속에 있을 때 꿈속에 나타난 그리운 아들을 만나 하나님의 장 목사님을 향한 위로의 말씀을 전해 듣게 된 일을 경험한대로 소개합니다. 또한 비몽사몽간의 꿈을 통해 하나님의 계시(현현)을 체험한 놀라운 이야기를 사실대로 들려주고 있습니다. 지난 18년 동안에 표현할 수 없는 아픔과 슬픔 속에서도 여전히 하나님께서는 장 목사님과 함께 일하고 계셨음을 우리들에게 경험하게 하십니다.

- 이형 목사의 글(2022. 11. 25.)

선목회에서 책을 소개

10월 24(월) 오전 11시, 서울 성내동 시온교회에서 드리는 선목회(선한목자모임) 가을 정기 예배시간이다. 선목회는 1편을 출판할 때 출판감사예배를 주관하였으며 당시 예사모(예수사랑모임)이다. 그후 선교의 목표를 담아 호칭을 선목회로 변경하였다.

내가 설교하면서 출판한 책을 소개하는 시간이다. 조한주 목사가 양각나팔을 불고 기도하였다. 양각나팔 소리는 마음에 큰 울림을 준다.

성경 본문은 창세기 50:19-20, 설교 제목은 '하나님의 선' 이다.

요셉 이야기는 두개의 꿈을 실현한 것으로, 나중에 요셉의 고백이 인상적이다. 요셉의 마지막 말이 바로 토브이다. 책은 토브라는 주제로 이끌어 가고 있다. 1편 출판감사예배를 예사모에서 주관했고, 2편 책을 내고 처음 설교를 예사모를 이은 선목회에서 하게 되어 의미가 있다.

10월 27일(목) 오후 8시, 서울 광림교회 부근에서 오송광림교회의 장석조 목사를 만났다. 박사과정을 같이 공부했다. 교단 총회가 광림교회에서 개최되어 출장 왔으며, 총회 중에 잠시 시간을 내 만났다.
장석조 목사가 말했다.
"현진이 순교와 장 박사님의 선교를 위해 기도를 하곤 합니다. 기도하는 중에 환상을 보았습니다. 앞에 하나님이 계셨고 현진이가 하나님 앞에서 대화하며 웃고 있었습니다. 하나님 뒤편에는 수많은 성도들이 있었습니다. 현진이가 순수한 어린이로서 천국에 갔고 천국에서 하나님과 대화하고 있었습니다. 저는 목사님이 얼마나 부러운지 모릅니다. 사람이 천국가서 하나님을 만나 대화를 하다니요, 영광입니다. 목사님, 세상에서 하나님이 주시는 일을 해야 합니다. 하나님의 일은 내가 하는 것이 아니라 하나님의 계획에 있습니다."

시흥방주교회에서 설교

12월 11일(일) 오후 2시, 시흥방주교회 청년부 헌신예배이다.
담임목사는 노명용 목사이며, 백석신학대학 제자이다. 노 목사는 1학년때 전도사로서 교회를 개척했다, 사역에 대한 의지와 자신감이 있었고, 격려하면서 같이 기도한 적이 있었다. 후일에 노 목사는 당시 내가 개척하라고 격려한 것이 큰 힘이 되었다고 했다.

방문해 보니 시흥에 있는 아파트 개발단지에 교회 건물이 있다. 청년들이 많아 보기 좋았다.

성경 본문은 창세기 12:1~5. 설교 제목은 '아브라함의 믿음' 이다.

성경에서 믿음을 강조하고 아브라함을 믿음의 조상이라고 합니다. 아브라함 이야기를 통해 아브라함의 믿음이 어떤 것인지? 아브라함의 믿음이 어떻게 형성되었는지? 알아보고자 합니다.

창세기에서 아브라함의 등장은 중요한 의미가 있습니다. 하나님께서 아브라함을 선택하셨고 인류의 구원이 한 사람으로부터 시작되는 순간입니다.

하나님은 아브라함 이야기를 어떻게 진행하실까요?

먼저, 하나님이 아브라함을 찾아오셨습니다. "여호와께서 아브람에게 이르시되 너는 너의 고향과 친척과 아버지의 집을 떠나 내가 네게 보여 줄 땅으로 가라"(창 12:1) 아브라함은 하나님의 음성을 듣고 새로운 삶을 출발합니다. 성경에서 하나님의 사람은 하나님의 음성을 듣고 신앙생활이 시작됩니다. 하나님은 "떠나 가라"고 말씀하셨습니다. "내가 네게 보여 줄 땅"입니다. 떠나는 대상은 고향, 친척, 아버지의 집입니다. 고향은 삶의 터전, 친척은 과거의 뿌리, 아버지 집은 현재의 삶의 주인입니다.

이어서 하나님이 말씀하셨습니다. "내가 너로 큰 민족을 이루고 네게 복을 주어 네 이름을 창대하게 하리니 너는 복이 될지라"(창 12:2) 아브라함이 큰 민족을 이루고 이름을 남기며 복이 됩니다. 그런데 "큰 민족을 이루고"는 문제가 있어 보입니다. "사래는 임신하지 못하므로 자식이 없었더라"(창 11:30) 이 구절이 아브라함 이야기를 진행시키는 기본 전제입니다. 아브라함이 큰 민족을 이루려면 아내 사라의 불임 문제를 해결해야 합니다. 그래서 아브라함과 사라는 계속하여 엉뚱한 행동을 하게 됩니다.

그리고 하나님이 계획을 말씀하셨습니다. "너를 축복하는 자에게는 내가 복을 내리고 너를 저주하는 자에게는 내가 저주하리니 땅의 모든 족속이 너로 말미암아 복을 얻을 것이라 하신지라"(창 12:3) 아브라함을 중심으로 하나님의 역사가 진행됩니다. 하나님의 계획이 삶의 비전이 되는 것입니다.

아브라함은 하나님의 말씀을 따랐습니다. "이에 아브람이 여호와의 말씀을 따라갔고 ~ 아브람이 하란을 떠날 때에 칠십오 세였더라"(창 12:4) 아브라함의 나이 75세입니다. 이 나이에 대가족을 거느리고 고향을 떠나는 것은 결단이 필요했습니다. 히브리서에 "믿음으로 아브라함은 부르심을 받았을 때에 순종하여 장래의 유업으로 받을 땅에 나아갈새 갈 바를 알지 못하고 나아갔으며"(히 11:8)라고 했습니다. 어디로 가는지 몰랐습니다.

아브라함이 가나안에 들어갔습니다. "하란에서 모은 모든 소유와 얻은 사람들을 이끌고 가나안 땅으로 가려고 떠나서 마침내 가나안 땅에 들어갔더라"(창 12:5) 아브라함이 우르에 있을 때 하나님께서 나타나셨고, 하란에 왔으나 상당기간 머물렀습니다. 그리고 하란을 떠나 가나안에 도착했습니다. "마침내"는 하나님이 보시는 관점입니다. 하나님이 인도하셨다는 것을 드러냅니다. 불완전한 믿음의 첫 걸음입니다.

성경은 하나님의 관점에서 기록된 것입니다. 그리스도인에게 중요한 것은 "하나님이 나를 간섭하고 나의 길을 인도하신다."라는 것입니다.

야곱의 삶을 보면 파란만장합니다. 에서와 싸우고 도망가서 외삼촌 라반에게 착취당하고, 그 후에 딸 디나 사건으로 쫓기고, 나중에는 기근을 피해 요셉이 있는 애굽으로 옵니다. 야곱이 바로에게 이렇게 말합니다. "내 나그네 길의 세월이 백삼십 년이니이다~ 험악한 세월을 보내었나이다"(창 47:9) 그렇지만 야곱은 경이로운 인물입니다. 태어나기 전부터 죽을 때까지 하나님이 간섭하시고 길을 인도하셨습니다. 확실한 것은 야곱은 하나님의 은혜를 사모하였고 하나님은 이런 야곱의 삶을 이끌어 주셨습니다.

하나님이 아브라함을 불러내셨고, 이에 아브라함이 따랐습니다. 그 후 아브라함 이야기는 아브라함이 가나안에서 행한 일입니다. 아브라함 이야기에서 아브라함의 믿음을 본받으라고 합니다. 하지만 아브라함 이야기는 아브라함이 믿음이 좋다고 선언하는 것이 아니라, 아브라함의 믿음이 다져지는 과정을 보여주는 것입니다.

하나님은 아브라함에게 "내가 너로 큰 민족을 이루고"라고 하셨습니다. 아브라함은 가나안에서 후계자를 누구로 해야 하는가 라는 고심을 보여줍니다. 그리고 자기 멋대로 후계자를 정하려고 합니다. 그러면 하나님께서 바로 잡아주시는 그런 과정이 반복되고 있습니다.

창세기 12장에서 아브라함이 가나안에 도착하고 애굽으로 갑니다. 사라에게 위기가 있습니다. 창세기 15장에서 다메섹 사람 엘리에셀을 후계자로 생각했습니다. 창세기 16~17장에서 이스마엘을 후계자로 고려했습니다. 창세기 18장에서 하나님은 "내년 이맘때~ 사라에게서 아들이 있으리라"고 하셨습니다. 아브라함이 99세, 사라가 89세입니다. 사라가 웃었습니다. 창세기 20장에서 아브라함이 그랄에 갔고 사라에게서 또 위기가 있습니다. 드디어 창세기 21장에서 사라가 이삭을 낳습니다.

그리고 창세기 22장이 진행됩니다. 하나님이 아브라함에게 이삭을 모리아산에서 번제로 바치라고 합니다. 아브라함이 브엘세바에서 모리아산까지 3일 동안 이삭과 같이 걸어갔습니다. 아브라함이 결심을 번복할 시간이 주어졌습니다. 하지만 아브라함은 모리아산에 가서 이삭을 번제로 드리려고 칼을 듭니다.

하나님이 급하게 아브라함을 제지시킵니다. "아브라함아 아브라함아 ~내가 이제야 네가 하나님을 경외하는 줄을 아노라"(창 22:11~12) '경외하다'는 히브리어로 야레(ירא)이며 '두려워하다' 라는 의미입니다. 신에 대한 외경심을 나타내는 단어입니다. 하나님이 아브라함의 믿음을 인정하셨습니다.

이 부분이 아브라함 이야기의 결론입니다. 모리아산 번제가 진행되고 아브라함은 하나님의 역사의 무대에서 사라집니다. 더 이상 아브라함에게서 보여줄 이야기가 없다는 것입니다. 하나님께서 아브라함을 선택한 것은 믿음이 처음부터 훌륭해서가 아니라, 이야기를 진행하면서 아브라함의 믿음을 완성시켜가고자 한 것입니다.

우리는 아브라함과 같이 하나님이 택하신 자입니다. 아브라함 이야기에서 우리가 신앙생활하면서 겪는 믿음의 길이 보입니다. 하나님은 우리를 찾아오십니다. 하나님은 우리에게 하나님의 계획을 말씀하십니다. 하나님은 우리를 하나님의 계획에 따라 인도하십니다. 하나님은 신뢰하고 의지하는 자를 그 분이 원하시는 방향으로 책임지고 인도하실 것입니다.

이것이 아브라함이 믿음의 조상이 된 이유입니다. 또한 이 시간에 우리에게 제시하는 믿음의 길이기도 합니다. 아멘.

신학 이야기

헤세드

하나님의 은혜를 나타내는 히브리어는 헤세드(חסד)이다. 헤세드는 하나님의 언약에 기초한 은혜이다. 헤세드는 '자기 희생'을 통해 선을 이루려는 하나님의 은혜이다. 약속한 것을 끝까지 지키는 은혜이다. '여호와의 언약을 믿고 의지하는 자를 구원하시기 위한 하나님의 열심으로 베푸는 은혜'이다.

출애굽기 20장에서 사랑하는 사람은 헤세드를 받을 것이며, 미워하는 사람은 벌을 받을 것이라고 말한다. "나를 사랑하고 내 계명을 지키는 자에게는 천 대까지 은혜를 베푸느니라" (출 20:6) 하나님의 헤세드가 이스라엘 나아가 온 인류를 위한 하나님의 뜻임이 드러난다.

하나님은 이스라엘과 언약적 관계에 있었고 이런 관계를 헤세드로 표현하였으며 하나님의 헤세드는 영원하였다는 사실이 분명해진다.

헤세드는 두 가지 의미가 있다. 첫째 '잘 대해 준다' 에서 자비, 사랑이다. 둘째 '오래 지속된다' 에서 신실, 신뢰이다.

예레미야의 하나님의 사랑은 자기 백성을 끝까지 사랑하시는 언약적 은혜이다. "여호와의 인자(헤세드)와 긍휼이 무궁하시므로 우리가 진멸되지 아니함이니이다" (애 3:22) 예레미야는 남유다가 바벨론에 멸망하고 백성들이 포로로 잡혀갔을 때 고통과 탄식과 아픔 가운데 있었다. 그때 예레미야가 마음에 담아 둔 것이 있었으니 하나님의 은혜와 긍휼이다. 그리고 하나님이 주신 말씀을 묵상하는 가운데 소망이 되었다. "여호와의 말씀이니라 칠십 년이 끝나면 내가 바벨론의 왕과 그의 나라

와 갈대아인의 땅을 그 죄악으로 말미암아 벌하여 영원히 폐허가 되게 하되"(렘 25:12)

> 내가 누려왔던 모든 것들이 내가 지나왔던 모든 시간이
> 내가 걸어왔던 모든 순간이 당연한 것 아니라 은혜였소
> 아침 해가 뜨고 저녁의 노을 봄의 꽃 향기와 가을의 열매
> 변하는 계절의 모든 순간이 당연한 것 아니라 은혜였소
> 모든 것이 은혜 은혜 은혜 한없는 은혜
> 내 삶에 당연한 건 하나도 없었던 것을
> 모든 것이 은혜 은혜였소
> - 은혜, 찬양

'사랑한다 현진아' 3편의 제목에 헤세드를 붙이는 것은 의미가 있다. 나는 지난 일의 진행을 '하나님의 언약적 은혜'라고 표현한다.

하나님은 내게 언약의 말씀을 주셨고, 그 언약을 확인하는 약속으로 무지개를 보여 주셨다. 이제는 이러한 진행을 설명하면서 '언약적 은혜'라고 칭하게 된다.

하나님은 약속하신 것을 끝까지 이루어 가신다. 매년 쌓아오마을에 다니면서 하나님의 일이 지속적으로 확대되기를 원했다. 때로는 난관이 있었고 시련으로 인해 실망하였다.

하지만 그럴 때 마다 하나님의 언약적 은혜를 기억하면서 때가 되면 진전이 있을 것이며 나는 그 과정의 일부를 수행하는 것이라고 생각했다. 그리고 선교관을 새로 짓고 기념교회가 설립되었다. 하나님께 예배드리는 거처(교회)가 준비되었다. 이것은 하나님이 베풀어 주신 헤세드이다.

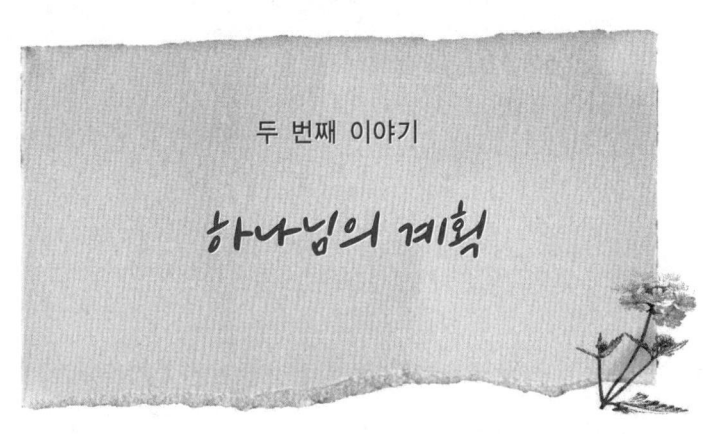

두 번째 이야기

하나님의 계획

여호와여 주께서 행하신 일이 어찌 그리 크신지요
주의 생각이 매우
깊으시니이다 (시 92:5)

사람의 마음에는 많은 계획이 있어도
오직 여호와의 뜻만이
완전히 서리라 (잠 19:21)

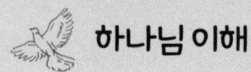 **하나님 이해**

여호와 이레

하나님께서 우리에게 은혜를 주시기 위해 모든 것을 준비하신다. 우리의 발걸음을 인도해 주신다.

하나님께서 아브라함을 시험하셨다. "네 아들 독자 이삭을 번제로 드리라"(창 22:2). 아브라함이 모리아산에서 이삭을 번제로 드리려 할 때, 하나님께서 양을 준비하셨고, 아브라함은 그 산을 여호와 이레라 했다. 히브리어 여호와 이레(יְהוָה יִרְאֶה)는 '여호와께서 준비하신다' 는 의미이다(창 22:14).

아브라함은 하나님이 이삭을 죽음에서 다시 살리실 것을 믿었다. 그래서 이삭이 "번제할 어린양은 어디 있나이까" 라고 질문했을 때, 아브라함은 "하나님이 자기를 위하여 친히 준비하시리라" 고 대답했다(창 22:7~8).

또한 아브라함은 종들에게 "우리가 너희에게로 돌아오리라"(창 22:5) 고 말했다. 아브라함의 마음에는 아들과 함께 돌아오리라는 믿음이 있었다. 히브리서 11장 19절에서 "그가 하나님이 능히 이삭을 죽은 자 가운데서 다시 살리실 줄로 생각한지라" 고 아브라함의 믿음을 증거해주고 있다.

에벤에셀의 하나님

이스라엘 백성이 아벡에 진을 치고 있던 불레셋 사람을 맞아 전투를

벌였으나 패배했다. 때가 되었을 때 하나님은 그들이 블레셋 사람을 이기도록 해주셨다.

사무엘이 블레셋인과 싸움에서 승리하고 기념하여 미스바와 센 사이에 돌기둥을 세웠다. 이 돌기둥의 이름이 히브리어로 에벤하에제르(אֶבֶן הָעֶזֶר)이다.

"사무엘이 돌을 취하여 미스바와 센 사이에 세워 이르되 여호와께서 여기까지 우리를 도우셨다 하고 그 이름을 에벤에셀이라 하니라"(삼상 7:12)

하나님의 구원의 역사가 있을 때 이것을 기념하고 후대에 기억시키기 위하여 돌을 취하여 기념비를 세우는 일은 구약에 자주 나타난다(창 31:44~47, 수 4:6~7). 사사 시대 말기에 신앙 각성 운동을 통해 승리하고 평화의 시대가 왔다. 인간에게 중요한 것은 하나님과의 관계 회복이다. 그리고 이것이 이루어지면 어떠한 상황에서도 승리와 성공이 있다는 구속사적 진리의 단면을 보여준다.

선교관 건축 공사 진행되다

태국 쌍아오마을의 선교관 건축 공사가 진행되었다. 2022년 1월부터 2023년 1월까지 주요 진행은 다음과 같다.

2022년 1월 13일 한신선교관을 새로 짓자고 제안했다.
2월 23일 (1차 보고) 선교관 신축 방안을 설명했다. 2층은 공사비 1억 6천만 원에 공사기간 1년이고, 3층은 공사비 2억 원에 공사기간 1년 6개월이 예상된다.
3월 25일 (2차 보고) 2층으로 짓기로 결정했다. 1층은 선교관이고 2층은 기념교회이다.
4월 8일 (3차 보고) 선교관 건물의 조감도를 선택했다.
4월 27일 (4차 보고) 선교관 공사의 태국 정부의 신고 절차를 설명했다.
6월 3일 (5차 보고) 건물 공사 계획서, 인건비 계약서, 설계도를 설명했다. 5단계로 구분하여 공사비 지급 일정을 정했다.
6월 27일 1차로 예산을 송금하면서 공사가 시작되었다.
7월 23일 (6차 보고) 한신교회에 기초 공사 진행 상황을 사진을 보여주며 설명했다.
9월 2일 (7차 보고) 및 10월 19일 (8차 보고) 강용규 목사가 미국에서 휴가 중이므로 공사 진행을 이메일로 설명했다.
12월 15일 (9차 보고) 공사 진행을 도주환 선교사가 서울에서 강용규 목사에게 설명했다.
2023년 1월 13일 선교관 건물의 구조 및 외형이 정비되었다. 선교관 2층에서 19주기 추모예배를 드렸다.

2022년 8월 25일 선교관 건물 1층 바닥 공사 중이다.

2022년 12월 1일 선교관 건물 2층 공사 중이다.

2023년 1월 13일 선교관 건물 구조 및 외형이 갖추어졌다.

토브 책이 메콩강을 배경으로

2022년 9월 12일(월) 오후 9시, 미국에서 강용규 목사가 연락했다. 내가 이메일로 공사 진행을 설명한 것(7차 보고)에 대한 회신이다.

"수고가 많으십니다. 공사가 잘 진척되고 있다니 좋은 일입니다. 제가 샌프란시스코 신학대학원에 있습니다."

"선교관을 새로 짓고 있어서 기쁩니다. 하나님께서 목사님을 통해 일하신다고 생각합니다."

11월 14일(월), 도주환 선교사가 쌍아오마을에서 선교관 공사 현장을 점검하면서 사진을 보냈다. 특히 토브 책을 들고 메콩강을 배경으로 찍은 사진이 눈길을 끌었다. '사랑한다 현진아 토브'라는 제목이 뚜렷하게 보인다.

2022년 11월 14일 메콩강을 배경으로 촬영한 토브 책

선교관 공사는 하나님의 역사

12월 15일(목) 오후 2시 30분, 한신교회 강용규 목사가 미국에서 귀국했고 도주환 선교사가 서울에 왔다. 나와 도 선교사가 같이 강 목사를 방문했다.

지난 3월에 공사 시작할 때 나는 강용규 목사에게 선교관 공사를 위해 교회의 장로를 선임해서 진행해 달라고 요청한 바 있다. 그때 강 목사는 태국에는 한신교회에서 파송한 선교사가 없고, 공사를 담당하는 도주환 선교사는 알지 못하는 사람이니 나에게 공사 대금을 지급할 것이라고 했다. 그래서 내가 공사를 진행하게 되었다.

도주환 선교사는 선교관 공사에 대하여 여러 가지 계획을 세우고 제안했다. 선교관 내부에는 응접실을 꾸미고 컴퓨터, TV, 쇼파를 설치하자고 했다. 기념교회에는 천장과 바닥 스타일, 방송 설비, 에어컨 설치 등 다양한 아이디어를 제안했다. 예산으로 가능하다고 생각했다. 그런데 공사가 진행되면서 코로나 여파로 공급난이 가중되었다. 자재비가 2배로 상승하였다. 특히 철근은 3배가 올랐고 인건비도 상승하였다. 선교관이 강가에 위치하고 있고 2층이므로 기초공사에 생각지 않은 금액이 많이 들었다. 어려움이 컸다. 하지만 교회 예산으로 진행하는 것이니 최대한 예산에 맞추려고 애를 썼다.

"도주환 선교사님은 태국 선교를 20년 했으며, 성결교단에서 박사학위 과정을 수료했습니다. TV에도 메콩강 선교사로 소개되었습니다. 이번에 서울에 온 김에 목사님께 인사드리려 왔습니다."

내가 강 목사에게 선교관 공사 진행을 설명하며 말했다(9차 보고). 공사를 담당하는 선교사가 함께 있으니 현장감 있게 말할 수 있었다.

도주환 선교사가 놀라운 일이라며 부연했다. "이번에 선교관을 새로 짓고 기념교회를 세우는 것은 하나님의 역사라고 생각합니다. 선교관을 설계도 보다 더 넓게 짓고 싶었습니다. 건축허가 신청을 하면서 박촘면의 담당 과장이 매우 깐깐해서 걱정했습니다. 그런데 갑자기 새로운 과장이 부임했습니다. 새로 부임한 과장은 뜨라이롱 목사님이 학비를 대준 사람입니다. 교회 일에 호의적이었고 무난하게 건축허가가 나왔습니다."

"도 선교사님은 태국어가 유창하여 뜨라이롱 목사님과 대화가 잘됩니다."

"뜨라이롱 목사님이 처음에는 저를 경계했습니다. 제가 성의를 다하는 모습을 보이자 마음이 열려 저를 받아주었고 친하게 지냅니다."

강 목사가 나를 보며 물었다. "전에 태국에 늘 같이 가던 선교사는 어떻게 되었나요?"

"박원식 선교사입니다. 지난 2020년 1월에 쌍아오마을에 가기 위해 연락했는데 사정이 있어서 못갔습니다. 그때 한신복지재단 이사를 태국인으로 변경해야 하는 시기이므로 태국어가 유창한 선교사가 필요했습니다."

도주환 "당시 장 목사님이 쌍아오마을에 같이 가자고 연락했을 때, 제가 책을 읽어 순교를 알고 있었고 순교지에 가는 것을 영광으로 생각했습니다."

장기옥 "책이라고 하면?"

도주환 "목사님이 쓰신 책입니다. 사랑한다 현진아."

내가 강 목사를 보며 말했다. "사랑한다 현진아 1편입니다."

강 목사가 고개를 끄떡인다.

장기옥 "이번 1월에 선교관 공사진행을 직접 살펴보겠습니다. 그리고 목사님은 20주기때 '선교관 신축 및 기념교회 설립' 예배를 드리면 됩니다."

강 목사가 말했다. "이번에 잘 다녀오십시오. 저는 20주기에 가겠습니다."

12월 11(일) 오후 3시, 현진이 엄마가 권사로 임직을 받았다. 나는 이 시간에 다른 교회에서 설교를 했고, 효정이가 참석해서 축하했다.

그리고 12월 25일(일)에 손녀가 유아세례를 받았다. 목사님이 축복기도할 때 사위가 손녀를 안았고 효정이가 옆에서 기도하는 모습이 아름다웠다.

효정이가 유아세례를 받던 날이 생각난다(1988년 11월). 부모가 세례를 받아야 된다고 해서 나는 미리 이중표 목사에게 세례를 받았고 그 후에 효정이가 유아세례를 받았다.

그리고 현진이가 태어났고 현진이도 유아세례를 받았다(1991년 5월). 나는 지금도 아이들에게 유아세례를 받게 한 것이 기쁘다.

2023년 1월 8일(일) 오전 7시, 한신교회 예배에 참석했다. 나와 현진이 엄마가 참석하여 예배드렸다. 앞자리는 많이 비어 있고 교인들이 뒷자리에 앉아 있다.

강용규 목사가 예배 마무리에서 태국 선교관을 새로 짓고 있다고 소개했다. 그리고 태국 선교를 위해 기도했다.

예배를 마치고 장로, 안수집사, 권사들이 반가워하며 인사했다.

담임목사실에서 강 목사에게 출발 인사를 하고, 강 목사가 기도했다. 이 자리에 김혜자 장로가 참석하였다. 그리고 김 장로가 담임목사실에서 기도하는 모습을 찍었다며 사진을 보냈다. 김 장로는 배려하는 것이 익숙한 분이다.

1월 9일(월) 오전 10시, 방콕의 노바에서 한신복지재단의 지난해 실적 신고를 위해 필요한 자료를 1월 31일까지 보내 달라고 요청했다.

한신복지재단이 설립되었고 한신복지재단이 선교관 건물을 소유하고 있다. 한신복지재단의 활동을 태국 정부(행정청, 국세청)에 매년 보고한다. 보고하는 절차를 노바에 의뢰하고 있다. 보고자료는 뜨라이롱 목사가 받은 선교비를 지출한 내역이다. 이번에는 선교관 건물 공사의 지출 내역을 제출해야 한다.

천상의 꿈

1월 9일(월) 새벽, 꿈을 꾸었다. 내가 하늘을 바라보는데 하늘이 환하게 밝아지면서 많은 천사들이 보였다. 계속 하늘을 보면서 그런 하늘의 상황을 내가 알고 있다는 것을 느낀다.

"때가 되었어. 힘들었어. 해야 할 일을 했어. 내 자리로 돌아가야지." 혼자 말했다. 하늘에 많은 천사들이 있으니 마음이 편해진다. 그동안 무엇을 하려고 애를 썼는지. 이제 하늘의 자리가 기다려진다.

잠이 깼다. 꿈에서 무엇인지를 알고 있다는 느낌이 들었는데 그 느낌이 그대로 남아 있다. 내가 천사들이 있는 장소를 내 자리라고 말하다니. 내가 스스로 느낀 것이다. 생각하는 것이 아니라 체험하듯이 느낀 것이다. 이런 꿈은 처음이다.

그 동안 내가 마음으로 애쓰고 해결하려 하고 어느 분의 도움이 있고 말씀을 받고 그런 식이었는데, 이번에는 내가 스스로 느낀 것이다. 신비한 일이다.

며칠 후면 19주기 예배 때문에 태국에 가야 한다. 이번에는 선교관을 짓고 있어서 더욱 기다려진다. 내가 해야 할 일을 했다고 생각하는 것인가? 마음이 편해지는 것은 성과가 보이기 때문인가?

1월 12일(목) 새벽 4시 30분, 나와 현진이 엄마가 집에서 인천공항으로 출발했다. 새벽 공기가 차다. 타이항공 오전 9시 35분 출발이다.

비행기에서 옆자리 사람이 말했다. "파타야에 골프치러 갑니다. 2월 초에는 치앙마이에 골프치러 갑니다. 방콕에 어떤 일로 가는가요?"

"매년 봉사하러 갑니다."

내가 말하고 나서 그렇구나 하는 생각이 들었다. 세상적으로 봉사하러 가는 것이다. 그런데 이상하게도 여행가는 사람들이 부럽지 않았다. 이제는 쌍아오마을에 가는 것이 익숙한 것인가? 선교관을 새로 짓고, 기념교회가 설립되니 기뻐서 당연하게 의무가 되었다고 생각하는가?

현진이 엄마가 지난 일을 이야기하다가 눈물을 글썽이며 말했다.

"꿈에서는 어린 현진이하고 그 옛날 놀던 것처럼 함께 놀곤 해. 반갑고 좋아. 현진이가 보고 싶어."

늘 참더니 방콕에 오면서 솔직하게 말했다.

오후 2시, 방콕공항에서 비행기 트랩을 내려 통로를 따라 걸어 나왔다.

현진이 엄마가 상기된 표정으로 말했다. "공항 하늘에 현진이가 크게 웃는 모습이 보였어요."

"며칠 전에 꿈을 꾸었는데 하늘에 천사가 많았고 그런 하늘의 상황을 내가 알고 있다고 느꼈어. 그러면서 '내 자리로 돌아가야지'라고 말했어. 신비한 일이야." 내가 체험하듯이 느낀 것을 말했다.

오후 7시 10분, 우돈타니공항에 도착했다. 공항에 도주환, 손한웅 선교사, 최은혜 권사가 마중나왔다. 도 선교사는 오전에 치앙라이에서 방콕을 거쳐 우돈타니로 왔다. 손 선교사는 왼손 윗부분까지 붕대를 감고 있다. 치앙마이에서 낫질을 하다가 왼손 윗부분 대동맥을 다쳤다고 한다.

남은 자로서 맡아서 하겠다

저녁 9시, 우돈타니 센타라(Centara)호텔이다. 공항에서 가깝고 아침 식사를 위해서는 이곳이 편했다. 호텔 1층 로비에 모두 모였다.

도주환 선교사가 선교관 공사의 지난 이야기를 했다.

"장 목사님이 선교관 공사를 하자고 했을 때 못하겠다고 말했습니다. 아는 선교사들이 자주 가야 하는데 거리가 멀어 힘들다고 했습니다. 그리고 1억 6천만 원으로 선택한 조감도의 모양으로 강가에 2층 짓기가 어렵다는 의견도 있었습니다."

내가 말했다. "제가 기도하면서 결정하라고 했습니다. 이사야, 예레미야 선지자를 보십시오. 사람들이 반대하지만 기도하며 혼자 하나님의 역사를 진행합니다. 하나님의 일은 선택된 한 사람이 진행합니다."

이어서 말했다. "도 선교사님이 태국어가 유창하여 적임자인데 이 분이 못하겠다고 하면 다른 선교사를 찾아야 하는가 라며 고민했습니다. 라오스 이성원 선교사님에게 연락했습니다. 이 선교사님이 코로나 시기에 라오스에서 태국 입국이 제한되어 어렵다고 하면서 다른 사람이 없으면 시기를 조절하여 자신이 하겠다고 했습니다. 만일 도 선교사님이 못하겠다고 하면 이 선교사님에게 공사 진행을 맡기고, 제가 쌍아오 마을에 가서 계약을 진행 해야겠다고 생각했지요. 그리고 1주일 후에 도 선교사님이 '하나님의 일이고 남은 자로서 맡아서 하겠다.' 고 했습니다. 얼마나 기뻤는지 모릅니다. 하나님이 선교관 공사를 진행하신다는 생각이 들었습니다."

도주환 "선교관 공사를 시작하면서 몇 가지 하나님의 역사로 보이는 상황이 있었습니다. 치앙라이대학 교수에게 알아보니 설계도 작성 값이 공사금액의 15%이고(2천 4백만 원) 설계도 만드는 기간도 2개월 걸린다고 했습니다. 그래서 장 목사님에게 연락했습니다."

장기옥 "제가 도 선교사님에게 뜨라이롱 목사와 같이 박촘면에 가서 조감도와 비슷한 설계도를 사용할 수 있는지를 확인해 보라고 제안했지요."

도주환 "박촘면에 가서 설계도를 빌렸는데 비용도 무료입니다. 수고비로 5천 바트(20만 원)를 주었습니다."

장기옥 "어느 날 도 선교사님이 박촘면에 있다고 하면서 '공사 진행을 못합니다.'라고 했습니다. 이유를 확인해 보니 서류가 미비된 것입니다. 한신복지재단 이사가 3명입니다. 이사 중에 뜨라이롱 목사의 동의서는 있는데 나머지 2명의 이사의 동의서가 빠진 것입니다. 노바에 연락하여 이사 2명의 동의서를 박촘면에 보냈고, 며칠 후에 통과되었습니다. 내가 행정절차를 알고 있으니 원인을 찾고 그렇게 진행했습니다. 이 시기에 느낀 것은 하나님이 문제를 해결해 주신다는 것입니다."

1월 13일(금) 오전 8시, 우돈타니 꽃가게에서 예배용 꽃을 구입했다.
예배는 선교관 2층의 기념교회에서 드린다. 건물이 외형과 구조를 갖추었으므로 예배가 가능하다고 했다.

오전 8시 30분, 우돈타니에서 쌍아오마을로 출발했다. 1시간 가면 라오스 국경지대에 이르고 메콩강이 보인다. 메콩강 둑길을 따라 2시간 가면 쌍아오마을이 나온다. 도로는 확장 공사 중이고 도로 여건이 매년마다 좋아진다.

오전 11시 30분, 쌍아오마을에 도착했다. 선교관 공사 현장에서 뜨라이롱 목사가 반갑게 맞아주었다.
쌍아오마을의 선교관 공사 건물은 도주환 선교사가 사진을 1주일 마다 보내주어 익숙하다. 하지만 외관이 갖추어진 건물을 직접 보니 감회가 새롭다.
1층 선교관을 둘러보고 십자가와 책장 위치를 선정했다. 2층 기념교회에 올라가 보니 생각보다 넓다. 도 선교사가 건축 면적을 최대한으로 활용했다고 한다. 예배를 위해 준비된 탁자에 꽃을 놓았다.

낮 12시, 쌍아오마을에서 박촘의 메콩강가에 있는 식당으로 갔다.
박촘 식당으로 출발하면서 뜨라이롱 목사에게 가족과 라오스 사역자들 12명이 같이 식사하자고 제안했다. 공사 현장에서 예배 준비하는 것을 보고 제안한 것이다.
내가 뜨라이롱 목사에게 말했다. "점심과 저녁을 식당에서 하자고 했는데 그것은 목사님이 식사 준비에 힘들 것 같아서 그랬습니다."
"저녁과 아침은 집에서 준비하겠습니다. 서울에서 오신 분들이 어떤 음식을 먹는지 잘 알기 때문에 집에서 준비하는 것이 좋습니다. 준비하는 것이 힘들지 않습니다." 뜨라이롱 목사가 고개를 끄덕이며 말했다.

19주기 추모예배

오후 3시, 미완성된 선교관 2층 기념교회에서 추모예배를 드렸다.
2층에 중앙을 향해 둥글게 의자를 배치했다. 참석 인원은 50명 정도이다. 쌍아오마을, 봉쌈란교회, 라오스, 박촘에서 참석했다. 예배에 참석한 교인들에게 십자가 목걸이를 나누어 주었다. 뜨라이롱 목사의 자녀인 화가 사회를 보고 요가 기타로 반주했다.
뜨라이롱 목사가 설교했다. 성경 본문은 히브리서 6:9~12이다. 통역은 도주환 선교사이다. 뜨라이롱 목사가 눈물을 글썽이며 말했다. "선교관이 지어지고, 2층에 교회가 세워지는 것은 하나님이 만드신 것입니다."
축도는 도주한 선교사가 초빙한 태국인 목사가 했다.

내가 인사말을 했다.

예배에 참석한 모든 분께 감사드립니다. 코로나로 인해 2년간 오지 못하고 이번에 오게 되었습니다. 선교관을 새로 짓고, 2층에 교회를 세우게 됩니다. 건물 공사를 진행하는 뜨라이롱 목사님과 교인들, 도주환 선교사님에게 감사드립니다.
2007년 1월 3주기때 선교관 개관 예배를 드렸습니다. 세월이 지나면서 선교관이 낡았고 오랫동안 보수만 했는데 이제 새롭게 됩니다.

그동안 순교자 기념교회를 지으려고 했으나 지역 선정이 어렵고 관리가 어려워서 나중에 하자는 마음이었습니다. 그런데 쌍아오마을에 교회가 필요하게 되었습니다.

선교관을 새로 짓는 것만으로도 기쁜 일인데 이 자리에 교회가 세워지니 놀랍습니다. 뜨라이롱 목사님이 담임목사로 사역하고 쌍아오마을 교인들이 출석하게 되니 이보다 멋진 일이 어디 있겠습니까?

하나님께서 시기에 맞추어 짓게 하셨다는 생각이 듭니다. 하나님이 쌍아오마을을 사랑하십니다. 쌍아오마을 교인과 뜨라이롱 목사님을 사랑하십니다. 하나님이 역사하십니다.

오후 4시, 메콩강가에서 기도회가 열렸다. 예배에 참석한 교인들이 모였다. 강물이 많았다.

찬송가를 부르고 봉쌈란교회 목사가 기도했다. 교인들이 헌화했다. 이어서 강물에 십자가를 띄워 보냈다. 현진이 나이대로 33개이다.

2023년 1월 13일 19주기 추모예배 후 전교인이 함께 했다.

2023년 1월 13일 메콩강가 기도회를 마치고 참석자들이 모였다.

너무 좋아서 팔에 닭살이 돋았습니다

강가 기도회를 마치고 공사중인 선교관으로 왔다. 뜨라이롱 목사가 선교관의 구조에 대해 설명했다.

현진이 엄마가 말했다. "선교관 1층은 교인들의 교제 장소로 사용하고 마을 분들을 전도하는 장소로 사용해도 좋을 것입니다."

뜨라이롱 목사가 갑자기 눈물을 글썽이며 말했다.

"고맙습니다. 제가 너무 좋아서 팔에 닭살이 돋았습니다." 그러면서 팔을 보여주는데 닭살이 양팔에 뚜렷하게 돋아 있다.

도주환 선교사가 설명했다.

"제가 선교관은 한국 선교사들이 오면 사용하는 것으로 말했는데, 지금 쌍아오 교인들이 이용하라고 하니 좋아서 그런 것입니다."

내가 말했다. "평소에는 쌍아오마을 교인들이 사용해야겠지요. 선교관은 뜨라이롱 목사님이 교회 목적에 따라 사용하고 관리하는 것이니 사실상 주인입니다."

뜨라이롱 목사가 기뻐하며 "고맙습니다." 라고 말했다.

뜨라이롱 목사가 원하는 위치로 정했다

순교비 위치에 대해 논의했다. 순교비를 바닥에 세우기에 공간이 좁았다. 선교관 건물을 최대한 넓게 지었기 때문이다. 몇 사람이 의견을 제시했다. 1층 난간에 세우자고 했고, 차고 바닥에 세우자고도 했다.

현진이 엄마가 선교관 입구 벽에 부착하자고 했다. 그리고 뜨라이롱 목사도 벽에 부착하자고 했다. 그것이 정면에서 잘 보인다고 했다.

내가 정리했다. "선교관과 기념교회를 교인들이 사용하는 것이니 뜨라이롱 목사님이 원하는 위치가 좋겠습니다. 벽에 부착하기로 합니다."

다음은 간판의 위치에 대해 의견을 들었다. 모두 1층과 2층을 구분하는 테라스에 두개 모두 달자는 의견에 동의했다. 2층 왼쪽이 기념교회 주출입구이다. 그래서 왼쪽에 쌍아오선교기념교회, 오른쪽에 한신선교관을 달기로 했다.

선교관 색은 지난 번 선교관과 같은 색으로 하자는 것으로 의견이 모아졌다. 외벽은 하늘색이고 내부는 미색이다. 하늘색이 천상의 집이라는 생각이 든다.

토브를 선교관 책장에 비치해야지요

오후 6시, 박촘교회에서 뜨라이롱 목사와 면담했다.

토브 책을 30권 가져갔다. 뜨라이롱 목사에게 토브 책의 여러 군데 사진을 설명했다. 예배후 장면, 뜨라이롱 목사, 요와 화 모습 등.

그리고 선교관 공사가 완성되면 1층 선교관에 책장이 올 것이니 책을 비치해 달라고 했다. 뜨라이롱 목사가 먼저 선교관에 있던 책들은 잘 보관하고 있다고 말했다.

나는 뜨라이롱 목사와 약속한 8만 바트를 헌금했다. 뜨라이롱 목사가 눈물을 글썽이며 "고맙습니다." 라고 말했다.

뜨라이롱 목사가 최근 쌍아오마을의 행정구역 개편을 설명했다.

2004년 순교당시 쌍아오마을 인구는 700가구에 2천명이었다. 최근에 1만 4천명으로 7배 증가했으며 농장이 생겼고 외부 인구가 유입되었다. 그래서 쌍아오마을이 쌍아오(Sangao), 논싸완(NonSawan)으로 분리되었다. 선교관이 있는 장소는 논싸완(โนนสวรรค์) 이다. 논싸완은 '높은 곳' 혹은 '천국' 이라는 뜻이다. 뜨라이롱 목사가 행정청에 지명을 건의해서 정해졌단다. 순교한 곳이니 그래야 한다고 했다. 주민들은 마을 전체를 원래 이름인 쌍아오라고 부르고 있다. 기념교회 이름은 마을을 상징하는 쌍아오가 들어간다.

건물 공사는 2023년 7월까지 진행될 것이며, 내부 인테리어 공사를 10월까지 할 것이다. 1층은 한신선교관, 2층은 쌍아오선교기념교회이다.

쌍아오마을 교인은 30명이다. 뜨라이롱 목사가 화와 같이 박촘교회와 쌍아오선교기념교회에서 번갈아 예배드릴 것이다.

쌍아오교회에서 새벽예배 인도

1월 14일(토) 새벽 6시, 박촘교회에서 새벽예배를 진행했다. 뜨라이롱 목사가 주관했다. 서울에서 간 분들과 선교사, 뜨라이롱 목사와 화, 라오스 사역자 등이 참석했다.

설교는 내가 했고, 도주환 선교사가 통역했다.

성경 본문은 창세기 50:19~20, 설교 제목은 '하나님의 선' 이다.

어제 쌍아오교회에서 예배를 드렸고, 강가에서 기도회를 가졌습니다. 그리고 새벽에 예배드립니다.

우리는 19년 동안 방문했습니다. 매년 이곳에서 선교하고 예배드리며 마을 분들과 만났습니다. 선교관은 2007년 1월 13일에 개관예배를 드렸습니다. 목조 건물이라 낡았으며 뜨라이롱 목사님이 수리하며 사용했습니다. 이번에 새로 짓고 있습니다.

또한, 우리가 순교자 기념교회를 세우려고 했습니다. 쌍아오마을에는 교회 건물이 있어서 다른 곳에 세워야 했습니다. 어느 장소에 어느 목사님이 사역할지 쉽지 않아 연기되었습니다.

최근에 쌍아오마을에 있는 교회 건물을 사용하지 못하게 되었고, 선교관 2층에 교회를 짓게 되었습니다. 선교관을 새로 짓고, 기념교회를 세우게 된 것입니다. 하나님께서 적절한 시기에 준비해 주셨습니다.

이러한 진행을 아는 분들은 하나님의 역사라고 합니다. 왜 그럴까요?

창세기 요셉 이야기를 시작하면서 요셉이 2번 꿈을 꿉니다. 형들이 요셉을 미워하였고 애굽에 노예로 팔려갑니다. 요셉이 바로의 시종장의 종으로 10년 동안 있었고 감옥에서 3년 동안 있었습니다. 그리고 바로의 꿈을 해몽하면서 애굽의 총리가 됩니다.

형들이 기근에 곡식을 사러 애굽에 왔고 요셉을 만나게 됩니다. 형들은 요셉을 죽이려 했고 노예로 팔았으니 두려워하게 됩니다.

이때 요셉이 형들에게 놀라운 고백을 합니다.

창 50:19~20, "요셉이 그들에게 이르되 두려워하지마소서 내가 하나님을 대신 하리이까 당신들은 나를 해하려 하였으나 하나님은 그것을 선으로 바꾸사 오늘과 같이 많은 백성의 생명을 구원하게 하시려 하셨나니"

제가 책을 출판했습니다. 2007년 11월에 1편 『사랑한다 현진아』를 출판했고, 2022년 10월에 2편 『사랑한다 현진아 토브』를 출판했습니다. 1편은 순교 후 3년 동안의 진행이고, 2편은 그 후 15년 동안의 진행입니다. 1편은 메콩강에서 실종되어 찾는 과정부터 선교관이 세워지기까지의 이야기입니다. 2편은 그 후 15년 동안 쌍아오마을에 다니면서 선교관을 새로 짓고 그 위에 기념교회를 짓게 되는 이야기입니다. 부모님들이 이곳을 매년 방문하고, 기념하는 일을 하려고 노력했습니다. 그런 과정을 기록했습니다.

요셉 이야기에서 요셉의 고백이 중요합니다. 그리고 그 고백이 나오기까지 이야기를 뒷받침하는 것이 있습니다. 그것이 무엇일까요? 바로의 시종장 보디발의 시각에서 설명합니다. "여호와께서 그와 함께 하심을 보며 또 여호와께서 그의 범사에 형통하게 하심을 보았더라"(창 39:3)

애굽은 잡다한 신들이 있습니다. 보디발은 우상숭배자입니다. 보디발이 보니 요셉이 하는 일은 누군가 도와주고 있습니다. "여호와께서 요셉과 함께 하시므로" 이것은 요셉이 고난의 과정에서 신앙을 지키는 근거가 됩니다. 그래서 요셉이 애굽의 우상과 여건에서 모든 시험과 시련에 불구하고, 하나님 앞에 신실하게 됩니다.

요셉 이야기는 하나님이 요셉의 신앙을 붙들어 주면서 진행됩니다. 하나님은 그 분이 작정하신 일이 이루어지도록 사건을 통제하십니다. 하나님이 선을 이루어 가신다는 사실이 중요합니다. 하나님은 우리에게 언제 어떻게 무슨 일이 일어난 상황에서도, 하나님의 선을 이루기 위해 일하십니다.

로마서에 선을 표현했습니다. "우리가 알거니와 하나님을 사랑하는 자 곧 그의 뜻대로 부르심을 입은 자들에게는 모든 것이 합력하여 선을 이루느니라"(롬 8:28) 여기서 '선'은 헬라어로 아가도스(ἀγαθός)입니다. good입니다. 히브리어 토브(טוֹב)와 같은 의미입니다. 그리스도인이 고난 속에서 '모든 것이 합력하여 선을 이루느니라'고 말하기 위해서는 믿음이 요구됩니다. 하지만 그것을 바로 우리가 해야 합니다.

요셉은 이스라엘 민족을 보호하고 세상을 구원하기 위해 하나님이 택한 종이었습니다. 요셉 이야기는 요셉의 2개의 꿈이 실현되는 이야기입니다. 요셉은 자신의 2개의 꿈이 현실화된 것을 알게 되었고, 두려워하는 형들에게 하나님의 역사에 따라 위대한 고백을 한 것입니다.

요셉의 신앙이 경이롭고 아름답습니다. 시련이 있고 극복이 있으며 요셉의 믿음이 돋보입니다. 하지만 성경에서 드러내는 것은 이 모든 진행에 "여호와께서 함께 하셨다."라는 것입니다. 그래서 요셉은 믿음을 지키고 삶의 결산을 의미있게 할 수 있습니다.

우리의 진행도 마찬가지입니다. 지금까지 진행을 보면 하나님이 우리를 인도하셨다는 것을 알게 됩니다.

제가 개인적인 이야기를 하겠습니다. 2004년 7월 26일에 꿈을 꾸었습니다. 어느 분이 "하나님."이라고 하셨고, "지금까지 너를 도왔고, 앞으로 너를 도울 것이다." 라고 하셨습니다.

또한 2010년 1월 2일에 꿈을 꾸었습니다. 어느 분이 무지개를 보여주셨습니다. 성경에서 무지개는 약속하신 것을 다시 확인하는 의미가 있습니다.

그 두 개의 꿈이 제게는 힘이 되었고, 이렇게 19년 동안 굳건하게 쌍아오마을을 매년 방문하며 해야 할 일을 하려고 노력했습니다.

우리에게 어려움이 있었습니다. 하지만 하나님이 우리를 인도하시어 하나님의 역사를 진행하고 계십니다. 우리가 매년 방문하며 쌍아오마을 교인들과 예배드리고 기도하고 있습니다. 그 흔적이 남아 있습니다. 이것은 하나님의 역사로 기록될 것입니다.

요셉 이야기에서 하나님은 선(토브)로 마무리하셨습니다. 우리의 진행에서도 하나님이 선으로 이끌어 주시기를 기도합니다. 아멘.

예배가 끝나고 기독교연합신문의 토브 책의 출판 기사를 참석자들에게 설명했다. 모두들 놀란 표정이며, 핸드폰으로 기사를 찍었다.

토브 책을 화에게 주면서 책에 화가 나오는 사진을 보여주었다. 화가 몇 년도의 사진인지 물었고, 사진 아래 설명 내용을 가르쳐 주었다.

그리고 화에게 한글을 배워서 이 책을 읽어야 한다고 말했다.

화가 웃으면서 도주환 선교사에게 "제게 한국어를 가르쳐 주어야 합니다."라고 말했다.

하나님이 해결해 주셨습니다

오전 8시, 뜨라이롱 목사에게 놀라운 이야기를 들었다.

화가 박촘면 공무원 시험에 합격했으나 맡은 일이 불교 사원을 관리하는 일이라 사직했다고 한다. 그리고 20주기에 교회 입당예배에서 목사 안수를 진행할 예정이라고 했다.

뜨라이롱 목사가 신중하게 말했다.

"박촘에 교회를 새로 짓고 오니 마을에서 떨어진 곳이라 주일에 교인들을 차로 이동해야 합니다. 교인 60~80명이 모이는데 차가 5대가 필요합니다. 1대에 1천 바트씩 5천 바트가 지불됩니다. 재정적으로 너무 힘들었습니다. 특히 쌍아오마을 교인들은 이곳까지 예배드리러 오는 것을 힘들어 합니다. 그래서 답답하기도 하고 어떻게 해야하는지 난감하여 기도만 했습니다. 이곳 박촘교회에서 제가 새벽 4시에 기도를 합니다.

어느 날 기도를 하는데 머리가 오른쪽으로 틀어지면서 우측 창문으로 향했습니다. 창문으로 뿌연 안개 같은 것이 몰려왔습니다. 그리고 음성이 들렸습니다. '새로운 교회를 지어줄 것이다.' 이어서 들려왔습니다. '옛 마음을 버리고 새 마음을 가져야 한다. 이전 보다 더 큰 영광이 있을 것이다. 새로운 부흥이 있을 것이다.' 이 말씀을 듣고 기절하였고 몇 시간 후에 깨어났습니다. 그리고 3개월이 지나 도주환 선교사님이 연락하였습니다. 선교관을 새로 짓겠다고 했습니다. 하나님이 해결해 주셨습니다."

이야기를 듣고, 나는 도주환 선교사에게 태국어 의미를 다시 확인하였다.

쌍아오마을에서 박촘 시내까지 8km 이고 박촘 시내에서 2km 를 더 가야 박촘교회에 온다. 차없이 이동이 어려운 거리이다. 쌍아오마을에 교회가 있다가 없어졌으니 그 마음이 오죽하겠나 싶다.

"하나님이 선교관을 새로 지으면서 동시에 기념교회를 세우도록 하셨습니다." 내가 느낀대로 말했다.

"오늘 목사님 설교가 좋았습니다. 요셉 이야기가 제 이야기입니다. 힘들었지만 하나님이 인도하셨습니다. 이제는 출애굽을 하는 것입니다." 뜨라이롱 목사가 대답했다.

오전 9시, 봉쌈란교회를 방문했다. 교회 입구에 담임목사와 교인들이 있다. 어제 예배에 참석한 분들이 보인다. 교인이 30명 정도 된다. 이 교회는 예배당 신축예배를 2012년 1월 14일에 드렸다. 김완주 선교사가 주관했다.

내가 봉쌈란교회 담임목사에게 말했다.

"매년 쌍아오마을 추모예배에 참석해서 고맙습니다. 제가 봉쌈란교회 신축예배에 참석했습니다. 최근에 영지교회 정도환 목사님을 만났는데 장로님 부부가 헌금하여 이 건물을 지었다고 들었습니다. 그래서 더욱 이곳을 방문하여 기도하고 싶었습니다."

담임목사가 말했다. "그랬군요. 장로님이 이곳을 방문합니다. 봉쌈란교회 교인들이 장로님을 위해 기도합니다."

도주환 선교사가 태국어로 기도했고, 이어서 뜨라이롱 목사가 기도했다.

쌍아오마을 방문 설명

1월 18일(수) 오후 2시 30분, 서울에서 강용규 목사에게 태국 방문 결과를 설명했다. 안호준 집사와 같이 갔다.

먼저 19주기 예배 진행이다. 선교관 2층에서 예배드렸다. 쌍아오마을, 봉쌈란교회, 라오스 사역자 등 50명이 참석했다. 코로나로 인해 3년 만에 갔으며 교인들이 반가워하며 인사했다.

다음은 한신교회 지원현황이다. 한신교회는 한신복지재단 운영비로 선교관 관리를 위해 뜨라이롱 목사에게 매달 8천 바트 송금한다. 한신복지재단의 활동은 매년 태국정부에 보고된다. 보고 내용은 선교비 지출 내역이다. 노바의 대리 비용은 66,340 바트이다.

장기옥 목사는 매년 8만 바트를 헌금했으며, 교회 운영에 사용한다.

다음은 선교관 공사 진행이다(10차 보고).

선교관 건축 공사 진행은 잘되고 있다. 다만 자재값이 2~3배 인상되는 등 어려움이 있으나 도주환 선교사와 뜨라이롱 목사가 총 공사비에 맞추고 있다.

지난해 선교관 건물 공사 진행을 안호준 집사와 같이 강용규 목사에게 설명하는 자리에서 있었던 일이다(2022. 7. 23). 쌍아오마을에 선교하는 동안에 겪은 어려움에 대해 설명했다. 그리고 그 과정에서 드는 여러 가지 비용에 대해 설명하는 순간이 있었다.

나도 모르게 말했다. "제가 태국 쌍아오마을에 20년 동안 다니면서 직접 쓴 비용이 2억 원이 넘습니다. 월급 타면서 많이 노력했어요. 현진이 생각에 이렇게 해야만 했습니다."

강 목사가 고개를 끄떡였다.

다음은 뜨라이롱 목사의 편지에 대한 설명이다.

"뜨라이롱 목사에게 그동안 한신교회에서 관여한 사항을 알려주었고 이런 내용을 언급하면서 편지를 작성하면 어떤가요? 라고 물었습니다. 뜨라이롱 목사가 1시간 정도 수정하고 보완하면서 정성껏 기록했습니다."

태국어로 작성한 원본을 강 목사에게 드리고, 내가 한글로 번역한 서신을 읽었다.

한신교회 담임목사님께

한신교회 청년 선교팀이 쌍아오마을에 선교왔고 두 명이 순교하였습니다. 쌍아오마을에 "한신교회 선교관"이 세워졌습니다. 부모님들이 매년 방문하여 쌍아오마을 교인들과 같이 예배드립니다. 매년 쌍아오마을에서 순교자 예배가 진행되는 것은 태국의 교회에서 유례가 없는 것으로 유명한 이야기입니다. 쌍아오마을의 순교로 인해 태국 동북부와 라오스에 복음이 확산되고 있습니다. 하나님이 예배하게 하시며 선교하도록 인도하십니다.

목사님은 순교 2주기에 쌍아오마을을 방문하였습니다. 그리고 2013년 4월에 쌍아오마을을 방문하여 선교관을 둘러보았습니다. 쌍아오마을 선교에 관심을 보였으니 감사드립니다. 한신교회에서 매월 선교관 관리비를 송금하고, 매년 한신복지재단 유지를 위한 비용을 지원하고 있습니다. 한신교회 교인들에게 감사드립니다.

2022년 6월부터 한신교회 선교관을 새로 짓고 있습니다. 또한 선교관 2층에 교회를 설립하게 되었습니다. 순교자를 기념하는 교회입니다. "쌍아오선교기념교회"(Sangao mission memorial church). 쌍아오마을에 있는 교회 건물을 사용하지 못해 안타까웠는데 놀랍게도 하나님이 만들어 주셨습니다. 쌍아오마을 교인들은 크게 기뻐합니다.

현재 진행되고 있는 건물 공사는 2023년 7월에 완성되고 4개월 동안 내부 인테리어를 준비할 것입니다. 2024년 1월 13일 순교 20주기에 쌍아오마을에서 "선교관 신축 예배"와 "쌍아오선교기념교회 설립 예배"가 진행될 것입니다. 목사님이 쌍아오마을에 오시어 예배를 주관하시기를 희망합니다.

건강하시기를 기도합니다. 하나님께 영광을 드립니다.

"뜨라이롱 목사는 '선교관을 짓고 교회를 세우는 것은 하나님이 하시는 일'이라고 했습니다." 그러면서 나는 뜨라이롱 목사가 새벽기도 중에 있었던 일을 메모한 대로 설명했다.

강 목사가 나를 바라보며 고개를 끄떡였다.

이어서 쌍아오마을 발전과 행정구역 개편을 설명하고 말했다.

"이번에는 박촘호텔에 숙박했는데 괜찮습니다. 룸 1개에 3만원이고 50개 정도 있습니다. 내년에 선교팀이 가서 숙박할 만합니다."

설명을 마치고 강 목사가 복도까지 나오며 말했다. "장 목사님 살펴가세요."

1월 20일(금), 한신교회 게시판에 기록했다.

이번에 태국에서 진행된 일을 알려드립니다.
1.13(월) 오후 3시에 공사 중인 건물 2층에서 예배를 드렸습니다. 쌍아오마을에 선교관을 새로 짓는 공사가 진행중입니다. 2층은 기념교회가 될 것입니다. 벽과 바닥 및 골조는 갖추었으므로 사용이 가능했습니다.

예배는 뜨라이롱 목사님이 주관하였고 교인들과 태국 선교사 등이 참석했습니다. 이어서 강가에서 기도회가 있었습니다.

예배에서 제가 한 인사말입니다. "선교관을 새로 지으며 2층에 기념교회가 세워지게 되었습니다. 선교관을 새로 짓는 것만으로도 기쁜 일인데 이 자리에 교회가 세워지니 놀랍기도 합니다. 순교지에 기념교회가 세워집니다."

1.14(일) 새벽기도에서 제가 창세기 50:19~20 '하나님의 선'이라는 제목으로 말씀을 전했습니다. "요셉 이야기에서 하나님은 선(토브)으로 마무리하셨습니다. 우리 이야기에서 모든 진행을 하나님이 선으로 이끌어 가시기를 기도

합니다."

　모임에서 도주환 선교사님은 공사 과정에서 어려움이 있을 때 해결이 되는 신기한 사례를 설명했습니다. 뜨라이롱 목사님은 쌍아오마을 교인들이 10km 멀리 가서 예배드리는 것을 안타까워하며 기도하는 중에 "교회를 새로 짓겠다"는 말씀을 들었다고 했습니다. 그리고 3개월 후에 선교관을 새로 지으면서 2층이 교회가 된다는 연락을 받았다는 것입니다. 하나님이 선교관을 새로 짓고 교회를 세우도록 하셨다고 고백했습니다.

　내년에는 20주기입니다. 쌍아오마을에서 "한신선교관 신축 예배"와 "쌍아오선교기념교회 설립 예배"가 진행될 것입니다.

　시간이 흘러 때가 되니 이렇게 진행됩니다. 기쁜 일입니다. 현진이를 사랑하는 모든 분에게 하나님의 은혜가 임하시기를 원합니다.

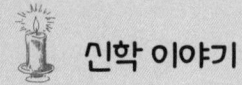 신학 이야기

마하샤바와 에차

하나님의 계획을 나타내는 히브리어는 마하샤바(מַחֲשָׁבָה)이다. 마하샤바는 계획, 생각, 사상을 의미한다. "그런즉 에돔에 대한 여호와의 의도와 데만 주민에 대하여 결심하신 여호와의 계획(마하샤바)을 들으라"(렘 49:20) "여호와여 주께서 행하신 일이 어찌 그리 크신지요 주의 생각(마하샤바)이 매우 깊으시니이다"(시 92:5)

하나님의 뜻을 나타내는 히브리어는 에차(עֵצָה)이다. "사람의 마음에는 많은 계획이 있어도 오직 여호와의 뜻(에차)만이 완전히 서리라"(잠 19:21)

사람은 마음속으로 많은 계획을 세운다고 할지라도 여호와의 뜻이 이루어진다. 그 이유는 여호와의 뜻이 사람의 목적이나 계획을 초월하기 때문이다. 이러한 사실은 역사를 통해서 실현되어 왔다. 따라서 사람은 계획하고 실행해 나갈 때 그것이 여호와의 뜻에 합치되는지 심사숙고해 보아야 한다

다윗은 여호와께 "아히도벨의 모략을 어리석게 하옵소서" (삼하 15:31) 라고 기도한다. 다윗은 하나님께서 인간이 계획하는 것을 주권적으로 처리한다는 사실을 고백하는 것이다. 압살롬이 아히도벨의 조언 대신 후새의 조언을 선택했다는 기록 뒤에 신학적인 주석을 기록하고 있다. "이는 여호와께서 압살롬에게 화를 내리려 하사 아히도벨의 좋은 모략을 물리치라고 명령하셨음이더라" (삼하 17:14)

내가 받은 것 남들과 다르나
내게 주신 모든 것 난 감사하네
하나님은 실수가 없으신 분이라
하나님의 계획을 나는 믿네
내가 걷는 길 험한 길이지만
나와 동행하시는 주님 계시니
내게 주어진 길을 나는 걸어가리
하나님의 계획을 나는 믿네
나만 알 수 있는 나만 할 수 있는
놀라운 일을 이루시리
나에게 주신 일 나에게 맡기신 일
나는 믿네 주의 계획
- 하나님의 계획, 찬양

쌍아오마을은 방콕에서 태국 동북부 우돈타니를 거쳐 농카이부터 메콩강을 따라 상류로 올라간다.

메콩강을 바라보면서 이런 의문이 든다. "나는 왜 매년 이 길을 가는 것일까? 왜 쌍아오마을에 가서 예배를 드리는가? 하나님의 계획과 뜻은 무엇인가?"

처음에는 무조건 무언가 해야 한다는 생각이었다. 그러나 어려움과 난관이 있을 때마다, "하나님은 계획이 있을 것이고 나는 하나님이 인도하시는 길에 서서 움직이면 된다."라고 생각하게 되었다.

아브라함은 창세기 12장부터 22장까지 등장한다. 창세기 12장에서 아브라함이 갈대아 우르에서 가나안에 오고, 창세기 22장에서 아브라함이 모리아산에서 이삭의 번제 사건을 겪는 과정까지 수많은 일이 진행된다. 하나님의 계획의 일부분에서 아브라함의 사건이 진행된다. 아브라함이 175세까지 사는데 모리아산의 번제 사건 후에 진행된 60년간의 삶은 기록되지 않는다. 하지만 하나님의 역사는 이삭과 야곱과 요셉을 통해 계속 이어진다.

하나님은 계획이 있고 많은 사람을 사용하신다. 사람은 그 계획 중에 등장한다. 그리스도인이 하는 일은 하나님의 역사에서 극히 작은 부분이다. 그래서 그리스도인은 자신이 하는 일이 하나님이 하시는 일인지 말씀에 따라 확인해 보고 성령의 인도를 받는 것이 중요하다.

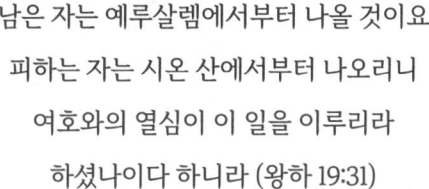

세 번째 이야기

하나님의 열심

남은 자는 예루살렘에서부터 나올 것이요
피하는 자는 시온 산에서부터 나오리니
여호와의 열심이 이 일을 이루리라
하셨나이다 하니라 (왕하 19:31)

그러므로 주 여호와께서 이같이 말씀하셨느니라
내가 이제 내 거룩한 이름을 위하여 열심을 내어
야곱의 사로잡힌 자를 돌아오게 하며
이스라엘 온 족속에게 사랑을 베풀지라 (겔 39:25)

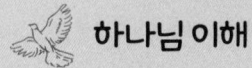 **하나님 이해**

여호와 로이

'여호와는 목자'를 의미하는 히브리어는 여호와 로이(יְהוָה רֹעִי)이다. "여호와는 나의 목자시니 내게 부족함이 없으리로다"(시 23:1) 하나님은 목자이고 인간은 양이다.

시편 23편은 양이 살면서 움직이는 여정을 실었다. 여호와를 목자로 믿고 따르는 출발과 함께 푸른 초장과 물가로 인도된다. 의의 길을 체험하며 영혼의 소생을 받아야 하는 위기를 겪고 사망의 골짜기를 거친다. 그리고 여호와의 집에 영원히 머물기까지 과정이다.

다윗은 쉴 만한 물가로 인도해 주시는 하나님의 은혜를 고백하였다. 다윗의 삶에 환난이 있었지만 그 때마다 하나님은 은혜롭게 인도해 주셨다.

"의의 길로 인도하시는 도다" 에서 의의 길은 목자의 길이다. 양떼를 목자 자신에게로 인도하는 것이 선한 목자의 최대 목표이다.

예수님은 잃은 양의 비유에서 목자의 임무를 설명한다. "이와 같이 이 작은 자 중의 하나라도 잃는 것은 하늘에 계신 너희 아버지의 뜻이 아니니라"(마 18:14) 양과 목자에 대한 그림을 보면 목자가 양을 목에 걸치고 오는 모습이 많다. 목자의 임무이다.

여호와 샴마

에스겔은 이스라엘의 수도였던 예루살렘성이 함락되었다고 듣는다

(겔 33:21). 그리고 그 성을 회복하는 하나님의 은총의 드라마가 시작된다. 예루살렘 성이 재건되었을 때 하나님이 그 도시에 새로운 이름을 허락하셨다. 히브리어로 여호와 샴마(יְהוָה שָׁמָּה)이다(겔 48:35). '여호와가 거기 계신다.' 예루살렘은 회복된 거룩한 성이다.

여호와 샴마는 하나님의 보호와 통치를 나타낸다. 하나님은 과거에도 거기에 계셨고 현재도 거기에 계시며 미래에도 거기에 계신다. 하나님은 자기 백성 중에 항상 임재해 계신다.

예루살렘 성의 영광은 단순히 이 성의 구조적인 회복이 아니라 이 성에 하나님이 거하신다는 사실이다. 미래의 이스라엘 사람들에게 무한한 희망과 용기를 불어넣고 있다. 영광스럽고 충만하신 하나님의 임재가 유감없이 드러나는 하나님의 임재야말로 이 성의 영광이 되리라는 것이다.

예수는 다시 사셨어!

2023년 2월 14일(화), '약한 나로 강하게' 찬양을 듣는 중에 현진이 엄마가 말했다.

"처음에는 '죽임 당한 어린양' 이라는 가사만 들렸어. 고통스러웠지. 그런데 이제서야 '예수 다시 사셨네' 라는 가사가 들려. 예수는 다시 사셨어!"

약한 나로 강하게 가난한 날 부하게
눈먼 날 볼 수 있게 주 내게 행하셨네
호산나 호산나 죽임 당한 어린 양
호산나 호산나 예수 다시 사셨네
- 약한 나로 강하게, 찬양

죽임 당한 어린양은 이스라엘의 출애굽 당시 유월절 어린양의 희생에서 유래된다. 그리고 예수 그리스도의 십자가 죽음으로 이어진다. 요한계시록에 "일찍이 죽임을 당하사"(계 5:9) 라고 수식하고 있다. 어린양의 희생은 고귀한 것이며 그후에 반전이 있다. 출애굽을 하기 위한 마지막 단계이고 이스라엘 백성의 대장정이 시작된다. 그리고 예수 그리스도는 3일만에 부활한다. "죽임을 당하신 어린양은 능력과 부와 지혜와 힘과 존귀와 영광과 찬송을 받으시기에 합당하도다" (계 5:12)

선교관 공사가 진행되고 20주기에 신축 예배를 드린다. 참으로 놀랍기도 하고 안도감도 든다.

2월 27(월) 오전 12시, 태국에서 노바 대표가 연락했다.

노바에서 매년 한신복지재단 한 해의 실적을 행정청(박촘면)과 국세청에 보고하고 있다. 이번에는 선교관 공사 진행을 보고해야 하며 자금 사용을 정리해야 한다. 어렵지만 협조해 달라고 했다.

내가 노바 대표에게 말했다.

"규정에 따라 서류를 준비하는 것은 힘든 일입니다. 한신복지재단의 특수성을 설명하고 최소한으로 준비하도록 하면 좋겠습니다."

"가능한대로 자료를 모으고 행정청에 설명하겠습니다."

그리고 1개월 후 신고가 완료되었다고 연락이 왔다.

노바에 태국 정부 보고를 의뢰하게 된 것은 하나님이 인도하셨다고 생각한다. 2007년 4월에 노바 대표가 쌍아오마을에 가서 선교관을 구입하고 등기했으며, 한신복지재단을 설립하고 그 체제로 지금까지 유지하고 있다. 까다로운 태국 법령을 준수하면서 행정절차를 진행할 수 있는 것도 하나님의 은혜이다.

2023년 1학기에 웨스트민스트신학대학원에서 "구약의 내러티브 설교"를 강의했다. 구약을 체계적으로 다양하게 강의했고 설교학을 강의했으므로, 구약과 설교학을 연결하여 강의하는 것이 의미 있고 신선했다.

구약을 연구하고 이를 설교학에 반영하는 과정에 월터 카이저의 책이 도움이 되었다. 카이저는 다양한 구약의 저서가 있으며, 구속사적 연구의 정당성을 강조했다. 신학은 연구할수록 심오한 깊이에 매료된다.

3월 19일(일) 오후 2시, 선교관 공사 진행을 점검하면서 오래 전에 쌍아오마을에서 진행된 일이 불현듯이 떠올랐다.

쌍아오마을에 청년부 선교팀이 같이 갔을 때 숙소가 마땅치 않아 나는 쌍아오교회의 창고에서 잠을 잔 적이 있었다. 새벽에 꿈을 꾸었다.

내가 쌍아오마을에서 여기 저기 다니면서 무언가 일을 하였다. 그리고 밤이 되어 쉬고 있는데, 갑자기 어떤 형체가 내 앞에 나타났다. 어두웠으며 사람의 모습은 아니었다.

이 형체가 내게 말했다. "당신은 이곳에 오지 마라."

그 말을 듣자 마자 내가 고함치듯이 말했다. "나는 이곳에 와야 한다. 마음이 아파서 와야 한다."

그러자 이 형체가 머뭇거리더니 사라졌다.

잠이 깼고, 하나님이 이기는 힘을 주셨다고 기도했다. 순간적으로 어떻게 그리 단호하게 말했는지 의아한 생각이 들었다. 아마도 하나님이 내가 말할 것을 내 마음에 주신 것이라는 생각이 든다.

다음날 아침에 박원식 선교사에게 꿈 이야기를 했다. 그러면서 말했다.

"마귀가 이 마을에 오지 못하게 하네요. 나는 마음이 아파서 와야 한다고 했어요. 나는 예배드리고 의미 있는 일을 하려는 것입니다."

이번에는 쌍아오마을 선교

3월 31(금) 오후 4시, 안호준 집사와 같이 강용규 목사를 방문했다. 선교관 공사 진행을 설명했다(11차 보고).

"공사가 잘되고 있습니다. 자재비 상승, 인건비 등으로 어려움이 있지만 1억 6천만 원으로 진행할 것입니다."

강용규 목사가 말했다. "기장 교단에서 치앙라이에 선교관 건물 3동을 건축하는데 1억 2천만 원에 지었습니다. 1억 6천만 원이면 적은 비용이 아닙니다. 선교관 공사는 약속한 금액 내로 해야 합니다."

내가 물었다. "치앙라이에 지은 것은 언제인가요? 코로나 사태 이후 건축비가 많이 올랐습니다. 한국도 건축비 상승으로 공사 중단하는 곳이 많습니다."

"최근일 것입니다."

강 목사가 말했다.

"20주기에 의료선교를 태국으로 가려고 합니다. 치앙라이와 쌍아오 마을입니다. 청년부도 갈 것입니다. 의사와 청년이 40~50명 됩니다. 지난 번에 도주환 선교사가 의약품 공급이 가능하다고 했고, 호텔이 쌍아오마을 부근에 있으니 되겠지요?"

지난해 12월에 도주환 선교사가 방문시 태국에 의약품 공급이 가능하며 의료선교도 이루어지고 있다고 설명했다. 그런데 지난 1월에 태국 가서 의료선교 현황을 파악해 보니 여전히 태국 정부의 규제가 있었다.

내가 말했다. "최근에 치앙라이에 의사 4명이 의료선교갔다가 공항에서 의약품과 의료장비를 압수당했다고 합니다. 미리 정부 허가 받았으면 통과될텐데 왜 그랬는지 확인하겠습니다."

강 목사가 말했다.

"청년부 선교팀은 다른 나라로 선교 가려고 했습니다. 이번에는 쌍아오마을로 가야 한다고 했습니다. 이번 선교는 20주기 추모예배, 선교관 신축, 기념교회 설립 예배를 위해 진행하는 것입니다."

이어서 말했다. "장 목사님이 선교관 공사 완공을 확인하고 오세요."

"저는 지난 1월에 다녀왔습니다. 도주환 선교사가 방문하고 사진을

2023년 3월 31일 선교관 공사진행 보고이다.
정면에 강용규 목사, 오른쪽에 필자,
왼쪽에 안호준 집사이다.

보내줍니다."

"교인들이 제게 가보지도 않고 선교관 공사를 진행한다고 지적하고 있습니다. 그럼 제가 다녀올 수 있습니다."

"목사님이 확인하러 가시면 다들 좋아할 것입니다."

"의료 계획을 세워주시고 도주환 선교사에게 제가 쌍아오 마을에 갈 수 있다고 알려주세요."

"그렇게 하겠습니다. 그리고 공사대금 마지막 청구입니다. 3천 4백만 원, 그동안 송금한 금액은 모두 사용했습니다."

"부활절(4월 9일) 이후에 송금하겠습니다."

이날 오후 7시, 도주환 선교사에게 연락했다.
"의료선교 계획을 작성해야 합니다. 제가 법령을 확인할테니 최근 의료선교 사례를 확인해주세요."
이어서 말했다. "강 목사님이 9월경에 쌍아오마을에 갈 수 있다고 합니다. 내년 1월 선교 전에 선교관 공사 진행을 점검하는 것입니다."

4월 20일(목), 태국 의료선교 가능성을 검토하여 강 목사에게 전달했다. 태국 법령을 조사하고, 태국 선교사들에게 사례를 확인했다. 태국

정부의 규제로 대규모 의료선교는 어렵다는 내용이다.
그리고 사전 절차를 보완하여 7월 20일에 구체적으로 설명했다.

4월 27일(목), 도주환 선교사와 통화했다. 하루 전에 선교관 공사대금으로 한신교회에서 3천만 원을 입금했다. 총 공사비에서 4백만 원이 남았다.
내가 조심스럽게 말했다.
"공사 대금이 거의 다 갔습니다. 지난 번에 강 목사님이 치앙라이에 기장교단의 장로회에서 선교센타를 위해 1억 2천만 원을 들여 건물 3동을 지었다고 했습니다. 1억 6천만 원이면 적은 비용이 아니라고 했습니다. 확인해 보시지요?"
"사실 그런 이야기 듣기 싫어서 이 건축 공사에 참여하지 않으려고 했습니다. 알아보겠습니다."

며칠 후 도주환 선교사가 연락했다.
"확인해 보니 차이가 있습니다. 처음에는 기장 교단의 헌금으로 시작했는데 결과적으로는 여러 군데에서 헌금을 받았다고 합니다. 그리고 코로나로 자재 난이 있기 전에 시작한 것입니다."
그래서 이렇게 격려했다.
"쌍아오마을 선교관은 하나님이 진행하시는 것이니, 우리의 할 일을 하면 됩니다. 지금까지 잘 진행되었습니다."

그리고 2025년 6월 10일(화)에 도주환 선교사가 치앙라이에서 연락했다. 선교사 모임이 있어서 선교센타를 방문하게 되었는데 건물이 6개이며 건물마다 교회와 전국장로회연합회 등이 기증자로 표시되어 있다면서 넓은 대지에 여러 개의 건물이 보이는 사진을 보냈다.
이렇게 회신했다.
"선교센타를 잘 지었고 후원자도 많았네요. 하지만 저는 도주환 선교사님이 최선을 다해 지은 한신선교관 및 쌍아오선교기념교회가 하나님이 가장 기뻐하시는 의미 있는 일이라고 생각합니다. 이 건물은 태국 선교 역사에 오랫동안 기억에 남을 것입니다."

5월 6일(토), 도주환 선교사의 연락이다.
"저는 월요일에 방콕에서 한국산 바닥 타일재를 화물차에 싣고 쌍아오마을에 갑니다. 자재를 미리 확보해야 하고, 상태를 확인해야 합니다. 선교관 공사는 1층 전기 배선공사를 진행하고 있습니다."
목소리에 경험있는 선교사의 책임감이 느껴진다.

이어서 5월 17일(수)에 도주환 선교사의 연락이다.
"작은 집을 간단하게 1층 짓고 있어서 물어보니 건축비만 4천 5백만 원이 든다고 합니다. 자재비가 많이 올랐어요."
"공사에 애쓰는 것을 모두 알고 있습니다. 예산내에서 진행해야 하니 앞으로 쓸 비용을 미리 계산해 보는 것이 어떨까요? 지난 번에도 강 목사님이 예산 내에서 진행하라고 했습니다"
"그렇게 하겠습니다. 예산 내에서 진행할 수 있습니다. 뜨라이롱 목사님도 그렇게 말했습니다."

5월 27일(토) 오후 3시, 스포츠센타에서 운동하면서 영화 '벤허'를 보았다.

이 영화는 2016년 리메이크 된 것으로 원작소설을 4번째 영화로 제작하였다. 원작에는 "그리스도의 이야기"라는 부제가 붙어 있다. 그런 만큼 예수의 고행과 부활이 벤허의 삶과 연결되어 있다.

로마의 지배를 받고 있는 예루살렘이 배경이다. 유다 벤허의 가문은 유대 귀족이다. 어느 날 시장에서 예수가 목수로 일하면서 벤허에게 "원수를 사랑하세요. 그게 진리입니다."라고 말한다.

어릴 때 친구였던 로마인 메살라의 배신으로 벤허는 노예선으로 끌려가고 벤허의 어머니와 여동생은 감옥에 갇힌다. 노예가 되어 끌려가는 벤허가 길바닥에 지쳐 쓰러지자 목수인 예수가 그에게 물을 가져다준다. 로마 병사는 그의 앞을 가로막지만 어째선지 제지하려다 만다. 그리고 예수는 벤허에게 "당신도 언젠가 나에게 물을 줄 것"이라는 말과 함께 물을 마시게 해준다.

벤허는 로마 함대 갤리선에서 노예로 노를 젓게 된다. 로마와 그리스의 전투에서 벤허는 살아남아 표류하다가 아프리카 상인 일데림에게 구조된다. 일데림은 전차경주에서 이겨 로마의 자긍심을 무너뜨리자고 제안한다.

전차 경주에 참가하게 된 벤허는 메살라와 로마에 '복수'에 성공적이지만 오히려 허무해한다. 그는 자신의 옛 집에 돌아갔다가 거리에서 로마 병사들에 의해 십자가를 지고 끌려가는 예수를 보게 된다. 예수의 얼굴을 보고 벤허가 자신이 노예로 끌려 갈 때 쓰러진 자기에게 물을 주었던 그 유대 청년임을 알게 되고 놀랜다. 예수가 바닥에 쓰러지는 모습에 벤허는 예수에게 물을 떠오지만 로마 병사의 채찍질에 쓰러지고 만다. 이에 분노한 벤허가 바닥에 뒹굴던 돌맹이를 손에 쥐고 로마 병사를 치려 하나 예수가 그의 손을 잡으며 만류한다.

십자가에서 예수는 형을 집행하는 로마군과 비웃는 관리와 구경하는 백성을 내려다보며 말했다. "아버지 저들을 사하여 주옵소서. 자기들이 하는 것을 알지 못함이니이다"(눅 23:34)

소설 '벤허' 원작에는 예수에 대해 이렇게 그리고 있다. "벤허는 먼지와 피투성이가 된 예수의 얼굴이 갑자기 밝아지는 것을 똑똑히 보았다. 예수는 눈을 뜨고 자신만이 볼 수 있는 하늘의 그 무엇을 바라보는 것이 아닌가! 그의 입술에서는 어떤 외침이 퍼져 나왔다. 그것은 희열과 승리의 외침이었다. '다 이루었다! 다 이루었다!'"

최후를 맞이한 예수의 마지막을 본 벤허는 오열한다. 예수가 죽자 비가 내리는데 동굴 틈으로 그 비를 맞은 벤허의 어머니와 여동생은 나병이 씻은 듯이 낫게 된다. 예수의 가르침과 죽음으로 복수는 부질없는 짓이라는 것과 용서에 대해서 깨닫게 된 벤허는 로마군 기지로 가서 메살라와 만난다. 벤허와 메살라는 눈물을 흘리며 서로를 용서하며 화해하게 된다.

선교관 공사 마무리 과정, 선교팀 방문 일정

7월 20일(목) 오후 2시, 강용규 목사를 방문했다.

도주환 선교사가 선교사 교육에 참석하기 위해 서울에 왔고, 강 목사에게 선교관 공사 진행에 대해 같이 설명하기로 했다.

또한 내년 1월 13일 20주기 예배에 한신교회에서 쌍아오마을을 방문하는 선교팀의 일정에 대해 확인하고 계획을 세워야 한다.

먼저 선교관 공사 진행에 대해 설명했다(12차 보고). 2023년 9월까지 짓고 3개월 정도 인테리어 공사를 하고 연말까지 완성할 것이다. 자재 공급난, 철근 등 자재의 가격 인상, 인건비 상승으로 계획보다 공사비용이 많이 들었고 인부들을 10명에서 5명으로 줄였다. 당초 계획보다 3개월 정도 지연되고 있으나 계획대로 집행하고 연말까지 마무리할 것이라는 내용이다.

이어서 도주환 선교사가 공사 진행하면서 계획보다 비용이 많이 들어 어려움이 있고, 뜨라이롱 목사도 인건비를 줄이기 위해 어렵게 진행하고 있다고 말했다. 공사대금은 4백만 원이 미송금이다.

강 목사가 말했다. "4백만 원은 내년 1월 13일 방문시 지급하겠습니다."

"비용이 많이 들었고 4백만 원 집행도 급합니다." 도 선교사가 말했다.

강 목사가 단호하게 말했다. "1억 6천만 원은 약속한 것이니 지급하는데 잔여금 4백만 원은 내년 1월 방문시 지급하겠습니다."

도 선교사가 당황한 표정이다.

다음은 선교관 표시 설명이다.

내가 말했다.

"2층 교회를 쌍아오선교기념교회로 진행 중입니다. 그런데 지난 1월 13일 방문시 뜨라이롱 목사가 기존의 쌍아오교회가 없어지니 재산권 등 여러 어려움이 있다고 토로했습니다. 그래서 쌍아오교회 이전으로 하면 어떤지 제안했습니다. 쌍아오교회가 이전하는 형식은 어떨까요?"

"저는 반대합니다. 새로운 교회가 되어야 합니다. 기존 교회가 이어지면 여러 가지 문제가 발생합니다. 그리고 선교관에 있는 교회는 임차 형식이 되어야 합니다." 강 목사가 단호하게 말했다.

"취지를 알았으니 새로운 교회 설립으로 진행하겠습니다. 그리고 선교관은 한신복지재단의 소유이니 기념교회는 임차 형식이 됩니다."

이어서 한신선교관 및 기념교회 표지를 설명하고, 순교비 제작을 설명했다.

순교비는 전에 비석으로 바닥에 놓았었는데, 공사하면서 공간 여유가 없어서 벽에 부착하는 것으로 하겠다고 했다.

그러면서 한신교회 앞에 있던 순교비와 한진도서관에 있던 순교자들의 동판을 사진으로 보여 주었다. 앞으로 우리에게 할 일이 있다는 의미였다.

강 목사가 고개를 끄떡이며 말했다. "그렇게 하세요.

다음은 선교팀 방문 일정에 대해 의논했다.

선교팀이 쌍아오마을을 방문하고 예배하고, 공연하는 대략적인 골자를 설명했다. 청년부 선교팀은 1월 13일에 쌍아오마을에서 선교하고 이어서 치앙라이로 가서 선교하는 일정이다.

강 목사가 "청년부 일정은 청년부의 의견을 듣고 진행하겠습니다."라고 했다.

이어서 의료선교에 대해 자세히 설명했다.

태국 의료선교는 소규모로 진행되며 의약품을 여러 물품 사이에 넣어 진행하는 방식이다. 법령상으로는 사전에 의료장비와 의약품을 태국정부에 신고하면 세관을 통과할 수 있다. 이런 진행 절차를 10단계로 구분했다. 신고 절차에 6개월 정도 걸린다. 의료선교시 해당 지역 의료기관과 협력하면 용이하다. 하지만 사전에 신고한 경우도 태국 공항에서 의료장비와 의약품이 압수되기도 한다. 최근에 사전 신고를 했지만 공항에서 의약품과 의료장비가 압수된 사례가 있다. 선교사들은 큰 규모의 의료선교는 어려우니 하지 말라고 권유한다.

강 목사가 고개를 끄떡이며 말했다,

"잘 알겠습니다. 태국은 비교적 잘사는 나라이므로 규제가 많아 의료

선교가 어렵습니다. 이번에 태국 의료선교는 안하는 것으로 하겠습니다."

이날 저녁에 도주환 선교사에게 기념교회는 새로운 교회로 설립해야 하는 이유를 정리해서 보냈다. 도주환 선교사가 태국어로 번역할 것이다.

그리고 뜨라이롱 목사에게 새로운 교회 설립하는 절차 및 소속 교단 등에 대해서도 확인해 달라고 요청했다.

노바에 선교관 공사 후 등기 절차를 확인했다.

선교관 공사가 완료되면, 마지막 절차인 타비안반(건물 등기부)를 신청하면 된다.

태국 부동산의 등기 절차이다.

첫째, 차놋티딘. 토지 등기부이다(확인).

둘째, 바이아누얏 꺼상. 건축허가서이다(2022. 9. 6. 발급).

셋째, 바이 뺏 차이 아칸. 건축 후 사용허가이다. 건물 면적은 300 ㎡ 이하시 사용 허가를 받지 않는다. 선교관 건물은 176 ㎡ 이다.

넷째, 타비안반. 건물 등기부이다. 주소가 기재되어 나온다.

앞으로 진행될 일이 기대가 됩니다

7월 24일(월), 도주환 선교사의 연락이다. 뜨라이롱 목사에게 새로운 교회로 설립해야 한다고 설명했고, 뜨라이롱 목사가 수용했다고 한다. 교회 이름이 확정되었다. "쌍아오선교기념교회" 이다.

8월 3일(목), 도주환 선교사와 선교관 공사에 대해 협의하였다. 그리고 도 선교사가 마음의 고민을 솔직하게 말했다.

"내년 1월 13일 설립 예배 후에 쌍아오마을 사역에서 손을 떼야겠다는 생각이 듭니다. 주변 사람들이 그만하라고 합니다."

"선교관을 새로 짓고 교회를 설립한 다음에 왜 그만하나요?"

"선교관 공사와 기념교회 설립에 장 목사님 혼자 애를 쓰는 것 같습니다."

"저는 이 일이 하나님이 하시는 일이라고 생각하고, 그래서 앞으로 진행될 일이 기대가 됩니다. 하나님이 주관하시니 맡은 역할에 충실하면 된다고 생각합니다. 하나님은 제가 아니면 다른 사람을 사용하실 것이고, 누군가 해야 할 일을 안하면 하나님은 다른 사람에게 하게 하실 것입니다."

"장 목사님 마음은 잘 압니다."

"도 선교사님이 서울을 방문하여 공사 진행에 대해 설명했으니 강 목사님도 알게 되었습니다. 사실 목사나 선교사로서 순교자가 있는 곳에 선교관을 세우고 기념교회를 세우는 일보다 보람된 일이 있을까요? 선교관을 완성하고 예배드리면 마음이 채워질 것입니다. 하나님이 더 나은 미래로 인도하실 것입니다."

이어서 말했다. "전에 강 목사님이 '요셉을 알지 못하는 왕이 들어서면 상황이 변할 수 있습니다. 나도 한치 건너인데 새 목사는 두치 건너입니다.' 라고 했습니다. 그럴 수 있다고 생각했습니다. 그런데 선교관 공사가 진행되면서 이런 생각이 들었습니다. 요셉이 죽으니 그 후손이 힘들었지만 모세가 나타나서 출애굽을 인도했습니다. 현재 진행이 어려움이 있더라도 걱정할 만한 일은 아닙니다. 하나님이 하신다는 믿음이 중요합니다."

그 얼굴을 이해하게 되었습니다

8월 4일(금) 오후 2시 30분, 나와 도주환 선교사가 강용규 목사를 방문했다. 먼저 선교관 공사 진행에 대해 설명했다.

선교관, 순교비, 쌍아오선교기념교회의 표시를 한글과 영어와 태국어로 완성했다. 쌍아오선교기념교회는 새로운 교회이며 기존 쌍아오교회와 분리된다.

"선교관 공사가 여러가지 어려움이 있었으나 잘되고 있습니다. 목사님이 기도하시고 격려해주시면 힘이 될 것입니다."

이어서 내가 말했다.

"제가 경험하는 어느 목사님이든 이미지가 남는 것 같습니다. 목사님한테는 태국 방문하고 진행에 대해 보고서를 만들어 설명하는 것이 기억에 남게 될 것입니다. 지금까지 선교관 공사 진행에 대해 보고서, 진행 경과 등으로 14번 정도 보고했습니다.

어제 선교관, 순교비, 기념교회 이름을 태국어로 완성했습니다. 노바에 확인하고, 도주환 선교사와 뜨라이롱 목사의 확인을 받아 정리했습니다.

선교관이 지어가고, 선교관의 이름과 교회 이름이 태국어로 정해지면서 이제 완성했다는 생각이 들었습니다.

이중표 목사님 생각이 났습니다. 현진이 산소에 성경대가 있습니다. 마태복음 3장 17절이 기록되어 있습니다. "하늘로부터 소리가 있어 말씀하시되 이는 내 사랑하는 아들이요 내 기뻐하는 자라 하시니라" 목사님이 현진이 산소에 갔다 왔으니 아실 것입니다.

이중표 목사님은 하나님이 현진이에게 주시는 말씀을 찾기 위해 기도하겠다고 했습니다. 1개월 이상 기다렸습니다. 그리고 담임목사실에서 이 말씀을 적어 주면서 "허, 어떻게 내가 이 놀라운 말씀을 찾았을까? 어떻게 내게 이 놀라운 말씀을 찾게 하셨을까?" 하면서 눈물을 글썽였습니다. 주름 있는 얼굴에 하나님이 주신 말씀이라는 감동이 드러나 있었습니다.

선교관, 순교비, 기념교회 글자가 완성되니 그 생각이 났습니다. 그 당시 이중표 목사님이 눈물을 글썽이며 감동하는 그 얼굴을 이해하게 되었습니다. '하나님이 이렇게 진행하게 하셨다.'라는 마음의 감동을 느끼게 됩니다."

〈교회 이름〉
- 태국어 : คริสตจักรอนุสรณ์พันธกิจสงาว (크릿짝 아누쏜 판타낏 쌍아오)
- 영어 : Sangao mission memorial church
- 한글 : 쌍아오선교기념교회

〈선교관 이름〉
- 태국어 : สำนักงานพันธกิจฮันชิน (쌈낙안 판타낏 한신)
- 영어 : Hanshin mission office
- 한글 : 한신선교관

이어서 선교관의 역사를 정리해서 설명했다.

이때 강 목사가 생각났다는 듯이 말했다.

"2주기때 제가 쌍아오마을에 가서 예배를 드렸습니다. 그때 안호준 집사님이 청년부를 인솔하던 박훈 선교사를 혼을 냈던 기억이 납니다. 그리고 박훈 선교사는 그만두었지요."

"목사님이 그때 보셨듯이, 청년부 선교팀이 치앙라이에서 선교하고 쌍아오마을에 왔는데 1월 13일 새벽 5시에 도착했고, 이날 오전 10시에 추모예배 드리고, 오후 2시에 방콕으로 떠나도록 일정을 잡았습니다. 쌍아오마을에 가능하면 아주 짧게 있도록 계획을 세웠습니다."

이런 상황을 보고 강가 기도회를 하고 나서, 안호준 집사가 박훈 선교사에게 "박훈 목사는 거짓말을 하지 마라. 목사가 웬 거짓말을 그렇게 합니까?"라고 한 적이 있다.

그 당시 그런 진행 상황을 보게 된 강 목사의 표정이 어두워 보였다. 그 후 박훈 선교사는 그해 2월에 한신교회 태국 선교사를 그만두었다.

그리고 3월 2일에 통역사가 뜨라이롱 목사가 연락했다고 전했다. "박훈 선교사가 짐을 싸서 완전히 서울로 갔다. 선교관 구입이 가능해졌다." 2주기때 선교관으로 사용하기 위해 구입하려고 생각하던 건물이 있었는데 뜨라이롱 목사가 웬지 적극적으로 나서지 않아 성사되지 않았다. 그런데 이날 뜨라이롱 목사가 선교관을 구입하자고 한 것이다. 이때부터 선교관 구입절차가 진행되었고 정확히 40일만에 등기가 완료되었다.

이어서 선교관 공사 마무리 과정에 대해 강 목사에게 설명했다.

이때 강 목사가 나를 보며 말했다. "제가 이 교회에 왔을 때는 상황을 모르고 있었지요. 외부에서 듣던 것과 이곳에 와서 보는 것과는 많이 달랐어요."

그 당시 기억이 난다. 잘못된 소문이 많았다. 나는 이중표 목사에게 당시 상황을 서면으로 정리하여 2차례 설명했다.

태국 선교사로는 박훈 선교사가 먼저 갔고, 후임으로 김완주 선교사가 갔다. 그리고 몇 년 후에 김 선교사가 급히 전화했다. "태국 선교사들에게 '순교자 부모님이 한신교회에 돈을 요구하여 3억원씩 받았다.'고 하는데 어떻게 된 일인가요?"

깜짝 놀라 말했다. "책에 있는 그대로입니다. 어느 날 이중표 목사님이 '마음이 아프다'고 하면서 제게 1억 5천만 원을 위로금으로 주겠다고 연락했어요. 저와 현진이 엄마는 완강하게 거부했지요. 그 후 이중표 목사님이 소천하시고 강용규 목사님이 새로 오자 권재석 장로님이 그 돈을 교회 설립을 위한 '장현진 태국 선교기금'으로 교회에 만들어 놓자고 했어요. 그래서 기금으로 있어요. 당시 선교관은 건물을 구입해서 사용하고 있었고, 이중표 목사님이 순교자 기념교회를 세우겠다고 했습니다."

김완주 선교사가 말했다. "제가 아는 것이 전부네요. 악의적으로 소문을 퍼뜨리며 순교자 일을 못하도록 막는 세력이 있습니다."

이 '장현진 태국 선교기금'이 20년이 되어 선교관 건축 자금으로 사용되고 있다.

8월 25일(금) 오전 9시, 한신교회에서 최병수 목사와 청년부 고홍석 목사를 만나 2024년 1월 태국 선교일정에 대해 협의했다.

교회에서 40명 모집할 것이며, 장년부와 청년부가 같이 갈 것이다. 교회에서 주보에 9월 10일부터 3주간 모집 공고를 했다. 교인들이 한신교회 주보에 난 태국 선교 공고를 SNS로 보내주고, 태국 선교를 신청했다고 연락하기도 했다.

2023년 2학기에 웨스트민스터신학대학원에서 "구약 설교의 이론과 실제"를 강의했다. 구약의 각론의 주요 내용을 분석하고 설교의 이론으로 연결하는 과목이다. 구약의 신학적 이론을 실질적으로 적용시키는 과정이 되었다.

10월 13일(금), 손한웅 선교사가 연락했다. 치앙라이에 있는 선교사가 카톡으로 "사랑한다 현진아" 책 출판 기사(아이굿 뉴스)를 보냈다고 알려주었다. 내용을 보니 1편 기사이다. 기사 아래 링크에 2편이 있다.

현진이 이야기가 책으로 출판된 기사를 선교사들이 전달하며 알려주는 것이다. 기록이 남아 있으니 다행이라는 생각이 들었다. 1편과 2편을 출판했고, 앞으로 3편을 진행해야 할 것이다.

10월 14일(토), 태국 20주기 방문 계획(안)을 작성하여 최병수 목사에게 전달했다. 선교팀의 일정이 구체화되었다.

방콕 도착부터 우돈타니에 가서 숙박하고, 다음날 쌍아오마을에 들어가며, 차량 이동, 식사 장소, 청년부의 공연 일정 등이다. 기본적인 것은 도주환 선교사와 협의했고 선교지의 상황을 확인하면서 보완했다.

그것을 알게 하시는 것이야

10월 17일(화), 새벽에 꿈을 꾸었다. 가족과 같이 어느 새 집으로 이사를 갔다. 나는 가구를 배치하였고, 아내와 효정이는 짐을 정리하고 있었다.

옆에서 어느 분이 분주하게 무언가를 만들어 쌓아 놓았다.

나는 짐을 넣는 틀을 한 개 만들어 완성했다. 그리고 말했다. "나는 이것을 만들었습니다."

그 분이 말했다. "당신이 한 가지 일을 할 때 나는 세 개를 만들었습니다." 그러면서 쌓여 있는 세 개를 보여주었다.

　잠이 깼고 나도 모르게 말했다. "지난 일에서 하나님이 도와주셨구나. 그것을 알게 하시는 것이야."
　그동안 신학을 공부했고, 매년 쌍아오마을에 다니면서 예배를 드렸다. 선교관이 있고, 낡아서 이번에 새로 지었으며, 마치 기다렸다는 듯이 기념교회가 들어선다. 그리고 하나님이 일하셨다고 알려주신다.
　그런데 어떻게 해서 세 개인가? 신비한 일이다.

　오래 전의 일이다. 2005년 10월 21일(금) 새벽 꿈이다. 어느 노인과 내가 버스를 타고 있었다. 노인 앞에 사과 상자 같은 크기의 짐 같은 것이 세 개 쌓여 있었다. 버스의 출입문이 열리면서 노인이 내렸고 나는 짐을 차례로 노인 곁으로 옮겨 쌓아놓았다. 세번째 상자는 위로 물이 넘쳐 흘렀다. 나는 메콩강물이라고 생각한다. 짐을 다 옮긴후 노인을 바라보니 고개를 끄떡끄떡 하셨다. 돌아서 다시 버스에 타자 마음이 편하고, 할 일을 했다는 뿌듯함이 넘쳤다.
　이때도 세 개였다.

　10월 23일(월) 오전 10시, 도주환 선교사에게 쌍아오마을을 방문하여 해야 할 일에 대해 정리하여 알려주었다.
　내년 1월 한신교회 선교팀 방문에 대비한 일정 점검사항, 선교관 공사 진행, 선교관 및 기념교회 간판 그리고 순교비 등.
　이 시기에 나는 최병수 목사에게 지난 봄에 강용규 목사가 9월경에 쌍아오마을에 선교관 공사를 점검하러 갈 수 있다고 했으니 강 목사의 일정을 확인해 달라고 했다. 그리고 며칠 후 강 목사는 쌍아오마을 방문 계획이 없다는 연락을 받았다.

11월 2일(목), 기념교회에서 사용할 강대상을 구입하는 계획을 작성하여 최병수 목사에게 보냈다. 당회에서 계획대로 진행하자는 의견이라고 했다.

지난 10월에 선교담당 장로가 당회에서 기념교회에 무엇을 기증하면 좋겠느냐고 질의했고 도주환 선교사와 협의하여 강대상을 추천했다. 제작은 운반비가 적게 드는 쌍아오마을에서 가까운 곳을 찾아야 했다.

그리고 우돈타니 염신승 선교사가 연결되었다. 염 선교사가 우돈타니교회에서 사용중인 강대상을 모형으로 견적가를 보내주었다. 태국은 강대상을 목공소에서 목재로 제작한다. 뜨라이룽 목사에게 모형을 보내주니 "아주 좋다."고 했다. 염 선교사에게 강대상 제작을 의뢰했다.

불가능한 일이 진행되고 있습니다

11월 3일(금), 도주환 선교사가 연락했다. 치앙라이에서 여러가지 일정이 있어서 쌍아오마을 진행은 전화로 확인한다고 했다.

내가 궁금한 것을 말했다. "선교관 공사는 잘되고 있는가요?"

도주환 선교사가 망설이더니 말했다.

"선교관 공사비를 점검해 보았습니다. 제가 사용한 금액과 뜨라이룽 목사가 사용한 금액을 합산해 보니 벌써 1억 6천만 원을 사용했습니다."

"지난 7월에 강 목사님에게 보고할 때 힘들지만 공사비를 맞추겠다고 했었지요?"

"뜨라이롱 목사가 사용한 금액이 많습니다. 그렇게 증가할 줄 몰랐습니다. 저와 뜨라이롱 목사가 책임지고 마무리하겠습니다."

"선교관 공사는 한신교회에서 진행하는 것입니다. 세부적인 진행을 강 목사님에게 보고해야 합니다."

"공사는 거의 다했고, 마무리 단계입니다. 화장실의 변기는 태국식으로 하면 한신교회에서 싫어할텐데, 좋은 것은 비쌉니다."

"1개는 큰 것으로 하고 나머지는 태국식으로 해도 됩니다. 쌍아오마을 사람들이 주로 사용하니 괜찮습니다."

이어서 내가 말했다. "이제부터 기록하면서 집행해야 합니다."

"사실 이런 공사가 어렵습니다. 제가 살고 있는 치앙라이에서 쌍아오마을까지는 차로 12시간 걸리는 거리입니다. 제가 10번 이상 갔습니다. 장 목사님이 구체적으로 계획을 세우고 집행하도록 독려해서 진행하는 것입니다. 불가능한 일이 진행되고 있습니다."

"마무리 단계이니 비용 지출을 정리해 주세요."

나는 도 선교사의 걱정과 우려를 들으면서도 사실 걱정하지 않았다. 지금까지 이렇게 진행된 것이 쉬운 일이 아니며, 이제는 마무리 과정이다. 여러 가지 상황으로 보아 하나님이 이끄신다는 믿음이 있었다.

11월 6일(월) 오후 6시, 도주환 선교사가 쌍아오마을에 가고 있다고 연락했다.

"내년 1월 13일 예배를 위해 한신교회에서 담임목사님 등 44명이 선교하러 갑니다. 제가 보낸 준비 리스트에 따라 확인해 주시기 바랍니다."

"감사합니다, 하나님의 은혜입니다."

선교팀이 방문할 때 아침과 점심 일정에 대해 협의하는 가운데 알게 되었다. 태국 정부에서 메콩강가를 관광도로로 확장하고 강가를 정비하는 공사를 진행 중이다. 선교관 앞에도 정비되면서 식당이 생겼다. 사진으로 보니 강가에 의자를 놓았고 50명이 식사할 수 있다고 한다. 이곳에 식당이 생긴 것이 매우 이채롭다.

아침과 점심은 그 식당에서 해결하기로 했다. 선교팀이 46명(선교사 2명 포함)이며 식사시간을 위해 이동하는 시간이 많이 걸리는데 이 문제가 해결되었다. 저녁 2번은 뜨라이롱 목사가 자기 집에서 대접하고 싶다고 해서 그렇게 하기로 했다. 하나님이 20주기 방문을 인도하신다는 생각이 들었다.

1월 13일은 태국 어린이날이고 쉬는 날이라 초등학교에서 공연이 어려울 것 같다고 했다. 초등학교 공연이 가능할지 계속해서 확인하기로 했다.

도 선교사에게 선교관 공사 비용를 계산해보고 앞으로 들어갈 비용을 포함해서 정리해 보내달라고 했다. 이것을 해결해야 한다.

11월 10일(금), 도주환 선교사가 선교관 공사비를 정리해서 이메일로 보냈다. 며칠 동안 여러 차례 확인하면서 보완했다.

당초 공사비 예산은 1억 6천만 원이다. 지금까지 받은 금액은 모두 지출했다. 앞으로 필요한 비용을 계산해 보니 8백만 원이 부족하다.

공사를 마무리하고 선교관의 주방, 전기 시설, 기념교회의 방송 설비, 의자 등을 갖추어야 한다. 도 선교사가 12월 중순까지 공사를 완료할 것이고 비용은 임시로 자신이 채우겠다고 했다. 이렇게 확인된 공사 진행을 정리해 강용규 목사에게 설명하기로 했다.

"정말 수고했습니다"

11월 17일(금) 오후 5시, 안호준 집사와 같이 강용규 목사를 방문했다.

지금까지 공사 진행에 대해 설명했다(14차 보고). 총 공사대금은 1억 6천만 원이고, 8백 만 원이 초과될 것이다. 교회에서 보내준 금액은 1억 5천 6백만 원이다. 도주환 선교사가 보내준 구체적인 내역을 첨부했다.

설명하고 나니, 강 목사의 표정이 밝았다. "알겠습니다. 선교관 공사를 12월 15일까지는 완성해야 합니다."

이렇게 설명하면서 문득 생각이 나서 말했다.

"제가 여기에 목사님에게 설명하러 올 때 마다 이중표 목사님에게 설명하러 다닌 생각이 나곤 합니다. 기억나는 것은 이중표 목사님이 제게 '내 동생하도록 하지.' 라고 했습니다. 제가 '이명희 집사가 목사님을 아버지 같이 생각하던데요?'라고 말했습니다. 그랬더니, '알아 내 동생해.' 라고 했습니다. 그리고 당시 이중표 목사님이 어떤 소문이나 궁금한 것을 제게 확인하려고 연락했습니다. '어떻게 된 것이냐?' 고 묻습니다. 그러면 제가 확인하고 정리해서 지금 같이 이중표 목사님에게 설명합니다. 여러 번 그랬습니다. 설명서 만들 때는 마음이 아픕니다. 이중표 목사님이 설명을 듣고 나면 '그랬어.' 그러면서 '기도해야 돼.' 라고 합니다. 제가 설명하면 신뢰를 하시더라구요. 제가 하나님께 맡겼다는 생각이 들고 마음이 편해지곤 했습니다."

강 목사가 나를 보며 말했다.

"목사님이 되었으니 순교자 기념사업에 대해 서운해하지 않고 이해할 것입니다. 한신교회에서 성전 건축하고 현재 빚이 95억원이 남았습니다. 제가 내년에 은퇴하고 후임목사가 와야 하는데 어떻게 해결을 할지 걱정이 됩니다."

"순교자 교회는 하나님이 관리하신다고 하니 걱정하지 않으셔도 됩니다."

"글쎄 그건 그런데…"

"선교관 신축은 의미가 있습니다. 기념교회가 들어서게 됩니다. 태국 선교사들이 소식 듣고, 하나님의 역사가 놀랍다는 문자를 보내옵니다. 목사님의 실적이 될 것입니다."

이어서 말했다.

"도주환 선교사가 애를 많이 썼습니다. 지금은 공사비가 8백만 원이 더 소요되어 걱정하고 있습니다."

강 목사가 고개를 끄덕이며 말했다. "알겠습니다. 장 목사님 정말 수고했습니다."

"장 목사님 수고 많았습니다." 안호준 집사도 말했다.

오후 6시, 도주환 선교사가 연락했다. 강용규 목사에게 설명하고, 어떻게 결정했는지 궁금했던 것이다.

"1시간 정도 설명하고 공사진행에 대해 논의했습니다. 긍정적으로 보였습니다. 강 목사님이 공사를 12월 15일까지 완성해야 한다는 이야기를 두 번이나 했습니다. 도 선교사님이 뜨라이롱 목사님에게 알려주고 공사진행 상황을 사진으로 점검해 주면 좋겠습니다."

"수고하셨습니다. 매일 공사진행을 확인하고 있습니다. 12월 15일까지 마무리하겠습니다. 제가 이달 말에 쌍아오마을에 가서 점검하겠습니다. 교회에서 사용하던 피아노를 가져갑니다. 운반비만 1만 바트(40만원) 입니다. 기념교회에 기증할 것입니다."

하나님의 계획에 있다

12월 3일(일) 오후 1시 30분, 한신교회에서 선교 준비를 위해 선교팀 기도모임을 열었다.

이날 태국 선교일정에 대해 내가 "태국 선교길잡이" 라는 제목으로 설명했다. 쌍아오마을의 위치, 선교팀 일정, 선교관 역사, 선교관 공사, 기념교회가 세워진 과정을 설명했다. 그리고 말했다.

"지난 번에 도주환 선교사가 이렇게 말했습니다. '사실 코로나를 겪는 시기에 시작한 선교관 공사는 불가능한 일입니다. 공사현장에 상주하지 않는 상황에서, 어려움이 많았습니다. 장 목사님이 계획을 세우고 진행을 독려해서 가능했습니다.'

이제는 마무리 단계이니 말할 수 있습니다. 파송 선교사가 없는 가운데 선교관 신축공사를 진행하는 것은 무모한 일입니다. 현장에서 감독해야 진행이 됩니다. 교회 예산이고, 공사 기간이 정해져 있습니다. 자재 공급 등 변수가 많이 있습니다.

제가 신학대학원에서 구약을 10년 이상 가르치고 있습니다. 사무엘하 24장에 보면 다윗이 인구조사를 합니다. 칼을 쓸 수 있는 사람의 숫자를 세려는 것입니다. 그랬다가 다윗이 하나님께 혼나지요. 군대에 의지하지 말라는 것입니다. 사실 이 부분이 얼핏 이해는 되지만, 그리 명확하게 알지 못했어요. 그런데 이번에 선교관 공사를 진행하면서 그 의미를 체험적으로 깨닫게 되었습니다."

사무엘하 24장에 보면, 다윗의 인구조사와 징벌 받는 장면이 나온다. 인구조사는 하나님의 의도로 전개되었다. 인구조사하고 다윗은 자신의 잘못이 있다고 고백한다. 회개하고 용서를 구한다. 하나님께서 재앙을 내리시고 다윗에게 벌로 내린 이스라엘 전역의 전염병의 재앙을 그치게 하신다.

다윗이 자신의 잘못이라고 고백한 이유가 무엇일까? 그 이유는 겸손한 마음으로 하나님의 뜻을 실행한 것이 아니라 인구조사를 통해 자신의 군사력을 과시하고 싶었기 때문이다. 전쟁에 대비하겠다는 인간적인 생각이 반영된 결과이고 하나님이 보시기에 불신앙적인 모습이다.

하나님이 전쟁을 하시니 군대가 아닌 하나님께 의지하라고 한다. 그리고 하나님의 명령을 이행할 때는 하나님을 향한 순수한 마음을 요구하신다. 세상적으로는 이해하기 어려운 신앙의 신비이다.

이어서 말했다.
"선교관 구입시에 파송 선교사가 없었습니다. 제가 계획을 세우고 권재석 장로님이 쌍아오마을에 가서 대금을 지불하고 등기했습니다. 이번에 선교관 신축 공사도 파송 선교사가 없는 가운데 제가 계획을 세우고 선교사를 찾아서 진행한 것입니다. 공사를 맡길 만한 선교사를 찾는 것도 쉽지 않았습니다.

저는 이것은 하나님의 일이고, 하나님이 도와주신다는 생각으로 진행했습니다. 그런데 그것이 정답입니다. 진행하면서 어려움이 많았지만, 해결이 되더라구요. 이번 태국 방문도 하나님의 계획에 있다는 생각이 듭니다. 그래서 잘 진행될 것으로 생각합니다."

"오늘 행복한 하루입니다"

12월 5일(화) 오후 2시, 한신교회 최대열 안수집사가 연락했다.

쌍아오마을에 선교관을 건축하는데 기금으로 진행하고 있으며 공사 자금이 부족하다는 소식을 들었다고 했다. 그리고 1천만 원을 입금하겠으니 통장 번호를 알려달라는 것이다.

내가 말했다. "지난 11월 17일에 강용규 목사님에게 설명했고, 강 목사님이 교회 주보에 3주째 내고 있으니 헌금으로 해결하려는 것 같습니다."

"예. 압니다, 저는 그런 절차보다는 장기옥 목사님이 하는 일에 직접 전달하고 싶습니다. 형식적으로 드러내고 싶지 않습니다."

"말씀은 고맙지만, 그렇게 해도 되는지 모르겠습니다."

"사실 이번에 제 처인 이정희 권사가 선교팀에 가려고 했으나 발을 다쳐서 기브스를 하는 바람에 못갑니다. 이것도 하나님의 뜻이려니 합니다. 선교관 건축에 헌금하겠습니다."

"선교관 건축을 위해 별도의 통장을 개설했으니 알려드리겠습니다. 하지만 헌금하면 강 목사님에게 보고해야 합니다."

"그렇게 하는 것이 편하면 목사님이 알아서 하면 됩니다."

그리고 바로 입금되었기에 문자로 감사의 글을 남겼다.

"선교관 건축 헌금이 입금되었습니다. 선교사와 협의해서 집행하겠습니다. 감사드립니다. 쌍아오마을 한신선교관 및 쌍아오선교기념교회 역사에 집사님과 권사님의 귀한 뜻이 영원히 기억될 것입니다."

최대열 안수집사가 회신했다.

"장기옥 목사님, 이명희 사모님이 하나님 일을 하시는데 있어서, 저희가 광야의 까마귀 역할을 할 수 있어 기쁘고 행복합니다. 예수님이 주초석이 되는 일에 조금이나마 동역의 기회를 주셔서 감사합니다. 건강 잘 지키셔서 맡겨진 사역 이루도록 기도하겠습니다. 오늘 하루 말씀대로 행함에 너무 기쁘고, 행복한 하루입니다. 목사님 내외분을 위하여 열심히 기도하겠습니다."

선교관 공사에 자재비만 8백만 원이 부족하고, 노동자 인건비를 감안하면 1천만 원이 부족한데 정확히 1천만 원이 입금되었다.
하나님이 하시는 일이다. 때가 되니 하나님이 모든 것을 보고 계신다는 것을 알게 된다.

12월 9일(토) 오전 10시, 강용규 목사에게 선교관 공사비 부족에 대해 설명했다. 이번 주에 해외 출장이었고 이날 귀국이라고 했다.
"지난 12월 5일에 최대열 안수집사님이 선교비 1천만 원을 제게 보냈습니다. 목사님이 해외 출장 중이라고 했고 지금 설명드립니다.
최 집사님은 쌍아오마을 선교관 신축이 진행 중이고 건축비가 부족하다고 들었다고 했습니다. 제가 선교관 공사 부족에 대해 담임목사님께 11월 17일에 보고했고, 공사비 부족을 해결해 주실 것이라고 했습니다.
최 집사님은 담임목사님이 채워 주시는 것은 그대로 진행하면 되고, 선교관 건축으로 선교비를 보내겠다고 했습니다. 그리고 바로 입금했습니다.
목사님께 설명드렸듯이 선교관 공사비가 당장 1천 2백만 원이 필요합니다. 공사비 초과 8백만 원, 미송금 4백만 원입니다. 이 부분은 현재 자재비만 계산한 것입니다. 추가로 필요한 부분이 파악되고 있습니다.

이런 상황이므로 목사님이 미지급한 4백만 원 외에 1천만 원이 더 필요합니다. 이 금액이 정확하게 들어와서 놀랐습니다.

최 집사님이 입금한 1천만 원을 어떻게 할까요? 다음 주에는 공사비를 선교사에게 보내야 하는 상황입니다."

12월 12일(화), 최병수 목사의 연락이다.

"담임목사님이 최 집사님이 입금한 1천만 원을 송금하고, 2백만 원은 내년 1월 13일에 주면 어떠냐고 물어봅니다."

"돈이 없어서 공사가 중단되었으니 1천만 원은 당장 송금해야 하고, 자재비 외에 노동자 인건비도 부족하니 2백만 원이 아니라 미송금액 4백만 원도 이번 주에 보내야 합니다."

오후에 다시 연락이 왔다.

"담임목사님이 최 집사님의 1천만 원은 송금하고, 4백만 원은 내년 1월 13일 쌍아오마을에 가서 주겠다고 합니다. 교회 헌금 공고를 3주째 했으나 헌금이 얼마 안됩니다. 특별헌금으로 준비할 것 같습니다."

"알겠습니다. 공사가 중단된 상태이니 1천만 원은 송금하겠습니다."

도주환 선교사에게 1천만 원을 송금했다. 도 선교사가 선교관 및 교회 간판을 주문했고, 공사는 지연되었지만 12월말까지 마무리할 수 있다고 회신했다.

이어서 최대열 안수집사에게 진행을 설명했다.

"오늘 선교관 공사비 1천만 원을 도주환 선교사님에게 송금했습니다. 강용규 목사님이 송금하라고 했습니다. 선교관 공사가 1월 13일 예배에 맞추어 진행되어야 하는데, 하나님이 이런 상황을 아시고 집사님에게 준비하도록 하신 것으로 생각됩니다. 선교관 공사를 진행하면서, 하나님이 진행하신다는 것을 여러 번 느꼈습니다. 선교관 공사는 하나님이 하시는 것이며, 집사님의 헌신은 하늘나라에 기록될 것입니다."

12월 14일(목), 강가 기도회의 진행에 대해 안호준 집사와 협의했다.
"헌화는 하지 않기로 하시지요? 제가 여러 차례 헌화를 생략하자고 했지요. 이번에는 선교관을 새로 짓고, 기념교회가 세워집니다. 변화가 있어야 하고 밝게 진행하는 것이 좋습니다."
그리고 다음 날 회신이 왔다. "헌화를 생략하는 것으로 하지요. 모든 것은 하나님이 하십니다."

12월 16일(토), 최병수 목사에게 강가 기도회 순서를 보냈다. 찬송과 기도로 진행된다. 순교당시 상황 설명은 안호준 집사가 하기로 했다.
최병수 목사가 선교관 신축 예배시 진행될 "선교관 건축 경과보고"를 나에게 맡아달라고 했다.

12월 17일(일) 오후 2시, 최병수 목사가 연락했다.
"오늘 기도회에서 장 목사님이 설명한대로 '쌍아오마을의 선교관 건축은 그나름의 의미가 크고, 또한 놀라운 것은 2층에 쌍아오선교기념교회가 세워진 것입니다. 기념교회가 성장하도록 기도해야 합니다.' 라고 설명했습니다."

12월 18(월), 도주환 선교사가 연락했다. 화가 콘켄병원에서 2주 입원하였고 지난 주에 둘째를 낳았다고 했다.

화와 아이를 위해 기도하고 축복하였다. 이어서 말했다.

"쌍아오마을에 가서 공사 현장도 둘러보고 마무리 해야할 곳을 점검해야 합니다. 순교비와 간판을 달아야지요?"

"공사는 거의 다 했습니다. 화장실도 이번 주에 마무리하고, 외벽에 페인트칠을 더하려고 합니다. 12월 21일에 쌍아오마을에 가서 2일 일하고 치앙라이에 돌아와서 크리스마스 예배를 드려야 합니다. 그리고 1월 초순에 차에 피아노와 간판을 가지고 가서 달아야 합니다."

"순교비와 간판 제작이 늦어지니 걱정이 되네요. 잘 진행해 주세요"

그러면서 순교비와 간판 제작에 사용될 글자를 다시 보냈다. 정확하게 확인해 달라고 했다.

12월 19일(화), 한신교회 선교팀의 쌍아오마을 방문 일정을 점검하면서 그동안의 진행 과정을 회상하게 되었다.

지난 8월부터 한신교회 태국 선교계획 수립에 참여했다. 세부적인 계획을 작성하여 최병수 목사에게 전달했다. 인원이 44명이다. 청년부 14명, 장년부 30명이다.

쌍아오마을에서 순교 20주기, 한신선교관 신축, 쌍아오선교기념교회 봉헌 예배가 진행된다. 삼중예배이다. 청년부는 쌍아오마을에서 3번 공연한다. 쌍아오마을 공터, 박촘초등학교, 봉쌈란교회 순이다. 이어서 청년부는 쌍아오마을에서 치앙라이로 가서 선교한다. 장년부는 쌍아오마을에서 방콕으로 간다.

일정은 빠듯해 보이지만 의미있게 진행된다.

지난 일을 생각하면 예상하지 못한 어려움이 늘 발생했다는 것을 알게 된다. 그리고 그때마다 해결되는 과정을 겪으면서 하나님이 진행하신다. 이 시기에 자주 불렀던 찬송이다.

> 너 하나님께 이끌리어 일평생 주만 바라면
> 너 어려울 때 힘주시고 언제나 지켜 주시리
> 주 크신 사랑 믿는 자 그 반석 위에 서리라
> (찬송가 312장)

"학생들이 웃으면 그것이 좋았습니다"

12월 22일(금), 현진이 엄마의 정년 퇴임식이 진행되었다.

퇴임은 2024년 2월말이지만 교사들이 겨울방학에 들어가기 전에 퇴임식을 하고 싶어 했다. 현진이 엄마가 참석자가 많으면 준비하는 분들이 번거롭게 된다고 하여 나만 참석했다.

교장실에 들어가니 방이 넓다. 사진을 찍고 퇴임식에 참석하였다.

교감이 나에게 인사말을 하라고 제안했다.

"날씨가 추운데 이곳에 들어서니 준비한 마음과 열기로 따뜻합니다. 좋은 학교에서 근무했으니 행운입니다. 교사로 시작해서 교장으로 정년 퇴임하니 영광입니다. 학교 발전을 모색하고 학생들을 잘 가르치려고 노력하는 모습을 보아 왔습니다. 퇴임은 새로운 시작이라고 합니다. 그동안 미루어 놓았던 일을 할 수 있어서 한편으로 기쁘게 생각합니다."

무대 정면에는 영상이 돌아가고 있었다. 현진이 엄마가 24세에 교사가 되어 중학교에 근무한 것, 장학사로 교육청과 연수원에 근무한 것,

교감, 교장으로 근무한 것에 이르기까지, 그리고 학생들과 같이 생활하고 격려하는 장면, 선생님들이 정년퇴임을 축하하는 인사말 등이 보여진다.

이어서 교무부장이 글을 낭독했다. "선생님들을 배려하시고, 학생들을 위해서 노력하셨습니다. 학교가 많이 발전했습니다. 매일 교문앞에서 등교하는 학생들에게 인사를 하시어 학교가 인사하는 분위기로 바뀌었습니다. 교장선생님이 그리울 것입니다."

3학년 졸업반 학생회장의 인사말이다. "항상 격려해주시고, 칭찬해주셨습니다. 가르침에 따라 노력하겠습니다."

현진이 엄마의 인사말이다.

"교단에서 40년을 근무했습니다. 이곳은 하나님께서 제게 줄로 재어주신 귀한 곳입니다. 선생님들이 같이 노력해서 행복했습니다. 학생들이 웃으면 그것이 좋았습니다. 이제부터는 저의 어머니 같이 이웃에게 더 많은 사랑을 베풀며 삶을 살고 싶습니다."

이어서 선생님들과 학생들이 같이 악기를 연주하면서 노래했다.

기념품은 옥으로 만든 것처럼 보이는 꽃 화분이다. "존경하는 이명희 교장님의 빛나는 앞날을 응원합니다."

현진이가 하늘나라에서 엄마의 퇴임식을 보면서 기뻐할 것이다.

"때와 시기가 있습니다"

12월 24(일) 밤 9시, 최대열 안수집사가 연락했다. 남신도회의 감사로 취임했다며, 임원회의에서 다음과 같이 교회에 제안하기로 했다고 알려주었다.

'순교비가 있었는데 어떻게 되고 있는지 상황을 확인한다.'
이런 분이 있었다니. 고마운 일이다. 내가 말했다.
"새 건물에는 순교비가 보이지 않는데 이것에 대해 제가 강 목사님에게 문의한 적이 있습니다."
"어떻게 진행됐나요?"
"강 목사님이 나중에 예배당 건물에 장소를 만들어 세워 놓겠다고 했습니다."

내가 말했다.
"지난 번에 집사님이 선교관 건축 공사를 위해 1천만 원을 헌금했고 그래서 중단된 공사가 진행되었습니다. 이것으로 제가 두 가지를 알게 되었습니다.
첫째, 하나님이 선교관 건축 공사를 진행하고 있습니다. 20주기에 공사를 완공하기 위해 늦추어서는 안되는 시점에 꼭 필요한 금액을 보내주셨습니다.
둘째, 하나님이 최대열 안수집사님을 사용하고 계십니다. 하나님은 선택한 자의 삶에 때와 시기를 정하여 개입하십니다. 얼굴도 모르는 저와 통화하고 10분도 안되어 1천만 원을 송금했습니다. 부유해도 쉬운 금액이 아닙니다. 하나님이 송금하도록 만든 것입니다. 하나님이 사용하는 사람은 하나님이 일을 하도록 시키는 일에 때와 시기가 있습니다."

12월 28일(목), 신학대학원 「구약설교의 이론과 실제」강의 평가이다.
"전반적인 구약에 대해 일목요연하게 정리를 잘해주셨습니다. 평소에 어려웠는데 쉽게 접근했습니다. 교수님의 열강 가슴 깊이 감사드립니다."

강의를 마치면 학생들의 반응이 기다려진다.

12월 31(일) 오후 3시, 최대열 안수집사의 연락이다.
"남신도회에서 순교자 부모님 가정에 1백만 원씩 지원하기로 했습니다."
내가 말했다. "지난 번에는 선교관 건축 공사가 중단된 상황이었습니다. 개인에게 지급되는 것은 받을 수 없습니다."
"이것은 남신도회에서 진행하는 것입니다."
"그래도 받을 수 없습니다. 교회라는 공동체 생활에서 오해의 소지가 있는 행위를 해서는 안된다고 생각합니다."
이어서 말했다. "제가 매년 태국 다녀와서 강용규 목사님에게 진행을 보고합니다. 그 이유는 쌍아오마을 순교자 기념은 한신교회 책임이라고 생각하기 때문입니다."
최 집사가 말했다. "담임목사는 임기 끝나면 퇴임하고, 교회를 계속해서 운용하는 사람은 사실 교인들입니다."

신학 이야기

킨아

하나님의 열심을 의미하는 히브리어는 킨아(קִנְאָה)이다. 킨아는 열심, 열정, 질투를 의미한다. "남은 자가 예루살렘에서 나오며 피하는 자가 시온 산에서 나올 것임이라 만군의 여호와의 열심이 이를 이루시리이다"(사 37:32)

성경은 하나님과 인간의 관계에 대해 설명한다. 하나님은 창조주이고 거룩하신 분이다. 인간은 피조물이며 죄로 얼룩져 실패를 한다. 이런 인간에 대해 하나님은 원하시는 길을 보이시며 기회를 주시고 인도하신다.

아브라함은 믿음을 보여주지 못하고 계속하여 잘못된 선택을 한다. 야곱은 이기적이고, 요셉은 독보적으로 우월감이 있다. 모세는 살인을 하고 두려워 40년 동안 피신하게 된다. 다윗은 이스라엘의 적군에 가담하여 피하고, 왕이 되어서 치정 사건을 일으킨다. 사도 바울은 기독교인을 핍박하던 수색대장이었다. 하나님은 이런 사람들을 하나님의 계획에 사용하시기 위해 열심으로 인도하신다.

킨아는 두 가지 의미로 사용된다. 첫째 하나님의 진노로서 하나님께서 악을 벌할 때 나타난다(신 29:20). 둘째 하나님의 자비로서 하나님을 경외하는 자들에 대해 나타난다(사 63:15).

하나님의 열심은 하나님의 역할을 역사의 주(主)로 묘사한 곳에서 특별히 언급된다. 다른 민족으로부터 이스라엘을 지키는데서 이 열심을 나타내 보여 주신다(왕하 19:31; 사 26:11).

사랑하는 내 딸아 너의 작음도 내겐 귀하다
너와 함께 걸어가는 모든 시간이 내겐 힘이라
사랑하는 아들아 네 연약함도 내겐 큼이라
너로 인해 잃어버린 나의 양들이 돌아오리라
조금 느린 듯해도 기다려 주겠니 조금 더딘 듯해도 믿어줄 수 있니
네가 가는 그 길 절대 헛되지 않으니 나와 함께 가자
앞이 보이지 않아도 나아가 주겠니 이해되지 않아도 살아내 주겠니
너의 눈물의 기도 잊지 않고 있으니 나의 열심으로 이루리라
- 하나님의 열심, 찬양

이 찬양은 하나님의 사랑과 자비와 열정을 주제로 한다. 하나님께서 우리를 위하여 얼마나 열심히 일하시고 신실한 사랑을 베푸는가를 노래하고 있다.

하나님은 우리의 연약함에도 불구하고 우리를 끝까지 사랑하시고 인도하신다. 하나님은 우리의 기도에 귀 기울이시고 우리가 지치지 않고 계속하여 하나님의 길에 서 있기를 바라신다.

쌍아오마을에 다니면서 많은 일이 있었고 다양한 변화가 있었다. 사람의 마음이 서로 달라 어려움이 발생하기도 한다. 그런데 그런 상황에서도 한결같이 한 방향으로 진행되었고 뚜렷한 흔적이 남았다.

하나님은 모든 상황에서 우리를 붙드시고 인도하신다는 생각이 든다.

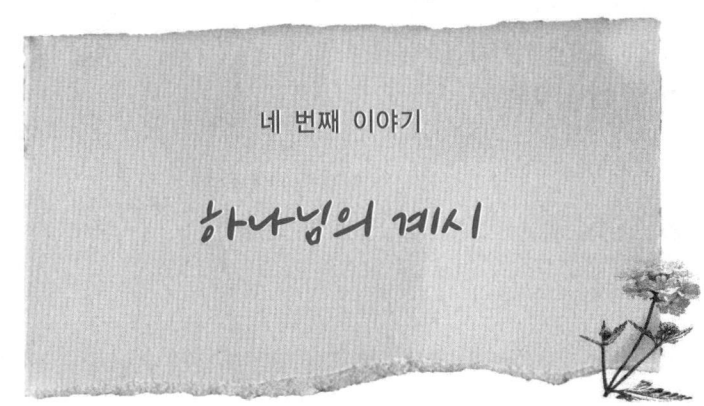

네 번째 이야기

하나님의 계시

유다 왕 웃시야와 요담과 아하스와 히스기야 시대에
아모스의 아들 이사야가
유다와 예루살렘에 관하여 본 계시라 (사 1:1)

아이 사무엘이 엘리 앞에서 여호와를 섬길 때에는
여호와의 말씀이 희귀하여
이상이 흔히 보이지 않았더라 (삼상 3:1)

나 다니엘이 이 환상을 보고
그 뜻을 알고자 할 때에
사람 모양 같은 것이 내 앞에 섰고 (단 8:15)

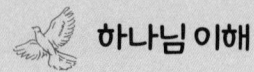 **하나님 이해**

여호와 닛시

이스라엘 백성이 출애굽하고 광야를 행진하는데 아말렉이 공격하였다. 모세는 하나님의 지팡이를 손에 잡고 산 꼭대기에 섰다. 모세가 손을 올리면 이스라엘이 이기고, 손을 내리면 아말렉이 이겼다(출 17:11). 모세가 손을 올리는 것은 이스라엘의 전사들 위에 여호와의 능력이 임한다는 상징이다.

이스라엘 백성이 승리를 거둔다. 모세는 제단을 쌓고 그곳 이름을 여호와 닛시라고 부른다(출 17:15). 히브리어 여호와 닛시(יְהוָה נִסִּי)는 '여호와는 나의 깃발'이다.

선조들은 중요한 일을 기념하기 위해 제단을 쌓았다. 모세도 승리를 기념하고자 했다. 승리의 영광을 하나님께 돌리기 위한 것이다.

광야 같은 세상에서 살아갈 때 우리는 사탄의 공격을 받게 된다. 그때 우리가 어떻게 하면 승리할 수 있을까? 모세가 잡은 지팡이는 하나님이 함께하신다는 상징이다. 깃발은 하나님의 임재의 상징이다. 지팡이를 향한 이스라엘의 시선은 바로 하나님을 향한 백성의 시선이었다.

이스라엘 백성이 승리를 거두자마자 하나님은 모세에게 어떻게 승리했는지 책에 기록하여 기념하라고 말씀하셨다(출 17:14). 우리가 승리할 수 있는 원천이 되시는 하나님을 기억하라고 하셨다.

여호와 체바오트

만군의 여호와는 히브리어로 여호와 체바오트(יְהוָה צְבָאוֹת)이며 '능력을 가진 자'를 의미한다. 하나님이 전사(mighty one)라는 개념이다. 하나님은 천사를 군대로 부리시는 분이다. 여호와는 통치하시고 승리를 확보하고 자기 백성의 구원을 향해 직접 개입하신다.

하나님은 우리를 보호하시는 방패이다. "나는 만군의 여호와의 이름 곧 네가 모욕하는 이스라엘 군대의 하나님의 이름으로 네게 나아가노라"(삼상 17:45) 하나님은 우리의 안식처이다. 시편 기자는 여호와의 도움으로 주의 장막에서 거하고 있다. "만군의 여호와여 주의 장막이 어찌 그리 사랑스러운지요"(시 84:1). 하나님을 의지하는 자는 복이 있다고 고백한다. "만군의 여호와여 주께 의지하는 자는 복이 있나이다"(시 84:12).

우리가 믿고 의지하는 순간 하나님의 권능이 우리와 함께 하신다.

선교관 건축 공사 진행을 점검하다

2023년 12월 23일(토) 오전, 도주환 선교사가 연락했으며 이번 주에 치앙라이 교회를 순회 중이라고 했다.
"선교관 건축 공사는 어떤 상황인가요?"
"통로, 화장실, 주방의 바닥 타일 공사가 진행되고 있습니다. 화장실 좌변기는 구입했으며 설치될 것입니다."
"순교비, 간판은 진행되고 있는가요?"
"순교비는 제작하여 보냈고 뜨라이롱 목사에게 도착했습니다. 간판은 제작 중입니다. 간판 길이를 확인해 주십시오."
간판은 '한신선교관'과 '쌍아오선교기념교회' 이다. 글자 수에 따라 간판의 길이를 다르게 해야 하는지 의문이 생긴 것이다.
"간판 길이를 동일하게 하는 것이 어떨까요?" 내가 말했다.
"글자 크기를 조정하겠습니다."
도안으로 만든 간판의 글자와 크기를 확인했다. 선교관에 간판을 단 모습이 그려지면서 어서 보고 싶다는 생각이 들었다.
도주환 선교사는 1월 4일에 쌍아오마을에 가서 선교관 공사를 마무리할 것이다. 순교비, 간판, 교회 마이크 및 앰프를 설치해야 한다. 간판은 제작하여 가지고 갈 것이고, 외벽에 페인트를 다시 칠할 것이다.
"페인트는 미리 칠하라고 하지요?"
"지난 번에 도색이 마음에 들지 않아 가서 보면서 해야 합니다."
선교관 공사를 책임지고 있는 모습이다.

뜨라이롱 목사의 딸 화가 콘켄병원에 며칠 더 머물 것 같다고 했다. 뜨라이롱 목사와 사모는 병원에 있고, 사위는 선교관 공사를 진행하고 있다.

사위가 주방의 바닥과 벽에 시멘트를 바르는 모습이 사진으로 보인다.

선교관 공사를 마무리해야 하는데, 식구들이 콘켄병원에 있으니 장애가 생긴 것이다. 하지만 이런 상황에서도 선교관 공사가 진행되고 있다.

이날 오후 5시, 우돈타니 염신승 선교사에게 연락했다.
"크리스마스 시기에 바쁘실텐데 강대상은 언제 납품이 가능할까요?"
"늦어도 1월 10일 이전에 배달하겠습니다. 기증자 표시는 지난 번에 만들었습니다."

12월 29(금) 오전 11시, 최병수 목사가 연락했다. 한신교회에서 기념품으로 수건 500장을 제작했다고 하여 내가 배부할 사용처를 알려주었다.

또한, 박촘초등학교 공연시 나누어줄 볼펜 300개를 청년부에서 준비했다. 볼펜 비용만 60만원이다.

최 목사의 요청에 따라 예배시 사용하는 현수막 도안을 작성하여 보냈다. 십자가 목걸이와 선교관을 표시했다. 글자는 한글과 태국어이다.

순교 20주기 มรณสักขีพยานครบรอบ 20 ปี
한신선교관 신축 예배, 쌍아오선교기념교회 봉헌 예배
สำนักงานพันธกิจฮันชิน คริสตจักรอนุสรณ์พันธกิจสงาว
2024. 1. 13. HanShin Presbyterian Church
오직 성령이 너희에게 임하시면 너희가 권능을 받고 예루살렘과 온 유대와 사마리아와 땅 끝까지 이르러 내 증인이 되리라 하시니라 (사도행전 1:8)

현수막 도안

태국 선교계획 진행

12월 30일(토), 태국 선교팀의 전체 소요 경비를 다시 확인했다. 빠뜨린 것이 있는지 점검하고 도주환 선교사, 최병수 목사에게 보냈다.

항공기의 국제선과 태국 국내선은 지난 10월에 예약했다. 쌍아오마을과 방콕에서 지불할 비용도 구체화했다. 선교팀의 일정에 따라 비용을 추정하고, 나중에 정산하는 표를 만들었다. 숙박비, 식사비, 차량임대 등. 비용 지급은 한신교회에서 도 선교사에게 송금하고, 도 선교사가 태국에서 바트로 바꾸어 선교팀 회계 담당에게 현지에서 지급하는 방식이다.

선교팀 44명의 방문 계획을 수립하는 것이 쉽지 않다. 쌍아오마을의 공연 장소, 식사 장소와 메뉴, 예배 진행에서 필요한 일, 그리고 장소마다 이동 거리와 시간을 고려해야 한다. 쌍아오마을을 20년 동안 다녔고 이제는 모든 루트와 상황이 눈 앞에 잘 보인다.

파송 선교사가 없는데 선교관을 새로 짓고 기념교회가 설립된다. 그리고 선교팀 44명이 방문한다. 선교팀은 계획된 일정에 따라 움직이므로 책임감을 느끼게 된다.

도주환 선교사가 말했다. "먼거리에서 선교팀 44명의 방문 계획을 세우고 비용을 추정하고 예약하고 있습니다. 이것은 장 목사님의 계획이 치밀해서 가능한 것입니다."

한편으로 김완주 선교사가 파송되어 있을 때 한신교회 선교팀이 쌍아오마을을 방문했던 것을 생각하면서, 새삼 김 선교사의 수고에 대해 고맙게 생각하게 된다.

12월 31일(일), 현진이 엄마와 같이 송구영신 예배에 참석하였다.

현진이 엄마는 장학사 시절부터 교육청 근처의 교회에 다녔고 지금까지 출석하고 있다. 찬양팀의 열정이 돋보인다.

교인 4명이 '1분 간증'을 한다. 현진이 엄마가 순서에 들어 있다. "40년 근무하고 2월말에 정년 퇴직합니다. 학생들의 빛나는 순간에 함께 있을 수 있어서 좋았습니다. 삶을 인도해 주신 하나님께 감사드립니다." 간결하게 말했다.

이어서 신년 카드 뽑기이다. 하나님이 새 해에 내게 주시는 말씀이다. "근심하는 자 같으나 항상 기뻐하고 가난한 자 같으나 많은 사람을 부요하게 하고 아무 것도 없는 자 같으나 모든 것을 가진 자로다" (고후 6:10)

은혜로운 글이다.

이 글을 받고 도주환 선교사, 손한웅 선교사, 최병수 목사에게 보냈다. 이번 태국 선교가 잘될 것이며 하나님이 주신 증거라고 했다.

2024년 1월 1일(월), 새벽 꿈이다. 어느 분이 영화를 찍자고 했다. 그러면서 내가 주인공이라고 했다.

내가 말했다. "제가 무슨 영화를 찍나요? 저는 할 줄 몰라요."

이 분이 말했다. "나와 같이 합니다." 그리고 나를 데리고 어느 학교에 들어갔다, 건물이 여러 개 있고 건물 앞에 학생들이 많다.

큰 건물 앞에서 이 분이 말했다. "여기서 영화를 찍으면 됩니다."

그 순간이다. 내가 하늘을 향해 걸어 올라갔고, 건물들이 내려다 보이는 높은 곳에서 걸어 다녔다. 신기해서 계속 걸었다. 사람들이 나를 쳐다보고 있었다.

잠이 깨었고, 몸이 날아 갈듯이 가벼웠다. 좋은 일이 있겠구나.

1월 3일(수) 오전 11시, 경원중학교 시계탑을 둘러보았다. 시계탑 주변이 깨끗하게 정리되었다. 학교에서 주변 관리를 잘 한다는 생각이 들었다. 그런데 시계가 정지되어 있다.

시계탑을 설치한 회사에 연락하여 시계를 점검해 달라고 했다. 회사 대표가 상황을 파악하고 알려주었다. 시계탑이 태양전지를 사용하는데 주위 아파트가 높아지고 학교의 식당 건물이 들어서 햇빛을 못보니 전기로 연결해야 한다며 공사비용이 많이 든다고 했다. 내가 비용을 지불하겠다고 하고 학교에 허락을 받아달라고 했다. 회사 대표가 공사비용을 실비로 받겠다고 했다. 교회 장로님이다.

행정실장이 학교에서 해야 할 일을 해주니 고맙다고 하면서 기부로 처리하자고 했다. 관리 기록에 남아 시계탑 관리에 도움이 된다고 했다. 행정실장은 교장선생님이 시계탑에 대해 신경을 많이 쓴다고 했다. 부모의 마음은 같은 것이다.

그리고 이틀 후 회사 대표가 연락했다. 전기 공사가 마무리되었고, 시계를 점검했으며 7~8년 후에 회로 교체가 필요할 것 같다고 했다.

"문제가 생기면 바로 해결해 주시니 고맙습니다."

"현진이가 선교가서 순교했고, 그리고 부모의 마음을 알기 때문에 저로서도 이 시계탑에 애착이 갑니다."

선교관 건축 공사 마무리 진행

1월 4일(목) 오전 10시, 도주환 선교사와 통화했다. 지난 번에 도 선교사가 쌍아오마을을 방문할 것이라고 했으므로 진행이 있는지 궁금했다.

"뜨라이롱 목사가 1월 7일 주일에 러이교회에서 모임이 있어서 1월 8

일에 러이에서 만나기로 했습니다. 페인트, 의자 등 자재를 러이 백화점에서 구입하여 쌍아오마을로 가져갈 것입니다." 도 선교사가 계획을 말했다.

"페인트 칠하고 간판다는 것이 늦지 않을까요?"

"월요일에 시작해도 충분합니다."

"화장실 좌변기, 주방의 수도, 싱크대를 확인해 보세요. 선교팀이 가면 당장 사용해야 하는 시설입니다."

"그렇군요. 확인하겠습니다."

가까스로 진행이 된다.

이어서 도 선교사가 말했다. "선교관 공사는 서울에서 장 목사님이 계획을 세우고, 제가 치앙라이에서 쌍아오마을까지 12시간 거리를 다니면서 이렇게 진행되었습니다. 기적입니다."

사실 선교관 건축 공사는 선교사가 현지에서 상주하면서 진행해도 계획된 기간 내에 힘들다. 하나님이 진행하신다는 생각이 든다.

이사야 61:4을 생각했다. "그들은 오래 황폐하였던 곳을 다시 쌓을 것이며 옛부터 무너진 곳을 다시 일으킬 것이며 황폐한 성읍 곧 대대로 무너져 있던 것들을 중수할 것이며"

1월 5일(금), 최병수 목사에게 연락했다.

나는 공사비가 부족하니 4백만 원을 지금이라도 보내자고 제안했다. 그리고 잠시 후 강용규 목사가 1월 13일에 쌍아오마을에 가서 주겠다고 했다.

"공사비가 부족해서 고생이 많아요. 4백만 원은 최선을 다해 지원한다는 의미가 있습니다. 굳이 쌍아오마을에 가서 주겠다는 것은 이해가 안됩니다."

"담임목사님이 선교관 사용허가를 받았는지 물어보라고 합니다."

"태국 시골의 작은 건물 공사는 사용허가가 필요없고 완성하면 사용이 가능합니다. 선교관 공사는 선교사가 진행하고 있습니다. 공사 진행을 도와주어야지요?"

잠시 후에 4백만 원을 입금했다. 도주환 선교사에게 송금하면서 "한 신교회에서 여유가 없었으며 긴급으로 조달했습니다."라고 알려주었다.

건축 공사비 1억 6천만 원이 지급되었고, 최대열 안수집사가 1천만 원을 선교비로 주었으니 총공사비 1억 7천만 원이다.

도주환 선교사에게 다음 주에 방문해서 페인트 칠하고 간판 달고 주변 마무리하는 것을 잘해 달라고 당부했다. 도 선교사가 1월 7일 주일 오후에 피아노를 싣고 출발한다고 했다.

강대상이 갑자기 변경되고

이날 오후 4시 30분, 염신승 선교사에게 강대상이 며칠에 완성되는지 다시 한번 확인해 달라고 했다. 저녁에 염신승 선교사가 연락했다.

"죄송한 이야기를 전합니다. 태국인이 갑자기 납품하지 못하겠다고 합니다. 어제까지도 한다고 했습니다. 태국에서 20년 선교하면서 이런 경우는 처음입니다."

"대안을 찾아야겠지요. 지난번에 샘플로 보내준 강대상을 제작할 때까지 임시로 빌리면 어떨까요?"

"최선을 다해 방법을 찾아보겠습니다."

11월 초순에 강대상 제작을 의뢰했고, 11월 20일에 강대상 비용으로 한신교회에서 1백만 원을 송금했다. 보통 30일이면 가능하다고 했고 늦어도 12월 중순에 납품할 수 있다고 했다. 그리고 연말에 바빠서 1월 10일까지 납품한다고 했다. 날짜가 다가오면서 제작 상황을 확인해 달라고 했고, 그때마다 제대로 납품할 것이라고 했다.

　이제 어떻게 해야 하는가? 도주환 선교사에게 급히 연락했다.

　"치앙라이 교회에 강대상이 있습니다. 1년 사용한 것인데 이 강대상을 쌍아오마을에 가져가고 치앙라이 교회는 다시 제작하도록 하면 어떨까요? 주문한 강대상보다 형태는 나아 보입니다."

　"그렇게 하시지요. 기증자 표시는 염 선교사님이 준비했습니다."

　이러한 상황을 지켜보던 현진이 엄마가 말했다.

　"예배 날짜가 다가오는데 갑자기 납품을 못한다고 해서 당황스럽네요. 염신승 선교사님도 놀랐을 것이야. 그런데 치앙라이에서 보낸다고 하니 하나님이 쌍아오선교기념교회의 예배에 차질이 없도록 해결해 주시네요."

　강대상이 바뀌는 과정을 통해 깨닫게 되었다. 강대상 하나도 이렇게 쉽지 않은데, 지난 2년 동안 선교관을 새로 짓고 교회를 설립하는 일이 진행되었으니 하나님이 진행하셨다는 것을 새삼 깨닫게 된다.

　그리고 이번에 선교팀이 방문하는 중에 어떤 문제가 생기더라도 해결할 수 있다는 자신감이 생겼다.

태국 선교 파송예배

1월 7일(일) 오후 3시, 한신교회에서 파송예배가 진행되었다.
윤청하 해외선교사역 장로의 기도이다.

태국에 선교관을 새로 짓고, 기념교회인 쌍아오선교기념교회가 설립되었습니다. 순교 후 이중표 목사님이 기념교회를 세우려고 했으며, 이제 이루어졌습니다. 이중표 목사님이 하늘나라에서 기뻐할 것입니다.

선교의 주제는 "그리스도의 마음, 순교자의 마음을 품고"이다.
"그들이 돌로 스데반을 치니 스데반이 부르짖어 이르되 주 예수여 내 영혼을 받으시옵소서 하고"(행 7:59)
윤청하 장로가 선교팀을 소개하고 일정을 설명했다. 선교팀이 파송의 노래로 '사명'을 불렀다.

이날 파송예배를 진행하면서 현진이 파송예배 때 생각이 났다.
당시 파송예배를 드릴 때 장로들이 단상에 올라와서 선교팀원을 한 명씩 안수기도했다. 현진이는 김연희 장로가 안수기도했다. 그 장면이 생각났다.

예배를 마치고 아는 지인들이 서로 인사했다.
내가 강용규 목사에게 말했다. "수고하셨습니다."
"선교관 공사가 잘되고 있나요?"
"마무리 과정이고, 그런대로 잘되고 있습니다."
"4백만 원 보냈습니다."

"늦었지만 고맙습니다."

남신도회 안수집사 5~6분이 내게 다가왔다. 남신도회 회장, 부회장, 총무, 김일현 안수집사 등이다. 이렇게 만나니 반가웠다.

"잘 다녀오십시오."

"고맙습니다. 다녀와서 연락드리겠습니다."

이렇게 응원하는 분들이 있었구나.

다음날 김일현 안수집사에게 어제 인사했던 남신도회 간부들의 활동에 대해 설명을 들었다. 그리고 김 집사가 말했다.

"목사님이 각고의 헌신으로 태국 선교의 새로운 장을 열어가는 것 같습니다. 오직 하나님의 긍휼과 은혜임을 믿습니다. 예수님과 함께하시는 복된 2024년 선교 여행이 되시길 기원드립니다."

1월 8일(월) 오후 4시, 도주환 선교사가 연락했다. 치앙라이에서 러이에 왔으며, 뜨라이롱 목사와 교회 의자를 구매하고 있다. 예산으로는 의자 1개에 1만 원짜리인데, 뜨라이롱 목사가 2만 원짜리 팔걸이 있는 것으로 구매하자고 제안했다고 한다. 70개이니 70만 원이 더 든다.

나는 뜨라이롱 목사의 제안대로 하자고 했다.

밤 8시, 도주환 선교사가 기념교회에 강대상, 피아노를 옮겨 놓았다.

다음 날은 페인트 칠하고 간판을 달 것이다. 화장실 변기, 주방 싱크대 설치, 외벽 페인트 칠하기 등 몇 가지 더 해야 한다. 그리고 도 선교사는 치앙라이로 갔다가 다시 방콕으로 출발할 것이다.

준비가 어느 정도 마무리가 되고 있다. 이때 비로소 안도하였다.

태국 선교 출발이다

1월 11일(목) 새벽 5시 20분, 집에서 한신교회로 출발했다. 새벽 공기가 차다. 한신교회에서 버스로 선교팀과 같이 아침 6시에 출발한다. 출발 배웅을 나온 가족들이 창밖에서 잘 다녀오라고 손을 흔든다.

지난 2004년 1월 5일 이 시간에 현진이가 교회 앞에서 선교팀과 같이 출발했다. 그때 버스에 탄 모습이 생각이 난다. 씩씩했다. 나와 현진이 엄마는 버스 창가에 타고 있는 현진이를 보며 손을 흔들었다.

오전 9시 35분, 인천공항에서 선교팀 34명이 출발한다. 선발대 10명은 미리 출발했다.

오후 2시, 방콕공항에 도착했고 도주환 선교사가 기다리고 있다.

방콕공항에서 우돈타니행 출발은 오후 5시 55분이다. 30분 연착이다. 국내선은 거의 대부분 연착한다. 기다리는 중에 구글에서 '쌍아오 선교기념교회'를 검색하니 선교관 공사가 진행 중인 건물이 보인다. 반가웠다. 여러 사람에게 보여주고 단체 카톡방에 올렸다.

선교팀이 모두 놀라며 반기는 표정이다.

이날 단체 카톡방에 올라 있는 글이다.

"선교팀장 강하은 청년입니다. 2004년 사고 이후 오랜 시간이 지난 지금, 한신 청년이 중심이 되어 해외선교에 첫 발을 내디뎠습니다. 앞으로도 청년을 중심으로 열방을 향한 해외선교가 이어질 수 있도록 이번 선교를 위해 기도가 필요합니다. 파송되는 청년들 14명이 선교의 사명을 감당하고자 떠납니다. 태국 선교를 위해 각자의 자리에서 기도해 주면 감사하겠습니다."

그리고 기도제목이 10가지 올라 있다.

차량 교체 요구

저녁 7시 35분, 우돈타니 공항에 도착했다. 예약된 버스를 타고 센타라호텔로 갔다.

2층 버스와 1층 버스 2대다. 버스의 외관이 좋다. 그런데 1층 버스는 내부가 너무 낡았고, 팔걸이와 안전벨트도 없다.

버스 회사에 내일 아침부터는 다른 버스로 교체해 달라고 요청했다. 버스회사에서는 교체할 버스가 없다고 했다. 그러면 승합차로 변경해 달라고 요청했다. 가능할지 기다려야 한다.

더 큰 문제가 있다. 2층 버스는 쌍아오마을 안으로 들어가기 힘들다. 그리고 박촘의 뜨라이롱 목사 집은 언덕에 있고, 봉쌈란마을은 산길을 가야 한다.

도주환 선교사는 2층 버스가 쌍아오마을에 들어갈 수 있다고 했다. 만일 어려우면 쌍아오마을에서 이동은 1층 버스로 하자고 했다. 전체 인원이 46명이므로 여러 가지 무리이다.

처음 선교팀의 일정 계획 단계에서는 승합차로 제안했다. 산길이 많아 승합차가 안전하다고 설명했다. 그런데 교회에서 오히려 안전을 위해 버스로 하자고 했다. 청년들이 쌍아오마을에서 치앙라이 가는 길이 험하니 버스로 가는 것이 안전하다는 것이다.

그래서 예약할 때 버스 1대와 승합차 1대를 요청했다. 버스는 1일 60만 원이다. 4~5일 동안 사용하니 3백만 원이며, 예약금이 50%이다.

그런데 12월 말에 버스회사에서 1층 버스를 예약했으니 서비스로 2층 버스를 보내준다고 했다. 승합차 1대 비용이 절감되므로 도주환 선교사가 수용했다.

밤 9시 30분, 우돈타니 시내 식당가에 갔다. 1주기때 이곳에 와서 야시장을 방문한 적이 있다, 당시 기억으로는 야시장의 규모가 컸다. 이날 호텔 지배인에게 물어서 도착해 보니 그 야시장이 아니다. 간이 식당 5개로 규모가 작다. 간단히 식사하고, 부족한 것은 마트에서 구입하기로 했다, 선교팀이 쌀국수 등 태국 음식을 잘 먹는다. 선교를 다녀본 사람들이 많아 적응이 빠르다는 생각이 들었다.

선교팀이 식사하는 동안, 나와 도주환 선교사는 버스회사에 연락하면서 차량 교체를 위해 다방면으로 노력했다.

차량 교체로 출발이 지연

1월 12일(금) 오전 7시 30분, 우돈타니 꽃집에 들렀다. 지난해에는 꽃값이 비쌌는데 올해는 평년과 비슷한 수준이다. 헌화용 꽃은 구입하지 않았다.

오전 8시 40분, 선교팀의 경건회 시간이다. 센타라호텔 1층 로비이다.
최병수 목사가 안내책자에 있는 내용을 낭독하고 기도했다. 성경본문은 이사야 60:1~6, 설교제목은 '빛을 발하라'이다.

오전 9시, 쌍아오마을로 출발할 시간이다. 이때 도주환 선교사가 놀라며 뛰어왔다. 1층 버스를 교체해 달라고 했더니 2층 버스도 철수했다고 한다. 이유는 2층 버스가 고장났으며 8km 거리에서 수리하고 있다는 것이다.

버스회사는 교체할 버스가 없고, 2층 버스도 고장 났으니 어제 공항에서 호텔로 이동한 비용 9천 바트(36만 원)만 받고 예약 변경에 따른 페널티는 없다고 했다.

도주환 선교사가 급히 다른 버스회사에 연락했으나, 버스는 여유가 없다고 한다. 그래서 선교팀이 46명이므로 승합차 7대를 준비하기로 했다.

선교팀에게는 차량이 교체 중이므로 출발이 늦어진다고 설명했다. 선교팀은 이곳 저곳에서 사진을 찍으면서 기다리고 있다. 선교 중에 그런 일은 늘 있다는 듯이 태연하다.

승합차는 구하기 쉽다고 하지만, 급히 7대를 구하려 하니 쉽지 않다. 도주환 선교사가 분주하게 연락했다. 쌍아오마을을 20년 동안 다니면서 이런 경우는 처음이다.

이윽고 승합차가 차례로 준비되었다. 7대가 모두 도착하는데 2시간 30분이 걸렸다. 도착한 순서대로 출발했고, 11시 30분에 모두 출발했다.

이때 비로소 안도했다. 그런데 차량이 교체되어서 다행이었다. 2층 버스는 쌍아오마을에서 이동이 어렵다. 청년부 선교팀이 쌍아오마을에서 치앙라이에 가는 길은 산길이 있어서 버스보다는 승합차가 안전하다. 만일 2층 버스를 바꾸려면 예약금을 페널티로 물어야 한다. 예약금이 150만원이다. 마음대로 할 수도 없는 상황이다. 오죽하면 2층 버스를 1층 버스로 교체하고 페널티를 내가 부담할까 하는 생각을 했다. 페널티 없이 승합차로 교체하였으니 다행이다. 차량 교체가 2시간 30분 만에 이루어졌으니 일정에 큰 지장은 없었다.

마지막으로 출발한 승합차에 도주환 선교사, 최병수 목사, 나와 현진이 엄마가 타고 오면서 내가 안도하며 말했다.

"하나님이 버스를 승합차로 바꾸어 주셨습니다."

새로 지은 선교관

선교팀이 모두 쌍아오마을 선교관에 도착한 것은 오후 2시 30분이다. 뜨라이롱 목사가 반갑게 맞아주었다.

선교관 옆에 마을 공터가 있다. 승합차 7대가 나란히 주차되었다. 마치 선교관을 방문하였다고 자랑하는 것 같다.

선교관 건물을 보니 반가웠다. 한신선교관 간판, 쌍아오선교기념교회 간판이 잘되었다. 1층 벽에 순교비가 부착되어 있다. 미리 사진으로 제작 의뢰한 그대로이다. 선교관 색은 하늘색이다. 외관, 화장실, 주방 등 선교관이 안정적으로 잘 구비되었다.

다만, 선교관 주변에 여러 군데 공사가 미진한 것이 보였다. 주방 시설은 비품이 준비되었으나 옆에 쌓아놓고 있다. 화장실은 이용이 가능했으나 정비가 덜 된 상태이다. 세면대와 수도시설은 준비되었다.

이곳의 진행 상황을 모르는 사람은 준비가 덜 되었다고 할 수 있다. 하지만 도주환 선교사와 나는 이 정도의 준비가 최선으로 생각했다.

1층 선교관 내부를 보니 그런대로 갖추어져 있다. 선교관의 응접실과 2개의 방에는 먼저 선교관에 있던 십자가가 각각 벽에 걸려 있다. 반가웠다.

2024년 1월 13일 선교관의 모습

2층 기념교회로 올라갔다. 우돈타니에서 준비해온 꽃을 놓았다.

교회 단상 정면에 십자가가 있다. 십자가는 나무이며 투박하면서 자연 그대로 모양이라 괜찮아 보였다. 정면 강단에서 오른쪽 벽에 현수막을 설치했다. 사역자들이 현수막이 있어야 하는 자리라고 하듯이 그곳에 설치했다.

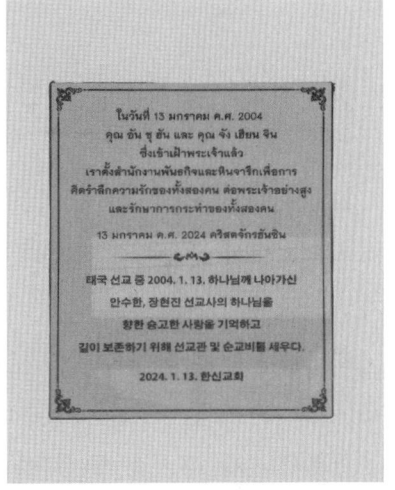

2024년 1월 13일 순교비

강대상을 보았다. 모형이 괜찮다. 기증자 표시가 있다. "한신교회 당회 기증" 한글과 태국어로 되어 있다.

그런데 강대상 위 중앙에 작은 구멍이 있다. 마이크 구멍을 급하게 뚫어 세련되지 못하게 되었다. 또한 받침 기둥 1개에 균열이 있다. 내가

제3부 사랑한다 현진아 헤세드 457

도주환 선교사에게 나중에 구멍을 막고 받침 기둥의 균열을 수리하자고 말했다.

피아노는 건반을 덮는 뚜껑이 떨어져 있었는데, 도주환 선교사가 차량에 싣다가 나사가 빠졌고 다시 붙이면 된다고 했다. 이만하면 훌륭하다.

러이백화점에서 구입한 의자는 70개이다. 20개는 백화점에 재고가 있어서 어제 도착했고, 50개는 내일 오전에 도착한다. 예배 참석인원은 130명 예상이므로 의자 60개는 박촘교회에서 빌려 오기로 했다. 임박해서 준비되지만 아슬아슬하게 맞추어진다.

한신복지재단 등록증을 걸었다

1층 선교관으로 내려와서 한신복지재단 등록증을 벽에 걸었다. 라오스 사역자들이 못을 박고 걸었다. 한신복지재단 등록증은 서울에서 액자로 만들어 왔다.

책장에는 『사랑한다 현진아 토브』 30권이 비치되어 있다. 뜨라이롱 목사가 다른 책들은 보관 중이고 나중에 옮겨 놓겠다고 했다.

고홍석 목사, 구기송 청년사역 장로가 책장을 배경으로 사진을 찍었고, 이어서 고홍석 목사가 『사랑한다 현진아 토브』 책을 들고 사진을 찍었다.

고 목사가 말했다. "호남지역 어느 교회에 가니 목사님이 이 책을 들고 설교하는 것을 보았습니다. 그래서 그 동영상을 구기송 장로님에게 보내드렸습니다."

구기송 장로가 "보았습니다." 라고 했다.

오후 3시, 선교관 앞의 식당에서 늦은 점심이다. 선교팀 인원이 46명이다. 한신교회 선교팀이 44명이고 선교사가 2명이다.

이 식당은 지난해 9월에 개업했다. 강가에 의자를 놓아 50명이 식사할 수 있다. 메뉴는 전통 태국 음식으로 쌀국수, 찰밥, 닭볶음 등이다.

선교팀이 계획을 세울 때 뜨라이롱 목사가 모든 식사를 자신이 준비하겠다고 했다. 교회에서는 뜨라이롱 목사가 저녁만 준비하고, 아침과 점심은 식당에서 하자고 했다. 이날 도착해서 알게 되었는데, 뜨라이롱 목사가 점심과 저녁을 자신이 준비하겠다고 하면서 음식 재료를 미리 샀다고 한다. 내가 뜨라이롱 목사에게 선교팀 인원이 많아서 식당에서 하는 것이니 저녁만 준비하자고 했고, 뜨라이롱 목사가 마지못해 그렇게 하겠다고 했다.

그리고, 강용규 목사가 합의서를 만들자고 했다.
강 목사가 퇴임하니 후임 목사를 위해 근거를 남겨야 한다는 것이다. 한신교회의 지원 현황을 설명하고, 쌍아오선교기념교회는 선교관 2층에 임차로 기재하자고 했다.
내가 초안을 만들고, 쌍아오마을을 떠나기 전에 이것을 강 목사가 뜨라이롱 목사에게 설명하고, 서울에서 문서를 작성하여 차례로 서명 받기로 했다.

오후 5시, 선교관에서 박촘호텔로 이동하였다. 승합차에서 김사라 집사가 말했다.
"2008년에 쌍아오마을에 왔습니다."
내가 말했다. "김완주 선교사가 파송되어 우돈타니에 있을 때였네요?"

"예, 쌍아오마을에 제가 혼자 왔습니다. 선교관 앞집에서 숙박했습니다. 뜨라이롱 목사, 사모, 화, 교인들과 같이 기도했습니다."

이어서 김 집사가 말했다. "현진이 산소에 아이들과 같이 갑니다. 아이들에게 현진이가 몇 살이라고 말합니다."

그랬구나. 순교 당시의 청년부 선교팀장으로서 애써 노력하고 있었다.

오후 5시 30분, 박촘호텔에 체크인했다.

지난해 1월에 방문할 때 박촘호텔에 숙박했다. 1년 후 선교팀 방문을 대비하여 숙박하면서 점검했다. 선교지에서의 숙박 시설로는 괜찮은 편이었다. 하지만 온수가 부족하고 수건과 헤어드라이어가 없었다.

이번에는 온수가 끊기지 않았고 수건과 헤어드라이어가 준비되어 있다. 훨씬 나아졌다.

어제까지 최선을 다했습니다

오후 6시 30분, 뜨라이롱 목사 집에서 저녁 식사를 했다. 뜨라이롱 목사는 박촘교회 옆에 집을 지었다. 음식은 돼지고기, 과일, 채소 등이다. 쌍아오마을 교인들이 준비하는 것이 보였다.

이 자리에서 내가 기도했다.

자비로우신 하나님
한신교회 선교팀이 이곳에 왔습니다. 인도해 주신 은혜에 감사드립니다.
20년전 이곳에서 순교자가 나왔습니다. 그리고 선교관이 세워졌으며,

매년 이곳에서 예배를 드렸습니다.

이번에 선교관을 새로 지었고 2층에 기념교회가 설립됩니다. 하나님이 진행하셨다는 것을 고백합니다.

쌍아오선교기념교회가 태국 선교의 중심이 되기를 원합니다. 메콩강을 따라 복음이 태국 전역, 라오스, 동남아로 흘러가기를 원합니다.

이번에 하나님께서 선교팀에게 가르쳐 주고자 하는 것, 보여주고자 하는 것, 베풀어 주는 것을 체험하는 시간이 되게 하시옵소서. 하나님의 역사를 보게 하시옵소서. 신앙의 값진 체험이 되게 하시옵소서.

선교팀에게 성령이 임하시어 권능을 받게 하시고, 주의 능력으로 복음을 전하게 하시옵소서. 가는 곳마다 부흥의 불길이 일게 하시옵소서.

이곳에서 선교하는 동안의 일정을 주님이 주관하여 주옵소서. 구름기둥과 불기둥으로 인도하시옵소서. 불꽃같은 눈동자로 지켜주시고, 독수리 날개 품듯이 안전한 운행이 될 수 있도록 인도하옵소서.

예수님의 이름으로 기도합니다. 아멘.

창가 테이블에 강용규 목사와 사모, 장로 3분, 최병수 목사가 자리를 잡았다. 나와 현진이 엄마가 같이 앉았다.

내가 선교관 공사 진행에 대해 간략하게 설명했다. "공사 마무리가 미흡해 보이지만, 어제까지 최선을 다했습니다. 간판 달고, 화장실 변기 달고 가까스로 준비했습니다. 도주환 선교사와 뜨라이룽 목사가 수고했습니다."

강 목사가 고개를 끄떡이며 말했다. "선교관을 짓는 것은 기념교회도 같이 짓는다는 생각이었습니다."

그럴 수 있다. 기념교회는 이중표 목사가 약속했고, 이중표 목사의 사모가 "선임 목사의 약속이니 지켜야 한다."고 여러 번 말했다.

이 자리에서 내가 다음 날 '선교관 건축 경과보고'에서 설명할 것을 미리 간략하게 전했다. 선교관 공사 시작 단계에서 이것을 전해 듣고 뜨라이롱 목사가 반응하는 단계까지 진행된 이야기이다. 그러면서 "순교자를 기념하는 교회는 하나님이 직접 관리하신다는 이야기가 있습니다." 라고 말했다.

김혜자 장로가 "아멘." 하였다.

쌍아오마을에서 선교팀 공연

저녁 7시 30분, 선교관 옆 공터에서 선교팀이 공연을 시작했다. 쌍아오마을 주민이 150명 정도 모였다. 선물은 수건과 수세미를 준비했다.

청년부 선교팀이 여러 가지 순서를 준비했다. 블랙핑크의 노래에 따라 춤을 추었는데, 태국은 블랙핑크의 멤버 리사의 인기가 대단하여 소통을 위해 이 노래를 선택했다고 한다. 어려운 고난이도의 율동이다. 마지막 순서는 전신갑주이다. 마을 주민이 환호했다. 이어서 국악찬양팀이 공연했다. 손한웅 선교사가 리더인데 여러 번 보았지만 흥이 있고 감동이 있다.

1월 13일(토) 오전 9시, 박촘 어린이학교를 방문했다.

어제 밤에 쌍아오마을에서 선교팀이 공연하는 중에 어린이학교 교사가 내게 와서 어린이학교를 방문하여 간단히 공연하고 기도해 달라고 했다.

이때 최병수 목사가 예정에 없던 것인데 가야하는지 의문을 표시했다. 하지만 나는 어린이학교 방문은 의미가 있으니 일정을 조정하고 가

2024년 1월 13일 박촘 어린이학교 공연 후 참석자들이 함께 했다.

야 한다고 말했다. 쌍아오마을에 어린이집이 있었는데 인원이 줄자 폐쇄되었고, 박촘 어린이학교에 통합되었다.

도착해 보니 어린이날 행사가 진행 중이다. 규모가 상당히 컸다. 학생은 100명이고 교사가 10명이다. 넓은 터에 건물을 크게 지었다. 이 행사에 방문한 사람들이 400명 이상이다. 어린이들이 여러가지 공연을 하였다.

하나님이 의미있게 선교하도록 인도하신다.

청년부에서 2개를 선별해 공연했다. 행사에 온 관객의 환호가 컸다. 강용규 목사가 무대에 서서 기도했다. 어린이날에 많은 사람 앞에서 기도하며 복음을 전하는 것은 감격스러운 일이다. 선물로 수건과 수세미를 전달했고 격려금을 주었다.

오전 10시 10분, 박촘초등학교에 도착했다. 학교 운동장에 차량이 많았으며, 이미 공연이 시작되었다. 운동장에 특별 무대를 만들었다. 관중이 500명이 넘는 상당히 큰 규모이다. 어린이날 행사이며 11개 초등학교에서 연합해서 행사를 하므로 다양한 순서로 진행되었다.

선교팀 일정 계획을 수립할 때는 어린이 날이 휴일이라 초등학교 공연이 어려울 것이라고 했었다. 그런데 뜨라이롱 목사가 초등학교 연합 행사에서 공연할 수 있도록 협의하였고, 이날 공연하게 되었다.

선교팀은 오후 2시에 예배를 시작하므로 오전 10시 30분부터 30분 동안 공연하기로 했다. 청년부 선교팀 순서가 되자 군수가 단상에 올라 선교팀을 소개했다.

"한신 선교팀을 환영합니다. 20년 동안 이곳을 방문하면서 봉사합니다." 그리고 마지막에 "하나님께 감사드립니다."라고 말했다. 이 지역에 한신교회에서 방문하는 일이 널리 알려져 있다. 마지막 멘트가 놀라웠다.

2024년 1월 13일 박촘초등학교에서 청년부가 공연했다.

뜨라이롱 목사가 인사를 하면서 선교팀 방문을 보완하여 소개했다. 그리고 상기된 표정으로 "쌍아오선교기념교회가 설립되었다."고 선언했다. 이어 강용규 목사가 그 행사에서 손을 들고 축도했다. 가슴이 터질듯이 감격스러웠다. 수건을 선물했고 청년부 선교팀이 준비한 볼펜 300개를 주었다. 격려금도 주었다. 청년부 선교팀이 공연하니 학생들의 호응이 상당히 컸다. 머리를 흔들며 핸드폰으로 촬영한다.

태국은 어린이날이 1월 둘째주 토요일이다. 전국적으로 학교는 휴교이고, 군 단위로 한 학교에 모여 어린이날 연합 행사를 한다. 지난 20년 동안 1월 13일이 토요일인 경우는 2007년, 2018년, 2024년 3번이다.

김완주 선교사가 파송되어 있을 때 청년부 선교팀이 초등학교에서 공연을 했다. 그리고 이번에 선교팀이 초등학교에서 공연하게 되었다. 이렇게 선교팀 공연이 이어지고 있구나. 하나님의 선교는 계속된다.

선교관 신축, 기념교회 봉헌, 20주기 추모예배

오전 11시 30분, 오후에 진행될 예배를 위해 점검했다.

예배용 의자 70개가 모두 도착했다. 뜨라이롱 목사가 단상에 꽃을 더 준비했으며 우돈타니에서 가져간 꽃과 잘 어울렸다. 선물용 수건을 예배 참석자들에게 주기 위해 문 입구에 쌓아놓았다.

오후 1시 50분, 선교관 신축의 테이프 커팅식이 진행되었다.

테이프 커팅에 필요한 흰장갑과 리본을 서울에서 가져갔다. 선교관 입구에 맞추어 9명이 테이프를 잘랐다. 그동안의 노력이 생각나면서 나도 모르게 눈물이 흘러나왔다.

오후 2시, 기념교회에서 예배가 진행되었다. 선교관 신축예배, 쌍아오 선교기념교회 봉헌예배, 순교자 20주기 예배이다. 한신교회 주관이다.

사회는 최병수 목사, 통역은 도주환 선교사이다. 참석자는 한신교회 46명, 쌍아오마을과 봉쌈란교회 70명, 전체 120명 정도이다. 많이 참석했다.

대표기도는 윤청하 장로이다.

천지를 주관하시는 하나님

장현진 선교사, 안수한 선교사 순교 20주기 추모예배와 한신선교관 신축, 쌍아오선교기념교회 봉헌예배를 드리게 하심을 감사드립니다. 이 시간에 두 형제를 추모하며 예배하오니 우리에게 은혜를 베풀어 주옵소서.

많은 아픔과 슬픔이 있었습니다. 한신교회 성도들은 한마음으로 아파하고 기도했습니다. 이제 슬픔이 없는 천국에서 새로운 희망의 나래를 펼치길 소망합니다.

이 땅에 선교의 지경을 넓히는 하나님께 영광이 되는 새로운 역사를 펼쳐 주심을 감사드립니다. 한신선교관 신축예배, 쌍아오선교기념교회 봉헌예배를 드릴 수 있는 영광스러운 날을 우리에게 주신 하나님을 찬양합니다. 이 예배를 드리는 이곳에 하나님의 영광을 선포하여 주옵소서. 한신선교관 신축을 위해 헌신했던 모든 성도들에게 좋은 것으로 채워주시옵소서. 특히 장기옥 목사님과 이명희 사모의 헌신으로 이 영광스러운 신축 봉헌예배를 드립니다. 축복이 넘치게 하옵소서.

오늘 이 예배를 드리는 모든 성도들은 하나님의 진정한 사랑을 체험하고 사랑을 나누는 성령의 체험이 있기를 기도합니다. 우리 모두가 신앙적으로 거듭나는 신실함으로 채워주시옵소서.

해외 선교에 대한 믿음이 부족한 우리를 선교의 장으로 나서게 하심을 감사드립니다. 제자들이 말씀에 순종하여 예루살렘과 온 유대와 사마리아 땅 끝까지 복음을 들었던 것처럼, 우리에게도 담대한 믿음과 선교의 사명을 감당할 수 있도록 44명의 선교대원들에게 힘을 주시고 지혜를 주옵소서.

태국에 해외 선교센터를 운영토록 선교의 지경을 확장하여 주심을 감사드립니다. 이제 한신 신앙공동체가 쌍아오선교기념교회를 중심으로 동남아시아 지역 선교의 전진기지가 되기를 소망합니다.

한신교회가 주의 십자가를 지고 세계 선교에 앞장서는 새 역사가 이루어지기를 간절히 기도합니다.

예수님의 이름으로 기도드립니다. 아멘.

이어서 라오스 사역자들의 축가 순서이다. 연습을 못했다고 부끄러워하더니 2명이 나와 찬양을 했다.

강용규 목사가 설교했다. 역대하 7:14~16, '내가 항상 여기 있으리라'. 하나님의 은혜입니다. 사무엘이 에벤에셀에서 기념비를 세웁니다. 하나님이 여기까지 도우셨습니다. 돌에 기록합니다. "사무엘이 돌을 취하여 미스바와 센 사이에 세워 이르되 여호와께서 여기까지 우리를 도우셨다 하고 그 이름을 에벤에셀이라 하니라".

마지막으로 내가 '선교관 건축 경과보고'를 하고 인사말을 했다. 보고 내용은 선교책자에 있었으므로 골자만 간략하게 설명했다.

그리고, '쌍아오기념교회 설립 진행'에 대해 말했다.

한신교회에서 순교 후 선교관을 설립하고 교회를 설립하려고 했습니다. 쌍아오마을에 교회가 있었으므로 우돈타니에 세우려고 검토했습니다.

교회를 설립하려면 태국인 목사를 선임하고 교인을 확보해야 하므로 용이하지 않아 보류했습니다. 태국에는 건물이 크게 지어졌으나 목사와 교인이 없어서 빈 건물로 남아 있는 교회가 많다는 것을 알기에 더 조심스러웠습니다.

그런데, 쌍아오교회에 변화가 생겼습니다. 교회 건물을 소유하고 있는 태국인이 건물을 담보로 대출을 받았고, 건물은 압류되었습니다(2020. 9월). 쌍아오 교인들은 10km 떨어진 박촘교회에서 예배 드리게 되었으나, 쌍아오마을에서 예배드리기를 원했습니다.

한신선교관을 새로 지으면서 2층에 교회가 세워지게 되었습니다. 쌍아오마을 교인들은 "하나님의 축복"이라고 합니다. 교회 이름은 순교자를 기념하는 "쌍아오선교기념교회"로 정했습니다.

이어서 선교관 공사 진행시 있었던 이야기를 구체적으로 소개했다.

오늘은 의미있는 날입니다. 순교자 20주년 예배를 드리면서, 선교관을 신축하고 기념교회가 이 자리에 설립됩니다. 이 자리에 참석한 모든 분들께 감사드립니다.

제가 신학대학원에서 2010년부터 구약을 가르치고 있습니다. 한가지 확실하게 깨달은 것이 있습니다. 하나님을 믿는 사람은 자신이 관여하는 일이 하나님이 하시는 일인지를 구별해야 할 것입니다. 그러면 하나님이 하시는 일인지는 어떻게 알 수 있을까요? 하나님이 알려주십니다. 그것을 신학적으로 계시라고 합니다.

이번에 선교관을 짓고 쌍아오선교기념교회가 세워진 것에 대해 하나님은 여러가지 계시를 보여주셨습니다. 한가지 소개하겠습니다.

선교관은 목조건물이고 낡았으니 새로 지으려고 했으나 여건이 맞지 않아 어떻게 해야 할지 생각만 하고 있었습니다. 그런데 어느날 갑자기 진행이 됩니다.

날짜 순서로 설명하겠습니다.

첫째 단계입니다. 2021년 11월에 제가 광명시 영지교회를 방문했습니다. 영지교회 목사님이 쌍아오마을 선교관을 다녀왔고, 낡았으니 선교관을 새로 짓겠다고 제안했습니다. 순교자가 있고 태국과 라오스의 선교를 하는 거점이 된다는 것입니다. 이 분은 2012년에 봉쌈란교회 신축을 지원한 분입니다.

제가 말했습니다. "선교관은 한신교회에 기금이 있으니 언젠가 할 것입니다. 목사님은 선교관을 짓고 나면 선교관을 이용하시면 됩니다."

이렇게 말하고 스스로 의아했습니다. 선교관을 짓는 어떤 징후가 없는데 곧 선교관이 지어질 것처럼 말했기 때문입니다.

둘째 단계입니다. 2022년 1월 13일 코로나로 태국을 방문하지 못하게 되었고, 한신교회에서 담임목사님이 부모들과 같이 예배를 드리게 되었습니다. 이 자리에서 담임목사님이 "20주기에 쌍아오마을에 가서 예배 드리겠습니다." 라고 했습니다.

그때 제가 "광명시의 목사님이 선교관을 새로 짓겠다고 했는데 쌍아오마을은 한신교회 순교성지라고 했으니 목사님이 새로 짓고 20주기에 신축예배를 드리시지요?"라고 했습니다.

목사님이 "새로 짓는 것"으로 검토하겠다고 했습니다. 이때부터 쌍아오마을에 선교관을 새로 짓고 2층에 교회를 세우는 준비를 시작했습니다.

그리고 이날 처음으로 뜨라이롱 목사님에게 선교관을 새로 지을 것이라고 말했습니다.

셋째 단계입니다. 쌍아오마을의 상황입니다. 선교관을 짓는 중에 2023년 1

월에 제가 쌍아오마을에 와서 뜨라이롱 목사님에게서 교회 건물에 관한 이야기를 들었습니다. 쌍아오마을에는 교회가 있었으나 2019년 9월에 건물이 압류되어 사용하지 못하는 상황입니다. 쌍아오마을 교인들은 10km 멀리 박촘교회에서 예배를 드렸습니다. 차량 임차 비용이 들고 교인들이 힘들어 한다고 했습니다.

그래서 뜨라이롱 목사님은 박촘교회에서 새벽마다 기도했습니다. 어느 날 기도하는 중에 뿌연 안개와 함께 나타나신 분으로부터 이런 음성을 들었습니다. "새로운 교회를 지어줄 것이다. 옛 마음을 버리고 새 마음을 가져야 한다. 이전 보다 더 큰 영광이 있을 것이다. 새로운 부흥이 있을 것이다." 이 말씀을 듣고 뜨라이롱 목사님은 기절하였고 몇 시간 후 깨어났습니다.

그리고 3개월이 지나 도주환 선교사님이 선교관을 새로 짓겠다고 연락했습니다.

서울에서 선교관을 새로 짓고 2층을 기념교회로 하자는 계획을 세우기 시작한 것이 2022년 1월 13일인데, 3개월 전에 하나님은 뜨라이롱 목사님에게 새로운 교회를 지어 줄 것이라고 말씀하셨습니다.

2024년 1월 13일 20주기 추모예배 후 선교관에서 선교팀이 함께 했다.

선교관 신축과 쌍아오선교기념교회 설립은 하나님의 계획에 있는 것입니다. 하나님이 때가 되어 선교관을 새로 짓고, 2층에 기념교회를 세우신 것입니다. 이 시간에 우리는 하나님이 하시는 일에 감동하면서 예배에 참석하고 있습니다.

교회 이름이 쌍아오선교기념교회입니다. 쌍아오는 지난 20년동안 기도했던 이름입니다. 선교는 마태복음 20장에서 주님이 명령하셨습니다. 기념은 순교자를 기념하는 것입니다. 하나님이 쌍아오선교기념교회로 정하셨습니다.

하나님께서 주신 은혜에 감사드립니다. 아멘.

이 일을 누가 행하였느냐 누가 이루었느냐 누가 처음부터 만대를 불러내었느냐 나 여호와라 처음에도 나요 나중 있을 자에게도 내가 곧 그니라 (사 41:4)

설명하면서 뜨라이롱 목사를 보니 눈물을 흘리면서 고개를 끄떡인다.

메콩강가 기도회

오후 4시 30분, 강가에서 기도회가 진행되었다. 예배에 참석한 교인들이 참석했다. 강물이 많았다. 전에는 강가에 지류가 있었으나 이제는 지류를 찾아보기 어렵다.

찬송가를 부르고, 뜨라이롱 목사와 김혜자 장로가 기도했다. 이어서 안호준 집사가 순교 당시 상황을 보고했다. 강을 보며 아픔을 참으려 하는 모습이 보인다.

이번부터 변화를 위해 헌화를 하지 않기로 했다. 그런데 뜨라이롱 목사에게는 전달되지 않았고, 헌화용 꽃이 준비되어 있었다.
강용규 목사가 지켜보더니 이번만 헌화하자고 했다.

십자가를 강물에 띄우며

강물에 십자가를 띄웠다. 34개이다. 현진이 나이만큼 띄워 보낸다. 구기송 장로가 나와 같이 십자가를 강물에 던졌다.
나는 고백하듯이 기도했다.

현진이가 선교왔고 이곳에서 순교했습니다.
어린 아들이 하나님 품에 안겼습니다.
하나님은 이곳에 선교관을 세워주셨습니다.
선교관은 하나님의 역사를 보여주고 있습니다.

2024년 1월 13일 메콩강가 기도회, 메콩강물을 따라 복음이 흘러가기를 기도했다.

매년 이곳에 와서 예배드렸습니다.
이 마을에서 하나님이 하시는 일을 보기 원했습니다
이번에 선교관을 새로 지었습니다.
쌍아오선교기념교회가 세워졌습니다.

하나님이 진행하신다는 것을 알게 됩니다.
쌍아오마을이 태국의 갈릴리가 되기를 원합니다.
메콩강을 따라 복음이 전해지게 하옵소서.
하나님의 계획과 뜻이 이루어지게 하옵소서. 아멘.

정확하게 말씀하셨어요

오후 5시~7시, 뜨라이롱 목사 집에서 두번째 저녁 식사를 했다. 내가 선교사들과 함께 뜨라이롱 목사와 자리를 같이 했다.
뜨라이롱 목사가 말했다.
"예배시간에 제가 하나님께 들은 새로운 교회를 지어 주실 것이라는 이야기를 정확하게 말씀하셨어요. 저는 그때 하나님을 만나고 병이 없어졌어요. 당뇨병, 안과 질환, 소화불량으로 고생했는데 그후에 아프지 않아 선교관을 짓고 교회 사역을 합니다. 하나님의 은혜입니다."
"지난해 요와 화가 신학을 공부했고 목사안수를 받을 것이라고 했는데 어떻게 되었나요?"
"신학 공부를 마쳤습니다. 내일 기념교회 주일 첫 예배에서 목사안수를 받으려고 했는데, 화가 출산하고 12월말에 퇴원했습니다. 그래서 부득이 연기되었습니다."

이어서 오전에 공연한 박촘초등학교에서 만난 군수 이야기를 했다. 군수가 매년 한신복지재단의 보고를 받고 있으며 서류 심사를 하고 있다고 했다. 먼저 군수는 까다로워서 결재받는 것이 쉽지 않은데, 이번 군수는 한신복지재단의 일은 선한 것이라고 하면서 서류 구비를 까다롭게 하지 않고 결재한다고 했다. 지난해 노바에서 선교관 건축과정을 행정청에 보고하면서 서류가 미비되어 어려움이 있다고 했고, 그때 나는 한신복지재단의 특수성을 설명하면 이해할 것이라고 했었다. 이제 보니 군수의 도움도 있었다.

봉쌈란교회 찬양

저녁 7시, 봉쌈란교회에 가기 위해 차량으로 이동했다. 산길로 20분 동안 가면서 도주환 선교사가 말했다. "버스가 오면 못 갈 뻔했어요."
하나님이 선교할 수 있도록 승합차로 차량을 바꿔 주셨다.

밤 7시 30분, 봉쌈란교회 공연이다. 봉쌈란마을은 교인이 30명 정도 된다. 지난해에는 코로나 후유증으로 15명의 노인들이 돌아가셨다.
청년부 선교팀이 공연하고, 이어서 국악찬양팀이 진행했다. 봉쌈란교회에 수건과 수세미를 선물하고, 격려금도 주었다.
청년부 공연과 국악찬양 공연이 끝나자, 봉쌈란교회 찬양팀이 공연했다. 봉쌈란 교회 담임목사는 몸이 불편해 겨우 앉아 있었다. 태국 전통 악기에 10여명이 연주하고 찬양을 한다. 담임목사가 갑자기 일어나 악기를 흔들며 찬양을 했다. 음악과 연주를 통해 치유하며 즐겁게 활동하는 것이다. 청년들이 흥이 나서 같이 호응했고, 장년부도 함께 장단을 맞추었다. 기차놀이, 강강수월래를 하면서 한참동안 춤추며 교회 안을 돌았다. 모두 하나가 되는 모습이다.

합의서 준비

1월 14일(일) 오전 4시, 합의서 초안을 작성하기 시작했다. PC가 없으니 불편하다. 노트에 골자를 잡고 채우기 시작했다. 2시간 걸려 완성했다.

한신교회의 역할과 의무, 쌍아오선교교회의 역할과 의무로 구분했다. 한신교회는 계속 진행하던 일이고, 뜨라이롱 목사는 한신교회가 지원한다는 표현이 있으니 부담이 없을 것이다. 하나님이 지혜를 주셨다.

오전 9시, 나는 뜨라이롱 목사, 도주환 선교사와 함께 쌍아오선교기념교회에서 서로 의견을 교환했다.

먼저 뜨라이롱 목사에게 선교관 공사 진행에 대해 고맙다고 말했다.

총공사비는 1억 7천만 원이며, 공사가 미진한 부분을 마무리해 달라고 했다. 나는 약속한 8만 바트를 헌금했다. 한신교회에서 매월 송금하는 8천 바트와 내가 헌금하는 8만 바트를 우선적으로 선교관과 쌍아오선교기념교회의 관리에 사용해 달라고 했다.

나와 뜨라이롱 목사, 도주환 선교사는 세상 끝까지 함께 할 것이며, 쌍아오선교기념교회 부흥을 위해 헌신하자고 다짐했다. 뜨라이롱 목사가 기뻐하면서 "아멘. 아멘." 하며 응답했다.

오전 9시 30분, 강용규 목사에게 합의서 초안을 보여주었다.

강 목사가 "잘되었습니다."라고 하며, 주일예배가 끝나고 뜨라이롱 목사에게 설명하겠다고 말했다.

쌍아오선교기념교회 주일예배

오전 10시, 쌍아오선교기념교회 주일예배 시작이다. 예배 참석자는 선교팀 46명, 쌍아오마을 교인 70명으로 전체 120명이다.
사회는 화가 진행하고 도주환 선교사가 통역했다.
빔프로젝터 스크린에 찬송가와 성경 구절이 비추어지고, 여러 악기도 있다. 쌍아오마을에 피아노 연주하는 분이 아직 없어서, 선교팀 조현경 권사가 피아노를 연주하였고, 이어서 청년부 피아노 반주자가 연주했다. 피아노 연주가 있으니 찬송가 소리의 울림이 컸고 가슴이 벅차올랐다.

선교팀의 특별찬송이다. "나는 예배자입니다." 태국어 노래이다, 서울에서 여러 번 연습했다. 선교팀이 모두 같은 티를 입고 단상에 올라 찬양을 했다.

카크푸나맛간 프라자우컹카 카크 푸나맛간
카은유티행니 마이와티다이 카나맛사간 프라자우컹카
나는 하나님을 예배하는 예배자입니다.
내가 서 있는 곳 어디서나 하나님을 예배합니다.

현진이 엄마가 단상에서 찬양을 마치고 기뻐하며 말했다.
"이 교회의 강쪽 출입구로 현진이의 순교지가 바로 보입니다. 단상에서 모두 찬양할 때, 두 순교자가 교회를 보며 환하게 웃는 모습이 보였어요. 쌍아오선교기념교회에서 예배드리는 것은 순교자와 같이 예배드리는 것이에요. 예배 끝나고 뜨라이롱 목사님에게 이것을 말했더니, 뜨라이롱 목사님이 '항상 순교자를 생각하며 예배를 드립니다.'라고 말했어요. 하나님께 감사를 드려요."

헌금 시간이다. 헌금함이 돌고 나서 할머니 한 분이 앞으로 나와 뜨라이롱 목사에게 봉투 몇개를 주면서 가족들의 헌금이라고 말했다.
할머니는 처음 보는 분인데 새로 설립된 교회의 첫 예배를 드리면서 가족들 모두의 이름으로 헌금하였다. 예배 참석자 모두 기뻐하며 박수쳤다.

뜨라이롱 목사의 설교이다. 고후 5:17-21, '오직 예수님께만 생명이 있습니다.'

오늘 쌍아오선교기념교회 첫 예배입니다. 하나님이 은혜를 주셨고 축복하셨습니다. 그리스도 안에서는 새로운 피조물입니다. 모든 것이 하나님께로 부터 나왔습니다. 우리에게 화목하게 하는 직분을 주었습니다. 하나님이 우리를 대신하여 예수님을 죄로 삼으신 것은 우리로 하여금 그 안에서 하나님의 의가 되게 하려 하심입니다. 아멘.

축도는 강용규 목사이다.

현진이 엄마가 예배 중에 쓴 글을 보여주면서 눈물을 글썽거렸다.

새로 지은 교회에서 첫 예배를 드린다.
강대상 맞은 편으로 강가 문을 열었다.
열려진 문으로 메콩강이 들어온다.
함께 찬양하고 기도하고 설교를 듣는다.
순교자의 날개가 눈부시게 빛난다.
영과 진리로 드려지는 예배.
하나님이 다스리신다.

기념교회 첫 주일 예배가 은혜롭게 진행되었다. 오전 10시에 시작하여 30분 동안 찬양하고, 12시까지 진행되었다.
예배 끝나고 모두 함께 사진 촬영했다.

2024년 1월 14일 주일예배 참석 후 전교인이 함께 했다

합의서 설명

낮 12시 30분, 강용규 목사가 뜨라이롱 목사에게 합의서를 설명했다. 이 자리에 윤청하 장로, 도주환 선교사, 나와 현진이 엄마가 참석했다. 김석기 목사가 동영상을 촬영했다.

합의서는 후일을 위해 근거를 남겨 두는 것이며, 하나님께 약속드리는 내용이다. 내가 작성한 노트를 강 목사가 읽었고, 도주환 선교사가 태국어로 통역했다.

강 목사가 설명하고 나서, 내가 뜨라이롱 목사의 손을 잡았다. 내가 "컵쿤캅"이라고 말했고, 뜨라이롱 목사가 따라 했다.

윤청하 장로가 당회 카톡방에 동영상을 올려놓았다고 말했다.

오후 1시, 선교관 앞 식당에서 내가 선교팀 카톡방에 올렸다.

쌍아오선교기념교회 소식입니다. 뜨라이롱 목사님의 자녀 요와 화가 신학을 공부했고 오늘 주일 첫 예배에서 목사안수를 받으려고 했습니다. 그런데 화가 출산하고 12월말에 퇴원했습니다. 날짜를 부득이 연기했습니다. 자녀들이 모두 목사가 될 것이니 교회 발전에 크게 도움이 될 것입니다.

쌍아오마을을 떠나면서

오후 2시, 쌍아오마을을 출발했다. 장년부 25명은 승합차 4대로 우돈타니로 가며 도주환 선교사가 안내한다. 청년부 17명은 승합차 3대로 치앙라이로 가며 구기송 장로가 인솔하고 손한웅 선교사가 안내한다.

모두 청년부 선교팀의 안전을 위해 기도했다. 교회에서 선교 모집단계부터 청년부 선교팀의 안전을 상당히 신경 썼다. 2004년의 사고로 우려가 컸던 것이다.

김완주 선교사가 파송 선교사로 있을 때 청년부에서 쌍아오마을에 지속적으로 선교하던 것이 생각났다. 파송 선교사의 역할이 크다.

장년부는 쌍아오교회 교인 요청으로 박촘에 있는 과수원에 들러 함께 축복기도했다. 그때 쌍아오마을 선교관에 다시 가야 할 일이 생겼다.

우돈타니로 가는 4번째 승합차에 강용규 목사 내외, 장로 2분, 도주환 선교사, 나와 현진이 엄마가 탑승했다. 이 승합차가 선교관에 가기로 했다.

쌍아오마을에 들어서는데 창밖을 보던 강용규 목사가 "쌍아오교회 건물이 폐허같이 되었네."라고 말했다. 모두 차의 왼쪽 창문을 보았다. 이 건물은 2019년 9월에 압류되었고 4년 4개월을 사용하지 않아 잡풀이 무성하였다.

도로에서 선교관으로 가는 길이 여러 개 있다. 그런데 이곳 지리를 모르는 승합차 운전기사가 이전 쌍아오교회 옆으로 가는 길을 택했다. 하나님이 기존의 쌍아오교회의 모습을 다시 확인하도록 하셨다.

쌍아오마을을 떠나면서 이 찬양이 귓가에 맴돌았다.

너 기도를 멈추지 마라
내가 너의 그 모든 상황을 바로 역전시키리니
내가 잠시도 쉬지 않고

모든 걸 지켜보고 있으니
바로 역전되리라
- 이제 역전되리라, 찬양

오후 6시 40분, 우돈타니 공항에 도착했다. 비행기가 30분 연착이다. 기다리면서 선교팀을 둘러보았다.

김민아는 초등학교 6학년이다. 할머니와 같이 선교를 왔다. 대견하다. 공항에서 사진을 찍어 보내면서 문자도 보냈다. "태국 선교에 함께해서 기뻤습니다. 하나님이 지혜주시고 건강하게 지켜주시기를 기도합니다."

저녁 8시, 방콕공항에 도착했다. 수하물을 찾고 방콕 시내로 가는 장년부 24명에게 내가 인사했다.

"방콕 일정에 같이 못가서 송구합니다. 일정이 있습니다. 선교팀이 쌍아오마을에 다녀온 것에 대해 감사드립니다. 하나님이 기억하실 것입니다."

그리고, 도주환 선교사에게 수고했다고 하면서 방콕 안내를 잘 해달라고 말했다.

인천행 비행기는 오전 1시 30분 대한항공이다. 우돈타니에서 방콕행 비행기가 자주 연착하기에, 인천행 비행기는 가장 늦게 출발하는 시간으로 예약했다. 나와 현진이 엄마, 김석기 목사가 같이 출발했다.

이번 쌍아오마을 방문에 대해 김 목사에게 어떤지 물었다.

"선교관을 새로 짓고 쌍아오선교기념교회가 설립된 것은 정말 놀라운 일입니다. 한신교회의 태국 선교가 계속 이어지면 좋겠습니다."

선교팀이 모두 그렇게 생각할 것이다.

감사의 마음을 전합니다

1월 15일(월) 오전 9시, 서울에 도착하였다. 현진이 엄마가 선교팀 카톡방에 문자로 인사했다.
"태국에서 은혜 가득하고 성령 충만했던 순간들을 주신 하나님을 찬양합니다. 주님의 사랑으로 함께 해 주신 목사님 사모님 장로님 권사님들께 머리숙여 감사의 마음을 전합니다."
이어서 나의 글이다. "청년부 선교팀의 공연은 은혜롭고 성공적입니다. 계속된 선교 일정에 하나님이 함께하시기를 기도합니다."
카톡방에 각자의 생각이 간결하게 전달되고, 사진도 시시각각으로 올라오니 단체 활동에서 다양한 시각을 보게 되어 좋았다.

1월 17일(수) 오후 1시, 도주환 선교사와 통화했다. 장년부 선교팀의 방콕일정은 계획대로 잘되었다고 했다. 긴장이 풀렸고 어제 밤부터 고열이 있다고 한다.
내가 격려했다. "고생하시네요. 수고했습니다."
"한가지 아쉬운 것이 있습니다. 선교팀이 뜨라이룽 목사님 집에서 저녁 식사 2번 했습니다. 계산서가 120만 원입니다. 하지만 선교팀이 예산 잡힌 대로 60만 원 지불했습니다."
뜨라이룽 목사가 점심 식사 3번, 저녁 식사 2번을 준비하기 위해 미리 식재료를 샀기 때문이다. 내가 쌍아오마을에 도착하자마자 뜨라이룽 목사에게 한신교회 방침이니 계획대로 하자고 설명했고 이해한다고는 했지만 미안한 일이다.

뜨라이롱 목사가 제시한 금액이 많다고 오해할까 봐 나는 뜨라이롱 목사의 입장을 윤청하 장로에게 설명했다.

1월 19일(금), 최병수 목사의 설명이다. 도주환 선교사가 방콕에서 일정을 마치고 "선교관 공사는 제가 책임지고 마무리할 것입니다."라고 했다고 한다.

"도 선교사님이 최선을 다하고 있습니다." 이어서 말했다. "최 목사님도 이번에 수고 많았습니다. 강 목사님은 최 목사님이 선교를 많이 다녀왔고 일을 잘한다고 하던데 정말 잘하네요."

선교 진행 과정에 대해 설명하다

1월 20일(토), 윤청하 장로에게 태국에서 진행된 일정에 대해 설명했다.

이번 한신교회 선교팀의 태국 선교를 이끌어 주셔서 감사드립니다. 태국 선교 파송예배에서 장로님이 대표기도하는 내용을 듣고 그 동안의 태국 선교의 진행을 아시는 분이라 기쁜 마음이 들었습니다.

쌍아오마을에서 진행된 몇 가지 사례를 설명드리겠습니다. (그리고 쌍아오마을을 방문하면서 있었던 13가지 사항에 대해 설명했다.)

쌍아오마을을 방문하면 현지 상황에 따라 당황스러운 변화가 생기곤 합니다. 하지만 중요한 것은 이런 상황을 해결하는 대응 과정이라고 생각합니다. 사람의 노력으로는 해결할 수 없는 영역이 있고 이 부분을 하나님의 손이 작용하는 것으로 생각됩니다.

이번 쌍아오마을 선교에도 예상하지 못한 변화가 여러 번 있었습니다. 그리고 하나님의 도움으로 문제가 해결되었다고 생각합니다. 이러한 과정은 하나님께서 자신이 일하신다는 것을 우리에게 보여주셨다고 생각합니다.

장로님이 긍정적으로 보면서 격려해서 힘이 났습니다.

윤청하 장로의 회신이다.

목사님, 태국 선교 준비부터 마무리까지 상세하게 알려주셔서 감사합니다. 목사님의 체계적인 준비와 하나님의 인도하심에 많은 은혜를 받은 태국 선교였습니다. 한신선교관과 쌍아오선교기념교회 예배를 하나님께 드리게 하심은 한신교회 모든 성도들에게는 축복이었습니다. 장 목사님과 사모님의 헌신은 이번 선교대원들에게 감동이었습니다. 이번 선교를 통해 한신교회의 해외선교 지경을 넓히는 계기가 되도록 기도하겠습니다.

구기송 장로에게 쌍아오마을 방문에 대한 감사 인사를 보냈다.

이번 태국 선교를 이끌어주셔서 감사드립니다. 수고하신 권사님과 청년부에서 활동한 따님에게도 감사드립니다. 하나님께서 은혜주시고 축복하시기를 기도합니다.

구기송 장로의 회신이다.

목사님, 은혜로 시작하여 은혜로 마치게 됨에 감사드립니다. 태국 선교를 통해 목사님과 사모님을 뵙고 알게 되어서 기쁘고 감사합니다.

20년전 메콩강 쌍아오마을에서 순교하신 두 분 선교사님이 '마중물'이라는 생각이 들었습니다. 우리를 태국으로 부른 마중물이었어요. 마중물은 '보이지 않는 힘' '부흥의 원천'인 것을 깨닫게 되었습니다.

우리가 공연한 전신갑주는 '순교자의 마음을 잘 담아낸 공연'이라고 생각합니다. 순교자의 죽음이 20년의 긴 세월을 보낸후 예비하신 부활의 빛, 소망의 빛, 영광의 빛으로 부활하는 모습으로 보게 됩니다.

다음 주에 청년 예배때 간증이 있습니다. 태국 선교의 불길이 청년부에 일어나는 것 같습니다. 벌써 자체적으로 태국 선교 팀장을 정할 정도입니다. 선교는 꾸준히 지속적이어야 함을 청년들이 잘 배운 것 같습니다.

1월 21일(일)과 1월 28일(일), 청년부 예배에서 간증이 있었다.

> 태국 선교를 통하여 주님을 경험하였으니 앞으로 주님만을 바라보며 나아가도록 도와주세요.
> — 이예진

> 10일간 단기 선교갔습니다. 쌍아오마을 한신선교관이고, 메콩강에서 20년전 순교한 현장입니다. 현장을 다니면서 마을 사람들을 만났습니다. 20년전 그 순교가 없었으면 현재 선교팀이 못 왔을 것입니다.
> — 강하은

> 봉쌈란교회에서 봉쌈란 교인들과 한신교회 교인들이 같이 한 기차놀이, 강강수월래는 우리가 하나된 모습입니다.
> — 김경필

선교 준비하면서 하나님이 함께 하신다는 것을 느꼈습니다. 태국 선교를 통해 한층 성장하였습니다.

- 이정연

1월 25일(목) 낮 12시, 예배 드리러 산소에 갔다. 최병수 목사, 이명현 목사, 현진이 엄마가 같이 갔다.
　이틀 전에 눈이 왔고, 영하 10도가 넘었다. 체감온도 영하 18도이다. 산소에 가는 것을 연기하려고 했는데 최병수 목사가 그대로 하자고 했다. 예배를 드리는데 햇빛이 따뜻하게 비추면서 온도가 확실히 올라갔다.
　최병수 목사가 말씀을 전했다. 사도행전 7:59-8:4 이다.

　스데반 순교후에 복음이 확산되었습니다. 쌍아오마을의 장현진 순교자의 순교로 복음이 확산되었고 20주기에 선교관을 새로 짓고, 쌍아오선교기념교회가 설립되었습니다. 하나님의 계획이고 섭리입니다. 이번 선교 방문시에도 하나님이 인도하신다는 것을 느꼈습니다. 선교관 짓는 과정에서 부족한 공사비를 조달하게 하시고, 방문자들의 차량을 바꾸어 주시고, 강대상을 준비해주시고, 어린이날에 어린이학교 공연, 박촘초등학교 공연, 선교관 신축 예배, 봉쌈란교회 공연 등 하나님의 인도하심을 보게 하셨습니다. 하나님의 은혜입니다. 아멘.

　쌍아오마을에서 있었던 일을 제목으로 열거했는데, 그 상황을 실제로 겪은 사람은 하나님의 은혜라고 말하게 된다.

선교관 공사 결산보고

1월 23일(화) 오후 2시, 도주환 선교사가 연락했다.

"뜨라이롱 목사가 계속 인건비를 청구합니다. 저는 이번 선교 중에 선교비 받은 것을 모두 공사비에 사용했습니다. 강용규 목사님 50만 원, 장기옥 목사님 700불, 이명희 권사님 100불 등 모두 220만 원이며 뜨라이롱 목사에게 보냈습니다."

"도 선교사님의 헌신은 하늘나라에 기록될 것입니다. 선교관 공사 결산보고를 해야 하니 정리해서 보내주세요."

1월 24일(수), 도주환 선교사가 건축비 정산서를 보냈다. 지금까지 진행된 선교관 공사에서 한신교회부터 받은 금액과 지출한 금액 내역이다.

1월 30일(화) 오후 3시, 강용규 목사에게 선교관 공사에 대해 최종적으로 결산보고했다(15차 보고). 안호준 집사가 같이 갔다.

먼저 태국 방문한 결과 설명이다.
이번 한신교회 선교팀 방문시 진행된 일을 정리하고, 쌍아오선교기념교회에서 1월 14일 주일 예배후 진행되는 사항에 대해 설명했다.
한신교회에서 매월 송금하는 8천 바트는 선교관 관리에 사용한다. 노바에서 한신복지재단의 운영에 대해 태국 행정청에 보고하는 비용은 66,340 바트이다.

다음은 선교관 공사의 최종 보고이다.
총공사비 1억 7천만 원이 들었다. 한신교회에서 1억 6천만 원, 최대열 안수집사가 1천만 원을 보냈다. 그리고 도주환 선교사가 별도로 220만 원을 지불했으며, 이 금액은 이번 선교팀이 도 선교사에게 헌금한 금액이다.

최종 결산 보고서를 작성하고, 도주환 선교사가 보내온 내역을 첨부했다.

앞으로 추가되는 공사비는 한신교회에서 매월 지불하는 8천 바트와 장기옥 목사가 헌금한 8만 바트에서 충당하기로 했다.

다음은 선교관 운영 합의서 진행에 대해 설명했다.

쌍아오마을에서 노트에 작성한 합의서를 워드로 작성했다. 뜨라이롱 목사에게 우편으로 보내 서명을 받고 다시 우편으로 보내달라고 해야 한다.

강용규 목사가 말했다.

"이것으로 선교관 공사비는 정산된 것으로 하겠습니다. 저는 12월에 퇴임합니다. 후임 목사가 오면 인계하겠습니다."

내가 도주환 선교사와 뜨라이롱 목사가 수고했으니 기도해 달라고 말했고, 강 목사가 기도했다.

태국 선교 보고예배

2월 4일(일) 오후 3시, "2024년 태국 선교보고예배" 이다.

구기송 장로가 대표기도했다. 태국 선교 과정을 체험적으로 기도했다.

최병수 목사가 설교했다. 성경 본문은 사도행전 7:59-8:4, 설교 제목은 '하나님의 역사'이다. 쌍아오마을 선교시 여러 가지 사례를 하나님의 역사로 설명했다.

강하은 청년, 배귀영 성도가 간증했다.

윤청하 장로가 선교 활동을 정리해서 선교보고했다.

"선교관을 새로 짓고, 쌍아오선교기념교회가 설립된 것은 하나님이 하신 일입니다. 이 시기에 해외선교사역 장로의 직책을 맡았고 예배에서 대표기도를 하였으니 영광입니다. 이제 청년들이 의료선교에 따라가는 것이 아니라 독자적으로 해외선교를 해야 합니다. 이렇듯이 해외선교를 다녀오면 의무감이 생깁니다."

은혜로운 마무리이다

이어서 청년부 선교팀이 공연을 했다. 마지막에 전신갑주이다. "죽임 당하신 어린양"이라는 멘트가 나오며 예수 그리스도가 십자가에 못 박히는 장면이 등장한다. 나는 마음이 울컥하였고 눈물이 흘러내렸다.

> 죽임 당하신 어린양 그 피로 날 사시고
> 날 구원하신 어린양 내가 찬양합니다
> 죽임 당하신 어린양 사망권세 이기고
> 내 죄 사하신 어린양 내가 사랑합니다.
> - 죽임 당하신 어린양, 찬양

찬양을 듣는 순간에 '순교자의 마음을 잘 담아낸 공연'이라는 구기송 장로의 말이 귓가에 맴돌았다.

김혜자 장로가 말했다. "이번 태국 선교는 모든 것이 하나님의 은혜였습니다. 순교자의 순교를 기념하는 교회가 세워짐으로 메콩강 주변

국가뿐 아니라 땅끝까지 이르러 많은 영혼을 구원하는 방주선이 되기를 기도합니다"

2월 4일(일), 홈페이지를 관리하는 유형수 장로의 연락이다.
"홈페이지 선교관-기념교회'에 이번 진행을 반영했습니다."
선교관 설립, 선교관 역사, 선교관 신축 진행, 기념교회 설립추진, 기념교회 설립진행, 쌍아오선교기념교회 설립이다.
"기념교회의 빈 칸을 하나님이 채워주셨습니다." 내가 기뻐하며 말했다.

2월 6일(화), 한신교회 게시판에 기록했다.

지난 1월 13일 태국 쌍아오마을 방문시 많은 일이 진행되었습니다. 선교관 신축, 쌍아오선교기념교회 봉헌 예배가 20주기에 맞추어 동시에 진행되었습니다, 그리고 청년 선교팀은 쌍아오마을, 박촘 어린이집, 박촘초등학교, 봉쌈란교회 4차례 공연을 했습니다.

이러한 과정에서 여러 차례 하나님이 인도하신다는 것을 느끼게 됩니다. 지난 12월에는 방문이 임박한 가운데 선교관 신축 자금이 부족할 때 갑자기 필요한 금액을 송금한 교인이 있었습니다. 쌍아오마을로 가는 차량이 마을 상황에 맞도록 짧은 시간 내에 대형버스 2대를 승합차 7대로 바뀌는 일이 있었습니다. 교회 강대상은 운송거리가 짧은 우돈타니에 제작의뢰했는데 1월 5일에 갑자기 제작이 어렵다는 연락을 받았고, 급하게 치앙라이에서 대체되어 공급되는 순간도 있었습니다. 그리고 선교관 앞에 50명이 식사를 할 수 있는 식당이 몇 개월 전에 새로 생겼습니다. 그 외에도 많은 일이 있었습니다.

하나님이 순교 20주기에 맞추어 선교관을 새로 짓게 하시고, 쌍아오선교기념교회를 설립하게 하셨습니다. 그리고 예배드리고 선교할 수 있도록 진행하셨다는 것을 알도록 많은 증거를 남기셨습니다.

1.13(월) 오후 2시에 선교관 2층 "쌍아오선교기념교회"에서 예배를 드렸습니다. 예배는 한신교회 담임목사님이 주관했습니다. 한신교회 선교팀 44명, 쌍아오마을 교인들, 봉쌈란마을 교인들, 러이교회 교인들, 라오스 사역자들, 태국의 선교사들 등 120명이 참석했습니다. 이어서 강가에서 기도회가 있었습니다.

'선교관 건축 경과보고'에서 제가 그동안의 선교관 설립 및 변천 역사를 설명하고 쌍아오선교기념교회가 설립된 것에 대해 의미를 설명했습니다.
그리고 이렇게 체험한 사실을 말했습니다.
"하나님을 믿는 사람은 자신이 관여하는 일이 하나님이 하시는 일인지를 구별해야 할 것입니다. 그러면 하나님이 하시는 일인지는 어떻게 알 수 있을까요? 하나님이 알려주십니다. 그것을 신학적으로 하나님의 계시라고 합니다.
이번에 선교관을 새로 짓고 쌍아오선교기념교회가 세워지는 과정에 여러가지 하나님이 계시를 보여주셨습니다. 한 가지 소개하겠습니다.
선교관은 목조 건물이고 낡았습니다. 새로 지으려고 했으나 여건이 맞지 않아 어떻게 해야 할지 생각만 하고 있었습니다. 기념교회도 설립하려고 했으나 역시 여건이 맞지 않았습니다. 발생한 순서로 설명하겠습니다.
(이 내용은 1월 13일 쌍아오마을의 '선교관 공사 경과보고'에서 내가 설명한 내용이다. 여기서는 앞에서 기재한 "첫째 단계, 둘째 단계, 셋째 단계"의 내용이 중복되므로 생략한다.)

서울에서 선교관을 새로 짓고 2층을 기념교회로 하자는 계획을 세우기 시작한 것이 2022년 1월 13일부터입니다. 그런데 3개월 전에 하나님은 뜨라이롱 목사님에게 새로운 교회를 지어 줄 것이라고 말씀하셨습니다.

선교관 신축과 쌍아오선교기념교회 설립은 하나님의 계획에 있는 것입니다. 하나님이 때가 되어 선교관을 새로 짓고, 2층에 기념교회를 세우신 것입니다. 하나님께서 주신 은혜에 감사드립니다. 이 예배에 참석한 모든 분들께 감사를 드립니다."

그동안 현진이를 사랑하며 기도하신 모든 분에게 감사를 드립니다.

신학 이야기

하존

하나님의 계시를 나타내는 히브리어는 하존(חזון)이다. "유다 왕 웃시야와 요담과 아하스와 히스기야 시대에 아모스의 아들 이사야가 유다와 예루살렘에 관하여 본 계시라"(사 1:1)

하나님이 인간에게 자신을 드러내시는 것을 계시(revelation)라고 한다. 인간에게는 하나님의 계시가 필요하다. 그 이유는 하나님은 영이고 인간은 육신을 지녔고, 하나님은 거룩하신 분이고 인간은 죄를 가진 타락한 존재이므로 인간이 하나님을 인지할 수 없기 때문이다. 하나님은 인간으로 하여금 하나님이 누구신지를 보고 알게 하기 위하여 자신을 계시하셨다.

하나님은 어떻게 계시하시는가? 그 형식은 다양하다. 하나님은 현현(신현, Theophanies)과 현시(Epiphanies)를 통해서 스스로를 나타내신다. 이것과 밀접한 관련이 있는 것으로 천사, 얼굴, 이름, 영광을 통해서 환상과 꿈 속에서 사람들에게 나타나신 것에 관한 기사들이 있다.

우리의 삶의 목적을 알 수 있는 방법은 추리로서 추측하고 이론화하는 방법이 있지만, 그보다는 하나님이 말씀을 통해 우리의 삶에 대해 알려주신 것들이 있다.

하나님은 노아시대까지 친히 말씀을 주셨고, 족장시대부터 계시의 방법이 다양해지셨다. 하나님께서 말씀하시고(창 1:3) 보시고(창 1:4), 여호와께서 들으시고(출 16:12) 얼굴을 향하여 드시고(민 6:26) 등을 보이시며(출 33:23) 그 손을 펴신다(사 14:27). 하나님께서는 자신을 사람의 모양으로 나타내심으로 이 세상에서 사람과 교제하시는 분이심을 보여준다.

구약에서는 하나님을 사람과 비교해서 말씀하는 의인법(신인동형론)으로서 여호와의 손, 여호와의 집, 여호와의 입이라는 말을 사용하였다.

하나님께서 사람의 모양으로 임하신 것은 후에 성육신하신 하나님, 사람되신 그리스도를 미리 보여 주신 것이다. 하나님께서는 사람을 자신의 형상으로 만드셔서 어떤 동물과는 달리 하나님과 교제하도록 하셨다.

하나님의 부르심이라는 찬양이 있다. 부르심은 히브리어로 카라(קָרָא)이다. 소환하다 라는 의미이다. 특정한 직무에 누군가를 부른다는 뜻을 가지고 있다. "여호와께서 세 번째 사무엘을 부르시는지라 그가 일어나 엘리에게로 가서 이르되 당신이 나를 부르셨기로 내가 여기 있나이다 하니 여호와께서 이 아이를 부르신 줄을 깨닫고"(삼상 3:8)

>하나님의 부르심에는 후회하심이 없네
>내가 이 자리에 선 것도 주의 부르심이라
>하나님의 부르심에는 결코 실수가 없네
>나를 부르신 하나님의 신실하심을 믿네
>작은 나를 부르신 뜻을 나는 알 수 없지만
>오직 감사와 순종으로 주의 길을 가리라
>때론 내가 연약해져도 주님 날 도우시니
>주의 놀라운 그 계획을 나는 믿으며 살리
>날 부르신 뜻 내 생각 보다 크고
>날 향한 계획 나의 지혜로 측량 못하나
>가장 좋은 길로 가장 완전한 길로

오늘도 날 이끄심 믿네
- 하나님의 부르심, 찬양

하나님의 부르심은 하나님의 역사의 시작이다. 하나님의 능력으로 사람을 돕고 움직이겠다는 뜻이다. 찬양 가사를 따라 마음으로 흐르는 눈물은 마음의 먼지와 얼룩을 닦아내고, 눌러 두었던 상한 감정이 마침내 자유를 얻은 순간을 경험하게 된다.

주위 상황이 막고 있어도 하나님은 가장 좋은 시기에 가장 좋은 것으로 가득 채워 나가실 것이다. 하나님은 그 분의 길이 세상의 시각이나 기준과는 다를지라도 우리가 가장 바르게 나아가는 방향으로 인도하실 것이다.

매년 쌍아오마을에서 다니면서 예기치 않은 상황이 전개될 때가 있다. 진행하는 목표로 보아 당연한 듯하지만 난관이 생긴다. 그리고 어느 날 하나님이 알려주시는 계시가 나타나고, 상황이 바뀌면서 진전이 있게 된다.

때가 되면 하나님은 하실 일을 위해 사람의 마음을 움직이며 진행하신다. 하나님은 그 분의 목적을 위해 상황을 역전시키고 회복시켜 주신다.

다섯 번째 이야기
하나님의 약속

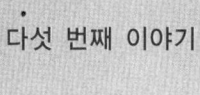

그러나 너와는 내가 내 언약을 세우리니
너는 네 아들들과 네 아내와 네 며느리들과 함께
그 방주로 들어가고 (창 6:18)

내가 내 무지개를 구름 속에 두었나니
이것이 나와 세상 사이의 언약의 증거니라 (창 9:13)

여호와의 말씀이니라 보라 날이 이르리니
내가 이스라엘 집과 유다 집에
새 언약을 맺으리라 (렘 31:31)

하나님 이해

여호와 치드케느

선지자들은 지도자의 삶을 말할 때마다 양을 돌보는 목자의 모습에 비유하였다. BC 600년경에 남유다 지도자들이 자신의 이익만을 추구하고 있었다. 하나님의 처방은 무엇일까? 하나님은 의롭지 못한 지도자로 인해 슬퍼하시고, 의로운 지도자를 친히 세우겠다고 약속하신다 (렘 23:4). 이스라엘 백성은 바벨론 포로로 끌려갔고 하나님이 새로운 지도자를 세워 그들을 회복시켜 주셨다. 이 과정을 통해 하나님은 에스라 혹은 느헤미야 같은 지도자를 세우셨고 백성에게 희망을 주셨다.

히브리어 여호와 치드케누(יְהוָה צִדְקֵנוּ)는 '여호와 우리의 공의' 이다. 치드케누는 체데크(צֶדֶק) '의'에서 유래되었다. 하나님은 의로운 분이다 (시 145:17). "그의 날에 유다는 구원을 받겠고 이스라엘은 평안히 살 것이며 그의 이름은 여호와 우리의 공의라 일컬음을 받으리라" (렘 23:6)

하나님은 거룩하시고 구원하시며 축복하시고 사랑하신다. 또한 하나님은 심판하신다. "오직 정의를 물 같이, 공의를 마르지 않는 강 같이 흐르게 할지어다" (암 5:24) 정의는 히브리어로 미쉬파트(מִשְׁפָּט)이다. 하나님은 모든 사람을 행위대로 심판하신다.

엘 엘리욘

아브라함이 가나안 땅에 들어갔을 때 거기에는 이미 많은 우상 신들이 존재하고 있었다. 아브라함이 전쟁에서 승리하고 돌아오는 길에 하나님은 제사장 멜기세덱을 보내어 전쟁에서 승리하도록 아브라함을 도우신 분이 지극히 높으신 하나님이라고 알려주셨다.

지극히 높으신 하나님은 히브리어로 엘 엘리욘((אֵל עֶלְיוֹן)이다. 엘은 하나님이고, 엘리온은 가장 높은 하나님의 존귀하심이다. "너희 대적을 네 손에 붙이신 지극히 높으신 하나님을 찬송할지로다" (창 14:20)

아브라함에게 그 전쟁은 아브라함이 싸운 것이 아니고 하나님이 싸움의 중심에 계셨으며 승리의 근원이심을 깨우쳐 주고 있다.

하나님이 아브라함에게 자신을 계시할 때 이 표현을 사용한 것은 가나안 땅에 이미 존재하고 있던 수많은 다신론의 신들과 차별화하기 위해서이다. 이 표현을 통해서 하나님의 유일성과 초월성을 강조하고 계신다.

하나님의 임재 체험

종교적 지식은 세 가지로 구분된다. 이성이 주는 지식, 신앙이 주는 지식, 영적 체험이 주는 지식이다. 이것은 레위기의 율법이 규정한 성막의 구분으로 설명할 수 있다. 바깥뜰, 성소, 지성소이다. 성막에서 가장 깊은 곳에 있는 지성소에는 언약궤가 있고, 영광의 그룹들이 지키고 있다. 그룹들의 펼쳐진 날개 사이에 "하나님의 임재의 불" 즉 '세키나'가 엄위로운 빛을 발했다. 지성소에는 영적이고 천상적인 것이 존재한다.

신앙생활의 기본은 하나님의 말씀을 아는 것이다. 정보와 자료에 근거한 이성이 주는 지식과 신앙이 주는 지식 보다 한단계 높은 순수한 지식이 있다. 바로 직접적인 영적 체험을 통해 알 수 있는 지식이다.

하나님에 대한 믿음은 체험에서 나올 때 흔들리지 않고 굳건해진다. 그리스도인은 신앙생활 중에 자기가 어디에 있는지 어느 길을 가야 할지 모르는 상태에서 방황하기도 한다. 신앙의 길을 잃은 사람이다. 더 큰 문제는 자기가 신앙의 길을 잃었다는 사실도 모른다는 것이다. 이럴 때 하나님의 임재를 체험하는 것이 필요하다.

하나님의 임재 체험은 영적으로 도움을 준다. 그리스도인은 믿음의 위기를 만날 때 하나님의 임재를 느끼게 된다. 또한 신앙의 장벽을 만나 좌절할 때 하나님의 임재를 느끼게 된다.

합의서가 완성되었다

2024년 2월 29일(목) 오후 2시, 강용규 목사를 방문했다. 합의서를 서면으로 만들어 뜨라이롱 목사에게 우편으로 보내 서명을 받고 다시 우편으로 받았다. 그리고 이날 강 목사가 서명했다.

"태국어는 노바에서 번역했습니다. 뜨라이롱 목사에게 내용을 다시 설명했습니다. 1부는 한신교회, 1부는 뜨라이롱 목사, 1부는 제가 보관 하겠습니다."

"수고했습니다. 그렇게 하시지요."

한신선교관 운영 합의서

이 합의서는 한신선교관(Hanshin mission office) 운영의 기본원칙 및 한신 교회(HanShin Presbyterian Church)와 쌍아오선교기념교회(Sangao mission memorial church)의 역할과 의무에 대해 정하고자 한다.

1. 한신선교관의 성격
한신교회는 2004. 1월 순교자를 기념하여 한신선교관을 설립하였다. 한신 선교관은 한신교회가 한신복지재단(Han Shin Foundation)을 통해 설립하 였고, 그 소유권은 한신교회에 있다.

2. 한신교회의 역할 및 의무
   가. 한신교회는 쌍아오선교기념교회에 매월 8,000 바트(32만 원)을 지원 한다. 이는 한신선교관의 운영·관리 및 쌍아오선교기념교회의 관 리·유지·발전에 사용하여야 한다.
   나. 한신교회는 한신복지재단의 태국 정부에 등록·보고 등을 위해 매년 66,340 바트(265만 원, 2024. 1월 기준)을 지불한다. 이는 노바법률사 무소(NOVA Law and accounting co. Ltd)에서 대리하는 비용이다.

3. 쌍아오선교기념교회의 역할 및 의무

　가. 쌍아오선교기념교회는 순교자를 기념하고, 선교 및 복음전파에 최선을 다한다.

　나. 쌍아오선교기념교회는 한신선교관의 관리, 유지, 보수에 최선을 다한다.

　다. 쌍아오선교기념교회는 한신선교관 2층을 사용할 수 있다.

　라. 한신교회는 쌍아오선교기념교회의 사용을 무상으로 허용할 수 있다.

4. 한신교회와 쌍아오선교기념교회는 위 사항을 확인하고 서명·준수한다.

2024. 1. 13.

한신교회 담임목사 강용규

쌍아오선교기념교회 담임목사 뜨라이롱

신앙의 힘이다

2월 29일(목), 현진이 엄마가 교장에서 정년 퇴직했다. 황조근정훈장을 받았다. 40년 동안 교직에서 공헌한 표시이다. 퇴직기념으로 여행을 가기로 했다. 3월 29일부터 10일 동안 미국 뉴욕과 나이아가라 폭포, 캐나다 남부를 연결하는 투어이다.

3월 30일(토) 오전 9시, 뉴욕의 맨하탄으로 이동 중에 가이드가 항구를 가리키며 설명했다.

"1873년 스파포드라는 사람이 가족과 같이 유럽여행을 가기로 했으나 자신은 예기치 않은 일이 생겨 아내와 네 딸이 먼저 유럽 여행을 가는 배를 탔습니다. 그리고 그 배는 영국 선박과 충돌해서 침몰했고 아내는 구출되었으나 자녀들은 모두 사망했습니다. 스파포드는 이 항구에서 배를 기다렸으며, 이곳에서 느낀 감정을 담아 찬송가 '내 영혼은 평안해'를 작사했습니다."

> 내 평생에 가는 길 순탄하여 늘 잔잔한 강같든지
> 큰 풍파로 무섭고 어렵든지 나의 영혼은 늘 편하다
> 내 영혼 평안해 내 영혼 내 영혼 평안해
> (찬송가 413장)

자주 불리우는 찬송이다. 이 항구에서 바다를 바라보니 그 사람의 심정을 어렴풋이 알 듯했다. 고통을 감내하기 힘들었을 것이다. 신앙의 힘으로 찬송하는 글이 나왔다.

오전 11시, 맨하탄 911추모지역을 방문했다. 뉴스를 통해 소식을 들었지만, 현장에 와서 보니 그 당시 상황을 비로소 알 듯했다. 세상이 기억하도록 만들었으니 미국의 정신이라고 생각한다. 몇 가지 마음에 여운이 남는 이야기가 있다.

첫째, 뉴욕시장이 911테러 이후 추모사업하면서 남긴 기념사가 있다. 2001년 9월 11일에 뉴욕 세계 무역센타 쌍둥이 빌딩에 이슬람 테러조직인 알카에다가 항공기를 납치하여 충돌하였다. 쌍둥이 빌딩이 무너진 자리는 그라운드 제로(대규모 재앙)라고 불리우고 있다. 건물 붕괴 후에 쌍둥이 빌딩의 철골 구조물 중 일부가 십자가 형태로 남아 있어 '굴하지 않는 미국의 상징'으로 여겨지기도 했다. 그라운드 제로에는 인공폭포가 있다. 메모리얼 폭포(911 Memorial Pools)이다. 이 폭포수는 911테러에 의한 모두의 눈물을 상징하며 가장자리 틀은 희생자들의 이름이 적힌 비석이다. 이 폭포는 테러 공격 10년 뒤인 2011년 9월 12일 완공되었다. 당시 뉴욕시장의 추모사이다. "세상 떠난 사람들의 빈 자리는 아무리 채우려해도 채워지지 않는다. 물이 밑으로 떨어지도록 한 것은 아무리 물을 채워도 채워지지 않는 빈자리를 의미한다."

둘째, 911테러 현장에 생명나무가 있다. 테러로 붕괴된 세계 무역센터 자리에 만들어진 추모공원에는 나무 한 그루가 서 있다. 회복과 희망의 상징이 된 나무이다. 가지가 부러진 채 한 달여간 건물의 잔해 밑에 깔려있던 나무는 구조대에 의해 우연히 발견되었다. 회생 가능성이 없어 보였지만 사람들은 포기하지 않았다. 9년간의 정성스러운 치료와 보살핌 끝에 나무는 제자리로 돌아왔다. 911의 아픔을 이겨내려는 듯 많은 이들의 노력이 살려낸 배나무에 '생존자 나무'(Survivor Tree)라는 이름이 붙여졌다. 나무에서 미국의 회복력을 본다. 나무가 꽃을 피우며 미국이 미래에 무엇을 해야 하는지 보여주는 것이 놀랍다.

셋째, 트리니티교회 건물이 파손되지 않았다. 이 교회는 1697년에 세워진 뉴욕에서 가장 오래된 교회이다. 911테러로 주변 모든 건물이 파손되었고 많은 파편이 이쪽으로 떨어졌으나 교회 건물은 전혀 피해 없이 깨끗했다. '그라운드 제로'라는 이름으로 많은 사람들이 와서 추모하고 그 자리를 둘러보고 가는 지금도 그 당시의 트리니티교회의 역할을 기억하는 사람들과 교회 앞의 나무 뿌리 조형물이 아직도 그 날을 잊지 못하게 한다.

하나님이 진행하실 것이다

6월 3일(월), 토브 책을 170부 기증하기로 했다. 신학대학원, 전국의 대형 교회, 선교단체에 안내장을 넣어 보냈다.

6월 30일(일), 앞으로 진행할 일에 대해 고민하다가 이런 생각이 들었다. '내가 하는 일은 하나님이 이끄시는대로 따라가는 것이다. 하나님이 진행하실 것이다.'

유다 백성은 예루살렘 성이 함락되고 바벨론 포로가 되었다. 그리고 선지자들이 예언한대로 남은 자들이 귀국하면서, 스룹바벨의 성전 건축과 느헤미야의 성벽 건축이 진행되었다.

쌍아오마을에서 20년 되어 선교관을 새로 짓고, 기념교회가 설립된 것은 의미 있는 일이다. 성경 이야기는 후일 하나님의 백성에게 기준이 되고 배울 점이며 시금석이 된다. 하나님의 영역에서 인간이 활동하고 하나님의 계획에서 인간이 노력하게 되는 것이 하나님의 역사이다. 하나님의 역사는 계속 반복된다.

7월 7일(일), 새벽 꿈이다. 내가 그동안 기록한 책을 정리하고 있다. 현진이 엄마는 성경을 읽고 있다.

내가 책을 다른 곳으로 옮기려 하고 책이 많아서 어디에 놓을지 고민하였다. 어느 분이 지켜보고 있었다. 갑자기 이 분이 많은 책을 책장에 넣었고 전부 들어갔다.

내가 "고맙습니다."라고 말했다.

잠이 깨니, 새벽 3시이다. 이 시기에 3편을 기록해야겠다는 생각이 들었고 1편과 2편을 연결하여 어떻게 전개해야 할지 고민했다. 하나님이 진행하시겠다는 듯이 정리해 주셨다. 책이 나올 것이라는 생각이 들었다.

7월 18일(목)에 "사랑한다 현진아 토브" 전자책(eBook)을 출간했다. 교보문고에 등록되었다. "사랑한다 현진아"는 2022년 12월 9일(금)에 전자책을 출간했다. 시대의 흐름에 따라 영원한 책으로 남게 되었다.

주일학교에서 학용품을 보내다

6월 30일(일), 한신교회 주일학교에서 작은 선교사 예배가 진행되었으며 학용품, 편지 등을 작성해서 쌍아오마을 교인들에게 보내기로 했다.

쌍아오마을의 화에게 7월 3일에 라인으로 알려주었다. '한신교회 주일학교에서 학용품을 소포로 보낼 것입니다.' 주일학교 행사 동영상과 사진을 보냈다. 구글 번역으로 태국어로 보내니 편리하다.

7월 23일(일), 화가 기념교회에서 예배드리는 모습이라며 인사말과 함께 교인들에게 선물을 나누어주는 사진을 보냈다.

"한신교회 정신애 목사님, 선물 잘 받았습니다. 쌍아오선교기념교회의 교인들이 모두 기뻐했습니다. 하나님이 축복하실 것입니다."

나는 화가 보낸 인사말과 사진을 정신애 목사에게 보냈고 이에 대해 정 목사가 내게 답장을 보냈다.

"목사님, 소식을 전해주셔서 감사드립니다. 한신교회 교회학교는 계속해서 태국에서 복음 전하는 일에 마음으로 함께 기도하겠습니다. 보내주신 글과 사진 등은 교회학교 교역자들을 통해 아이들에게 전달될 수 있도록 하겠습니다. 목사님과 가정, 사역을 위해서도 기도하겠습니다."

한신교회 교육부 게시판에 있는 글이 카톡으로 보인다. "태국 메콩강이 보이는 태국 쌍아오마을에 한신선교관이 있어요."

7월 26일(금) 오후 8시, 프랑스 파리 올림픽 개막식이다.

4시간 동안 펼쳐진 야외 개막식의 피날레는 파리의 상징이자 세계적인 명소 에펠탑에서 이뤄졌다. 센강을 가로질러 루브르 박물관 앞 튈르리정원으로 향한 성화 주자들이 성화대에 불을 붙이자 파리 상공으로 열기구가 두둥실 떠올랐다. 그 순간 에펠탑 2층 중앙에서 에디트 피아프의 '사랑의 찬가'가 애절하게 흘러나왔다. "푸른 하늘이 무너질 수 있어요. 땅도 무너질지 몰라요. 당신이 날 사랑하든 상관없어요. 세상이 뭐라고 하든 신경 쓰지 않아요."

카메라가 에펠탑 무대를 클로즈업하자 진주 자수로 빛나는 순백의 드레스를 입은 캐나다 퀘백 출신 가수 셀린 디옹(56)이 나타났다. 온몸의 근육이 뻣뻣해지는 희귀 신경질환인 '전신 근육 강직인간증후군(SPS)'을 앓아 다소 수척한 모습이었지만 그는 빗속에서도 힘 있게 노래를 불렀다.

이번 공연은 4년 만의 무대 복귀이다. 시원스러운 목소리로 품격 있는 노래를 들려준 디옹은 3분 30초 동안 전 세계를 숨죽이게 했다. 그의 공연은 역경을 딛고 도전하는 올림픽 그 자체였다.

어느 해 광복절이었다. 현진이가 초등학생일 때 광복절에 임진각에 갔었다. 현진이 엄마가 초등학생 현장학습으로 임진각 방문이 좋을 것이라고 추천했다. 통일로를 달려 갔고 임진각에 도착했다. 통일 공원, 자유의 다리, 임진강 철교를 보았다. 북한과의 분단이 실감이 난다. 여기저기 둘러보았다.

사람들이 모여들었고 KBS TV 방송국에서 뉴스보도를 취재했다. 기자가 우리에게 다가오더니 카메라로 찍었다. "오늘 저녁 9시 KBS 뉴스에 나옵니다." 라고 했다.

임진각에서 서울로 오면서 뉴스에 나올까 하면서 궁금했는데 저녁 9시 뉴스에 나왔다. 식구가 모두 보였고 현진이가 손을 V자로 그렸다. 다음 날 현진이가 학교에 갔다 와서 친구들이 뉴스를 보았다고 하면서 웃었다. 현진이와 즐겁고 행복한 순간이었다.

9월 1일(일) 오후, 스포츠 센터에서 운동하면서 영화 '맥아더'를 보았다. 리암 니슨 주연이다. 맥아더가 한국전쟁이 나고 그 이듬해 미의회에서 연설을 했다. 맥아더는 자신이 전쟁을 수행한 것을 하나님께서 주신 의무를 볼 수 있는 빛을 주셨기 때문이라고 말했다.

"노병은 결코 죽지 않는다. 다만 사라질 뿐이다 라는 노래가 있습니다. 그 노래의 노병처럼 나도 이제 하나님께서 의무를 볼 수 있는 빛을 주셨기 때문에 그 의무를 다하려고 노력했던 노병으로써 나의 군 생활을 마감하고자 합니다."

성경에 보면 하나님은 하실 일을 사람을 통해 하신다. 그때 사람에게 명령하시고 영감을 주어 알아듣도록 하신다. 하나님은 다양하게 말씀하신다. 모세에게 호렙산에서 불붙은 가시나무에서 말씀하셨고(출 3:13-15), 엘리야에게 호렙산에서 세미한 소리로 말씀하셨다(왕상 19:12).

지난 이야기를 보면, 메콩강에서 아들이 실종되고 5일만에 찾았고 그후 21년 동안 진행되었다. 맥아더가 고백한 것과 같이, 하나님께서 내게 할 일을 볼 수 있게 하셨고, 나는 그 일을 완수하려고 노력했다는 생각이 든다.

9월 30일(월), 안호준 집사에게 태국 방문을 위해 연락했다. 안 집사는 비용이 많이 들어 이번에는 방문이 어렵다고 했다.

강용규 목사는 9월 29일에 주일예배에 설교하고 교회를 퇴임했으며, 후임 담임목사 선임이 진행 중이다. 원래 12월말 퇴임으로 알고 있었으나 교단 규정에 따르면 4월 퇴임이라 일정이 당겨졌다.

"지금까지 안 집사님이 태국 선교를 함께 해서 이만큼 진행이 되었습니다. 이번에는 쌍아오마을에 저와 현진이 엄마가 가겠습니다. 선교관 운영을 점검하고 기념교회에서 예배를 드리겠습니다."

10월 2일(수), 태국 선교사들에게 쌍아오마을을 방문하는 일정을 알려주고 함께 가자고 제안했다. 도주환, 손한웅, 이성원 선교사이다. 방문 일정에 따라 항공기를 예약했다.

공의와 정의의 실현이다

10월 7일(월), 웨스트민스트 신학대학원 박사과정에서 특강했다. 제목은 '이사야서의 해석'이다.

이사야서는 구약에서 가장 심오한 메시지이며, 모세오경과 역사서가 새롭게 해석된다. 신약의 신학적 토대를 제공한다. 치밀한 구성, 장엄함이 있으며, 격조 높은 문체로 평가된다. 창조에서 새 하늘과 새 땅, 멸망에서 구속에 이르는 모든 여정을 담고 있다.

이사야서는 다양한 주제와 인물이 등장하지만 그 모든 메시지가 일관되게 추구하는 것은 공의와 정의의 실현이다. 하나님은 신앙 공동체가 언약의 규례를 실천하고 공의와 정의를 행하면서 하나님의 통치를 경험하며, 삶 속에서 평안과 화평과 새 창조를 누리기 원하신다. 언약 백성은 공의와 정의를 실천함으로써 거룩한 길을 걸어갈 때 삶에서 슬픔과 탄식이 사라지고 영원한 희락과 즐거움이 풍성해지는 것을 경험할 수 있다.

오늘날에도 그리스도인은 삶 속에서 공의와 정의를 회복하고 실천할 때 하나님의 구원과 위로를 경험하게 된다. 공의와 정의를 실천하는 삶은 성령충만의 외적 증거로서 영적 지도자나 성도들이 어디서나 추구해야 할 참된 경건과 신앙의 모습이다. 이것이 이사야서가 전하는 '새 창조'의 모델이다.

이날 AMP(Advanced Ministry Program) '목회최고지도자과정'에서는 이사야 7:14에 대해 특강했다.

"그러므로 주께서 친히 징조를 너희에게 주실 것이라 보라 처녀가 잉태하여 아들을 낳을 것이요 그의 이름을 임마누엘이라 하리라"

이 본문이 이슈가 되는 것은 마태복음 1:23에서 이사야 7:14이 인용되었기 때문이다. 이사야 7:14에서는 히브리어 알마(עַלְמָה)가 등장한다. 젊은 여자이다. 결혼 전의 여자와 결혼 후의 여자를 포함하는 의미이다. 결혼 전의 여자를 의미하는 히브리어로 버툴라(בְּתוּלָה)가 있지만 이를 사용하지 않았다.

마태는 이사야서를 인용했다. "보라 처녀가 잉태하여 아들을 낳을 것이요." (마 1:23) 여기서 '처녀'는 헬라어로 파르테노스(παρθένος)이며 결혼 전의 여자를 의미한다. 마태는 히브리어 사본이 아니라 헬라어 번역본인 70인역을 사용했다. 70인역에는 히브리어 알마가 헬라어 파르테노스로 번역되어 있다. 헬라어 귀네(γυνή)라는 결혼 전의 여자와 결혼 후의 여자를 포함하는 개념이 있지만 이를 사용하지 않았다.

마태는 이사야의 예언과 예수님의 탄생에 관한 이야기가 일치한다고 보고 이 문구를 구약 예언의 실현이라는 주제에 적용시켰다. 마태는 아기 예수의 탄생 기사에 이사야 예언을 인용한 것이며, 아기 예수의 탄생이 궁극적으로 이사야 7:14의 예언을 이룬다고 선언하였다. 이러한 마태의 이사야 7:14에 대한 해석 방향은 교부들, 종교 개혁자들, 현대의 보수주의 학자들로 계속 이어졌다. 이사야 7:14에 대한 기독교의 해석 방향은 구약의 기독론적 해석을 가정한다. 히브리어 알마는 헬라어 파르테노스(처녀)로 번역되어야 하고, 예수의 모친 마리아에 대한 예언이라는 것이다.

이것이 거룩이구나

10월 13일(일), 새창조교회에서 주일예배에 설교했다. 정인찬 웨스트민스트신학대학원 총장이 사역하는 교회이다.

오전은 전통예배이고, 오후는 찬양예배이다. 전통예배에 경건한 의식이 담겨있다. 거룩하신 하나님께 예배드린다는 개념에 적합하다.

성경 본문은 출애굽기 19:1~6이며, 설교 제목은 '하나님의 목적' 이다.

성경에서는 하나님이 택한 사람을 훈련시키는 과정이 등장합니다. 사람이 하나님이 원하시는 대로 행동하려면 사람에게 경험이 있어야 하고 훈련이 필요합니다.

이스라엘 백성의 광야 생활도 그런 훈련 과정입니다. 그러면 하나님이 이스라엘 백성을 광야에서 훈련시키는 목적은 무엇인가? 본문에 설명이 있습니다. "모든 민족 중에서 내 소유가 되겠고, 제사장 나라가 되며, 거룩한 백성이 되리라" 입니다.

소유는 히브리어로 세굴라(סְגֻלָּה)이며 '가장 귀한 보물'을 의미합니다. 하나님의 소유가 되는 것은 하나님의 보물이 됩니다. 언약의 말씀은 하나님의 소유로 시작합니다. 하나님의 소유가 되어야 하나님의 간섭을 받게 됩니다.

또한 이스라엘은 제사장을 맡은 민족으로 하나님만을 섬기며 다른 민족에게 하나님을 알리는 증인의 삶을 살아야 합니다.

거룩은 히브리어로 코데쉬(קדש)이며 '구별 또는 분리' 라는 의미입니다. 거룩은 하나님의 특성 중에 가장 중요한 개념입니다. 사실 거룩은 문자로 공부해서는 이해가 어렵습니다. 체험으로 깨달아야 합니다.

제가 20년 전에 신학대학원 1학년때, 개인적인 상황으로 인해 몸이 쇠약해지고 아플 때가 있었습니다. 어느 날 꿈에서 신비한 경험을 하게 됩니다. 어느 분을 만났습니다. 제가 '누구신지요?' 라고 물었고, 그 분이 '하나님.' 이라고 했습니다. 그 분이 몇 마디 더 말씀하셨습니다. 제가 잠에서 깨어 났을때 날아갈 것 같은 기분이 들었습니다. 몸과 마음이 아주 가벼웠습니다. 바로 고백했습니다. "이것이 거룩이구나."

하나님은 그리스도인에게 목적이 있으며 그 목적을 위해 개인별로 훈련시키시고 경험하게 하시고 믿음을 더해 주시기도 합니다. 아멘.

10월 29일(화) 오전 10시, 도주환 선교사가 연락했다.

"내년 1월 13일에 쌍아오마을에 갈 수 있습니다. 강대상을 새로 제작하여 차로 가져갈 것이며, 우돈타니공항에서 만나면 됩니다."

도 선교사는 지난 4월과 8월에 쌍아오마을에 2번 다녀왔으며, 선교관 공사 마무리 과정을 점검했다고 한다. 책임감을 엿볼 수 있다. 선교사로서 선교관을 새로 짓고 기념교회를 세웠으니 얼마나 기쁜 일인가!

10월 31일(목), 최병수 목사에게 확인해 달라고 요청했다.

"2004년 1월 13일 순교하고 며칠 후에 메콩강에서 십자가 목걸이가 발견되었고, 이중표 목사님의 지시로 한신교회에서 보관하고 있었습니다. 작은 상자에 넣고 겉에 '십자가 목걸이'라고 기재했습니다. 또한 부목사가 현진이 머리카락을 조금 잘랐고 그 상자에 함께 보관하고 있습니다.

제가 2016년 1월 18일에 강용규 목사님에게 십자가 목걸이를 보관하고 있느냐고 질문했고 당시 강 목사님이 잘 보관하고 있다고 했습니다. 강 목사님이 한신교회를 짓고, 기념비를 만들고 십자가 목걸이도 같이 보관하는 것으로 하겠다고 했습니다. 강 목사님이 퇴임했는데 어떻게 보관하고 있지요? 한신선교관 운영 합의서도 확인해야 합니다."

며칠후 최병수 목사가 연락했다.

"강 목사님이 십자가 목걸이 기억난다고 했습니다. 합의서도 그렇고, 이사짐을 못 풀었는데 찾아보겠다고 했습니다."

11월 23일(토) 오전 10시, 쌍아오마을 방문 일정에 따라 우돈타니 센타라호텔을 예약했다. 그동안 선교사들이 예약했으나 이제부터는 내가 직접하기로 했다.

화에게 1월 방문 일정에 대해 라인으로 알려주었다. 이렇게 진행하면서 내가 쌍아오마을을 방문하는 것에 여유가 생겼다.

오후에 스포츠 센터에서 운동하면서 영화 '노아'를 보았다. 러셀 크로우 주연이다. 노아 역이 인상적이다.

노아는 창조자의 말을 듣고 조건 없이 그의 뜻에 따라 행동한다. 하지만 인간의 본능으로 인해 노아의 길은 쉽지 않다. 노아는 믿음을 깨닫고 그것을 실천할 수 있는지에 대해 고민을 하게 된다. 이 부분은 성경에 기록이 없는 것으로 인간의 한계를 다룬 것이다. 120년 동안 마른 땅에서 큰 방주를 만들었다. 이런 과정에서 나타나는 어려움은 어느 정도인가? 성경은 그런 부분은 당연하듯이 설명하지 않는다.

하나님이 노아를 선택한 것은 성경에 이유가 설명되어 있다. "노아는 의인이요 당대에 완전한 자라 그는 하나님과 동행하였으며"(창 6:9). 의인이고 완전한 사람이라면 따르기 어렵다. 이런 설명 외에 더 필요한 것은 무엇인가? "믿음으로 노아는 아직 보이지 않는 일에 경고하심을 받아 경외함으로 방주를 준비하여"(히 11:7). 대홍수에서 동물들을 구해내는 과정은 그리 단순하지 않다. 노아는 의심할 수 있는 상황에서 하나님의 말씀을 따랐다는 것이다. 하나님을 경외하는 믿음이다.

11월 29일(금), 현진이 엄마가 집에서 넘어져 손목과 허리를 다쳤다. 다음날 정형외과에서 손목은 골절이라 기브스를 했고, 허리 협착이 심해져서 겨우 움직일 수 있었다. "태국에 가야하는데"라며 걱정했다. 물리치료를 계속 받았으나 태국 방문이 힘들다고 해서 12월 23일에 비행기 예약을 취소하였다.

정한 대로 하면 된다

12월 3일(화), 새벽 꿈이다. 내가 태국을 방문하려고 준비하고 있고 여러 상황을 알아보고 있다. 한 그룹이 못 간다고 했다.
'태국가려고 예약을 했는데 왜 다른 사람들이 가는 것을 알아보고 있는가?' 라며 혼자 말을 했다.
그때 어느 분이 말했다. "그래 정한대로 하면 된다".

잠이 깨어, 고민했다. 무슨 의미인가? 많은 사람이 가서 힘을 모아야 하는 것이 아닌가? 이제는 그런 단계가 아니라는 것인가?

이날 오후에 이명현 목사가 우리 집을 방문했다. 1월에 쌍아오마을 방문시 같이 가겠다고 한다. 지난해 현진이 엄마와 같이 가고 싶었는데 못갔다고 했다.
"마음이 고맙습니다. 담임목사가 주일에 교회를 비우고 선교지에 가는 것은 문제이니 다음에 가시도록 하지요?"
이어서 지난 밤의 꿈 이야기와 더불어 말했다. "이미 예약한대로 저와 집사람이 다녀오겠습니다. 태국에서 3명의 선교사가 쌍아오마을에 같이 갑니다."

지난 주일에 한신교회의 공동의회에서 담임목사 선임이 부결되었다. 다시 선발과정을 거치려면 6개월 정도 소요될 것 같다고 한다. 순교자교회이니 하나님이 적합한 후임 목사를 보내주실 것이라고 생각된다.

12월 21일(토), 쌍아오마을의 화가 선교관 1층에서 어린이들이 크리스마스를 준비하는 사진을 보냈다. 추모예배드릴 때 참석했던 아이들이 보였다. 반가웠다. 어디에서나 어린이들은 우리의 희망이다.

12월 29(일) 오후 7시, 도주환 선교사의 연락이다.
"지난 11월 5일에 새로 제작한 강대상을 받았으나 그 강대상을 부득이 다른 교회에 주었습니다. 쌍아오마을에 가져가려면 새로 제작해야 하는데 연말이라 추가 비용이 듭니다. 강대상에 대해 목사님의 의견을 문의합니다."
"강대상을 다시 제작할 수 있으면 계획대로 진행하면 어떨까요? 교회 시설은 하나님께 약속한 것이니 가능하면 지키는 것이 좋겠습니다."
"알겠습니다. 저는 강대상을 제작하여 쌍아오마을로 직접 가져가겠습니다."
"선교관을 새로 짓고 기념교회를 새로 세웠으니, 이번에는 관리상태를 점검하고 선교를 어떻게 하는 것이 좋을지 방향을 모색하려고 합니다. 쌍아오마을에서 진행하는 추모예배에 대해서는 이번에는 관례대로 계획을 세웠습니다. 다음부터는 선교사들과 뜨라이롱 목사의 의견을 들어보고 적절한 방식으로 변경하는 것이 어떨까 하는 생각을 하고 있습니다. 쌍아오마을 교인들이 많이 참석하는 방식이 좋으니 연구를 해야겠지요."

책을 출판하려고 합니다

12월 30일(월), 새벽 꿈이다. 나는 어느 건물에 있었는데, 궁전에서 왕이 나를 부른다고 하였다. 그리고 눈 앞에 큰 궁전이 보였다. 문을 열고 들어갔는데 화려한 옷을 갖춘 왕이 있다. 주위에 여러 사람들이 있다. 나는 이 왕을 아는 분이라고 생각한다.

이 분이 주위에 보좌하는 사람들에게 여러가지 일을 지시한다. 그리고 내게 말했다. "원하는 일이 있는가?"

내가 대답했다. "책을 출판하려고 합니다."

"할 것이야. 어느 나라에 출판하려고 하는가?"

"제가 그동안 한 일을 기록하는 것입니다. 이 자리에서 출판하면 됩니다. 하나님이 도와주시는 것으로 충분합니다."

잠이 깼다. 몸이 가볍게 느껴지고 마음이 편해진다. 3편 책을 준비해야 하는데 어떤내용을 기록해야 할지 고민을 하였다. 그러자 하나님이 "할 것이야."라며 격려하는 것이라고 생각하였다.

2025년 1월 2일(목), 새벽 꿈이다. 내가 태국에 가서 여러 가지 일을 진행했다. 강당 같기도 하고 큰 교실 같은 곳에 사람들이 많이 있다.

어느 분이 내게 말했다. "가르쳐야 해."

"나는 태국어를 못합니다. 그 일은 못합니다."

"네가 아는 사람을 불렀어."

그때 내가 아는 사람이 나타났고 사람들과 대화하면서 설명한다.

그 분이 말했다. "이제 네가 하라."

나는 기뻐하며 사람들 앞에 섰다.

그리고 잠이 깼다. 태국어로 설명한 사람이 내가 아는 사람이었는데, 꿈이 깨니 누구인지를 기억하지 못한다. 신기한 일이다.

이번에 서울에서 태국에 혼자 간다. 언제까지 이렇게 할 수 있을까? 선교사 세 분이 쌍아오마을에 같이 가겠다고 했지만 선교사들의 일정이 불확실하다. 쌍아오마을에서 대화해야 하는데 '통역은 누가해야 하는가?'라며 고민을 했다. '하나님이 필요한 사람을 시기마다 준비해 주신다고 하는 것인가? 하나님이 도와주시니 걱정하지 말라는 것인가?'

1월 5일(일) 오전 7시, 한신교회 예배에 참석했다. 예배가 끝나고 교인들을 만나게 된다. 안호준 집사가 말했다. "이번에 못가게 되었습니다."

"이해합니다. 쌍아오마을에서 예배를 드리면 마음이 편하고 하나님께 의지됩니다. 저는 이번에도 1천만 원이 듭니다. 제 일이니 해야겠지요."

담임목사가 부재 중이므로 최병수 목사에게 '태국 선교 출발 전의 인사'를 했다. 최 목사가 기도했다. "순교자 예배에 참석하는 장기옥 목사님에게 하나님이 동행하시어 선교를 진행하게 하옵소서. 집필 중인 책에 하나님의 지혜가 있게 하옵소서."

한신교회 주보에 "2025년 태국 쌍아오마을 선교(순교자 21주기 예배 등)"가 안내되어 있다.

교회를 나오는데 눈이 많이 오고 있다. 쌍아오마을 출발 전의 예배인데 좋은 일이라고 생각하게 된다. 하나님이 '네 마음을 알고 네가 하는 것을 알고 있다.'라고 하시는 것 같다.

1월 6일(월) 오전 9시, 한신교회 게시판에 기록했다.

현진이가 태국에 선교 간지 21년이 됩니다. 태국 쌍아오마을에서 1월 13일(월)에 "순교 21주기 예배"가 진행됩니다. 부모님이 한신선교관을 방문하고, 쌍아오선교기념교회에서 진행되는 예배에 참석합니다. 순교의 날에 예배드리고 그 자리에 참석하게 하신 하나님께 감사드립니다. 매년 진행되는 예배에 참석하면서 "이번에는 어떤 진행이 될까? 하나님은 어떤 진행을 보여 주실까?" 이렇게 기대하는 마음으로 출발합니다.

태국 출발하기 전에 한신교회 지인에게 연락했다. 의미있는 회신을 받았다.

지난해 1월 중순 태국에서의 모든 여정이 아직도 제 마음에 살아 숨쉬네요. 20 주기라 특별함이 더했던 것 같습니다. 청년부는 올해 치앙라이 선교지에 홍수피해가 커서 복구작업과 전도를 위해 19명이 가기로 했습니다. 2026년에는 쌍아오마을과 치앙라이 두 곳을 함께 방문해 찬양과 공연으로 주안에서 친밀한 교제와 주의 은혜를 함께 나누면 좋겠습니다. 태국 순교지 쌍아오마을 잘 다녀오세요. 주님께서 목사님과 사모님의 사랑의 깊은 마음을 잊지 않으십니다.   - 구기송 장로(2025. 1. 7.)

쌍아오선교기념교회를 보았을 때 주기적으로 교류하며 청년들이 찾아가 선교하면 좋겠다고 생각했습니다. 선교훈련을 통해 그 소망이 이루어 질 수 있도록 기도 부탁드립니다. 더불어 21주기 추모예배를 위해서 저도 기도하겠습니다.   - 고홍석 목사(2025. 1. 7.)

1월 6일(화), 쌍아오마을의 화에게 방문 일정을 조정해서 보냈다.

이번에 선교관 앞의 식당에서 점심과 아침을 식사하려고 했다. 그런데 이 식당이 영업을 하지 않는다고 한다. 그래서 박촘에 있는 식당에서 하기로 했다. 아침은 새벽예배를 드리고 참석자들과 같이 식사하자고 제안했다.

계속되는 태국 선교 출발이다

1월 12(일) 새벽 5시, 집에서 출발했다. 새벽 공기가 차다. 현진이 엄마가 이번에 못가는 것에 대해 안타까워했다. 인천에서 대한항공 오전 9시 15분 출발이다 인천공항 출국 절차가 빠르고 쉬워졌다.

오후 2시, 방콕공항에 도착했다. 입국 절차가 빠르고 간편해졌다. 관광 활성화를 위해 규제를 완화한 것이다.

방콕 날씨가 지난해 보다 쌀쌀하게 느껴진다. 우돈타니와 쌍아오마을 날씨를 검색해 보니 섭씨 7도까지 내려간다.

쌍아오마을에 가서 해야 할 일에 대해 생각하게 된다. 중요한 것은 매년 예배에 참석하는 것이다. 이번에는 선교관 운영 상황을 파악하고, 기념교회 예배를 활성화하는 방안을 고민해야 한다.

저녁 7시 10분, 방콕공항에서 우돈타니 출발이다. 30분 지연되었다. 오후 8시 40분에 우돈타니공항에 도착했다.

공항에 손한웅, 이성원 선교사가 마중나왔다. 손한웅 선교사는 왼 팔의 손목 인대를 다쳤다. 팔이 많이 붓고 다친 자국이 선명하게 보인다.

손 선교사가 '또 다쳤다'며 웃는다. 이런 상태에서 랑콤에서 우돈타니까지 12시간 동안 버스를 타고 왔다. 눈시울이 붉어졌다.

이성원 선교사는 라오스 비엔티엔에 3층 선교센타를 지었고 신학 교육을 하고 있다. 이 선교사는 지난 금요일에 비자가 나왔다. 방문 날짜가 다가오는데 비자가 나오지 않아 걱정하였고, 비자가 나오도록 기도해 달라고 했는데 다행이다.

도주환 선교사가 연락했다. "치앙라이에서 출발했습니다. 강대상을 싣고 갑니다. 연말이라 긴급으로 제작했습니다. 밤새 자동차를 운전하고 쌍아오마을에 예배 직전인 오후 2시에 도착할 것입니다."

하나님이 쌍아오마을에 가는 일정에 세 분의 선교사를 보내주셨다.

우돈타니에서 쌍아오마을 이동은 이성원 선교사의 차를 사용하기로 했다.

이성원 선교사가 우돈타니 야시장으로 가자고 했다. 가서보니 야시장은 큰 규모이다. 밤 11시까지 영업한다. 세 사람 식사 비용이 모두 500 바트이다. 저렴하고 다양한 메뉴가 있다. 다음에 선교팀이 오면 이곳으로 와야겠다는 생각이 들었다.

밤이라 기온이 섭씨 7도가 되었고 서늘해졌다.

선교관 책장

1월 13일(월) 오전 8시, 우돈타니 꽃집에 들렀다. 매년 방문하는 상점 주인이 빙그레 웃는다.

오전 9시에 우돈타니를 출발하여 11시 30분에 쌍아오마을에 도착했

2025년 1월 13일 선교관에 비치된 책들.
책장 위에 한신복지재단의 등록 서류의 액자가 보인다.

다. 도로가 좋아졌고 중간에 쉬지 않았으며 2시간 30분 걸렸다.

낮 12시, 선교관에서 뜨라이롱 목사가 반갑게 맞아주었다. 선교관은 1년 전보다 훨씬 정비되었고 쌍아오선교기념교회는 안정적으로 보였다.

1층 선교관을 둘러보았다. 먼저 서울에서 가져 간 시계를 벽에 걸었다. 선교관 내부가 한결 갖추어진 모습이다.

이어서 한신복지재단 등록 서류를 액자에 넣어 벽에 걸었다. 액자마다 아래부분에 한글로 서류 내용을 표시했다. 지난해 건 한신복지재단 등록증 옆에 한신복지재단 실적보고서, 선교관 토지 등기부, 선교관 건축허가서를 걸었다. 뜨라이롱 목사에게 등록서류의 내용을 설명했다.

그리고 책장에 서울에서 가져간 책을 놓았다. 주석서는 개정판 창세기, 이사야서이고, 강의안은 내러티브 설교학, 구약 설교의 이론과 실제 등이다. 맨 위칸에 『사랑한다 현진아』와 『사랑한다 현진아 토브』를 놓았다. 그리고 주석서와 강의안을 발간 연대 순으로 놓았다. 박사학위 논문도 있다. 선교관 책장이 하나님 말씀으로 채워지는 것은 가슴 벅찬 일이다. 책장에 있는 책을 보니 그동안의 노력을 생각하게 된다. 하나님이 길을 인도하셨고 나는 기록하며 뚜렷한 흔적을 남겼다.

화가 1년 전에 출산한 딸을 안고 반갑게 인사했다.
내가 선물을 주면서 말했다. "현진이 엄마가 이번에 허리 다쳐서 오지 못하고 아기 엄마에게 체온계를 선물했습니다."
"감사합니다." 화가 활짝 웃었다.
그리고 가족과 함께 책장 앞에서 사진을 찍었다.

잠시 후 도주환 선교사가 도착하였고 한신복지재단 등록서류의 액자에 있는 한글 표시를 보고 반가워하며 "잘했습니다."라고 말했다.
도 선교사가 손 선교사와 같이 책장을 배경으로 사진을 찍으며 말했다. "책 한권 출판하기도 힘든데, 이렇게 많은 책을 출판하고 있으니 놀라운 일입니다."

2층 쌍아오선교기념교회에 올라가 강단에 꽃을 내려놓았다. 교회를 둘러보면서 앞의 메콩강을 보았다. 강 건너 라오스까지 선명하게 보인다. 선교관 건물이 2층이고 이 선교관을 중심으로 주변 집들이 모두 새로 지어졌다.
선교관 앞은 식당이었다. 지난해 한신교회 선교팀 46명이 3일간 머물 때 아침 식사와 점심 식사를 한 곳이다. 영업은 잘되었는데 식당 주인이 개인 사정으로 문을 닫았다고 한다. 2023년 9월에 오픈하고 2024년 8월에 문을 닫았다. 그 사이 2024년 1월에 선교팀이 왔었다. 마치 선교팀을 위해 영업을 한 것 같이 되었다. 선교팀이 이 식당에서 식사를 하지 못했으면 짧은 일정에서 식사 이동을 위해 하루 3시간 정도 더 필요로 했을 것이다.

뜨라이롱 목사가 말했다. "식당이 문을 닫았고, 사정이 있어서 나중에 팔 것 같은데 가격이 9천만원 정도입니다. 제가 개인 농장이 있으니 농장을 팔아서 이 식당 집을 살 수 있습니다. 이곳에서 노후를 보낼 것입니다. 이제 63세이며 체력적으로 농장을 하지 못합니다."

그러면서 빙그레 웃었다.

"이 자리에 선교관이 있고 기념교회가 있습니다. 그 앞 집에서 은퇴한 목사가 강을 바라보며 교회를 지키며 살게 됩니다. 하나님이 기뻐하시는 일입니다." 내가 말하면서 그 모습을 그려 보았다.

2층에서 강 건너를 보니 라오스 마을이 잘 보인다.

이성원 선교가가 말했다. "강 건너 저기 보이는 흰색 집이 제가 개척한 껀캄 교회입니다. 매년 몇차례 방문합니다."

기념교회 2층에서 강 건너 껀캄교회가 뚜렷하게 보인다.

도주환 선교사가 새로 제작한 강대상을 설치했다.

지난해 설치한 강대상이 흠이 있어서 새로 제작하여 가져왔다. 도 선교사의 책임감을 보니 뭉클해진다. 기존의 강대상에 붙어 있는 '한신교회 당회 기증' 표시를 새 강대상에 붙였다.

이때 뜨라이롱 목사가 기존 강대상을 박촘교회에 설치하고 싶다고 말했다. 박촘교회 강대상이 작고 초라한 편이다.

도주환 선교사가 나를 보며 말했다. "어떻게 하지요?"

"치앙라이 교회에 주어야 한다고 했지요? 선교사님이 판단해야지요?"

"그러면 박촘교회에 기증하겠습니다."

뜨라이롱 목사가 기뻐하며 말했다. "감사합니다."

순교 21주기
มรณสักขีพยานครบรอบ 21 ปี
2025. 1. 13.
쌍아오선교기념교회
คริสตจักรอนุสรณ์พันธกิจสงาว
오직 성령이 너희에게 임하시면 너희가 권능을 받고 예루살렘과 온 유대와 사마리아와 땅 끝까지 이르러 내 증인이 되리라 하시니라 (사도행전 1:8)

현수막

21주기 추모예배

오후 3시, 쌍아오선교기념교회에서 21주기 추모예배 시작이다.
서울에서 현수막을 제작해서 가져왔다. 현수막을 크게 만들었다. 가로 3.6m x 세로 2m. 왼쪽에 십자가 목걸이, 오른쪽에 선교관이다.

예배에 쌍아오 교인, 봉쌈란교회, 라오스 사역자, 박촘 교인 등이 참석했다. 40명 정도이다. 평일에 많이 참석한 편이다.
사회는 화가 진행하고, 빔프로젝터 스크린에 찬송가와 성경 구절이 비추어진다.
대표기도는 내가 했고, 도주환 선교사가 통역했다. 미리 준비한 한글과 태국어 번역 프린트를 나누어 주었다.
대표기도 하기 전에 눈에 무엇이 씌워진 듯이 자꾸 감겼다. 여러 번 반복해서 손수건으로 눈을 닦았다. 그리고 강단에 올라가니 괜찮아졌다.

거룩하신 하나님

오늘 순교자 21주기 예배를 진행하게 하시니 감사드립니다. 이곳에 임재하여 우리의 예배를 받아주옵소서.

한신교회 선교팀이 쌍아오마을에서 선교하다가 순교했습니다. 이 자리에 선교관을 세웠고, 지난해 새로 지었습니다. 또한 쌍아오선교기념교회가 설립되었습니다. 이렇게 기념하도록 인도하신 하나님께 감사드립니다.

그동안 이곳을 방문한 사람들이 있습니다. 이른바 '쌍아오 공동체'입니다. 또한 쌍아오마을 선교를 위해 기도하는 교우들이 있습니다. 하나님께서 이들의 수고와 노력과 기도를 기억하여 주옵소서.

매년 쌍아오마을에서 뜨라이롱 목사님과 교인들이 예배를 드립니다. 이곳에서 사역하는 뜨라이롱 목사님을 축복하시옵소서. 주님이 원하시는 사역의 길을 가도록 이끌어 주시옵소서.

쌍아오마을이 복음의 중심지가 되기를 원합니다. 태국 동북부 선교의 거점이 되어 메콩강을 따라 복음이 흘러가게 하시옵소서. 십자가 복음입니다. 이 강물이 복음의 강물, 구원의 강물, 부활의 강물이 되게 하시옵소서.

쌍아오선교기념교회는 메콩강을 바라보며 순교의 현장에 세워졌습니다. 하나님께서 관리하여 주옵소서. 쌍아오선교기념교회가 서머나교회와 같은 생명의 면류관을 받는 교회가 되기를 원합니다. 이곳에서 선포되는 하나님의 말씀이 세상에 빛을 비추고 복음이 확산되는 역사가 있게 하시옵소서. 하나님 나라 확장에 합당한 열매를 맺게 하옵소서.

이제는 하나님께서 새로운 선교의 방향을 보여주시기를 원합니다. 이스라엘 백성에게 선포한 새 언약으로 우리를 인도하시옵소서. "보라 날이 이르리니 내가 이스라엘 집과 유다 집에 새 언약을 맺으리라"(렘 31:31)

"나는 그들의 하나님이 되고 그들은 내 백성이 될 것이라"(렘 31:33).
하나님이 인도하시는 새 언약은 우리의 길이 될 것입니다. 쌍아오마을 선교를 기념비가 되도록 이끌어 주실 것으로 믿습니다.
하나님의 계획과 뜻이 우리의 비전이 되기를 원합니다. 성령의 권능이 우리의 능력이 되게 하시옵소서.
하나님께서 순교자를 기억하는 부활 신앙을 보여주시기를 원합니다. 신앙의 중심은 예수 그리스도이며, 신앙의 핵심은 예수 그리스도의 부활임을 믿습니다. 주님이 부활하셨으며, 이러한 진리를 믿는 자에게 하나님이 주시는 은혜가 있음을 알게 하시옵소서.
주 예수 그리스도의 이름으로 기도합니다. 아멘.

뜨라이룽 목사가 설교했다.
성경 본문은 요한복음 10:9-18, 설교 제목은 '예수님은 천국으로 가는 길' 이다(หัวข้อ "พระเยซูเป็นทางไปสวรรค์").

예수 그리스도는 우리의 하나님입니다. 그는 천국으로 가는 길입니다. 예수님은 길이요 진리요 생명입니다. 나로 말미암지 않고는 아무도 아버지께로 올 수 없다고 했습니다(요 14:6). 예수님은 자신이 목자임을 인정하셨습니다. 그는 생명을 주시는 분입니다. 그는 천국으로 가는 문입니다. 예수님은 길입니다. 재물로 천국에 갈 수 있는 길을 살 수 없습니다. 예수님은 문입니다. 예수님을 통하여 오는 자는 구원될 것입니다. 아멘.

축도는 도주환 선교사이다.

예배 후에 내가 인사말을 했다.

예배에 참석할 수 있도록 인도하신 하나님께 감사드립니다. 뜨라이롱 목사님과 교인들을 보니 반갑습니다.

쌍아오선교기념교회에서 예배를 드리는 것은 하나님의 은혜입니다. 쌍아오선교기념교회는 유명한 교회입니다. 구글에 등록되어 있습니다. 교회가 설립되고 1년 동안 안정되는 모습을 보니 기쁩니다. 순교자 부모님들은 쌍아오선교기념교회의 교인입니다.

저는 이 마을에 오면서 늘 기대가 됩니다. 이번에는 어떤 일이 진행될까? 하나님은 어떤 진행을 보여 주실까? 그러면서 소망을 가지게 됩니다. 이 마을에 순교의 열매, 선교의 열매를 보여주실 것이라는 소망입니다.

하나님은 쌍아오마을을 사랑하십니다. 하나님은 쌍아오선교기념교회를 사랑하십니다. 하나님은 뜨라이롱 목사님과 교인들을 사랑하십니다.

이어서 선교사를 소개했다.

도주환 선교사님은 선교관 공사를 진행했으며 치앙라이에서 쌍아오마을에 12시간씩 걸리는 거리를 12번이나 차를 몰고 왔습니다. 이 분의 열정으로 선교관 공사가 가능했습니다.

이성원 선교사님은 라오스 비엔티엔에서 사역하면서 2012년부터 이곳을 방문했습니다. 강 건너 라오스에 교회를 세우고 선교를 합니다. 감사한 일입니다.

손한웅 선교사님은 2017년부터 이곳을 방문했습니다. 랑콤에서 사역하고 있습니다. 일을 많이 해서 다치기를 잘합니다. 이번에도 팔을 심하게 다쳤습니다. 하지만 이 분은 무조건 달려옵니다. 고마운 분입니다.

우리 모두 선교사님들이 이곳에 자주 올 수 있도록 기도해야 합니다. 바쁜 일정이 있더라도 매년 예배에 참석하고 기도하고 교인들과 교제하면서 선교를 할 수 있도록 기도해 주시기 바랍니다.

2025년 1월 13일 21주기 추모예배 끝나고 참석자들이 함께 했다.

오후 4시, 메콩강으로 내려 가는 길이다. 뜨라이롱 목사가 강가로 내려가는 이곳에 선착장이 생길 것이라고 말했다.

선착장은 박촘에 있고 이곳은 카누가 몇 개 보이는 정도이다. 선착장이 생기면 비교적 큰 배가 다닐 수 있으므로 쌍아오마을과 라오스 주민들이 안전하게 왕래할 수 있다.

메콩강은 강폭 전체에 물이 가득찼다.

도주환 선교사가 말했다. "여기 왔던 중 이번에 강물이 가장 많아요. 강 건너까지 1km 되는 거리지요?"

밤에는 날씨가 쌀쌀한데 낮이 되니 덥다. 야자수 밑에 모였다.

메콩강가에서 기도회가 진행되었다. 예배에 참석한 교인들이 모였으며 찬송가를 불렀다. 이어서 뜨라이롱 목사, 손한웅 선교사, 이성원 선교사 순서로 기도했다.

이성원 선교사는 라오스어로 기도했다. 이 마을은 태국 동북부(이산)

방언을 사용하며 강건너 라오스말과 비슷해서 대화가 가능하다.

이어서 십자가를 띄워 보냈다. 35개이다. 뜨라이롱 목사와 가족들, 교인들이 함께 십자가를 강물에 띄웠다.

손한웅 선교사는 십자가가 강물에 흘러가는 것이 무척 좋았다고 말했다.

강가 기도회가 끝나고, 도주환 선교사는 치앙라이 사역지에 교회 이전하는문제로 급히 출발했다.

"바쁜데 12시간 동안 강대상을 싣고 와서 고맙습니다."

"이번에 꿀을 가져온다고 준비해 놓고 있었는데 출발할 때 잊었습니다. 내년에는 꿀을 가져오겠습니다. 목사님이 애쓰는 것을 보면서 저도 이렇게 하고 있습니다."

뜨라이롱 목사 면담

저녁 7시, 뜨라이롱 목사의 선교사역에 대해 협의했다. 통역은 이성원 선교사이다. 이성원 선교사가 태국어 통역이 어렵다고 해서 걱정했는데 아주 유창하였다.

손한웅 선교사가 깜짝 놀라며 "최고입니다." 라고 했다.

먼저 교회의 운영이다. 뜨라이롱 목사는 박촘교회, 쌍아오선교기념교회, 치앙칸교회를 운영하고 있다. 뜨라이롱 목사 외에 사역자 2명이 있다. 화(Fah)와 낫(Nat)이다. 요(Yo)는 찬양으로 사역한다.

박촘교회와 쌍아오선교기념교회는 뜨라이롱 목사와 화가 2주마다 교대로 예배드린다. 운영이 힘들어 통합 예배를 드리기도 한다. 두 교회가 시골에 있고 연세많은 사람들을 위해 승합차를 렌트해야 하므로 비용이 많이 들어 애로가 있다. 쌍아오선교기념교회는 1층 선교관에서 어린이 교실을 운영한다. 지난 번에 화가 라인으로 어린이 교실을 사진으로 보냈다.

라오스 선교를 계속하고 있다, 라오스 사역자 7명이 숙식한다.

한신교회에서 매월 8천 바트를 송금한다. 선교관 및 교회 관리를 위해 관리자를 임명했고 매월 4천 바트가 지급된다.

나는 노바에서 확인한 대로 태국에서 선교관 신축 후 신고 절차를 설명했다. 토지 등기부(차놋티딘), 건축허가서(바이아누얏 꺼상), 건축 후 사용허가(바이 뺏 차이 아칸), 건물 등기부(타비안반)이다.

뜨라이롱 목사가 마지막 절차인 타비안반(ทะเบียนบ้าน)을 신청하여 발급받았고 선교관의 주소가 나왔다(2024. 9. 2 발급).

93 Nonsawan, Village No. 8, Huai Phichai Subdistrict, Pak Chom District, Loei Province 42150 Thailand

93 หมู่บ้านโนนสวรรค์ หมู่ 8 ตำบลห้วยพิชัย อำเภอปากชม จังหวัดเลย 42150 Thailand.

이어서 지난해 체결한 합의서를 설명했다.

"한신교회 강용규 목사님이 은퇴했고 후임 목사는 6개월 정도 선임 절차가 진행된다고 합니다. 합의서 대로 진행할 것입니다."

나는 약속한 8만 바트를 헌금했다. 선교관과 기념교회 운영에 우선적으로 사용해 달라고 요청했다.

밤 10시, 선교관에서 숙박했다. 선교관을 새로 짓고 처음으로 잠을 잔다. 밤에는 온도가 내려가 추울 것 같았다. 지난 번 선교관은 목조 건물이고 바닥이 판자라 바람이 술술 들어와 추웠다. 하지만 새로 지은 건물이라 새벽에도 춥지 않았다.

　태국과 서울은 2시간 시차가 있고, 이곳에서는 새벽 3시에 잠이 깬다. 응접실에서 책장에 비치된 여러 책을 살펴보고, 한신복지재단의 등록증을 보면서 21년 동안의 진행을 생각하게 된다.

　이렇게 할 수 있도록 이끌어 주신 하나님께 감사드렸다.

기념교회에서 새벽예배

　1월 14일(화) 새벽 6시, 예배를 위해 교회에 올라가서 의자를 정돈하고 기도하였다. 날씨가 쌀쌀했다. 섭씨 7도이다.

　선교관 옆에 살고 있는 낫이 교회에 올라왔다. 낫은 컨켄에서 신학을 공부했다. 2004년 쓰나미 사태때 태국 남부 팡응아(Phang Nga Province)에 갔고 그곳의 기독교 단체에서 19년간을 봉사했다. 그리고 2024년 4월에 부친의 병을 간호하기 위해 쌍아오마을에 왔다.

　선교관 운영과 기념교회의 선교를 위해 잘된 일이다. 하나님이 필요한 사람을 보내주셨다는 생각이 들었다.

　아침 7시, 쌍아오선교기념교회에서 새벽예배를 진행했다.

　뜨라이롱 목사와 가족, 라오스 사역자, 선교사 등이 참석했다. 사회는 화가 진행했고, 찬송가는 요가 기타로 반주하였다.

　대표기도는 손한웅 선교사이다. 성경적인 기도이다. 어제 강가에서 기도는 깊은 울림이 있었고, 이날 새벽에는 감회가 새로운 듯 영적인 기도였다.

내가 설교하였다. 통역은 이성원 선교사이다. 미리 준비한 한글과 태국어 번역 프린트를 나누어 주었다.

성경 본문은 창세기 6:18, 설교 제목은 '하나님의 약속' 이다.

한신교회 선교팀이 이곳에서 순교한지 21년이 되었습니다. 어제 순교 21주기 예배를 드리고, 이 시간에 새벽예배를 진행합니다.

이 자리에 서니 먼저 영광이라는 생각이 듭니다. 가슴이 벅찹니다. 하나님께서 제가 이 새벽에 설교를 할 수 있게 하시니 그 은혜에 감사드립니다.

강을 바라보며 찬양하고 기도합니다. 이곳에서 예배를 드리는 뜨라이룽 목사님은 행복한 분입니다.

이 자리에 선교관을 새로 짓고 쌍아오선교기념교회를 설립한 것은 하나님의 은혜입니다. 순교자와 같이 예배드립니다. 하나님이 기뻐하시는 일입니다. 제가 여러 교회에 가서 설교했지만 이 자리에서 설교하는 지금 이 순간이 최고입니다. 하나님께 영광을 드립니다.

선교관은 2007년 1월 13일에 개관예배를 드렸습니다. 목조 건물로 낡았습니다. 10주기에 새로 지으려고 했으나 진행이 안되었습니다. 또한 순교자 기념교회를 세우려 했습니다. 어떤 지역에 세울지? 어떤 목사님이 사역할지? 고민이 많았습니다.

20주기에 맞추어 선교관을 새로 짓게 되었습니다. 2층에 교회를 설립합니다. 하나님이 때를 맞추어 만들어 주셨습니다.

선교관과 기념교회는 작지만, 이 마을에 적합한 규모입니다. 사람은 건물의 크기와 화려함에 의미를 두고 자랑합니다. 하지만, 하나님은 성전을 짓는 마음에 의미를 둡니다. 다윗이 성전을 짓고 싶었지만 하나님이 허락하지 않으셨고, 솔로몬이 짓게 됩니다. 건물을 짓는 사람에게도 하나님 판단하시는 기준이 있습니다.

지난 과정을 보면 선교관을 새로 지은 것은 하나님이 진행하신다는 것을 알 수 있습니다. 선교관 공사비는 1억 7천만원 들었습니다. '순교자 기금'으로 시작했습니다. 계획 당시에 충분했습니다. 도주환 선교사와 뜨라이롱 목사가 노력했습니다. 그런데 마무리 단계에서 공사비가 1천만 원이 부족했습니다. 20주기에 마무리가 안될 상황에 처했습니다. 그때 공사비 1천만 원을 한신교회 최대열 안수집사가 보내주었습니다. 선교관 신축과 기념교회 설립은 하나님이 진행하신다는 것을 보여 주듯이 이루어졌습니다.

선교관을 새로 짓는 과정은 기도로 준비했고, 건축비가 준비되어 있었으며, 마무리는 교인이 헌금하여 이루어졌습니다. 하나님은 이러한 마음과 정성이 모아지는 것을 원하셨습니다. 하나님이 계획하신대로 진행되었습니다.

이 장소는 순교의 현장을 기억하고 예배하며 선교하는 기반이 됩니다. 이 자리에서 하나님의 말씀이 선포됩니다.

선교관과 쌍아오선교기념교회는 아름답습니다. 작은 마을에 작은 규모인데 무엇이 아름다울까요? 시온이 아름다운 것은 하나님이 그곳에서 빛을 발하시기 때문입니다(시 50:2). 선교관과 쌍아오선교기념교회는 하나님이 이곳에서 빛을 발하시기 때문에 온전하고 아름답습니다.

성경은 하나님의 역사입니다. 이야기를 통해 하나님이 가르쳐 주는 역사가 있습니다. 아브라함, 야곱, 요셉, 여호수아, 사무엘, 다윗, 다니엘 이야기가 있습니다. 하나님은 이야기를 통해서 하나님이 계획하신 일과 진행을 후세 사람들에게 가르쳐주십니다. 쌍아오마을에서 매년 순교자 추모예배드리고 그러한 과정을 기록하는 것은 믿음의 선진들의 행적을 따르는 것입니다. 순교자를 기억하는 것은 하나님의 역사에 필요합니다.

우리의 순교자 이야기가 기록되어 있습니다. 1편 『사랑한다 현진아』 2편

『사랑한다 현진아 토브』가 출판되었습니다. 앞으로 3편이 나올 것입니다.
제가 기록했는데, 무슨 정신으로 이것을 기록했는지 모르겠습니다. 하나님의 인도가 있었습니다. 어떻게 인도하셨을까요?

첫째, 2004년 7월 26일에 하나님은 제게 약속하셨습니다.
"이제까지 너를 도왔고 앞으로 너를 도울 것이다." 언약입니다. 하나님은 필요한 일을 위해 사람에게 찾아오시고 약속하십니다. 왜냐하면 그래야 우둔한 사람이 알아듣고 일을 계속 할 수 있기 때문입니다.
창 6:18, 그러나 너와는 내가 내 언약을 세우리니 너는 네 아들들과 네 아내와 네 며느리들과 함께 그 방주로 들어가고

둘째, 2010년 1월 2일에 하나님은 제게 무지개를 보여주셨습니다
시간이 흘러 제가 나태해질 때입니다. 무지개는 언약의 표시입니다. 하나님께서 말씀하신 것을 반드시 이행한다는 약속입니다.
창 9:13, 내가 내 무지개를 구름 속에 두었나니 이것이 나와 세상 사이의 언약의 증거니라
그동안 많은 선교사들이 이곳에 왔습니다. 선교관 공사는 도주환 선교사가 맡았습니다. 손한웅 선교사는 2017년부터 참석하고 있습니다. 이성원 선교사는 2012년부터 함께 하고 있습니다. 한신교회에는 기도하며 지켜보는 분들이 있습니다.

셋째, 이 시점에서 생각해야 할 것은 앞으로의 진행입니다.
선교관은 기독교 역사에 기억될 것입니다. 쌍아오마을은 복음의 중심이 될 것입니다. "쌍아오선교기념교회"는 메콩강을 바라보며 하나님께 예배를 드립니다.

하나님이 이 자리에 순교자들이 숙소로 사용한 곳을 선교관으로 정해주셨습니다. 때가 되니 새로 건물을 짓게 하시고, 2층에 기념교회를 세워주셨습니다. 우리에게 새로운 희망을 보여주셨습니다. 하나님은 이러한 진행을 지켜보시며 부모가 자식을 사랑함 같이 우리를 긍휼히 여기시고 돌보아 주실 것입니다.

이스라엘 백성이 바벨론 포로로 잡혀가서 70년 포로생활을 했습니다. 그리고 예레미야를 통해 새로운 메시지를 주셨습니다. "보라 날이 이르리니 내가 이스라엘 집과 유다 집에 새 언약을 맺으리라"(렘 31:31) "나는 그들의 하나님이 되고 그들은 내 백성이 될 것이라"(렘 31:33) 하나님은 상황을 새롭게 구성하실 것입니다. 새 언약은 하나님이 백성과 적합한 관계를 수립하는 것입니다.

지금까지 우리가 선교하려고 노력했습니다. 사실 잘 안되는 부분이 있었고, 마음이 아팠습니다. 그런데 지나고 보니 하나님이 도와주셨다는 것을 알 수 있습니다.

이제 우리는 계속하여 새로운 할 일이 있습니다. 새로운 할 일은 하나님이 주시는 미션입니다. 이것은 새 언약에 의해 진행될 것입니다. 하나님이 주시는 미션은 과거의 힘든 과정이 아닙니다.

하나님이 우리에게 힘을 주시며 직접 인도하실 것입니다. 하나님이 우리의 마음을 강하게 만들어 주십니다. 하나님이 우리의 믿음을 굳건하게 만들어 주십니다. 하나님이 우리의 노력을 이끌어 주십니다.

앞으로 우리는 모든 것을 주관하시는 하나님의 진행을 보게 될 것입니다. 이것이 이 시간에 우리에게 주시는 하나님의 새 언약입니다. 그래서 우리는 할 만합니다. 하나님께 영광을 드립니다. 아멘.

예배가 끝나고 선교관에서 뜨라이롱 목사와 대화했다.
"책장 옆에 또 책장을 두고, 그 책장에 교회 어린이들 작품을 전시하면 좋겠습니다. 선교팀이 오면 온수기 2개 정도가 필요하니, 온수기 1개를 추가로 달아 주세요."

뜨라이롱 목사가 웃으며 "알겠습니다."라고 했다.

오전 8시, 새벽예배에 참석한 사람들이 박촘의 강가 식당으로 갔다. 식당에서 음식을 10가지 정도 맛보았는데 맛이 괜찮았다. 강가에 있는 테이블을 보니 100명의 자리도 가능해 보였다. 내가 참석자들을 둘러보며 말했다.

"기념교회에서 새벽예배를 드리고 모두 함께 음식을 나누니 기쁩니다. 하나님 보시기에 좋은 일입니다."

봉쌈란교회로 가는 차안에서 뜨라이롱 목사가 말했다.

"새벽예배를 6시 30분에 시작한다고 알려주었는데 30분 늦었습니다. 날씨가 추워 라오스 사역자들을 깨우는 것이 미안했습니다."

"여러 사람이 새벽예배에 참석했고, 나의 마음을 전달할 수 있어서 기뻤습니다. 하나님이 기념교회에서 설교하는 기회를 주셨습니다. 메콩강을 바라보는데 아침 빛이 비추니 하나님의 영광을 보는 듯했습니다." 내가 말했다.

뜨라이롱 목사가 고개를 끄덕였다.

오전 9시, 봉쌈란교회를 방문했다. 교인들이 반겼다. 담임목사는 몸이 불편한데도 어제 추모예배에 참석하였고, 오늘은 다른 지역 교회행사에 갔다.

담임목사 사모와 장로에게 인사했다. 매년 만나는 분들이다. 우리가 방문한 것에 대해 어쩔 줄 몰라하며 고마워한다.

내가 쌍아오마을 순교자 예배에 참석해서 고맙다고 말하고, 헌금했다.

손한웅 선교사, 이성원 선교사가 기도했다. 이어서 뜨라이롱 목사가 쌍아오마을 방문 일정을 정리하듯이 뜨겁게 기도했다.

봉쌈란교회 앞에서 사진을 찍었다. 뜨라이롱 목사와 가족들, 라오스 사역자들, 봉쌈란교회 교인들이 함께 자리했다. 모두 뿌듯한 미소를 지었다.

하나님이 동행하신다

오전 10시, 봉쌈란교회에서 우돈타니로 출발했다. 봉쌈란교회에서 바나나와 귤을 주었다. 차안에서 먹는데 꿀맛이다. 이렇게 며칠 동안의 일정이 순식간에 지나갔다.

이성원 선교사가 차를 운전하며 '의미있는 선교였습니다.'라고 말했다.

손한웅 선교사가 주저하면서 말했다. "간증이라 할까? 이상한 일이 있습니다. 새벽예배에서 대표기도하고 나서 눈에 비늘이 씌워진 듯 불편했습니다. 한참 동안 그랬다가 괜찮아졌습니다. 사도 바울 같은 경험인가요?"

나는 어제 추모예배에서 대표기도 하기 전에 비슷하게 경험했던 것을 생각하면서 말했다. "하나님이 신비한 체험을 보여 주시려는 것 같습니다." 이때 '하나님께서 나와 손 선교사에게 같은 비전을 주시려는 것인가?' 하는 생각이 들었다. 이어서 말했다.

"이번에 도주환 선교사님이 사정이 있어서 예배만 참석한다고 했습니다. 그래서 저녁에 뜨라이롱 목사와의 대화, 새벽예배의 설교 전달을 어떻게 할지 난감했습니다. 태국어 통역이 필요했습니다. 태국으로 출발하기 며칠 전에 꿈을 꾸었습니다. 어느 분이 '네가 아는 사람을 불렀어' 라고 하셨습니다. 이성원 선교사님에게 비자가 나왔고, 이 선교사님의 통역은 훌륭했습니다. 이 선교사님은 라오스에 살고 있고 태국어를 잘 못한다고 말했기 때문에 사실 놀랐습니다. 하나님은 문제가 있으면 해결해 주십니다."

오후 1시, 우돈타니공항이다. 공항에서「Bonchon 본촌」이라 쓰여진 간판을 보았다. 한글이 반갑다.

내가 며칠 동안 진행을 돌아보며 말했다.

"세 분 선교사님이 쌍아오 방문 일정에 함께하여 고맙습니다. 선교관 운영을 확인했고, 예배드리고 강가에서 기도했으며, 새벽예배를 드렸습니다. 쌍아오선교기념교회에서 진행된 일정에 뜨라이롱 목사님이 온 가족과 교인들을 참석시키는 등 열심히 도우려 애쓰는 것을 보았습니다. 올해도 하나님의 은혜 가운데 모든 일정을 잘 마쳤습니다. 이번에는 홀로 갔으나, 하나님이 동행하신다는 생각이 들었고 넉넉한 마음으로 집중할 수 있었습니다. 왜 하나님이 나를 홀로 가게 했을까 외롭기도 했지만, 나의 진실된 마음을 일관되게 보여 줄 수 있었습니다."

오후 2시 40분, 우돈타니공항에서 방콕행 비행기가 출발했다.

방콕에서 인천행 비행기는 밤 11시 15분 출발이므로 시간이 있어서 방콕공항의 여러 곳을 다녔다. 방콕공항이 전체적으로 시야에 들어왔다. 이 공항에 오기 시작한지 21년이 되었다. 이제야 공항의 구조를 확인하는 여유가 생겼구나.

1월 15일(수) 아침 7시, 서울에 도착했다. 이번에도 해야 할 일을 했다는 안도감이 든다. 내년에는 어떤 진행이 될까?

구글에 '쌍아오선교기념교회'를 검색하면 사진이 나온다. 이번 방문에 나온 사진을 몇 장 올렸다. 사진이 쌓이는 것을 보니 보람이 느껴진다.

1월 22일(수) 오후, 노바 대표에게 태국 행정청에 보고하는 비용을 확인했다. 노바에서 4년마다 이사 등록 신청을 해야 하므로(2021.3.12. 신고후 4년), 이번에는 2만 바트 비용이 더 든다고 했다. 하지만 선교 활동이므로 합의서에 정해진 금액대로 하겠다고 했다.

"노바 대표님의 헌신과 노력이 선교관 역사에 나타납니다."

"목사님이 끝까지 자리를 지켜주셔서 오늘이 진행되고 있습니다. 하나님이 우리를 끝까지 축복하실 것입니다."

제가 해야 할 일입니다

1월 26일(일) 오후 1시 30분, 주일에 한신교회에서 선교를 담당하는 문혁주 장로에게 선교관 운영 및 방문결과를 설명하였다. 이 자리에 최병수 목사, 안호준 집사 내외가 참석했다.

먼저 한신복지재단 역사와 운영, 선교관 신축 공사 결산 보고서 등을 상세하게 설명했다. 새로 선교를 맡은 장로이니 그동안의 진행을 이해해야 한다는 생각이 들었다.

한신선교관 운영합의서 체결에 대해서도 설명했다. 강용규 목사가 1부 보관하고 있고 나중에 인계 받을 것이므로, 우선 내가 보관하고 있는 서류에서 사본을 만들어 제출했다.

그러면서 말했다. "교회 담임목사간의 합의서를 체결하는 것은 하나님께 드리는 약속입니다."

쌍아오마을의 21주기 예배와 강가 기도회 등을 사진으로 설명했다.

아울러 강대상은 지난해 제작했는데 기둥에 균열이 생기는 등 부실하여 이번에 도주환 선교사가 새로 제작해 가져왔다고 말했다.

그리고 한신교회의 지원 현황을 설명했다.

선교관 및 쌍아오선교기념교회 관리 및 운영을 위해 뜨라이롱 목사에게 매월 8천 바트를 송금한다. 한신복지재단은 태국정부에 매년 실적보고를 하며, 금년에는 추가로 이사회 구성을 보고해야 한다. 신고 대리는 노바에서 진행하며 비용은 매년 66,340 바트이다.

장기옥 목사는 뜨라이롱 목사에게 매년 8만 바트 헌금한다.

설명을 마치니 문 장로가 "긴 설명 고맙습니다."라고 말했다.

"제가 20년 동안 강용규 목사님에게 태국 다녀와서 설명했습니다. 장로님에게 설명하는 것은 권재석 장로님에게 했고, 이번이 두번째입니다."

이때 안호준 집사가 한 가지 말할 것이 있다고 했다.

"먼저 한신교회 예배당 건물 앞에 순교비가 있었는데, 새로 지으면서 그 순교비를 놓지 않았습니다. 갖다 놓아야 합니다."

갑자기 말하게 되어 내가 보완 설명했다.

"교회사적으로나 성경적으로 보면 기념비 되는 것은 하나님이 증거로 남겨 놓는 것입니다. 이중표 목사님이 순교비를 세웠지요."

문 장로가 말했다. "기억납니다."

"이것에 대해 하나님이 어떻게 여기시는지 생각해봐야 합니다."

이어서 말했다. "후임 담임목사님 선임이 진행 중이라고 하는데, 하나님이 함께 하시는 사람이 오면 좋겠습니다."

설명하는 자리를 마치고 안호준 집사가 말했다. "태국 다녀오고, 이렇게 자세히 설명해주니 고맙습니다. 수고하셨습니다."

"제가 해야 할 일입니다. 하나님이 하라고 하실 때까지 할 것입니다."

1월 27일(월), 한신교회 게시판에 기록했다.

이번에 태국 쌍아오마을에서 진행된 일을 알려드립니다.

1.13(월) 오후 3시에 쌍아오선교기념교회에서 "순교 21주기" 예배를 드렸습니다. 뜨라이롱 목사가 주관하였고 쌍아오마을 교인과 태국 선교사 등이 참석했습니다. 통역은 도주환 선교사입니다.

예배에서 제가 대표기도했습니다. "쌍아오마을이 태국 복음의 중심지가 되고, 쌍아오선교기념교회가 생명의 면류관을 받는 교회가 되기를 원합니다."

예배후 제가 한 인사말입니다. "쌍아오선교기념교회가 설립되었고 1년이 되었습니다. 구글에 등록된 유명한 교회입니다. 이 마을에 올 때는 기대하는 마음을 가집니다. '이번에는 어떤 일이 진행될까? 하나님은 어떤 진행을 보여주실까?' 그리고 소망을 가지게 됩니다. 하나님이 순교자를 사랑하시니, 이 마을을 사랑하실 것이고, 선교의 열매를 보여주실 것이라는 소망입니다."

이어서 강가에서 기도회를 가졌습니다. 찬송하고, 뜨라이롱 목사, 손한웅 선교사, 이성원 선교사 세 분의 기도가 있었습니다.

1.14(화) 새벽예배를 드렸습니다. 제가 '하나님의 언약' 이라는 제목으로

말씀을 전했습니다. "이 자리에 서니 먼저 영광이라는 생각이 듭니다. 강을 바라보며 찬양하고 기도합니다. 이 자리에 선교관을 새로 짓고 쌍아오선교기념교회를 설립한 것은 하나님의 은혜입니다. 순교자와 같이 예배 드립니다. 하나님이 기뻐하시는 일입니다." 통역은 이성원 선교사입니다.

현진이를 사랑하며 기도하는 모든 분께 고마움을 전합니다.

3월 19일(수) 오후, 태국 박동훈 선교사와 가족을 서울에서 만났다.

박 선교사는 2014년에 백석신학대학에서 구약연구방법론을 수강했던 제자이다. 사모와 딸 하음이와 같이 2022년 7월부터 태국 선교를 시작했다. 방콕에서 태국 청년 사역과 방송관련 사역을 목표로 한다. 사모는 방송 PD 경험이 있고, 하음이는 태국 어린이학교를 다니는데 태국어 습득이 빠르다.

제자가 태국 선교사로 있으니 기쁘다. 하나님이 박 선교사와 가족을 지켜주시고 사역을 인도하시기를 기도했다.

이날 같이 만난 김석기 목사는 태국 선교를 해야 할 것이라고 의미심장한 말을 했다. 태국 선교에 참여하는 선교사들이 계속 이어지고 있다.

7월 19일(토) 오후, 쌍아오마을 화가 사진을 보냈다. 쌍아오선교기념교회의 어린이 주일학교에서 수업하는 장면이다. 매주 토요일에 선교관 1층에서 주일학교가 열리는 것이다. 화와 낮이 어린이들과 활동하며 웃는 모습이 보인다. 그림 그리기와 모형 만들기를 하고, 줄을 서서 선물을 받기도 한다.

선교관과 기념교회에서 어린이 주일학교가 운영되는 사진 앞에서 감격했고 매우 기뻤다.

이렇게 회신했다.

"하나님이 쌍아오마을에 선교관을 새로 짓고, 2층에 교회를 설립하셨습니다. 어린이들이 그곳에서 하나님의 사랑을 배우고 있습니다. 하나님의 크고 놀라운 일을 기대합니다."

너희는 이제 가만히 서서 여호와께서 너희 목전에서 행하시는 이 큰 일을 보라 (삼상 12:16)

그는 네 찬송이시요 네 하나님이시라 네 눈으로 본 이같이 크고 두려운 일을 너를 위하여 행하셨느니라 (신 10:21)

보라 전에 예언한 일이 이미 이루어졌느니라 이제 내가 새 일을 알리노라 그 일이 시작되기 전에라도 너희에게 이르노라 (사 42:9)

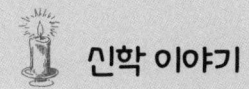 신학 이야기

베리트

하나님은 세상에서 일을 하실 때 인간에게 약속하시고 이야기를 진행하신다. 하나님이 사람에게 약속하시는 것을 언약이라고 한다. 언약은 히브리어로 베리트(בְּרִית)이다. 언약은 하나님이 주권적으로 사람과 맺으셨기 때문에 깨어질 수 없는 하나님의 약속이다.

성경에서 베리트는 노아에게서 처음 등장한다. "그러나 너와는 내가 내 언약을 세우리니"(창 6:18) 하나님은 노아와 그의 가족들이 방주로 들어가야만 한다고 말씀하셨다. 여기에 약속으로서의 언약의 기초가 명백히 나타난다. 하나님께서 홍수로 인류를 없애 버리도록 결정하셨지만 하나님은 노아에게 은혜를 베푸셨다.

홍수 후에 하나님은 노아에게 다시는 땅을 멸하기 위해 홍수를 보내지 않겠다고 약속하셨다. 약속의 증표로 무지개를 주셨다. 하나님은 비와 구름으로 상징되는 무서운 심판 가운데에서 심판 속에 있는 은혜를 나타내기 위해 아름다운 무지개를 설정하신다. "내가 너희와 언약을 세우리니 다시는 모든 생물을 홍수로 멸하지 아니할 것이라"(창 9:11) "내가 내 무지개를 구름 속에 두었나니 이것이 나와 세상 사이의 언약의 증거니라"(창 9:13) 하나님은 심판을 하셨지만 또한 구원의 은혜로 보존이라는 뼈대를 마련하셨다.

한편, 남왕국 유다가 바벨론의 침략을 세 번 받았다. 예레미야는 침략 받는 중에 남왕국 유다는 바벨론에게 멸망할 것이고, 백성은 70년 동안 바벨론 포로생활을 할 것이라고 예언했다. 그러면서 희망적인 말을 했다. "여호와의 말씀이니라 보라 날이 이르리니 내가 이스라엘 집과 유다 집에 새 언약을 맺으리라" (렘 31:31) 하나님은 예레미야를 통해 이스라엘과 유다 백성에게 새 언약을 주셨다. 새 언약은 히브리어로 하다쉬 베리트(חָדָשׁ בְּרִית)이다. 이어진 하나님의 말씀이다. "그 날 후에 내가 이스라엘 집과 맺을 언약은 이러하니 곧 내가 나의 법을 그들의 속에 두며 그들의 마음에 기록하여 나는 그들의 하나님이 되고 그들은 내 백성이 될 것이라" (렘 31:33) 이스라엘은 더 이상 하나님의 언약을 깨뜨리지 않게 된다. 그 방법은 하나님께서 언약의 법을 돌판이 아닌 마음에 기록하여 주시기 때문이다.

하나님이 율법을 백성의 마음 판에 새김으로서 전적으로 부패한 백성을 새롭게 창조하실 것이다. 하나님은 새 언약을 체결하면서 인간 스스로 자신을 통제하려는 마음을 새롭게 재구성하실 것이다. 하나님이 직접 말씀을 인간의 마음에 기록하여 주시겠다고 약속하셨다. 새 언약은 하나님의 뜻과 인간의 뜻이 일치하는 것을 지향하게 되며, 그것은 곧 하나님에 대한 인간의 순종을 의미한다.

> 여호와는 너에게 복을 주시기를 원하며
> 너를 지키시기를 원하시며
> 여호와는 그 얼굴을 너를 향하여 드사
> 은혜와 평강주시기 원하노라
> 너를 보배롭고 존귀하게 여기시는 하나님이
> 네 삶속에서 이 약속을 신실하게 이루시리
> 땅의 기름진 것으로 하늘의 신령한 것으로
> 너를 복주시고 지키신 하나님이
> 너의 영혼 잘 되도록 은혜베푸시며

평강으로 인도하시리
- 하나님의 약속, 찬양

이 찬양은 하나님의 약속을 잘 드러내고 있다. 지난 이야기를 기록하면서 하나님이 내게 주신 언약을 생각하게 된다.

첫째, 하나님은 내게 언약을 주셨다. 어느 날 하나님은 자신을 "하나님." 이라고 말씀하셨고, "내가 너를 도우리라." 고 말씀하셨다.

둘째, 하나님은 내게 무지개를 보여주시며 약속을 확인하셨다. 어느 날 하나님은 내게 "무지개를 찾아봐." 라고 하셨다. 내가 무지개를 못 찾으니 세 번이나 말씀하셨다. 그리고 나는 무지개를 보았다. 그 전에는 볼 수 없었던 찬란한 색으로 여러 가지 환상적인 줄로 보였다.

셋째, 이제는 성경에 기록된 대로 하나님의 새 언약을 기대하며 소망한다. 하나님은 선지자들을 통해 말씀하신 새 언약으로 이끄실 것이다. 하나님은 사람들과 조화스럽고 합당한 관계를 수립할 것이다. 하나님은 사람의 마음에 직접 말씀을 새기어 새롭게 창조하실 것이다.

나가는 말

지금까지 하나님이 인도하셨습니다.

그동안 진행된 이야기가 책으로 남겨진 것은 하나님의 은혜입니다.

책으로 기록하는 것은 힘든 일인데 어떻게 담대하게 진행할 수 있었을까? 사랑하는 아들 현진이를 결코 잊을 수 없어서 가능했을 것입니다. 하나님은 "너를 도울 것이다." 라는 말씀을 주셨습니다. 이 말씀이 참으로 힘이 되었습니다.

하나님은 우리의 부족함을 아시고 미리 준비하신다고 했습니다. 성경에는 아브라함에 이어 이삭과 야곱과 요셉이 등장합니다. 모세가 이 땅을 떠날 때 여호수아가 준비되어 있습니다. 스데반 순교 현장에 사울이 등장하고 다메섹에서 바울로 변화됩니다. 하나님이 하시는 일에 우리가 동참할 수 있음에 기뻐하며 주어진 일에 마음을 다해 최선을 다하면 됩니다.

우리의 삶에는 하나님의 계획과 뜻이 있습니다. 그것을 진행하는 것은 성령의 역사입니다. 우리는 이러한 과정을 통해 하나님이 우리의 삶을 통해 무엇을 하시는지 명확하게 알 수 있게 됩니다.

지난 21년 동안, 하나님은 내가 스스로 해야 할 길을 찾을 수 있도록 하셨습니다. 하나님께서 내게 할 일을 볼 수 있게 하셨고 나는 그 일을 완수하려고 노력했습니다. 또한 신학을 공부하고 강의하며 연구했습니다. 이러한 과정으로 신앙의 깊이가 생기고 마음의 안정을 찾았습니다.

하나님은 소망을 갖게 하시고 그 소망을 위해 나아가도록 이끌어 주셨습니다. 그동안 하나님이 보여 주신 일을 남기려 했습니다. 하나님의 헤세드를 기억합니다.

지금까지 걸어온 길을 생각하며 앞으로 가야 할 길을 바라보게 됩니다. 우리는 원하는 곳에 서 있지도 않지만 우리는 서 있던 곳에 있지도 않습니다. 하나님은 우리에 관한 일을 아직 완성하지 않으셨습니다. 그러니 계속 전진해야 합니다. 하나님은 가장 좋은 길로 인도하실 것입니다.

하나님이 베풀어 주신 은혜와 사랑에 감사드립니다.

2025. 9. 1.
장기옥

찾아보기

● 하나님 이해 ●

1부 여호와, 여호와 코데쉬　14

2부 여호와 라파, 테바의 의미　200

3부 첫 번째 이야기　엘로힘, 성령　342
　　두 번째 이야기　여호와 이레, 에벤에셀의 하나님　368
　　세 번째 이야기　여호와 로이, 여호와 샴마　400
　　네 번째 이야기　여호와 닛시, 여호와 체바오트　440
　　다섯 번째 이야기　여호와 치드케느, 엘 엘리온　498

● 신학 이야기 ●

1부 테힌나　196

2부 토브　334

3부 첫 번째 이야기　헤세드　365
　　두 번째 이야기　마하샤바와 에차　396
　　세 번째 이야기　킨아　437
　　네 번째 이야기　하존　493
　　다섯 번째 이야기　베리트　545

장기옥

2004년 1월 13일 삶의 전환이 찾아왔습니다. 2007년 11월에 3년 동안의 이야기를 담아 『사랑한다 현진아』를 출판했습니다. 이어서 2022년 10월에 15년 동안의 이야기를 담아 『사랑한다 현진아 토브』를 출판했습니다. 그리고 이번에 『사랑한다 현진아 헤세드』를 출판하게 되었습니다.
이 책은 하나님의 언약에 기초한 은혜를 보여 줍니다. 하나님의 인도하심을 체험합니다.

경기도 이천에서 태어났으며, 성균관대학교 경영학과와 서강대 경영대학원을 졸업했습니다. 이후 백석신학대학원을 졸업하고 백석대 기독교전문대학원에서 박사학위를 받았습니다. 백석신학대학, 웨스트민스터신학대학원에서 겸임교수로 강의했으며, 현재 작은 교회를 섬기고 있습니다.

저자 이메일: janggiok@gmail.com

사랑한다
현진아
레세드

초판 1쇄 발행 2025. 09. 01.

지은이	장기옥
펴낸이	방주석
펴낸곳	도서출판 소망
주소	10252 경기도 고양시 일산동구 고봉로 776-92
전화번호	031-976-8970
팩스번호	031-976-8971
메일	somangsa77@daum.net
창립일	(제48호) 2015년 9월 16일

ISBN 979-11-988176-3-1 03230
책값은 뒤표지에 있습니다.